自由的历程：
美利坚图史

［美］乔伊·哈克姆 著
焦晓菊 译

复旦大学出版社

美国是一次试验

——重温《自由的历程》(代序)

朱学勤

一位已经在美国的朋友问另一位从中国去的朋友:美国是什么?她是问后者赴美考察三个月之后,有什么综合性的感受,最好能一言以蔽之。后者没有被难住,略有沉吟后,这位社会学家以北京人特有的儿化音回答:美国不是一个通常的国家,而是一个"地儿"。

如果社会学家转过脸来继续问我:这个"地儿"用来做什么?我也许会这样回答:当然是用来种庄稼,除此之外,这个"地儿"或许是上帝用来做试验的地方。

试验之一,人类能否在大国众民实行民主制度?

1776年大陆会议通过《独立宣言》的时候,这个星球上的几乎所有居民都认为这一试验是行不通的。历史记载中的民主制度是在古希腊,那是小国寡民,国之小,一城邦耳,民之寡,四五万人耳,不超过今天一个大学社区。美国人以他们特有的莽撞接下了这一试验,风险不断。既是大国,就必须有中央政府,为了设立这样一个联邦政府,包括它的中央银行、财政部,1787年费城制宪几乎吵翻了天。就算需要一个联邦政府,它与地方自治——州权的关系怎么处理?州权是制约联邦权的必要配置,也是独立战争之所以打响的动力之一。为了州权,这个国家不仅仅是打了一次,还有第二次——1861年的内战,而内战规模远远超过第一次。南方的理由是:既然1776年我们为此而与英国作战,这一原则写进了"独立宣言",今天为什么不能以同样的理由脱离北方,自我独立?他们理直气壮地认为,内战是外战的延续,为了"州权",为了"民主",南方不惜再战!林肯被迫应战,他应战的第一阶段,是把北方的立场设定于"统一",越来越被动。只是到了第二阶段,他才把北方的立场转移至"废奴",从"国家"立场转向"人道"立场。林肯险胜,内心却为八十七年前的《独立宣言》竟为南方所用而惴惴不安,由此才有葛提斯堡演说,而那篇经典演说必须从"八十七年前,我们的先贤……"那场著名试验开始。

试验之二,人类能否在不同种族间平等相处?

白昼与黑夜相连是美好的,白人与黑人融合却是残酷的。想想康有为当年出境,第一次见到黑人时惊恐万状,以及百年后中国大学校园里青年学生对黑人留学生的普遍疏离,就不难理解美国这个"地儿"被选来作如此试验,将会有多少血泪要在这块土地流淌。只有上帝才能设定如此苛刻的试验条件:将肤色差异最为分明的黑白两族,拉近至零距离,不让他们闪避,只让他们融合!试验不仅触及北美早期史中的贩奴血泪,而且触及凡为人者内心都难抑制的心理甚至生理反应。北方居然为"废奴"而战,并在内战结束后以军事重建的方式,在南方推行种族平等。今天,国际上的亲美派以美国曾经军事占领德国、日本并成功实施民主改造而信心满满,反美派则因美国对越南南方、近年来对伊拉克的类似行为而义愤填膺。两派人几乎都忘记在对外部施行军事重建之前,美国曾在自己的南部有过一场刺刀下的民主改造,而这场军事重建首先是一次失败的记录。北方打赢了南方,却在战后重建中铩羽而归。所谓"种族平等"的诺言,是在内战结束之后一百年,拖延至20世纪60年代民权运动方得以实现。人们当然有理由谴责白人虚伪,但也可以援引此次试验居然能够成功,证明人类大同还没有失去希望?

试验之三,人类在宗教热情与政教分离之间能否找到平衡?

没有宗教热情,就不会有美国,也就没有今天美国与欧洲的重大区别。没有宗教热情,上述试验之一也许早就失败,1787年费城制宪会议的激烈争吵使富兰克林几乎失去信心,他从城里找来一位牧师,领着那五十五个人每天开会前向上帝作晨祷,才把此后的争吵控制在可忍受范围之内。美国是新教徒为追求宗教自由建立起来的,但也是这个新兴国家,在建国之后的宪法第一修正案(1791年),就以宪政语言,将政教分离这一原则肯定了下来,这在人类历史上还是第一次。从此,一部美国历史就摆脱不了宗教热忱与政教分离的撕扯。2001年"9·11事件"打中了这一要害,使得将这一撕扯一直延伸到美国的对外方略。政教合一激发了伊斯兰原教旨热情,而召唤起美国人爱国悲情的冲动,居然也是原教旨热情,只是宗教版本不一。从小布什历次口误中,人们可以清晰听出政教合一的冲动,这一冲动来自美国历史的深处,但在21世纪的世界,却显得分外刺目。民主党人只有世俗层面的"政治正确","政治正确"只能赢得类似知识分子的同情,不足以应对恐怖主义。小布什凝聚基督教福音派,具有足够的宗教热忱,人们似乎找到了"以毒攻毒"的希望。但这一"毒剂"是否在打赢这场反恐战争之前,首先就毒化了合众国建国之初的政教分离?

类似的试验还可以举出一些。如第一宪法修正案中规定"人民拥有枪支权",这是人民为维护自由以抗衡政府垄断武器的必不可少的权利,这一权利是古老的,但在现代社会又不是没有意义的。它的古老性格可以追溯到人类的丛林时代,以提醒历史学家注意,美国的民主试验并不是大机器工业时代的产物。但是,这一古老而神圣的权利,却以日益增多的校园枪杀案为代价,反过来令母亲们痛泣,持枪之手首先伤害的是手,而不是政府。又如移民法案,没有移民就没有美国,移民是美国的母液,而这一国家却以颁布世界上最多的反移民法案而著称。最近一次的非法移民大游行,非法入境者在大街上公开游行,合法移民则在人行道上沉默伫立。这一景象足可写进世界历史,它使人想起古罗马灭亡于蛮族入侵。这一次"蛮族入侵"不是骑在马上,而是堂而皇之地坐在公共汽车上。三十年前,我在农村集体户聚餐时,能够承担的一个笨活,是将鸡蛋撇去蛋清,以蛋黄兑花生油,搅拌色拉酱。曾经取得的最好纪录,是用一个蛋黄吸收四两花生油,以致那个漂亮家伙像固体那样浓稠,呈象牙状,几乎可以站立。取得如此成绩的诀窍,要么是外来液体点滴得足够慢,要么是已成母液搅动得足够快,快慢之间维持平衡。美国这盘著名"色拉"能维持得下去吗?这是母液与外液之间的竞赛,看谁来得快。一旦前者慢于后者,一定会有某一个早上,人们突然发现,"蛋黄"败溃了,帝国瘫软了,试验也就结束了。

在上帝眼里,我们都是试验品。到目前为止,美国这场试验还没有结束,令人欣慰与令人忧虑一样多。富兰克林的睿智在这本书里有很多留言,对我而言并不陌生,唯有一处不熟悉。1787年9月17日,当他步出制宪会议大厅时,他的朋友、费城市长的夫人伊丽莎白-鲍威尔正在等他。她问富兰克林,新国家将是什么样?这个八旬老翁回答:"一个共和国,夫人,如果您能够维持它。"

2006年6月3日

1787年签订《美利坚合众国宪法》时的场景,该图的作者是20世纪的画家霍华德·钱德勒·克里斯蒂。

乔治·W·布什总统及夫人所作的序言

■ **乔治·W·布什总统:**

自由,这个词阐明了美国最深刻的承诺,以及我们最崇高的召唤。

一代代美国男人和女人,为了他们自己以及他人的自由而活着和牺牲。从我国建国之日起,他们就一直为自由而奋斗;而在可怕的"9·11"袭击事件之后,我们大家都更深刻地理解了自由的重要性。

■ **第一夫人劳拉·布什:**

要发现美国自由的真正含义,我能想到的最好方法就是:回顾往昔,追溯美国最伟大的自由战士们的奋斗与胜利,追溯他们的理想——现在,这些理想常被我们看作理所当然的事情。从保罗·里维尔到苏珊·B·安东尼,到马丁·路德·金博士,我们的历史就是英雄们为美国人民、为自由而战斗的历史。

■ **乔治·W·布什总统:**

让我们抓住这个特别的机会,再次体验美国的历史。让我们提醒自己,什么是列克星敦战役和康科德战役的真正意义?亚伯拉罕·林肯总统在谈到"自由的新生"时指的是什么?为什么塞尼卡福尔斯市对女性争取参政运动至关重要?在1960年代的阿拉巴马州塞尔马市的街道上我们学到了什么有关勇气、正义和自由的意义?我们的自由属于这个国家的每一位公民,我们有责任保卫这项福祉。

■ **第一夫人劳拉·布什:**

因此,总统和我很自豪地在白宫颂扬美国的自由,并成为《自由的历程:美利坚图史》的一部分。

献 辞

有人问我,《美国:我们的历史》(我为青少年读者撰写的系列图书)

是不是我的最佳作品。

我用一个坚定的"不"字回答。

我的最佳作品是我的孩子,

这本书就献给我的孩子和孙子们。他们是:

艾伦和托德

杰夫和海亚

丹尼和丽兹

纳塔丽和山姆

还有即将降临人世的另一个

这本书也献给山姆,他帮助我创造该书

(以及孩子们)。

感谢我出色的朋友和同事,

他们编辑、设计和出版了这本书,

以及《美国:我们的历史》

还有一岁的马克斯,他给我们的工作带来童趣。

感谢彼得和菲利普·孔哈特以及他们的朋友,

把这本书改编成精彩的电视片。

"1776年7月4日,大陆会议宣布十三个殖民地邦联(此后得名为'合众国')获得自由与独立。"制作这枚大徽章是为了纪念法国与美国之间的友谊与联盟——1777年,本杰明·富兰克林(三个头像中左下角那个)与法国国王路易十六(最上面的那个头像)同意两国结成联盟;这也是为了纪念法国人给予美国独立革命的帮助(树上的铭文为"我成长得越来越美"),尤其是拉法耶特侯爵与罗尚博伯爵,他们亲眼目睹这个新生的国家逐渐变得羽翼丰满,直到1782年最终迫使英国人在约克敦投降。

目　录

朱学勤:美国是一次试验——重温《自由的历程》(代序)/1

乔治·W·布什总统及夫人所作的序言/1

作者前言:普通人/1

第一章　独立　2

一个美洲农夫/ 4
征税的国王/ 6
火炬/ 11
大陆会议与大陆军/ 15
我们拥有这些真理/ 17

第二章　革命　21

通向胜利的漫漫长途/ 27
一个天翻地覆的世界/ 29
合众国?/ 32
费城的一次欢迎仪式/ 33
我们,合众国的人民/ 36
"一个共和国,夫人。如果你能够维持它。"/ 38
成为总统/ 40
创立最高法院/ 44
自由王国/ 46
一个梦想——和一场噩梦/ 48

第三章　所有人的自由?　50

一个新世界/ 54
谁的自由?/ 55
危险的新观点/ 56
良心和友谊/ 59
把自由写进法律/ 61
西部的吸引力/ 63

人民的政府/64
眼泪之路/68
天定命运/70

第四章 觉醒吧，美国 75

工业的黑暗面/79
踏上通衢大道/82
开足马力，全速前进/84
女孩有头脑吗？/87
所有的男性……还有女性/91

第五章 致命的冲突 94

问题日益严重/98
可怕的三角/100
自由斗士/100
废奴！/106
挽救联邦/108
小巨人/110
一个声名狼藉的裁决/112
自由列车/113
大辩论/117
一分为二/118

第六章 一场终结奴隶制的战争 123

步入正题/127
南方的将军们/129
戴维斯总统的问题/131
将军与战役/132
永远自由/136
谁应该战斗？/139
背水一战的斗士/140
葛底斯堡/142
自由的新生/145
最后一年/147
对任何人都不怀恶意/148
为和平而筹划/150
麦克莱恩先生的客厅/152

第七章　什么是自由？

一个受伤的国家 / 158
改善黑人处境 / 160
扩大公民权 / 162
重建意味着改造 / 164
弹劾总统 / 169
一次失败的革命 / 173
吉姆·克劳 / 175
隔离但平等 / 176

第八章　这是谁的土地？

足迹在一个保留地终止 / 183
我将永不再战 / 188
埋葬吾心于伤膝溪 / 190
来到美国 / 192
自由与工作机会 / 193
谁想要移民？ / 195
华人洗衣店奇案 / 197
福地 / 199

第九章　为自由而工作

私刑意味着被一群暴徒杀害 / 207
企图对法庭处以私刑 / 209
两极分化的年代 / 212
工人的崛起 / 216
艰难岁月 / 219
永远团结 / 220

第十章　渴望呼吸自由的空气 225

实话实说 / 229
人民党 / 231
金十字架 / 234
美国之美 / 237
揭露黑幕 / 242
赫尔大楼 / 244

第十一章　安全享有民主？ 246

战争 / 251
国际联盟 / 256
女性投票权 / 259
喧嚣的20年代 / 264
爵士乐 / 266
幸运的林白 / 268

第十二章　大萧条和战争 271

失败出局 / 272
一位新领袖 / 276
一次新政 / 278
20世纪的魔鬼 / 281
珍珠港事件 / 283
登陆日 / 287
免受恐惧的自由 / 288

第十三章　民主与斗争 294

一名大联盟球员 / 300
铁幕 / 302
杜鲁门对杜威 / 304
红色恐怖再袭美国 / 306
隔离且不平等 / 309
布朗诉教育局案 / 311

第十四章　敲响自由的钟声 315

联合抵制 / 316
一次壮举 / 318
问问你们能够做什么 / 321
古巴和冷战 / 324
自由降临伯明翰 / 328
朝华盛顿前进 / 333
达拉斯之旅 / 335

第十五章　向自由之土前进 338

赛跑 / 341

与林登·贝恩斯·约翰逊一路同行 / 342
去到遥远的越南 / 345
一种不同的战斗 / 348

塞尔马 / 350
"事业" / 356
解放半个世界 / 358
分崩离析 / 362
一个被延误的梦想 / 365
罗伯特·肯尼迪被刺 / 367

第十六章　获得自由 369

水门事件 / 372
第四个权力分支——以及一些小分支 / 377
不是一辆林肯,而是一辆福特 / 379
一个主角 / 381
推倒这堵墙 / 383
第一位布什总统 / 385
从希望到失望 / 386
骗子,骗子,大火烧了房子 / 388
选举人团与法庭 / 389
追求变化 / 391
新世纪和一场灾难 / 393
获得自由 / 395

附录一:美国重要历史文献 397

《独立宣言》/ 397
《美国宪法》中有关自由的条款 / 399

附录二:图片版权　403

作者前言:普通人

我们赞成这种谦卑的想法:我们有权享受自由人的特权。但是在许多时候,我们似乎无法享受这种特权,请允许我们从众多事实中举出一个例子,那就是孩子们的教育。目前,他们还没有享受到在波士顿免费学校学习的权利,我们认为这是莫大的悲哀,因为通过自身的不幸经历,我们现在意识到孩子们需要公共教育。因此,在福音之光照耀的这片土地上,眼见正在成长的后代变得愚昧无知,我们不能不为他们的未来担忧。他们和别人一样有权受教育,但是他们却享受不到这种权利,造成这种情况的原因不是别的,只是因为他们是黑人……因此,我们请求英明的法官阁下,请您制定法规条例,让我们亲爱的孩子们享受免费教育的权利。我们有义务为此而祈祷。

这是呈递给马萨诸塞湾殖民地(Commonwealth of Massachusetts Bay)议会的一份请愿书,写于1787年。想象一下,作者写请愿书的时候,心中必定怀着怎样的希望和憧憬。我们听说过开国元勋们的许多故事,然而,还有一些人,他们为了自己也为了我们的自由,不顾他人诋毁,挺身而出,大声疾呼,但他们并非出身豪门世家,往往只被称为"普通人"。在美国的历史舞台上,演出过一幕幕自由之戏,那就是我们在共和制政体上的实验,持续了二百多年。令人惊讶的是,构思和演出这些自由之戏的地方,不仅有费城那庄严的议院,也有从缅因到佐治亚的市民大会和州议会。为什么男人和女人突然觉得他们可以自治?是什么让他们相信,没有国王或皇帝,普通人也能自治?

脾气暴躁、尖酸刻薄的艾萨克·牛顿与此有很大关系。广阔无垠的宇宙似乎超出了人类的理解范围,但是牛顿(当年轻的本杰明·富兰克林第一次去伦敦的时候,牛顿已经是个老人了)却揭开了整个宇宙的神秘面纱。牛顿发现地球与天空都遵循可证实的法则,并受互相制衡的自然力控制。18世纪的思想家们说,如果宇宙都能服从于理性与法则,那么男人和女人当然也能够做到这一点。理性与法则?那些怀着自由思想的人对此加以充分利用。一位诗人(即约翰·弥尔顿,他仇恨国王)由此想到了言论自由,一些哲学家(特别是约翰·洛克,他同意弥尔顿的观点)则想到了政治自由。从他们以及其他一些人中间,产生了启蒙运动,又被称为"理性时代"。我们的国家就幸运地诞生在这样的年代。

大西洋冲刷着我们的一长串殖民地,这里距离传统的权力中心十分遥远,因此可以尝试崭新的观点。另外,欧洲的君主们没有意识到我们的潜力,忽视了我们的力量。他们让我们管理自己的事务,我们曾经这样做过。于是,我们突破历史上的政体模式,缔造了一个新国家,由公民选择统治者,进行自我管理。以前从没有任何大国这么做过(而且,在我国诞生之时,她还是西方世界领土最广阔的国家)。

我们已经非常幸运(我们建国的时机、我们与旧大陆的遥远距离,还有我们国土的富饶),更幸运的是,我们还拥有乔治·华盛顿、约翰·亚当斯、亚历山大·汉密尔顿、本杰明·富兰克林、詹姆斯·麦迪逊以及其他具有独立思想的人们,他们为我国创造了一个良好的开端。他们聚集在费城,几年之后,就拥有了足够的勇气,敢于反对当时世界上最强大的国家——大不列颠,并且凭借他们的远见卓识,在一部成文宪法的基础上建立起我们的国家,那是一部十分杰出的宪法。

开国元勋们都是道德君子,他们把上帝置于个人的精神世界中,把上帝与立法、赋税这样的俗务分隔开来;而君主们总是利用上帝为自己的神圣权力辩护。约翰·亚当斯在谈到新国家的缔造时曾这么说:

> 毋庸讳言,任何参与缔造这个国家的人都未曾与诸神协商,也未受任何程度的天启……因此,十三个政府只建立在人民的自然授权之上,没有用超自然的奇迹或神秘作伪装……这是有利于人权的伟大成就。

几百年来,宗教战争一直折磨着欧洲。而美国的开国元勋们不需要这样的战争,为什么政府要擅自对人们内心深处的信仰指手画脚呢?他们把我们所说的宗教自由称为"良心自由"。杰斐逊在《弗吉尼亚杂记》中写道:"政府的合法权力只延伸到制止人们实施对他人有害的行为上,不管我的邻居说有二十个上帝还是根本没有上帝,都于我无害。这些说法既没有扒窃我的钱包,也没有弄断我的腿。"不过,一个政府若没有国教,看起来仍然有些冒险,这是从未有过的现象,是美国独创的观念。民众会不会因此而陷入道德沦丧的泥淖?

1786年,当托马斯·杰斐逊向弗吉尼亚民众议事会提交《宗教自由法令》议案时,乔治·华盛顿颇感怀疑。在殖民地时期,弗吉尼亚政府要求所有官员都必须是英国教会的成员。如果这项新法令获得通过,那么任何人,包括浸礼教徒,都可控制州政府。支持这一法令的汉诺威长老会宣称:"宗教完全是个人的事情;信教的权利不可剥夺,而且不会、不能也不应该屈从于整个社会的意志,更不用说屈从于立法机构的意志了。"结果,法令获得通过(经过许多争论),此后弗吉尼亚人就不用确立法定宗教了,他们并没有因此而变得比以前更邪恶。于是,在起草《美国宪法》的时候,要做到政教分离就很容易了。宪法第六条规定:不得以宗教宣誓为受任合众国政府任何官职或公职之必要条件。詹姆斯·麦迪逊起草了《第一条宪法修正案》,在宪法中保证了政教分离的政策:国会不得通过立法来确立一种宗教或禁止信教自由。

华盛顿成为热衷于宗教自由的人,1790年,他在写给罗德岛州纽波特市犹太教徒的信中说:

> 美利坚合众国的公民制定了一

项广泛、自由的政策,为人类树立了榜样,他们有权为此而向自己喝彩,这是一项值得效仿的政策……现在谈的不是宗教宽容,宗教宽容似乎要通过一个阶级的迁就,才能使另一个阶级行使其与生俱来的权利。令人高兴的是,美国政府不支持偏见,不助长迫害,只是要求生活在这个国度并受政府保护的人们,做出好公民应有的表现。

詹姆斯·麦迪逊似乎认为,不管对教会还是个人,要采取强迫的宗教政策都十分困难。1822年,他在写给一位朋友的信中说:"宗教与政府越是互不干涉,这二者就越能保持清廉。"

这样的自由故事还有许许多多。但是,我们要记住:我们在全世界开创了一种新的统治模式。我们的政治程序向所有人敞开了参政大门,它将让农夫的儿子哈里·S·杜鲁门接替富有的显贵富兰克林·德拉诺·罗斯福,担任这个国家的最高领导者。前者穷得上不起大学,后者却是格罗顿公学、哈佛大学和哥伦比亚法学院的学生。现在,任何人都可以担任这个职位,不论性别,也不论他们属于哪个种族。

那些开创新国家的造反者们穿着马裤,文质彬彬,但是,对于信仰问题,他们却态度强硬、毫不妥协。他们证明,你能够为自由和变革而战——并且能做得体面可敬。在其他任何地方,革命者常表现出暴徒行为,这似乎就是他们传统的行为方式。而我们喜欢的激进主义者如亨利·戴维·梭罗、弗雷德里克·道格拉斯、苏珊·B·安东尼、塞萨尔·查维斯和马丁·路德·金,却运用理性、演讲与和平示威来纠正错误,争取更广泛的权利,创造了一种美国式的革命,让我们备感荣耀。而且他们经常援引开国文献,作为其主张的基础。

"人类中存在着一种自然贵族。"托马斯·杰斐逊在致约翰·亚当斯的一封信中写道。亚伯拉罕·林肯就是这种"自然贵族"的明证,他将一场可怕的战争转变成一次对真理的顿悟——那是一个充满洞察力和深远意义的时代;而且他还让我们对建国时写下的那句"人人生而平等"产生了崭新的看法。

在非洲裔美国人为了孩子们获得像样的教育而向波士顿立法机构提出请愿书之后,又过了一百六十多年,奥利弗·布朗牧师出于同样的原因也来到法庭上:他希望自己的女儿能和社区里的白人孩子一样,享受平等的教育。他不得不通过法庭解决这个问题,这是我国历史上耻辱的一面;最高法院花了那么长时间才批准了非洲裔与白人的平等受教育权,这真让人沮丧;而现在仍有许多美国孩子未能在学校获得公正的待遇,这太不合理了。我们的社会体制还远不够完美,但是它赋予了我们争取达到完美的工具。

现在已经进入21世纪,我们为自由而奋斗的历史仍在继续。"人人享有自由与公正"既是我们继承的遗产,也是我们追求的目标。它不是教科书作者或政府伪君子的痴心妄想。它既不是陈词滥调,也不是多愁善感。它是美国人民献给全人类的一份特殊的独一无二的非凡礼物。

1920年,美国全国妇女党庆祝《第十九条宪法修正案》获得批准,美国的另一半人口——女性终于获得选举权。

它是一项公平原则。用乔治·华盛顿的话说,它"值得效仿"。那就加入自由斗士的行列,想想你怎样才能够帮助传播"自由行之有效"这句话吧。它值得你付出精力与勇气,以使之不断得到发展。

本书英文版(牛津大学出版社,2003年版)封面

Freedom
A History of US

J. OY HAKIM

FOREWORD BY PRESIDENT GEORGE W. BUSH AND LAURA BUSH

COMPANION TO THE PBS SERIES *from Kunhardt Productions*

第一章 独立

在欧洲,1776年7月4日似乎只是一个平常的日子。但是,如果英王乔治三世把耳朵贴到地上,他也许能感觉到地球的颤抖。因为这一天发生的事情将改变美洲、欧洲,以至最终改变整个世界。事情发生在英属美洲殖民地,不过,要到几个星期之后,海船才会将这条新闻带给英王乔治。然而,即便到那时,他也不会明了这件事的含义。

是北美洲狭长的大西洋海岸的居民造成这即将来临的变革。这些新移民大多数都来自英格兰——或者非洲。在距

1786年,在托马斯·杰斐逊位于巴黎的寓所里,康涅狄格州的画家约翰·特朗布尔绘出了《独立宣言》(见右图)的第一个草稿。图中部的站立者依次(左起)为约翰·亚当斯、罗杰·谢尔曼、罗伯特·利文斯顿、杰斐逊和本杰明·富兰克林,他们正在向约翰·汉考克(右边坐者)出示《独立宣言》。上图,乔治三世正在阅读汤姆·潘的小册子《人权论》,该书指出了美国人为何要摆脱英国统治,并为获得自由而战斗。

离当时一百五十年之前,他们第一次从自己的小木船踏上詹姆斯敦和普利茅斯的土地,此后,他们便在这里繁衍生息。他们清理出土地,种植谷物,建造城镇。在他们创建的殖民地里生活,要比在旧大陆自由得多。

但是,非洲裔移民的处境却截然不同,因为他们根本没有自由可言,他们中大多数人都沦为奴隶。在18世纪,奴隶制还在全世界大量存在。许多人说:"奴隶制过去一直存在,并且还将永远存在。我们不用为此担忧。"这些人的看法将会改变,但是他们并没有意识到这一点。1776年7月的那一天将帮助奴隶们挣脱过去的枷锁。两百年后,人们会被奴隶制的观点吓一大跳。但在当时,几乎每个人都认为人与人生来不同——有些人很普通,有些人很特殊;有些人优雅高贵,其他人愚蠢迟钝。生活在18世纪的大多数人都相信,出身将决定一个人在人类社会阶梯上所占据的位置,而且一些人比另一些人优秀。哦,有些人并不接受时人的观点——但是他们却过着动荡不安的生活。然而,正是区分贵族与农夫的观点,将在1776年7月4日遭到摧毁。

你明白地球为什么将会颤抖了吗?在一些欧洲城市,法律禁止上层社会的人们与下层社会的人们交朋友,世界上大多数地方都是如此,穷人没有任何发展机会。在大西洋西岸,这些英国殖民地的情况也相同——只是在某些方面例外。许多人来到这里,就是为了逃避欧洲的那些生活方式。在美洲,波士顿一个蜡烛制造商的儿子将成为这片土地上最富有和最著名的人物之一。

美国人赫克托·圣约翰·德·克雷夫科尔

这就是1776年那一天的重要性所在,它与所有人都享有机遇、平等与公正有关。美洲移民将发动一场革命,让这成为可能。不过,革命最重要的部分发生在"人的头脑与心灵"中。革命将改变一切——嗯,差不多一切。它没有解决可怕的奴隶制问题,但是它将激发结束奴隶制的观念,而且还将带来女性的权利、儿童的权利,以及各种各样的其他权利。这个观念如此大胆,在以前的政府中闻所未闻。这个观念就是:普通民众与其他所有人一样重要,一样宝贵,一样有能力,甚至和国王和王后一样重要。想象一下吧!谁也不比别人高贵。那个观点会改变整个世界。

一个美洲农夫

米歇尔·纪尧姆·让·德·克雷夫科尔身材矮小,长着红发和雀斑,还有一张喜气洋洋的脸。他是法国人,当他前往加拿大攻打英国殖民者的时候,才十几岁。法国—印第安人战争正在进行(这是更大的法英之战的一部分),克雷夫科尔是一个地图绘制员,

爱德华·希克斯(1780—1849)在1846年创作了这幅《戴维·特文宁的住所》,不过他想要描绘的却是更早的18世纪,当时,他在宾夕法尼亚的养父母家度过了童年,这幅画便是追忆那时的田园生活。图中右下角戴帽者为教友会农夫戴维·特文宁,旁边是其妻伊丽莎白以及六岁的爱德华。

战争需要他的技能。但是,当他亲眼看到美洲殖民地及其提供的自由后,他改变了自己的主意。他决定搬家,于是便在1759年定居于现属纽约州的一个农场里。尔后,他给自己取了一个英国名字:赫克托·圣约翰。

赫克托·圣约翰·克雷夫科尔爱上了美洲。他知道,在欧洲,享受特权的富有贵族占有大部分土地;而在美洲,大多数人都是自耕农,他们拥有并耕耘自己小小的农场。克雷夫科尔认为种田是一种理想的生活,英国殖民地是一片理想的土地——尽管他也指出,有些美洲殖民者正在破坏这片土地,而其他人总是"炫耀自由却未能真正理解自由的含义"。他很快就成家立业。他把自己刚刚选定的这片土地上最让他崇拜的事情写了下

> 美洲人是一种新人,按照崭新的准则行事;因此他定能欣赏崭新的思想,形成崭新的观念……我们没有王公贵族让我们辛苦劳作、忍饥挨饿、流血牺牲。我们是当今世界上最完美的社会。在这里,人们享受他们应享的自由……在这里,来自各国的个人正在融合形成一个新的国家,有一天,他们的劳动和子孙后代将在世界上创造巨大变革。
>
> ——赫克托·圣约翰·克雷夫科尔

版画大师纳撒尼尔·科里尔创作了这幅平版画,描绘"波士顿茶党事件"(Boston Tea Party)(1773)[1]——不过他的画有虚构的成分,因为那次袭击是在夜色掩护下秘密进行的。

左边是《印花税法》要求这些殖民地在每一页印刷品上加贴的真正税票。右边是某些殖民者对这种税票的看法。

来。在欧洲人的这块殖民地上,正在发生一些特别的事情,他想让欧洲人了解这些。

克雷夫科尔的书——《一个美洲农夫的信札》,在六个国家出版,广受欢迎。克雷夫科尔带着儿子去欧洲出版他的这本书。当他回来的时候,妻子已死,房屋被烧毁,另外两个孩子不知去向。土生美洲人袭击了他居住的地方。他的姓氏"Crèvecœur"在法语中的意思是"破碎的心"。现在,他的心真的碎了。后来,他发现两个孩子还活着,这让他略感安慰。不过,他的名字的意思也许应该是"伟大的心灵",因为他从未对所有这些人的本质上的善行丧失信心——包括土生美洲人、英国人、法国人、西班牙人、荷兰人、非洲人、德国人等等——他们正在他热爱的土地上形成一个崭新的社会。

征税的国王

克雷夫科尔警告欧洲,美洲人拥有新思想,而且,这些思想甚至可能会跨越海

---

[1] 也叫波士顿倾茶事件。——译者注

洋,传播到其他地方。但是,乔治三世及其大臣们对警告不感兴趣。此外,大多数历史学家都认为乔治国王不太聪明,犯了许多大错,对他来说,他的自负比宝贵的美洲殖民地更加重要。乔治想做个好国王,但是这就需要智慧,而乔治三世不是一个很明智的人。多年以来,为了支付帝国的开支,他一直向殖民者征收赋税。国外的战争给英国带来巨额军费支出,英国人认为殖民地应该支付一些军费,尤其是法国—印第安人战争的军费,因为这场战争的目的就是要将法国赶出北美洲。

美洲殖民者知道欧洲的君主怎样对农夫征收苛捐杂税,使之穷困潦倒。美洲人不希望自己也受到那种待遇。他们说,英国人有权利在国会投票决定自己的纳税问题,但是,既然国会中没有殖民者,那么就没有殖民者能够为纳税问题投票,因此,"没有代表权,就没有纳税义务"。殖民者希望按照他们以前一贯的做法,在他们自己的议会中投票决定自己的纳税事务。1765年通过的《印花税法》激怒了大多数美洲殖民者,这项法案规定,他们必须为自己使用的每一页印刷品买一张英国税票。这些印刷品包括每一张报纸、文件和扑克牌——所有经过印刷的纸张。殖民者不愿意这么做,他们非常愤怒,有些人甚至攻击英国派驻的一些税务官,在他们身上涂满沥青,粘上羽毛。印花税根本无法征收,英国政府只好将它废除。

接着,国王的财政大臣查尔斯·汤森德爵士(又被称为"香槟查理")决定对铅、玻璃、纸张、油漆和茶叶征税。于是殖民者不再购买任何英国货,英国商人对此十分生气——这会让他们遭受巨大损失——他们要求废除"汤森德税"。1770年,除了茶叶税外,其他的"汤森德税"都被取消。茶叶税并不多,不过乔治国王想借此证明,只要他和国会愿意,就能对美洲殖民者征税。而对殖民者来说,这仍旧是没有代表权的纳税(更糟糕的是,英国国会授权东印度公司以低于波士顿商人的价格出售茶叶)。因此,1773年,一些波士顿人决定向乔治国王、英国国会和汤森德爵士表示一下他们对茶叶税的想法。他们假扮成印第安人,爬上停泊在波士顿港口的一艘船,把整船的上等英国茶叶都扔进了大海。美洲殖民者把这次事件称为"波士顿茶党事件",但是英国人可不这么

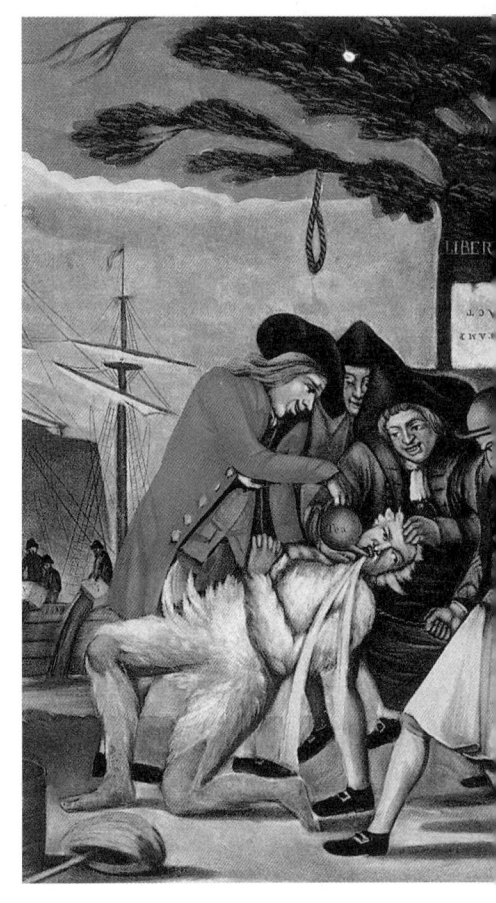

1774年,英国税务官约翰·马尔科姆被涂上沥青,粘上羽毛,装进马车,在波士顿游街示众。事情的起因是他在大街上鞭打一个小男孩,"波士顿茶党"成员乔治·休斯试图阻止他,结果反遭其殴打。这幅漫画描绘了袭击马尔科姆的人把一壶可恨的英国茶灌入他喉咙时的情景。

> 现在天黑了,我立即换上印第安人的服装,带上一把小小的短柄斧……还有一根棍子,我在一个铁匠铺里用木炭把自己的脸和手涂黑之后,就去装茶叶的船只所停靠的格里芬码头。我在路上碰到许多人,他们都和我一样,装扮成印第安人的模样。我们一齐朝目的地走去……然后,我们的指挥者命令我们拿出短柄斧,打开所有的茶叶箱子,把茶叶扔进海里。我们立刻动手执行命令,首先用印第安战斧劈开箱子,然后把茶叶全部撒进水里。
>
> ——乔治·休斯
> 波士顿茶党事件的参加者

叫。乔治国王为了显示自己拥有控制权,便要求国会通过《管制法》(美洲殖民者称之为《不可容忍法》)。他们关闭波士顿港口,接管马萨诸塞政府,并且通过了《驻营法》,允许英军在殖民地驻扎。无法捕鱼或者出航,这导致半数的波士顿居民失业、饿肚子。其他殖民地本来彼此互不关心,现在,波士顿发生的事情也让他们警觉起来。弗吉尼亚人西奥多·布兰德说:"问题在于,美洲人究竟应该争取权利和自由,还是应该向专制势力屈服?"

起初,费城的本杰明·富兰克林(他是一位波士顿蜡烛制造商的儿子)认为这个问题就像家庭事务,他写了一首有关"英国母亲"的诗歌:

> 我们的老母脾气日渐暴躁,
> 把我们当作学步的孩子来责骂;
> 忘记我们拥有主见已长大。

但是,当富兰克林和其他人意识到英国不会把他们当作成年人来对待时,他们开始认真考虑脱离英国、获得自由的问题。在波士顿,一位身材矮胖、不修边幅的男子激励了他们的行动。他的名字叫塞缪尔·亚当斯,有满腔的爱国热忱,是一个善于鼓动他人的组织者(英国人叫他"麻烦制造者"——甚至更糟)。他建立了"通讯委员会",让殖民者互通消息,大家开始互相了解。他创立了"自由之子"组织,为争取独立而制定计划。在波士顿和安纳波利斯,他们在一些被称为"自由树"的老榆树下开会。塞缪尔·亚当斯不仅想脱离英国,他还受一个伟大思想的鼓舞:美国能够成为一个与众不同的国家,成为一个灯塔,成为《圣经》里所说的那种"山上之城"①,成为没有国王和贵族的国家,历史上第一个让人民真正实现自治的国家。

---

① "山上之城"一语出自《圣经·新约全书》的《马太福音》第五章第十四节:"你们是世上的光。城造在山上是不能隐藏的。"比喻世人的模范和榜样。17世纪的清教徒来到美洲建立殖民地的主要目的,就是要为英国和全世界树立一个典范,因此清教徒和此后的美国人常常以"山上之城"自喻。——译者注

英国人的权利

美洲人不断要求享受英国人所拥有的权利,这种权利是什么?曾经有一段时间,英国的国王可以为所欲为:杀人,掠夺人民的土地和财产,或者把他们关进地牢,让他们一直待在里面。到了13世纪,一个邪恶的国王约翰开始对英国的地主百般挑剔,尤其是对男爵和其他贵族。他觉得上帝把国王安排到人间,就是为了让男男女女都供国王差遣。最后,男爵们再也无法忍受了,1215年,他们迫使约翰国王签订契约,给予英国人基本的权利。契约规定,未得议会许可,国王不得剥夺人民的土地和财产;并且不能随意将一个人关进监牢,除非"在本国的法律之下,通过其同等之人的合法审判"的公正判决。契约还规定了其他权利。这个伟大的契约背后隐含的意义在于:国王拥有权力,就得承担责任。约翰国王在这份文件上签署自己的名字之后,国王们就再也不能为所欲为了。不久,人们都说,应该是国王必须为人民服务,而不是相反。

英国"光荣革命"时期的国王威廉三世和他的王后玛丽。

这份契约用拉丁文写成,其拉丁文名称"Magna Carta"的意思是"大宪章"。在同一时期,英国人还获得了另一项重要权利,其拉丁文名称叫"habeas corpus",意思是"人身保护"。如果你遭到逮捕,警察必须确保你享有此项权利,他们不能把你(以及你的身体)丢在监狱中不管。在旧时代,一个人被捕入狱后,可能不会有人告诉他,他到底犯了什么罪。有时警察会抓错人;有时一个人被投入监狱之后,所有人都把他忘在那里了;有时犯人被关在大牢里,但到死都不知道自己被捕了。有了"人身保护令",法官就必须说明你为什么遭到逮捕。如果找不到正当的理由,你就可以离开监狱。这是一项非常重要的权利。到现在,仍有许多国家以莫须有的罪名,将人们投入监牢。

英国人还享有另一项权利,可确保别人不会在法庭上用你自己的话攻击你。但是,为什么你会说不利于自己的话呢?如果对你使用酷刑,你可能就会这么做。你甚至还会承认做过一些你根本没做的事情,只是为了能让他们对你停止用刑。因此,这也是一项非常重要的权利。英国人不断为自己增加新的权利,然后,到1688年,出现了一些新情况,这就是后来所说的"光荣革命"。通过这次革命,国会让威廉国王和玛丽王后签订了一项权利法案,使得国会拥有比国王和王后更大的权力。既然国会代表了英国人民,那么现在人民就比君主更有权力了。英国走上了君主立宪制的道路。

英国人民为他们赢得的权利感到自豪,他们的确有权利自豪。美洲殖民者也希望获得同样的权利,他们是正确的。他们认为自己是生活在殖民地的英国公民;他们相信英国人享有的权利也是他们的权利。然而,接下来发生的事情却让他们认为自己正在失去权利,于是他们便诉诸战争。战争结束后,他们起草了一部伟大的宪法,把英国人享有的基本权利也赋予美洲人民——并且还更进一步,确保这些美洲人享有此前其他任何国家都未曾赋予其人民的自由。

19世纪的画家彼得·罗瑟梅尔再现了帕特里克在民众议事会反对《印花税法》的演讲。地上是他扔下的一只宽口大手套,这是提出挑战的传统方式。

火炬

塞缪尔·亚当斯有一个盟友居住在波士顿以南遥远的弗吉尼亚——一个令人自豪的殖民地。此人名叫帕特里克·亨利,他说话的方式能让听众肃然起敬。亨利曾经是一名店主,后来又做过种植园主,不过,当他尝试进入法律界时,他才找到了适合自己的职业,不久即被选为弗吉尼亚民众议事会的议员。1775年,当议员们在威廉斯堡(那时是弗吉尼亚的首府)开会没有安全保障之后,他们就把集会地点改到了里士满的圣约翰教堂。就是在这里,帕特里克·亨利做了他最著名的演讲。"他脖子上青筋暴涨,就像一条条鞭子,"当时的一个见证人描述说,"他的声音越来越高,直到这座建筑的墙壁似乎都被震动为止。人们坐在座位上,身体前倾,脸色苍白。"波士顿港被关闭了,英国兵驻扎在城里,马萨诸塞议会也遭到解散。弗吉尼亚会对这一切坐视不管吗?亨利踏进过道,低下头,伸出胳膊,做出身被枷锁的模样。

"我们的枷锁已经打造好,我们也许能听见波士顿平原上传来锁链撞击的'丁当'声,"他说道,"战争其实已经开始,下一次从北部刮来的狂风,将给我们带来兵戎相接的声音。"然后,帕特里克·亨利便扔掉他假想中的锁链,笔直地站立起来。"我们的同胞们已经来到战场上,"他继续说道,"我们为什么悠闲地站在这里?我不知道其他人会选择什么道路,但是对我来说,不自由,毋宁死!"

历史学家说,美国独立革命有三支火炬,那是点燃人民思想和感情火花的三个人:塞缪尔·亚当斯和帕特里克·亨利就是其中的两位,另一位是汤姆·潘。没有他们,这场独立战争仍然

弗吉尼亚民众议事会

1619年,在弗吉尼亚的詹姆斯敦(英国在美洲的第一个永久定居点),人们选举出一群被称为"议员"的殖民者来制定法律。他们组成一个叫"民众议事会"(House of Burgesses)的立法机构。在英国,法律由国会制定。"民众议事会"使弗吉尼亚人拥有自己的议会,这在以前的殖民地是从未有过的事情。在此之前,殖民地的所有法律都由宗主国制定,或者由宗主国委派的总督及其政务会制定。弗吉尼亚民众议事会改变了这种情况,英国让殖民者自己管理自己,这是历史上的一个伟大开端(英国总督的确对议员有否决权,但是他并不经常使用)。民众议事会于1619年建立,它让欧洲人在美洲建立的殖民地拥有自己的代表政府。在来自英国的第一艘船停靠于詹姆斯敦之后的几十年里,英国殖民者一直在做一件惊世骇俗的事情——他们在为自己制定法律。

汤姆·潘

1774年,当汤姆·潘成为一支革命火炬的时候,他还没有从那条来自英格兰的船上下来。他并非有意这样安排。他写道:"我认为,很难让这片土地燃烧起来……差不多我一到达这里就这么看。"当汤姆还是一个英国男孩的时候,他做过胸衣裁缝学徒。胸衣是女性所穿的紧身收腹内衣,能让她们的腰看起来更纤细。做胸衣裁缝可不是什么令人兴奋的职业——不适合像汤姆这样有思想的青年。于是,他从裁缝店逃跑,到海上做水手,但这个工作也没有好结果。此后,他又尝试着做过杂货商、教师和烟草商。然而这些工作都不适合他。后来有一天,他在伦敦碰到了正在这里游览的本杰明·富兰克林,他帮助汤姆在费城找到一份工作,担任撰稿人和杂志编辑。这份工作很好地利用了汤姆的天才——因为他是一个文字魔术师。1776年1月,他写出了一本名为《常识》的小册子。汤姆·潘能清楚地说出人们的心声。在这本小册子中,他告诉殖民者三件重要的事情:

- 君主制是一种糟糕的政体,最好不要采用。
- 大不列颠正在用赋税和贸易限制损害美洲的经济。
- 让一个远在三千英里之外的小岛统治整个大陆,这是愚蠢之举。

"一切的正义和理性都为脱离英国而辩护,"汤姆·潘写道,"被杀戮者的鲜血在呼唤:'分离的时刻到了。'……让我们把王冠砸得粉碎,我们有力量开创一个新世界。"

可能发生,但是情况肯定会不同。塞缪尔·亚当斯来自波士顿,出身于一个具有清教徒背景的新英格兰家庭。汤姆·潘来自英格兰,居住在位于中部殖民地的费城。帕特里克·亨利则是南方人,是一个英国圣公会教徒,一个弗吉尼亚人,一个乡下青年。这三个人都有一个重要的相同点:他们都比其他大多数美洲殖民者更早明白:摆脱英国的统治是必然的结果。

有些殖民者发现很难把自己视为美洲人,他们认为自己是英国人。甚至那些来自法国、德国或荷兰的殖民者,也很快把英国人的权利当作他们自己的权利。当殖民者不再把自己叫做英国人的时候,他们开始说自己是弗吉尼亚人,或者新英格兰人、卡罗来纳人。对他们来说,把不同的殖民地当作同一个国家的一部分,是很难理解的。首先,他们彼此并不了解,因为跨越殖民地的陆路旅行十分困难,根本没有好走的路,路上几乎没有桥梁。但是,塞缪尔·亚当斯的通讯委员会帮助改变了这种情况。彼此通信的人很快意识到,他们拥有相同的观点和目标。

他们是否应该考虑为了自由而战斗?英国是一个强大的国家,而殖民地分散在各处,殖民者几乎没有军事经验。不过,殖民者还是在思想上做好了战斗准备。在波士顿西北部大约二十英里的马萨诸塞小城康科德,新英格兰人开始储存炮弹和火药。英国人得知这一消息之

一队队身穿红色军装的英国士兵在康科德行进,搜寻武器和火药库,而他们的军官(站在墓地里)则在侦察这里的地形——太晚了。他们到来的消息早就传开了。

后,决定把弹药抢夺过来。银匠保罗·里维尔是拥护独立的人之一,他发现英国士兵正在朝康科德前进。他们会走哪条路?里维尔派出一个探子。"如果英国人走水路,"他说,"那就在北教堂的尖塔上挂两盏灯笼作信号;如果他们走陆路,就挂一盏灯笼。"

于是,在1775年4月18日晚上,当保罗·里维尔看见教堂钟楼上挂着两盏灯的时候,他就知道英国人正顺着波士顿的查尔斯河坐船来康科德。里维尔跳上马,在黑暗中飞驰。"英国人来了,英国人来了!"他向乡村的所有人发出警告。

在距离康科德几英里的列克星敦,美洲农夫已经做好准备,他们手中握着枪。他们被称为"瞬息"民兵(minutemen),因为在接到命令一分钟之后,他们就能投入战斗。约翰·帕克上尉是他们的领袖,如今,在他那天肯定站立过的地方附近,立有一块石头,上面刻着他那天

爱国间谍、银匠保罗·里维尔和他自己制作的茶壶。

说过的话:"坚持自己的岗位,除非他们开火,否则不要开火。但是,如果他们想要发动战争的话,就让战斗从这里开始吧!"战争的确是在那里爆发的,就在马萨诸塞的列克星敦。

六十二年之后,诗人拉尔夫·沃尔多·爱默生是这样描写那一刻的:

> 在跨越激流的简陋小桥旁,
> 他们的旗帜迎着四月的微风飘扬,
> 农夫们曾经站立此处严阵以待,
> 发出那声震惊寰宇的枪响。

硝烟散尽之后,八个美洲农民倒下死去。那一天是1775年4月19日,美国独立战争打响了,这的确是一声震惊寰宇的枪声。这场为了人民自由而打响的战斗将在全球一次又一次回响,把美国思想带给全世界。"政府,即便在最好的状态下,也只是一种必需的罪恶。"汤姆·潘写道,他清楚有力地说出了那些思想中的一条。他还说:"我的国家就是世界,我的宗教就是为善。"

那一天,在列克星敦和康科德,红衫军①比民兵的死亡人数多一倍。但战争并不只关乎胜利与失败。下面是经历过那场战争的人所说的话:

> 艾萨克·戴维斯是我的丈夫。他那时有三十岁,我们有四个孩子;最小的一个大概十五个月大……一大清早我们就得到了警报,我丈夫立刻准备和他的同伴到康科德去……他那天早上没说几句话。他看起来很严肃,好像满腹心事的样子;但是他没有丝毫犹豫……他只说了一句"好好照顾孩子们"。到下午的时候,他的尸体就被送回家来了。

> 保罗·里维尔整夜奔驰;
> 他的警报响彻黑夜,
> 惊醒米德尔塞克斯的每个村庄和农场——
> 那是反抗的呼声,不是恐惧的叫喊,
> 那是黑暗中的呼唤,是敲门的声音,
> 那个词语将永远发出回响!
> 因为,它乘着往昔的晚风,
> 穿过我们的整部历史,直到最后,
> 在黑暗、危险和需要的时刻,
> 人民将从梦中觉醒,侧耳倾听
> 那疾驰而过的马蹄声,
> 还有保罗·里维尔发出的午夜警报。
>
> ——选自《保罗·里维尔在深夜飞驰》
> 亨利·沃兹沃思·朗费罗,1860年

---

① 指英军。——译者注

大陆会议与大陆军

1774年,马萨诸塞通讯委员会秘密邀请其他委员会来参加一次会议。来自十二个殖民地的领袖(佐治亚的没来)在费城相聚,这就是第一次大陆会议。"会议聚集了这片大陆上最伟大的人。"马萨诸塞代表约翰·亚当斯在他的日记中写道(约翰是塞缪尔·亚当斯的堂弟,据说是各殖民地中最有学问的人)。代表们声称,殖民者有资格享受与英国人相同的权利;他们宣布,禁止与不列颠的一切贸易。他们恭敬地恳求并催促国王乔治三世考虑他们的请求。一年之后,国王仍然没有回应,代表们再次回到费城,召开了第二次大陆会议。乔治国王不以为意,他说:"必须通过镇压来确定他们是受这个国家支配还是要独立。"1775年8月23日,国王宣告"美洲殖民地发生了普遍叛乱",英国将做出"最大努力","平定叛乱,审判叛国者"。费城的代表们现在成了叛国者,他们知道,对他们的惩罚就是处死。他们做了什么错事?大多数人都更加坚定了争取独立的决心。

约翰·亚当斯的妻子阿比盖尔是一位非凡的女性,她从马萨诸塞写信提醒丈夫,想获得自由的并不只有男性。她在信中写道:"在你们将要制定的新法律中,我希望你们能记得女士们的利益。别把不受限制的权力放到丈夫手上。记住,如果男性能够拥有这种权力,他们所有人都会成为暴君。"

女性将不得不等待,但是,这群杰出的男性所确立的思想,将帮助女性在未来获得自由。本杰明·富

约翰·汉考克

作为大陆会议的主席,约翰·汉考克签署一项命令,委任乔治·华盛顿上校为新的大陆军总司令(尽管汉考克自己也希望赢得这个职位),汉考克的名字已经成为英语中"签字"的同义词。

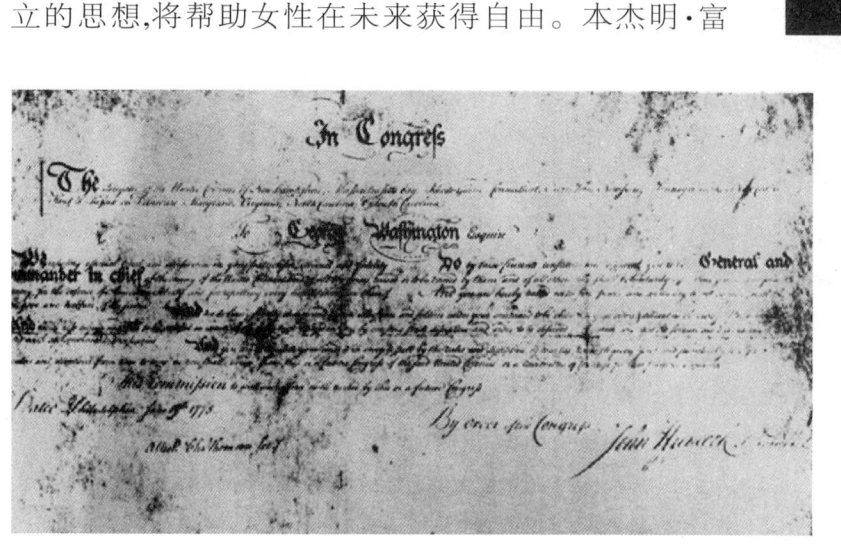

本杰明·富兰克林

塞缪尔·亚当斯

兰克林在那里;还有斯蒂芬·霍普金斯,他来自罗德岛,下定决心不让自己因瘫痪而落伍;佐治亚派出了三名代表;喜欢提问的本杰明·拉什来自宾夕法尼亚;谦逊的罗杰·谢尔曼来自康涅狄格。这些男性的思想和风度能让任何民族引以为豪。但是,在他们所有人当中,最受众人瞩目的还是那几个勇敢活泼的弗吉尼亚人——特别是威严的高个子乔治·华盛顿,他和英国人一起参加过法国—印第安人战争,并且成为一位英雄。当备受尊敬的佩顿·伦道夫因事不得不离开会议之后,他年轻的表弟托马斯·杰斐逊代替了他的位置。

当第二届大陆会议开始讨论时,一封来自波士顿爱国者的信请求大陆会议指挥他们的军队。在列克星敦和康科德战斗过的民兵聚集在波士顿附近,其他人也带着来复枪和火枪从乡村来到那里。如果没有人负责指挥,他们都会回家去。来自马萨诸塞的约翰·汉考克相信他就是承担这份工作的人。他曾经在军队中干过很长时间,而且他用自己的钱支付了大陆会议的一些开支。因此,当约翰·亚当斯站起来提名由谁担任将军时,几乎每个人——特别是约翰·汉考克——都认为汉考克是不二人选。但是,约翰·亚当斯总是做他认为对民族最有利的事情,而不是让他在本地大受欢迎的事情。

"在我心中,只有一个人适合承担这项重要的指挥任务,"亚当斯说,"我想到的这个人来自弗吉尼亚。"在亚当斯说这番话的时候,汉考克的脸沉了下来,而乔治·华盛顿意识到他就是那个来自弗吉尼亚的人,就从房间里冲了出来。全体与会者一致选他担任新的大陆军总司令。他有条件地接受这个职位:他将不领取薪水。这就是华盛顿的伟大之处,对于他认为高尚的事业,他心甘情愿无偿地为之服务。但是,他也知道,自己接受了一项几乎不可能完成的任务。在他离开会议去承担指挥任务之前,他对帕特里克·亨利说:"亨利先生,请记住我现在告诉你的话:自从我着手指挥美洲军队的那一天起,我就要计算自己身败名裂的日子了。"

当华盛顿出发去领导那支军队的时候,他的心情一定很复杂。大陆会议的一些成员仍然不准备与英国决裂,他们再次礼貌地恳求国王(这次被称为"橄榄枝请愿书")。但是国王对他们的请愿书甚至看都不看一眼。现在,约翰·亚当斯决心劝说代表们宣布脱离英国统治。他一次又一次地与他们谈话,终于达到目的。

我们拥有这些真理

如果代表们打算冒这个大风险,他们就需要让它值得冒险。如果这有助于创造一个自由的国家,一个伟大的国家,一个公民自治的国家——这是前所未有的事情,那就值得去冒这个险。因此,他们认为明确说出美洲殖民地必须脱离英国的原因很重要。他们让托马斯·杰斐逊起草一个宣言,解释他们关于政府的信仰;指出乔治国王做错了什么;并且宣布这些美洲殖民地现在是自由、独立的国家。有些人很奇怪,居然让杰斐逊写这个宣言。他是大陆会议里最年轻的成员之一,高高的个子,红头发,有些腼腆;他喜欢阅读、跑步、骑马和拉小提琴。他以自己的好笔头而闻名。"杰斐逊提议让我起草宣言,"约翰·亚当斯讲述道,"我回答说,我不干。你可以写得比我好十倍。"本杰明·富兰克林也表示赞成。于是,这个一脸书生气的弗吉尼亚贵族就在他为自己设计的轻便小桌上写起来,他将拟定美国自由的核心文献。亚当斯是正确的,杰斐逊很清楚该说些什么,而他的表述方式激励了全世界的人们。

托马斯·杰斐逊

> 我们认为以下真理是不言而喻的:人人生而平等,造物主赋予他们若干不可剥夺的权利,其中包括生命权、自由权和追求幸福的权利——为了保障这些权利,政府才得以建立于人类之中,而且必须经被治理者同意,才能获得其正当权力。

约翰·亚当斯给阿比盖尔写信说:"昨天,最伟大的问题确定了,这个问题在美洲一直备

> 这就是《独立宣言》的目标——把有关这个问题的常识摆在人类面前,用语如此平实、坚定,足以博得他们的同意,并且足以证明我们被迫采取的独立立场是合理的。
>
> ——托马斯·杰斐逊

创作这幅漫画的画家对国王乔治三世毫不同情,这个不幸的骑手挥舞着用剑、斧和刺刀做成的马鞭,即将从马上跌落下来,因为"那匹名叫'美洲'的马将要甩掉它的主人"。注意背景中快乐的民兵。

受争议。在人类做出的决定中,它前无古人,后无来者……一个决议获得通过,没有一个殖民地表示异议,那就是'这些联合殖民地是自由和独立的国家,而且按照法律理应是自由和独立的国家'。将这两个国家永远分离是上天的旨意。"

《独立宣言》建立在这个如此大胆的观点之上,这在以前的政府中简直闻所未闻。建立政府不是为了国王的幸福,而是为了被统治的人民的利益。政府统治应该获得"被统治者的同意",杰斐逊的话很值得一读再读,尤其是"人人生而平等"这一句。这是什么意思?我们所有人都是一样的吗?看看你四周,我们当然是不一样的,有些人更聪明,有些人是优秀的运动员,有些人长得好看一点,有些人更优雅。但代表们说,这些都无关紧要;我们所有人在上帝眼里都是平等的,我们都被赋予了平等的权利。当杰斐逊写下"人人生而平等"的时候,他没有提到女性。他是否打算把女性包括在内呢?没有人知道;也许他没有这个意思。但是,我们确实知道,在18世纪,"人"(men)和"人类"(mankind)这两个词都包括男人和女人。当他说"人人"的时候,他的意思是否也包括黑人呢?历史学家们直到现在都在争论这个问题。杰斐逊自己就是一个很复杂的人——他认为奴隶制是错误的,但他又是奴隶主。不过,《独立宣言》与时俱进,这才是它的重要意义所在。现在,当全世界的人们读到《宣言》里的词句时,他们会把这些理解为所有人——男人、女人、孩子——不论他们的肤色和信仰。

1776年7月4日,这些美洲殖民地投票正式通过《独立宣言》(纽约除外,它到7月15日才批准)。在第一份单面印刷的《独立宣言》上,只有大陆会议的主席约翰·汉考克和秘书查尔斯·汤姆森的签字。汉考克的签名是很大的黑体,"这样国王不用戴上他的眼镜也能看了。"他说。其他人后来到8月2日才庄严地签上字。所有人都知道,如果他们的军队战败,他们将被处以绞刑。弗吉尼亚的本杰明·哈里逊(与会者中个子最大的人)试图来点幽默,他开玩笑地责备马萨诸塞的埃尔布里奇·格里(他们当中个子最小的人)说:"当我们大家因为今天做的事情而被吊死的时候,格里先生,我会比你更占优势。凭着我的个头和体重,我几分钟内就能死掉;但是你那么轻,你将被吊在空中挣扎一两个小时才能完结。"

不过,他说这番话是在单面的《独立宣言》印刷好一个月之后。这些《宣言》刚刚印好,还带着热气,就被塞进马鞍包里,迅速送往十三个殖民地。它们在五天之后被送到纽约城,并向华盛顿率领的军队宣读,士兵们听完《独立宣言》,大声欢呼着把帽子扔到空中。那天晚上,乔治国王的一尊金属雕像被推倒、熔化,变成了一粒粒子弹。7月19日,《独立宣言》到达波士顿,房屋粉刷匠汤姆·克拉夫茨走上马萨诸塞议会大厦前面的一个方形小阳台,向众人大声朗读《宣言》。他以单调的新英格兰腔调开头:"在处理人类事务的过程中……"当他读完之后,下面响起一个声音:"上帝保佑美国。"人群发出欢呼声。阿比盖尔·亚当斯也在人群中,她在给丈夫约翰的信中写道:

> 钟声敲响,武装民船燃响大炮,加农炮也开火了,接下来是排枪,每一张脸上都洋溢着喜悦……晚餐之后,人们从州议会中取下国王的盾形纹章,以及他在所有地方的一切纪念物,然后把它们都烧掉……就这样结束了国王在这个国家的统治。所有人都应该说一声"阿门"。

现在,殖民者们再也不能回头了。

汤姆·克拉夫茨站在波士顿的马萨诸塞议会大厦阳台上,大声宣读《独立宣言》。屋顶山墙两侧的狮子和独角兽雕塑都是王权的象征。

第二章 革命

《独立宣言》产生了作用。1776年7月4日,我们美国人向世界宣布,我们自由了。然后我们就得把这变成现实。英国不打算不经过战争就拱手奉送宝贵的殖民

地。我们拥有一个革命观点:人民能够组成自己的政府,进行自治。那似乎并没有什么不同寻常之处,但是此前却没有人在一个大国尝试过这种观点。民主政体真的能起作

早在1754年,一些美洲殖民者就谈起过联合的事情。那一年,来自七个殖民地和六个易洛魁部落的代表在纽约的奥尔巴尼开会,宾夕法尼亚的本杰明·富兰克林起草了一个"联合计划",获得正式通过。上面漫画中的蛇告诉殖民地,他们需要做出抉择,"要么联合,要么灭亡"。左边是《1778年莫莉·皮彻在新泽西的蒙茅斯战役中》。在那次战役中,的确有一位帮助点燃加农炮的莫莉,还有一位给军队送水的莫莉。现在,历史学家们仍然不能确定,她们是否为同一个人。

用吗?普通民众是否有足够的判断力选择英明的领袖?为了防止多数人或者少数人的暴政,我们能够采取什么预防措施?要获得这个试验机会,就必须发动战争,这场战争就是美国独立革命。

这是一场人民的战争。参加战斗的并不只有男性,女性做了她们以前从未做过的事情,她们管理农庄,照看生意,为士兵缝补衣服,并且帮助制造火药和炮弹。孩子们也参加了战争,制作弹药筒、军包和军队配给。有一些女性还扛起了枪杆子。一名英国军官告诉他的将军说,如果美国的所有男性都被杀死了,"光是征服美国女性就够我们受的"。一名英国士兵在家信中写道:"甚至在服装上,女人们似乎都表现出对我们的蔑视……在她们的鞋子上(她们穿着)某种东西,类似于他们那面带十三个条纹的旗子。"当玛格丽特·科尔宾的丈夫上战场时,她才二十三岁,她也跟着一起去了。丈夫牺牲后,"莫莉"·科尔宾站到了他的加农炮旁,不断开炮。另一位"莫莉",即莫莉·海斯,也填补了她丈夫在一门加农炮旁的位置,并且在枪林弹雨中躲闪着,为干渴的士兵送去水罐,她以"莫莉·皮彻"而闻名。黛博拉·桑普森把自己装扮成男子,在军中服役三年,两次受伤,为了不让人发现自己的身份,她就自己包扎伤口。

但是平等的工作并没有让女性获得真正的自由。她们在法律上受其父亲或丈夫统治,也不能通过投票改变现状。阿比盖尔·亚当斯在写给她丈夫约翰的信中说:"虽然你们宣布给予男性和平与友好,你们却坚持保留对妻子们的绝对权威。"没有获得自由的并不只是女性。在阿比盖尔给约翰的另一封信中,她写道:"我一直认为,如果我们参加战斗的目的,是为了每天剥削那些与我们一样有权获得自由的人,那么这就是一件最不公正的事情。"她说的就是奴隶和奴隶制。

非洲裔美国人的情况如何呢?据说在独立战争期间,大约有五千名黑人男子和男孩在美国这一方作战。一名红衫军写道:"没有看见一支不包括大量黑人的队伍,并且黑人士兵中不乏身强力壮、骁勇善战者。"

有些黑人与亲英的效忠派一起作战。英国在弗吉尼亚的帝国总督邓莫尔勋爵宣布:"所有契约奴、黑人和其他人……如果能够而且愿意扛上武器,参加国王陛下的军队,以便更快地将这个殖民地变成向陛下效忠的地方,他们就能获得自由。"大约三百名黑人组成"皇家埃塞俄比亚团"。他们佩着白色的绶带,上面写着"解放奴隶"。一名弗吉尼亚军官崇敬地写道:"他们像英国人一样战斗、流血和牺牲。"

阿比盖尔·亚当斯生育了三个儿子和两个女儿,她将孩子们抚养成人(当她丈夫担任巡回法官的时候,她经常是独力养育孩子)。约翰成为一名政治家和领袖后,她又投身于丈夫的政治生活中。她写道:"这是一个天才希望生活的时代,伟人不是产生于静如止水的生活,也不是产生于一个安乐的和平国家。"

创作这幅素描《正在工作的监工》的画家是本杰明·拉特罗伯,华盛顿特区国会大厦的建筑师。画中描绘了一片新开垦的土地:奴隶们正在刚刚清理出来的地里用锄头挖土,旁边还兀立着一个个树桩。

在南方,黑人的人口往往超过白人,因此许多白人不希望黑人拥有武器,他们害怕爆发奴隶起义。于是,在打响第一次战役一年之后,白人就做出规定:黑人不能参加大陆军,不管他是自由人还是奴隶。乔治·华盛顿说,应该允许已经参战的自由黑人士兵再次参军。否则,黑人将被排除在外。随着战争的深入,一些人开始认识到这一政策的荒谬。到1777年夏天,新英格兰民兵再次使用黑人士兵,并且允诺给他们自由;罗德岛有两个黑人军团;一些南部州起用黑人担任领航员,甚至船上的炮手。

为什么非洲裔美国人要为一个允许奴隶制存在的国家战斗呢?这真的是一场争取自由和平等的战争吗?《独立宣言》里的话写得很高尚,但是它们会受到认真对待吗?这就是某些存在分歧的地方。在每一场战争中,都会出现如同响尾蛇和蝮蛇一样狠毒的人,这次战争也不例外。美国独立战争中也有一些可怕的故事。但是,对于每一个背信弃义和奸诈的故事,都有其他牺牲和勇气的故事与之相对。在那些想要改变现状并且愿意为此而战斗的美国人(包括不同的年龄、性别和肤色)中,都有一个核心思想:他们是在为创造一个以自由与公正为基础的国家而战斗。

詹姆斯·福腾

詹姆斯·福腾，一位自由、正直的费城公民。

修帆工学徒詹姆斯·福腾十四岁时，外面正在打仗，他也想参加战斗。就像所有费城人一样，他也见过乔治·华盛顿与本杰明·富兰克林；听说过"人人生而平等"的话。他认为值得为这些话而战斗，于是就签字加入武装民船"皇家路易斯"号。殖民地拥有小规模的海军，但是，与强大的英国舰队相比，它们还远远不是对手。真正打击英国人的是民船。大陆会议允许它们攻击英国船只，并且可以保留由此获得的任何利益。詹姆斯·福腾成为一名弹药童，这是非常危险的工作。18世纪的船只都是木制的，容易着火。大炮架在甲板上，但是弹药却存储在下面，因为那里更易于保持干燥，不容易发生事故。战斗开始后，必须有人不断给大炮送弹药，这就是弹药童的工作。弹药童必须个头小，动作快，一直从船的楼梯或船舱的升降口跑上跑下，哪怕炮弹就落在周围、人们在痛苦地叫喊，也不能害怕。

詹姆斯第一次出航就发生了这样的事情。"皇家路易斯"号遇到一艘英国船，双方展开了激烈的战斗。但是，当"皇家路易斯"号回到费城的时候，却押着那艘俘获的英国船。差不多全城的人都出来欢迎他们凯旋而归。詹姆斯·福腾尝到了被当作英雄的滋味。当英国船被出售之后，他也得到了自己的那份收益。然后，他就与其他幸存的船员修好了他们的船，又回到海上。这次他们运气不好，詹姆斯和他的同伴被抓到英国船上，成了囚犯。现在，詹姆斯特别担忧一件事情。在费城，他是一个自由人，但是他知道，英国人常常把黑人囚犯卖给西印度的奴隶贩子。船长会怎样处置他呢？

船长恰好有一个儿子，年龄和詹姆斯差不多。当那个英国男孩看见这个少年囚犯在玩弹球时，他也想玩。詹姆斯打了英国孩子，但是詹姆斯非常招人喜欢，船长的儿子要求他父亲把詹姆斯带到英国，并且释放他。船长说，如果詹姆斯断绝与美国的关系，就可以释放他。但是詹姆斯·福腾根本不考虑这个条件。他是一个美国人，他说："我不会做一个背弃祖国的叛徒。"他就是那样说的。在接下来的七个月中，詹姆斯被关在一艘拥挤、散发着恶臭的囚船上，直到通过战俘交换获释。最后，他回去继续他父亲的生意，成为费城最成功的制帆商之一，黑人和白人他都雇用。他帮助建立了一个反奴隶制组织，成为非洲卫理公会的一名领袖；他支持女权与和平运动；并且扮演了沟通黑人与白人社团的角色，是一位受所有人尊敬的公民。

18世纪的世界就像一架梯子，每个人都站在特定的阶梯上，每个人都知道他或者她的位置。你总是带着要么尊敬要么鄙视的眼光看待别人。平等将从侧面撞击那架梯子。大多数男性和女性都认为，如果人们不知道自己的地位，社会就会分崩

右图：在邦克山战役中，两位非洲裔爱国战士正蹲伏着给火枪装子弹。其中一位可能是塞勒姆·普尔，他因为自己在查尔斯顿的勇敢而受到赞扬。

离析。他们是正确的,他们了解的那个社会——那个阶梯社会——将被"人人生而平等"这句话摧毁。没有人知道它会通向何方。如果认真对待平等观念,涉及人际关系的一切事情就必定会改变。平等将会实现——但不是在一夜之间。

萨拉托加

柏高英将军

1777年6月,当一支英国大部队(九千五百名士兵和一百三十八门加农炮)从加拿大向南进军时,许多旁观者都认为叛乱将很快结束。率领这支军队的是英国最有趣的军官之一、约翰·柏高英将军,他以"绅士约翰尼"而闻名。柏高英性格桀骜不驯,是一个酒徒、赌徒、演员和剧作家——也是一位相当优秀的将军。"我一向认为,要展开强有力的军事行动,哈得孙河是整个大陆最合适的位置。"他写道,"因为这条河非常有利于给整支部队运输全部给养,要实现切断南北交通这一重要目标,它恰好就是军队应该占领的路线。"如果柏高英能够占领哈得孙河地区,他就会阻断新英格兰和纽约与其他殖民地的联系。于是,他率领部队,顺着尚普兰湖与哈得孙河,乘船向纽约的奥尔巴尼进军。他的同僚豪将军本应该从纽约城沿着哈得孙河北上,朝奥尔巴尼进军。另一支英国军队则应该从西边赶过来。柏高英计划把美国军队团团围住,就像用三个手指头捏碎一只虫子那样消灭美军。

但是,豪将军决定朝费城而不是奥尔巴尼进军,而且西边那支军队也没有开到东边来。尽管如此,柏高英仍然继续执行他的计划——不过是孤军作战。他顺着尚普兰湖航行,夺回了提康德罗加港,两年前,这个港口被爱国者占领。接着,"绅士约翰尼"便继续朝爱德华港进军。当爱国者们看见他的军队开过来的时候,他们就放弃了港口——但是却找到了另一种战斗方式,美国人把树砍倒,扔得路上到处都是。英国人带着马车和沉重的大炮,这样一来,就减慢了他们前进的速度。美国人像印第安人那样,在丛林中狙击英国军队。那些小规模的游击战让红衫军们一直处于紧张与恐慌之中。

最后,英国军队终于到达萨拉托加。现在,柏高英面临一个重大的抉择,萨拉托加紧靠着奥尔巴尼北边的哈得孙河。那里的美军由霍雷肖·盖茨将军指挥。从萨拉托加到奥尔巴尼的道路夹在哈得孙河和高耸的群山之间,盖茨把他的军队部署在一个俯瞰大路的绝壁高处,为美军服务的波兰军事工程师塔丢次·考斯丘什科上校挑选出这个地方,用大炮加以巩固。柏高英可以率领军队走崎岖小道,或者向高处要塞上的美军进攻。他选择战斗,美国人也是如此。美国农夫们涌入这个地方,不久,爱国者的队伍就达到了英军的三倍。美国农夫都是神枪手。战斗并不激烈,英国在萨拉托加损失了大约六百名士兵,美方的伤亡人数为一百五十人左右。1777年10月17日,不可思议的事情发生了:柏高英率领全部军队投降。欧洲士兵被押到波士顿,送回英国。美国人欢呼雀跃。法国人认定,如果法国人出手相助,美国人也许可以获胜。但是战争并未结束。

盖茨将军

通向胜利的漫漫长途

战争持续了一年又一年,一共持续了八年。英国拥有世界上最可怕的军队,而一群小殖民地居然企图与强大的不列颠帝国战斗,这真令人惊异。起初,华盛顿将军处处不顺。1776年秋,英军总司令威廉·豪爵士将军一路追击美国军队,把他们驱赶到新泽西,然后又驱赶到宾夕法尼亚。但是,欧洲人不喜欢在冬季打仗,威廉爵士就把部队驻扎在纽约城过冬,他和他的军官们经常在这里和效忠派举行宴会。

与此同时,乔治·华盛顿却在制定计划。圣诞前夜,天寒地冻,华盛顿让马萨诸塞的船夫悄没声息地把他的士兵运过特拉华河,从宾夕法尼亚回到新泽西。想象一下,一条条小船冒着雾气,渡过一条布满巨大冰块的河流。在新泽西,德国雇佣军(他们被称为黑森人,是雇来为英国打仗的)正在庆祝圣诞节,一个个喝得酩酊大醉。还

在萨拉托加,当红衫军消耗完粮草后,他们被迫一战。这次战役中有一位英雄是本尼迪克特·阿诺德将军,他是一名杰出的战士——但是他后来叛逃到英国那一方,他的名字成为"背叛者"的同义词。

画家伊曼纽尔·勒茨打算让《华盛顿渡过特拉华河》(1851年作,这是一幅复制品)成为感人的巨作(画幅宽达六点五米):天空呈现出不自然的明亮,并且还有一道红、白、蓝相间的彩虹。在华盛顿将军旁边举着旗帜的詹姆斯·门罗上校后来也成为总统。

没等这些德国人回过神来,他们就成了美国人的俘虏。一周之后,华盛顿率领军队朝新泽西的普林斯顿进军,只留下几个人照看营火,做出部队驻扎在营地的假象,愚弄敌人。他们在普林斯顿打了一场突袭战,大败英国军队。虽然这些不是重大胜利,但却大大鼓舞了美军士气。

接着,到1777年,英国占领费城,大陆会议成员不得不逃离这座城市。这是一场耻辱。华盛顿把部队开到距离费城二十九公里的一个地方,叫做福吉谷。他们12月抵达此处,那时大地上覆盖着皑皑白雪。士兵们走了很远的路,许多人都衣衫褴褛。几天之后,附近的河流便结上坚冰,刺骨的寒风也开始刮起来。那里没有可供军队宿营的建筑物,士兵们搭起帐篷,用树枝、木头和灰泥建造棚屋。想象一下:两千座棚屋顺着街道排列,好像一个村庄,屋里是泥土地面,墙壁到处漏风。这样你对福吉谷的建筑就有一个大致的概念了。

> 我无法让自己的目光离开那张庄严的面孔,那上面最明显的表情是沉静的尊严,你可以从中觉察到这位爱国者强烈的情感,他是士兵的统帅,也是父亲。
>
> ——一个年轻的法国人
> 描写在福吉谷的乔治·华盛顿

如果你看一看地面,你也许会发现血迹。有些士兵没有鞋子,他们的脚趾冻僵了,在地上留下血印。现在,再给这个场面加上饥饿和污秽的衣服,而且几乎没有毯子。你是否开始了解那个可怕的冬天?康涅狄格的阿尔比金斯·沃尔多大夫是在福吉谷服务的一名外科医生,他在日记中写道:"12月12日,我们接到渡河命令——天上下着雪——我生病了——什么都没吃——没有威士忌——没有行李——上帝啊!上帝啊!上帝啊……12月14日,食物很差——住处环境恶劣——天气寒冷——疲劳——衣服很脏——我有一半的时间都在呕吐。我受不了……送来一碗牛肉汤,上面漂着烧焦的叶子和泥土。"

是什么让这些人坚持到底?在福吉谷没有发生战役,但是却发生了一些惊人的事情。有一种精神在此得到升华。坚持度过那年冬天的人结成一个整体——强大、自信,并且为他们自己和他们的国家感到自豪。华盛顿将军和他们一起待在福吉谷,把他的指挥部设在附近一座拥有四个房间的石头房子里。他的榜样让士兵们肃然起敬。在那里,经常可以看见华盛顿的妻子玛莎挎着一只篮子,无论什么时候,都尽可能地送来食物、袜子和激励。冯·施托伊本男爵从德国来到这里做美国人,他是一位熟练的教官,他开始把一些军事技巧教给士兵们,每次训练一百人。不久,美军就能够行军和演习,装弹和开枪,使用刺刀,并且能够对复杂的指令做出回应。

华盛顿委任纳撒内尔·格林将军为军需官,负责给部队提供补给。格林走遍乡村,找到了储藏的食物和供给,并把它们运到福吉谷。到了春天,福吉谷就有充足的食物和衣服了。

一个天翻地覆的世界

战争没有丝毫结束的迹象。英国拥有更多的士兵、枪支和战斗经验。但是美国人却有一个很大的优势:他们坚信自己的理想。在英国,这场战争并不受欢迎。军费开支巨大,而且战争持续时间越长,它就越不受欢迎。此外,英国的军事领袖试图指挥几千英里之外的战争,这样做的效果从来就不好。接着,美国人又在萨拉托加大获全胜,此后,北部的战争就陷入了僵局。打持久战对美国人来说是一种胜利;而英国人要想获胜,就得真正把叛军打败。

因此,到了1778年,英国将军们便试图采用一种新策略:他们向南部进军。他们相信,南部的效忠派会帮助英军士兵。在一位能干的新指挥官查尔斯·康华里领导下,他们似乎会取得胜利。在南卡罗来纳的查尔斯顿,一名美国人描述了英国人的进攻:"看起来,似乎天上的星辰都要滚落下来,炮弹在我们中间呼啸着,弹壳不断地'嘶嘶'作响,弹药在爆炸,大炮在开火,受伤的人在呻吟。"

英国人以为自己征服了南部，但是爱国者们不会让他们得逞。美国人组成了游击队，就像印第安人那样作战——以小股军队展开奇袭战。"我们战斗，被击败，站起来，又重新投入战斗。"纳撒内尔·格林说。英国人不断赢得战役，然而他们似乎却在失去这场战争。他们无法结束战争。

然后，到了1781年，军队开始在弗吉尼亚集结，每个人都知道将会有一场重要的大战。战斗发生在约克敦河港，位于弗吉尼亚的切萨匹克湾附近。在萨拉托加大捷之后，法国人站在美国一方也参加了战斗。他们忌恨英国人，不想让其控制殖民地。法国的德·格拉斯海军上将率领一支由二十八艘船组成的舰队，向约克敦航行。

华盛顿和法国将军罗尚伯爵正在罗得岛。他们决定把部队向南开到差不多八百公里外的约克敦。随着他们的前进，不断有人加入队伍，部队由九千六百名士兵增加到一万六千名。部队用没有任何掩护的木筏、驳船和小船渡过哈得孙河，然后一名法国军官写道："只要敌人稍微大胆和能干一点，他们本来是可以抓住机会的。"奇怪的是，美军居然未受攻击。部队加快行军速度，当他们到达约克敦的时候，受到了三位军队领袖的欢迎：德·拉法耶特侯爵，一个英勇的法国年轻人；冯·施托伊本男爵，富有献身精神的职业士兵；还有勇敢的安东尼·韦恩将军，他非常大胆，赢得了"疯子安东尼"的绰号。他们给华盛顿将军带来了好消息。

> 如果金凤花"嗡嗡"叫着追逐蜜蜂；
> 如果船只在陆地上航行，教堂建在海上；
> 如果马儿骑着人，青草吃着奶牛；
> 如果猫咪也被老鼠赶进洞里；
> 如果妈妈们为了半个克朗把宝宝卖给吉普赛人；
> 如果夏天变成春天，四季逆转循环；
> 那么世界将会天翻地覆。
>
> ——传统民歌《天翻地覆》

德·格拉斯海军上将和他的舰队已经开进切萨匹克湾，与英国舰队展开战斗，并且将他们逐回了纽约。不仅如此，德·格拉斯还带来一支能够在陆地上作战的部队。当华盛顿听完所有这些消息之后，他脱下自己的帽子，扔到空中，高兴得跳起来。以前谁也没见过这位威严的将军做过这样的事情。然后，法美联军就开进了约克敦，挖掘战壕，准备战斗。英国人根本没有取胜的机会，他们军队的人数没有对方多，而且已经陷入重重包围。1781年10月17日，康华里投降。英国在美洲的冒险在约克敦终结了，大约三百年前，他们就是从距离此处四十多公里左右的詹姆斯敦开始对美洲进行殖民的。

两天之后，美国士兵自豪地站成一列长队，他们对面站着喜气洋洋的法国士

1786年,约翰·特朗布尔创作了《康华里在约克敦投降》的草稿(在他最后定稿的画里,马头是朝着前方的)。秃头的英国军官查尔斯·奥哈拉准将向华盛顿(最右边骑马者)交出他的剑,但是华盛顿也许对康华里没有亲自前来而感到生气,便命令他把剑交给了右前方的本杰明·林肯准将。

兵。英国和德国士兵从他们中间走过。这些被打败的人试图做出昂首挺胸的样子,但是,当他们放下自己的武器时,许多人都哭了。军乐队演奏着一支古老的英国曲子《天翻地覆》,世界的确是变得天翻地覆了。就像大卫反过来痛揍哥利亚一样,一个超级大国被一个突然冒出来的殖民地击败了。大胆的试验即将付诸实施,一个国家将建立在自由与平等观念之上,一个国家将由法律而非国王统治。美国的十三个崭新的州将采用一枚很大的印章——你可以在每一张美元钞票上看到。这枚印章的一面印着拉丁文"e pluribus unum"——意思是"合众为一",标志着各州的联合;另一面印着"novus ordo seclorum",意思是"时代的新秩序"。

康涅狄格州　新罕布什尔州　马里兰州　纽约州　弗吉尼亚州　南卡罗来纳州　北卡罗来纳州

马萨诸塞州　宾夕法尼亚州　罗得岛州　新泽西州　特拉华州　佐治亚州

合众国？

　　革命者的工作是推倒和摧毁旧秩序，但革命者往往不是优秀的建设者。我们很幸运，在美国独立革命中产生了擅长建设国家的人。不过，刚开始的时候，这十三个州似乎很难相处，他们显然不够团结。每个州都印制了自己的钞票，制定了自己的法规，并且起草了自己的宪法。每个州都开始自己征税：纽约向来自新泽西的货物征税，新泽西也向来自纽约的货物征税。在费城和纽约，报纸报道了一场试图从以前的殖民地建立起三个独立国家的运动。在英国，人们正在传言，说美国人不久便会恳求英国收回北美殖民地。新国家不是从我们现在拥有的宪法开始的，美国的第一部宪法被称为《邦联条例》，它根本就起不了很好的作用。

　　美国公民害怕政治权力。他们与国王和议会之间有过不愉快的经历，因此他们走向了另一个极端。他们不赋予国会太多做事情的权力。没有总统，只有国会主席，而且他也做不了多少事情。1781年，美国人面临着创建政府过程中最艰巨的一个问题。你怎样为每个人都提供自由，让政府拥有足够的权力来完成各项事务，并且制定法律来保障每个人的权利？当你成为一个法制社会的一部分时，你的确不得不放弃某些自由和权力。问题在于，应该放弃多少？美国人刚刚为了自由而艰苦战斗过，他们根本不打算放弃太多。他们走得太远了——不过他们学到了教训。

　　在《邦联条例》之下，中央政府的权力太弱了。每个人似乎都明白这一点，在大多数情况下，各个州甚至不会派代表到费城的国会会议上投票。然后，到了1783年，国会被自己的军队赶出了费城，因为它没有向军队支付军饷。但是国会没有钱支付军饷，也没有权力通过征税来筹集资金。美国人花了六年的时间才创造出一个能够运转的政府。起初，以前的殖民者甚至都不知道该如何称呼自己，他们有的把我们国家称为"美利坚联邦"（American Commonwealth），有的称为"美利坚邦联"（American Confederation），有的谈到了"联合州"（united states），只有少数人说"合众国"（the United States）。大多数人仍然首先把自己看作他们所生活的那个州的公民，经过很艰难的时光，才接受了把国家看得比他们所热爱的州更重要的观点。他们甚至不喜

各州自行其是

当战争仍在继续的时候,很少有人想到以后会发生什么,他们只知道自己想要自由。但是,大陆会议的成员明白,必须有人为将来进行规划,于是他们建议每个州都起草一部宪法。大多数州都曾经是英国皇家的殖民地,拥有皇家总督和皇家宪章。现在他们需要新的法规和统治者,他们不希望美国的任何事情与权力太大的英国国王或英国国会相似。于是,他们起草的州宪法把州议会(有时候也叫做"议院")、地方长官和法院的权力分开。他们把这称为"权力分化"。想象一棵树拥有三条主要枝干:议会是立法分支,地方长官是行政分支,法院是司法分支。州宪法试图平衡三者的权力,这样任何一个分支的重要性都不会超过其他两个分支。他们为许多细节担忧。当美国人起草州宪法的时候,他们讨论了言论和新闻自由、宗教自由(他们称之为"良心自由")、多数票改换政府的权利、选举权(大多数州都废除了必须拥有财产才能参加选举的条件)、免费教育和奴隶制。这是未来的国家宪法起草者的热身练习。

这些讨论是有关政府的新思想的开端。每个州的宪法都有权利法案。弗吉尼亚州的权利法案由乔治·梅森起草,是其他许多权利法案的模范。它规定,政府的所有权力都"来自于人民",选举是自由的,"没有获得公民或者他们的代表同意",不能随便向公民征税。然后,这部权利法案还保障每个自由人都有权利接受公正的审判,免遭不合理的逮捕。弗吉尼亚州权利法案给英国人享有的权利基础上增加了一项新内容——宗教自由。乔治·梅森写下了一个保证宗教宽容的条款。托马斯·杰斐逊的一位年轻的朋友詹姆斯·麦迪逊建议,把"宽容"一词换作"宗教的自由实践"。

政府应该以书面文件的形式保障自由和平等机会,这是一种全新的观念。以前没有任何一个国家尝试过,因此也没有先例可依。詹姆斯·麦迪逊写到州宪法的时候说:"看到自由的居民一直在商讨一种政府形式……自从开天辟地以来,这还是第一次。"从这一点开始,美国的大部分历史都将成为一种试验。我们将尝试新的观念,有时候会犯下可怕的错误,但是目标保持不变:人人享有自由和平等。

欢"国家"(nation)这个词,他们把它称为各州的"联合"(union)。

费城的一次欢迎仪式

每个人都同意,费城是美国最具有现代性的城市,可能还是全世界最具有现代性的城市。波士顿狭窄、曲折的街道让人联想起欧洲的古老城市。但是费城拥有笔直、宽阔的大街,它们互相交叉,形成优美、方正的街区。每个街区都均匀地分布着水泵,大街上的路灯一共有六百六十二盏,它们照亮了这个城市的夜晚。费城的街道铺着鹅卵石或者砖块。有些人抱怨马蹄踏在石头上发出的噪

这是费城最堂皇的建筑,从左到右分别为:美国圣公会学院、县法院、州议会、美国哲学学会、图书馆公司大厦。下图是1794年的费城地图,它展现了这个城市的方块格局;费城是最早以这种方式设计的城市。

音,不过他们也不得不承认,这比晴天满是灰尘、雨天遍地泥浆的土路强得多。费城甚至还有人行道,边上竖着柱子,保护行人不受车辆伤害,因为城里有很多车辆。在1787年,拥有四万人口的费城是北美洲最大的城市,这是一个自豪的城市。毕竟,这里有七千幢房屋,三十三座教堂,十家报纸,两个剧院,一所大学,一家博物馆,还有一个模范监狱。

1787年5月13日,华盛顿将军骑马来到费城,参加为新国家起草新宪法的

会议,这时,似乎全城的四万居民都出来向他欢呼了。在参加会议的五十五位代表中,他最受爱戴。所有代表都是能干、坚决的人。他们不得不在那个酷热的夏天制定宪法。开会的地方没有纱窗,天气热得可怕。城里的苍蝇和蚊子直接透过代表们的长筒丝袜叮咬他们。不过,费城仍然是一个令人兴奋的地方,就像大城市通常的情况那样。那年夏天有一幕场景,就是年老体衰的本杰明·富兰克林坐在轿子里来来去去,因为他的痛风病让他行走困难。这顶轿子是他从巴黎带来的,独立战争期间,他在那里担任驻法国公使。一名来自佐治亚州的代表威廉·皮尔斯对富兰克林感到非常吃惊,"(他是)最杰出的人,他是我遇到的最善于讲故事的人,"他说,"他的精

力与一个二十五岁的年轻人差不多。"

但是,成为"宪法之父"的却是三十六岁的詹姆斯·麦迪逊,来自弗吉尼亚。是麦迪逊而不是其他人把会议组织起来的。他个子矮小,说话声音柔和,曾有人描述他"个头不超过半块肥皂",但他却拥有这个国家最聪明的头脑。威廉·皮尔斯记述道:"最不同寻常的是,每个人似乎都承认他的伟大。讨论任何一个观点,麦迪逊先生都总是挺身而出,成为最见多识广的人。关于合众国的事务,他拥有的知识很可能比这个国家的任何人都正确。"(托马斯·杰斐逊和约翰·亚当斯不在场,两人都在欧洲担任大使。)

代表们在许多问题上产生分歧,但大多数问题都与权力有关:谁应该拥有权力?应该拥有多少权力?有些代表支持各州拥有强大的权力,其他人则赞成建立一个强大的全国政府,还有一些人希望二者均衡。联合与争论是制定宪法过程中的一部分。

詹姆斯·威尔逊在《印花税法》危机期间从苏格兰来到美洲,是来自宾夕法尼亚的一位备受尊敬的代表。当南卡罗来纳州州长约翰·拉特利奇的船停泊在费城时,一条来自詹姆斯·威尔逊的消息已经在等着他,邀请拉特利奇住到他家里去。他们的友谊令人吃惊,也许彼此都钦佩对方做律师的技巧和智力吧。"利益是国家的主导原则。"拉特利奇说。他说的利益意味着财产,而财产包括奴隶。从政治立场上说,威尔逊站在与他相反的一方,对他而言,人民和他们的个人权利比财产权更重要。他反对奴隶制,支持民主。但他和拉特利奇却是朋友。并非每个人都相信民主,这个词在 18 世纪的意义与现在不同。许多人觉

罗杰挽救大局

罗杰·谢尔曼

看起来,代表们似乎永远也写不出一部宪法来。在有个问题上,每个人都坚持己见,这个问题与新政府的立法机构——国会有关。争论存在于大州和小州之间。最初的计划要求根据各州的人口确定议员人数,但这意味着人数最多的州拥有的议员也最多。与之相反的计划要求每个州都应该拥有人数相等的议员,这意味着人口为五万九千的特拉华州与人口达六十九万二千的弗吉尼亚州拥有同样多的议员。这是否公平?任何一方都不肯让步。制宪会议需要一个判断力强、说话言简意赅的人,他就是罗杰·谢尔曼。托马斯·杰斐逊是这样描述他的:"那是来自康涅狄格州的谢尔曼先生,他平生从未说过一句蠢话。"

罗杰·谢尔曼提出一个折中的方案,即:立法机构的一个议院应该反映各州的人口,这就是众议院;另一个议院应该让每个州拥有人数相等的代表,那就是参议院。就这样,一个简单的解决方法意味着一部宪法将会诞生。

得"人民"不可信赖;他们害怕民众的暴动,认为只有地主和受过良好教育的人应该有选举权。

威尔逊还有一些别的想法与其他大多数代表不同。他对各州不太关心,他认为这个新生的国家更加重要。

亚历山大·汉密尔顿也没把各州的权力放在心上——但是理由和威尔逊不一样。他那时三十五岁,纽约人,也是最聪明的代表之一。在独立战争期间,他曾是华盛顿的一名参谋。汉密尔顿想要一个英国式的政府,他认为那是最好的模式。他相信总统应该终身任职——就像国王或者皇帝一样。汉密尔顿想要一个强大的中央政府。

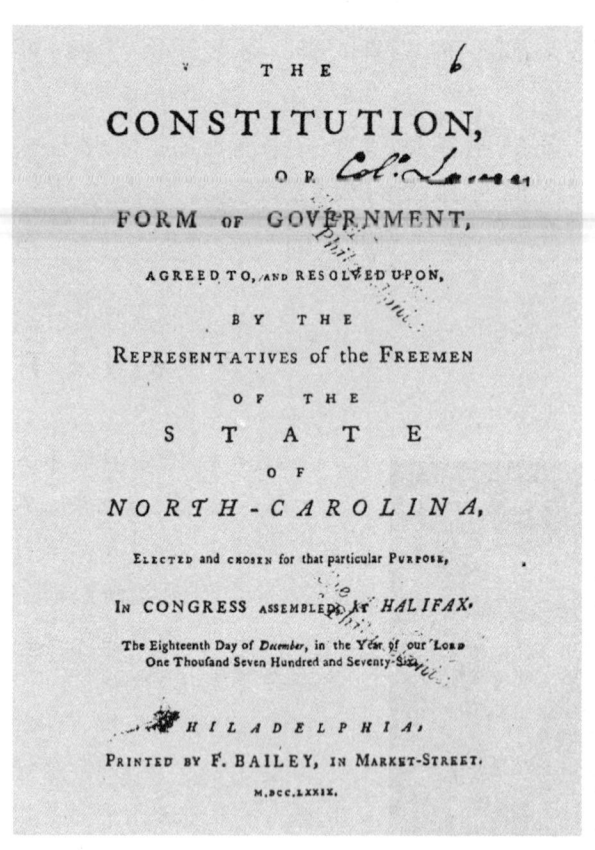

《美国宪法》的部分精神是以各州宪法为基础的。这份北卡罗来纳州的宪法属于本杰明·富兰克林。

特拉华州的约翰·迪金森起草过《邦联条例》,他支持建立强大的州政府。他想要一个邦联,一个邦联就是由互为伙伴关系的各州组成的一个政府,每个州都拥有自己的所有重要权力。这就是《邦联条例》的观点,各州拥有更高的权力,中央政府主要发挥顾问的作用。一个联邦——麦迪逊想要的——则在中央政府和州政府之间实行权力分割,做到这一点很不容易。美国就是一个联邦,华盛顿的中央政府拥有最强大的权力,但不是所有权力,各州也拥有重要的权力。我们现在的华盛顿政府没有汉密尔顿希望的那么强大,各州的权力也没有迪金森希望的那么强大。《美国宪法》是妥协的产物,双方都做出一些让步,同时又都有所收获。这也许是历史上达成的最佳妥协。

我们,合众国的人民

《美国宪法》的开篇部分叫做"序言",是一位名叫古维纽尔·莫里斯的宾夕法尼亚人撰写的。当宪法差不多拟好之后——经过一次又一次辩论、一次又一次修改——他们就把宪法交给莫里斯,由他来润色文字。大家都知道他妙笔生花。他将二十三项决议浓缩成七个条款。莫里斯有时候说起话来没完没了,能一口气讲几个小时,但是在写宪法的时候,他笔下却没有一字赘言。

代表们做出的第一项决议是为新国家确定一个国名。大会正式采用了"美利坚合众国"这个名称,接着代表们又同意对政府实行立法、行政和司法三权分立。这是麦迪逊的《弗吉尼亚方案》的一部分,建立在英国政府方案的基础上。立法分支就是制定法律的机构,即国会或者议会。我们的国会分成两部分,被称为"议院",也就是参议院和众议院。行政分支就是一名领袖:总统或者国王。司法分支就是法院。在美国,从镇法院到联邦最高法院都是司法机关。

由于代表们害怕权力的滥用,便计划让三个权力分支互相制衡。宪法规定总统是陆海军的总司令,但是却没有赋予他宣战的权力,只有国会可以那么做。中央政府管理外交事务、各州之间的事务以及邮局。各州管理学校、道路和地方政府。国会被赋予征税的权力,各州也有征税权。控制金钱是一项重要权力。正确的做法就是保持各方平衡。

代表们在许多事情上都有分歧,但是在某些观点上则不谋而合:他们想要保障基本的人权和自由(杰斐逊在《独立宣言》中所说的"不可剥夺的权利");他们想要为政府提供"经过被统治者同意"的法律。他们希望人民通过其代表来进行统治,这就让我们成为共和国。他们用两种方法解决权力问题:一是权力制衡,二是让宪法的

宾夕法尼亚州的古维纽尔·莫里斯(左)为宪法写了序言。罗伯特·莫里斯(右)管理战时财务,他也来自宾夕法尼亚——但他们俩不是亲戚。

> 我们,合众国的人民,为了形成一个更加完善的联邦,树立正义,保障国内安宁,建立共同的国防,改善全民福利,保证我们自己和子孙后代安享自由的福祉,于是制定和确立这部《美利坚合众国宪法》。
>
> ——《美利坚合众国宪法》序言

权力高于任何总统、国会、法庭或者州,这样他们使宪法成为这片土地上至高无上的法律。

"一个共和国,夫人。如果你能够维持它。"

当宪法制定者说"我们,合众国的人民"时,他们是否真的是指所有人民呢?大多数专家对此都持否定态度。他们说创建者所指的"人民"不包括妇女,不允许她们参加选举;也不包括美洲土著或者奴隶。宪法准许奴隶制继续在美国存在——甚至还准许可怕的奴隶贸易,即把非洲人运到这个国家出售的交易。南部各州不准备废除奴隶制,如果要废除奴隶制,南部各州的公民就不同意通过宪法(而且他们也不加入这个新国家)。因此,代表们在奴隶贸易上妥协了。他们给了奴隶贩子二十年的时间——直到1808年——然后才禁止了这项可耻的交易。而结束奴隶制则需要一场战争。

> 我们已经抓住了狼耳朵,而且我们既不能控制他,也不能平安无事地放走他。
>
> ——托马斯·杰斐逊谈奴隶制

但是,我们中仍有一些人相信,当建国者们说"我们,合众国的人民"时,他们就是指的全体人民。建国者们都是理想主义者,他们知道自己是在为子孙后代撰写宪法;但他们又是现实主义者,他们知道,在这个崭新的合众国里,有些公民还不准备做一些前无古人的事情,他们不准备接受女性为公民;他们不准备放弃财产,甚至不放弃成为其财产的人;他们不准备公正地对待在整片国土上与他们对峙的印第安人。因此代表们妥协了,有些人被排除在"我们,合众国的人民"之外。但是这几个字却强大有力,它们将不断推动这个国家把所有人民包括在内。詹姆斯·威尔逊对此十分肯定,他谈到宪法时说:"我认为宪法为这个国家废除奴隶制打下了基础,尽管经过的时间比我希望的漫长,但最终同样会循序渐进地产生在宾夕法尼亚州所追求的变革。"

结果证明威尔逊的想法是错误的,奴隶制不会逐渐消失。但是,在1787年,许多明智的人认为奴隶制正在走向灭亡。奴隶制似乎正在变得无利可图,大多数白人都认为它将自然而然地慢慢消失,他们认为不值得为此打仗(他们错了。他们不知道,不久后就会出现一种发明——轧棉机——将改变南部的农业生产,也将使奴隶制再次变得有利可图)。于是,他们就做了切合实际的事情,而不是正确的事情。理解历史不是一件容易事,因为历史往往显得似是而非。人民和国家也是如此,如果人民要么全是好人,要么全是坏人,或者好人从来不犯错误,事情会变得简单些,但是也会变得乏味。就拿南卡罗来纳州的约翰·拉特利奇来说吧,为了维护他那个州的利益,他不肯做出半分让步,他比费城的任何人都更努力地争取保持奴隶制。但是,当他在会议上为支持奴隶制而争论的时候,他却悄无声息地解放了自己的奴隶。拉特利奇继承了六十名奴隶,当他去世的时候,他只拥有一名奴隶。他的妻子也解放了她的所有奴隶。乔治·梅森和托马斯·杰斐逊痛恨奴隶制,并且也表明了他们的态度,但是他们却一直拥有奴隶。这是自相矛盾的事情。

约翰·威尔逊

1787年的整个夏天,代表们试图消除他们的分歧,尽量创造一部最好的宪法。华盛顿让他们把议院大厦的窗户关上,那样就没有人能够站在外面听他们讨论了。有些代表几乎热得晕过去。最后,到9月17日,会议不再需要保密,宪法已经完成,就等着各州签字了。当轮到八十一岁的本杰明·富兰克林在文件上签署他的姓名时,他停顿了片刻,指着担任会议主席的华盛顿曾经坐过的椅子,椅背上刻着半轮光芒四射的太阳。富兰克林说,他常常琢磨这是朝阳还是落日。现在他知道了,太阳正在升起!据说,当这位老人把他的名字写在羊皮纸上的时候,泪水流下他的面颊:"这个制度如此接近完美,真让我吃惊;我想这也会让我们的敌人吃惊。"

富兰克林是正确的,宪法精彩绝伦。制宪者们使之成为一份灵活的文件,他们想出一个制定修正案的程序,那样宪法就可以与时俱进,为适应新的时代和思想而改变了。当时就出现了制定修正案的需要,宪法没有把某些权利阐释得足够清楚,代表们差不多立即就加上了十条修正案,它们组成一个权利法案,在书面上保障美国人不希望缺少的自由。詹姆斯·麦迪逊撰写了头十条宪法修正案(各州的权利法案,尤其是弗吉尼亚州的法案,是这一观点的先驱)。

制宪会议结束时,本杰明·富兰克林代表看着华盛顿椅子上的装饰说:"我很高兴知道这是一轮朝阳而不是落日。"

大多数人都同意,《第一条宪法修正案》是《权利法案》最重要的部分。它保证了宗教自由、言论自由、新闻自由,以及举行集会、向政府提出抗议或者请求的自由。《第二条宪法修正案》规定:"纪律良好的民兵队伍,对于一个自由国家的安全实属必要,故不得侵犯人民持有和携带武器的权利。""携带武器"意味着携带枪支,但还不止这些。我们今天还有民兵吗?为什么携带武器对18世纪的公民非常重要?现在是否仍然重要?

《第三条宪法修正案》规定,未经你的允许,士兵不得在你的居所住宿。《第四条宪法修正案》规定,除非警察持有合适的法律证件,否则他们不得进入和搜查你的住所。《第五条宪法修正案》、《第六条宪法修正案》、《第七条宪法修正案》和《第八条宪法修正案》都与公正的审判有关。《第五条宪法修正案》规定,不能强迫任何人"自证其罪"。这有助于保护我们,避免别人企图对我们采用刑讯逼供的手段。最后,《第九条宪法修正案》和《第十条宪法修正案》规定,宪法未赋予联邦政府的任何权力或者权利,都属于州政府或者人民(最近的法庭裁决说,《第九条宪法修正案》赋予人民隐私权。这意味着我们能够拥有自己的隐私——甚至可以向政府保密)。

亚历山大·汉密尔顿没有获得他想要的那种宪法或类似于国王的总统。但是,当宪法签订之后,汉密尔顿撰写了一系列文章支持宪法。那些文章帮助劝说人民投票支持宪法,现在它们都被收入一本名叫《联邦党人文集》的书。汉密尔顿的通情达理成为美国人的行为方式。现在,当一名总统候选人在大选中失败之后,他不会试图推翻决定,而是呼吁帮助新总统。那就是美国人的方式。

1788年,每一个州的立法机关都投票批准了宪法。现在这个联合起来的国家一共有十三个州,几乎每个人都对这部宪法感觉很好——除了欧洲人,他们仍然预言这个国家将崩溃,而必须要有一个国王或者独裁者来统治他们。1787年9月17日,当本杰明·富兰克林走出宾夕法尼亚州议会的时候,他的朋友、费城市长夫人伊丽莎白·鲍威尔正在等他。她问富兰克林,新国家将拥有什么样的政府。富兰克林回答道:"一个共和国,夫人。如果你能够维持它。"

成为总统

1789年4月14日,乔治·华盛顿正待在他位于弗吉尼亚州的种植园弗农山庄。他接到一封信,信中说,他被选为新联邦的总统。他以全票当选(此后再没发生过这种事情),这十分重要:因为这意味着他们没有为选出一位领袖而争吵,政府可以着手工作了。差不多每个人都崇拜华盛顿。

阿比盖尔·亚当斯评论华盛顿说:"他彬彬有礼,威严高贵,亲而不昵,疏而不傲,谦

彼得·曾格案

早在制定宪法之前的1710年,一个名叫彼得·曾格的年轻人与家人一起,从德国来到美洲殖民地。他做过印刷工学徒,学会了这一行的业务。当他独立开展业务的时候,他来到纽约城,创建了一份报纸,叫做《纽约周报》。那时纽约的总督腐朽堕落,他的名字叫威廉·科斯比。纽约有一份支持总督的官方报纸,曾格认为人们不应该只阅读一家之言,还应该能够了解其他观点。《纽约周报》充满了辛辣的文章:有一篇说总督科斯比收取了贿赂,另一篇说他掠夺了人们的土地,还有一篇说他操纵选举。总督气得暴跳如雷,他想让报纸停止出版,曾格不愿意停刊,总督就把他逮捕了,投进监狱。

曾格有一些很有影响力的律师朋友(有一些批评文章就是他们撰写的)。他们准备担任曾格的律师,但是,就在审判之前,科斯比总督却剥夺了他们的律师资格,这样他们就不能开展法律业务了。情况看起来很糟糕,于是曾格的一些朋友秘密前往费城。

1735年8月,曾格的案子在一个炎热的早晨开庭。一位头戴假发的老人进入法庭,站在法官面前。当他说出自己的姓名时,整个法庭都屏住了呼吸。他是安德鲁·汉密尔顿,一位来自费城的教友会教徒,也是本杰明·富兰克林和威廉·佩恩的朋友。汉密尔顿是殖民地最著名的律师,他是来为彼得·曾格的案子辩护的。

曾格以诽谤罪的名义受到审判。

如今,在美国要证明诽谤罪必须具备两个条件:首先,你必须出版了某些你明知是谎言的东西;其次,那个谎言必须伤害了某个人。在1735年,有关诽谤罪的法律并不是很清楚。曾格发表的文章里有涉及科斯比总督的坏话,但是大多数人认为他说的是事实。"那又能怎样?"总督的律师、首席检察官说。这些坏话是否真实并不重要,事实不是辩护理由,他说。那时候,在英国和英国殖民地,说有关国王的任何坏话都是犯罪,不管这些话是否真实。首席检察官说总督就和国王差不多。

据说汉密尔顿律师说话非常轻柔,每个人都必须集中注意力才能听清他在说什么。大多数人似乎都

印刷坊具有十分重要的政治意义,例如彼得·曾格和本杰明·富兰克林的印刷坊,通过它们,政治家和宣传家能够将他们的信息传递给人民。

知道,他们眼前正在上演具有历史意义的一幕。"当自由人受到伤害的时候,他们有权利抱怨,"汉密尔顿说,"他们有权利说出和写出事实,反抗独裁势力……勇敢地宣称他们拥有的自由福祉的意义,他们赋予这种福祉的价值……以及他们的决心……来证明这是上天能够赋予人类的最伟大的福祉……如果说的是事实,就不存在诽谤。"

陪审团判决彼得·曾格无罪,但是这个案件的意义不止于此。"摆在法庭和你们——陪审团的绅士们面前的问题,决非小事一桩,也不是单个人的事情,"安德鲁·汉密尔顿说,"你们正在审判的,不仅是一名穷印刷工的案件,也不仅是纽约的案件。不!这个案子最终可能会影响到在英国政府统治下生活的每一个自由人,以及在美洲大陆上生活的每一个自由人。这是最好的诱因,这是自由的诱因。"

"大约10点钟,"华盛顿在他做普通公民的最后一天写道,"我向弗农山庄和私人生活道别,出发去纽约,脑子里充满着焦虑和痛苦的感觉,难以言表。"

逊、睿智、优秀。"这位将军当时已经五十七岁,他不得不遗憾地再次放弃私人农场主的生活。但是,他根据自己的责任感做了应该做的事情。

华盛顿花了八天时间才完成三百七十六公里的旅行,抵达纽约,在新首都建成之前,纽约是当时的临时首都。他本来可以快些到达,但是沿途一直有公民欢迎他们选出的总统,他们游行,举行篝火晚会,燃放焰火,做演讲,举行宴会,庆祝华盛顿当选。在费城,著名的画家查尔斯·威尔逊·皮尔为华盛顿设计了一个鲜花拱门,让他从中穿过,令他惊喜不已。皮尔十五岁的女儿安杰莉卡躲在灌木丛中。当华盛顿骑马穿过拱门的时候,她推动一根杠杆,一个花环便直直地落到将军头上。华盛顿来到纽约的联邦大厦,举行宣誓就职仪式,他宣誓"保持、保护和保卫《美利坚合众国宪法》"。最后还加上他自己的祈祷:"愿上帝帮助我。"

没有人能告诉华盛顿该怎样做总统,因为以前从未有人做这项工作。他知道自己将为以后的所有总统树立榜样。"我走在从未有人涉足的地面上,"他写道,"几乎我的任何行为都会在今后被援引为先例。"他不想表现得像个国王,不过他认为总统显得庄严是很重要的。于是,他外出时就乘坐一辆淡黄色的马车,拉车的马都用白垩粉抹成白色。参加每周的招待会时，他穿着正式的服装——长及膝盖的马裤，腰间挂着一柄剑。

作为总统，华盛顿是三权分立的政府中行政部门的首脑。他知道自己不能独自对所有行政事务作出决策，于是他就委任了一些顾问——包括一名国务卿、一名财政部长等等，他们一起组成内阁。华盛顿挑选出他能找到的最杰出的人才。他需要一位非常了解外国的人担任国务卿，于是他选择了托马斯·杰斐逊。他需要一位卓越的财政顾问，于是他选亚历山大·汉密尔顿担任财政部长。汉密尔顿和杰斐逊恰好有许多观点互相冲突。他们两都很英明，都是爱国者，都希望能为自己的国家做最好的事情。然而在什么是"最好的"上面，他们却产生了分歧，尤其是有关权力以及谁应该掌握权力的问题。杰斐逊认为，一个强大的、中央集权的政府是个人自由的潜在敌人，他害怕总统和国会的权力过于强大，并且相信普通民众可以自治——如果他们受过教育。杰斐逊说："在一个文明国家，如果一个民族希望既无知又自由，那么它这个希望从来不曾也永远不会成为现实。"

亚历山大·汉密尔顿

汉密尔顿相信，如果联邦政府要为所有人民而工作，并且对抗利己主义与贪婪，那么它就必须强大。他说，大众常常像绵羊一样行动，轻率地追随一个领袖。有钱有势者往往做有利于自己的事情，对他人却未必有利。政府需要拥有权力来考虑什么是对国家最好的选择。

他们的分歧造就了美国的头两个政党。汉密尔顿的追随者组建了"联邦党"；而杰斐逊的同情者则是"民主共和党人"（他们和今天的民主党人及共和党人不同——但他们是现在的政党制度的肇始）。

华盛顿根本就不喜欢政党的观念，把他们称为"派系"，并且警告他们当心。但是詹姆斯·麦迪逊明白，人们不过是想法不一样而已，由单一

> 把所有权力给予多数人,他们就会压迫少数人;把所有权力给予少数人,他们就会压迫多数人。因此双方都应该拥有权力,这样各方都可以保护自己免受他人侵犯。
>
> ——亚历山大·汉密尔顿

政党组成的政府往往是独裁政府。麦迪逊相信,在一个民主国家,政党应该受到鼓励。他说,政党可以互相制衡,这样任何一个群体都不会变得过于强大而控制政府。那些不同观点之间的紧张与妥协是我们的一部分传统,曾经帮助我们成为一个伟大的国家。现在,这样的传统仍然存在。

创立最高法院

做了八年总统之后,乔治·华盛顿准备回到弗农山庄的家中,让其他人接过总统的担子。他的副总统是马萨诸塞州的约翰·亚当斯,曾经帮助说服托马斯·杰斐逊撰写《独立宣言》,亚当斯非常渴望接替华盛顿的工作。在亚当斯年轻的时候,这个国家需要获得援助来摆脱英国,那时他提供了具有决定性的领导力。在那之后,亚当斯就去了欧洲,担任一名外交官,很好地为他的国家服务。

也许约翰·亚当斯在欧洲待的时间太长,他逐渐爱上了欧洲的礼节和作风。尽管他相信共和制和代议制政府,他对民主却不太重视。就像亚历山大·汉密尔顿一样,亚当斯认为受过教育的人和自然贵族应该是统治者;他不信任普通大众。有一次,在一场宴会上,一个杰斐逊派人士说普通人能够自治,汉密尔顿对此人大发雷霆,用拳头锤击桌子说:"你们的人民,先生,你们的人民是个大畜生!"汉密尔顿和联邦党人都害怕群氓的统治。亚当斯说:"只有迫于需要,人才能成为好人。"他的意思是,人民只有在被逼迫的情况下才能成为好人。但是汉密尔顿和亚当斯自身就不能印证这句话,他们都不是被逼成好人的。亚当斯即使在未受逼迫的情况下,也是一个好人——这意味着他总是做他认为正确的事情,但未必是受别人欢迎的事情。

1798年,在亚当斯担任总统期间,美国似乎要和法国发生战争。人们害怕间谍和外国人,国会通过了《外侨法》和《惩治叛乱法》,总统亚当斯签字使之成为法律。如今,大多数历史学家都相信这些法律非常糟糕,不符合美国传统。《外侨法》使得外国人很难成为美国公民,并且还允许总统把任何人驱逐出境,只要他认为这些人是危险人物。《惩治叛乱法》甚至更糟糕,它规定批评政府就是犯罪。

有些人就因为批评政府而被捕,其中包括来自佛蒙特州的国会议员马修·莱昂。莱昂是一个脾气暴躁的人,他在报纸上攻击亚当斯总统,说总统企图像国王那样行事,应该被关进"疯人院"。但是根据《惩治叛乱法》,被关进了监狱的却是莱昂。

国会和总统做的一些事情是《权利法案》所不允许的。他们剥夺了言论自由和

佛蒙特州众议员马修·莱昂(上图右)不仅仅在报纸上攻击他不喜欢的事情。他被称为"唾沫莱昂",因为他曾经冲着康涅狄格州众议员罗杰·格里斯沃尔德脸上吐唾沫。这幅作于1798年的漫画描绘了莱昂在国会里大打出手的情形——真可谓全力以赴(打架用的是真正的火钳!)[①]。

新闻自由,违背了《第一条宪法修正案》所做的保证。如果国会现在通过《外侨法》和《惩治叛乱法》,最高法院会宣布它们违背宪法。但是,在亚当斯担任总统期间,最高法院还只在筹建中,它的力量不够强大。由于起草宪法的人害怕把政治权力过多地集中在一个地方,因此他们建立起一个三权分立的政府,想让行政、立法和司法分支保持伙伴关系,易于互相制衡。但是,最开始的时候,最高法院似乎不知道自己该做些什么,它根本就没有控制权。接着,到了1801年,约翰·亚当斯任命约翰·马歇尔为最高法院首席大法官,这是他在总统任期内的最后行动之一。马歇尔来自弗吉尼亚州的里士满,他对人友好,令人愉快,很有幽默感。马歇尔拥有一个好脑瓜并且善于利用它。亚当斯任命马歇尔是一个明智的选择。

马歇尔是联邦党人,他相信一个强大的政府将有助于保护所有人的权利。他试

---

① 英语中"hammer and tongs"(字面意思是锤子和钳子)是"全力以赴"的意思,漫画中打架使用了火钳,因此这里有语带双关之意。——译者注

图让联邦政府的权力强于州政府,而让最高法院的权力成为最强大的。1803年,最高法院审理了一个重要案子,被称为"马伯里诉麦迪逊案"。马歇尔在审判该案时说,如果法院认为国会通过的任何法律违宪,它就可以不接受这些法律。从"马伯里诉麦迪逊案"案开始,出现了一个叫做"司法复审"的程序,它使得最高法院有权决定国会通过的法律是否符合宪法的要求。通过司法复审,法院才能够真正制衡另外两个权力分支。大多数人(不是所有人)认为司法复审有助于保障我们的自由。而约翰·马歇尔想要保证我们的权利甚至不受国会和总统侵犯。

历史学家亨利·亚当斯(约翰·亚当斯的曾孙)在说到马歇尔时曾写道:"不过,这位伟人却养成了一个缺点:他厌恶托马斯·杰斐逊。"马歇尔和杰斐逊这两位睿智、卓越的弗吉尼亚人碰巧是远房表亲,但彼此却无法忍受对方。他们的争吵都与思想有关。马歇尔相信政府的目的是保护"生命、自由和财产";但你们知道杰斐逊恰好信仰"生命、自由和追求幸福"。只是马歇尔和杰斐逊都没有意识到,他们俩的观点是互补的。国家对他们两个人都需要。

约翰·马歇尔和他的表亲托马斯·杰斐逊的确在有一点上意见一致:对于《外侨法》和《惩治叛乱法》,他们俩都很不喜欢。这个国家的大多数人也都不喜欢这两项法律。1800年,亚当斯竞选连任失败——被托马斯·杰斐逊击败,后者的竞选口号是"杰斐逊与自由"。首席大法官马歇尔不得不让杰斐逊宣誓成为总统,然后他们两人就废除了《外侨法》和《惩治叛乱法》。

作为一名年轻的国会议员,约翰·马歇尔投票反对《外侨法》和《惩治叛乱法》以及他自己所属的政党。这么做是需要勇气的。

> 判断何为法律,显然属于司法机关的权限和职责。
>
> ——约翰·马歇尔

自由王国

托马斯·杰斐逊取消了他的两位前任的排场和典礼。他从公寓步行去参加他的就职仪式。如果他需要去什么地方,他就自己骑马去,不带一个警卫。有时候,他会穿着皱巴巴的衣服和旧拖鞋出现在白宫。他还拒绝给有钱有势的人好处。尽管如此,联邦党仍然感到惊讶——他们曾经把总统描述为激进分子,并对他作出可怕的预言。他们忘记了,杰斐逊是一位具有高贵品位的优雅乡绅,他相信人民具有天生的优秀品质。国家没有在民主共和党的管理下分崩离析。但是,在1803

年,当杰斐逊为美国买下一大片土地时,有些人认为这太奢侈了(杰斐逊自己也担心这样做会违宪)。他买下了法国在北美洲获得的所有土地(加拿大除外),这片土地根据法国国王路易的名字,被命名为"路易斯安那"。购买路易斯安那花去一千五百万美元,每英亩大约值四美分。美国的国土因此而扩大了一倍,杰斐逊把这片新土地称为"自由王国"。

这样一来,密西西比河就不再受外国势力控制了。美国获得的土地从那条大河一直伸展到落基山脉甚至更远,谁也不能肯定它延伸到什么地方,也不知道它是什么样子。在1803年,人们对美国西部一无所知,就像现在对太空一无所知一样。于是杰斐逊就组织了一个探险队,探索那片一直延伸到太平洋的广袤原野。杰斐逊委任两个人领导这支探险队,一个是他的私人秘书梅里韦瑟·刘易斯——一个腼腆的梦想家和科学爱好者;另一个是和善、健谈的士兵和地图绘制员威廉·克拉克。

刘易斯和克拉克以及他们的探险队——有点"梦之队"的意味——驾着一艘十六七米长的平底船和两条狭窄的独木舟,沿着密苏里河北上。船上装着大包的礼物——珠子、缎带、镜子、烹调所用的锅和工具,准备送给美洲土著。他们缓缓前进,一边走,一边绘图、探险和狩猎。这是一片危险重重的国土,有耸立的高山、难行的沙漠、凶猛的野兽,还有心存疑虑的印第安人。刘易斯和克拉克为应付危险做好了准备,但是对这里的美景和富饶却没有做好准备——那高耸入云、令人胆战心惊的落基山脉,那些响尾蛇、熊、美洲狮和一眼望不到边的野牛群,还有五彩缤纷的野花,以及映照雪山的绚丽夕阳。下面的文字引自刘易斯的探险日志,其中描述了密苏里河上的大瀑布:"我看到水沫仿佛一股股烟尘,从平原上升腾而起……瀑布下怪石嶙峋,河水顺着河道飞流而下,被石头撞击成美妙的白色水沫,形状千

梅里韦瑟·刘易斯拥有1800年前后的全副探险装备:带辫子的浣熊皮帽、装饰着流苏的鹿皮紧身短外衣和绑腿,还有牛角制成的火药筒和来复枪。探险队的成员从饮食、服装到生活和旅行方式都很像他们遇到的印第安人。

杰斐逊在给刘易斯下的命令中写道:"你们必须非常努力、精确地记录你们的观察,让别人也能像你们那样清楚明白地理解记录。值得注意的事物一般包括:土地的土壤和面貌,其植被和植物产品……土地上的动物,尤其是那些在美国不为人知的动物。"克拉克非常辛苦地记录日志,并绘制了精美的插图。上图是刘易斯的表链式指南针以及他的手表和望远镜。

奇百怪。"

探险队抓住四只羽毛黑白相间的喜鹊,把它们送回去交给杰斐逊(这是一种他们不认识的喜鹊)。他们还挖掘出十三点七米长的恐龙化石。不管他们走到哪里,都会仔细做笔记,绘制地图,记下印第安人的语句,并且收集奇异的动植物样本。他们给世界上已知的植物家族增加了二百个新品种。美洲土著教会他们把其中的一些植物用作药物和食物。他们与印第安人建立了友好关系,准备与他们开展贸易。探险队对西部的描述将使其他人蜂拥而至,刘易斯和克拉克看见的世界不久便惨遭破坏,永远地消失了。

一个梦想——和一场噩梦

普通民众的财产和幸福成为社会和政府保护的目标,这在西方世界还是第一次(1831年,在我们的政府经历了大约五十年的试验之后,一个名叫亚历克西·德·

托克维尔的法国人来到美国,考察我们的民主制度运行得怎么样,他把我们视为民主制的实验室。托克维尔说,这里发生的事情"不仅对美国来说很有趣,而且对整个世界来说也很有趣。它不仅与一个国家有关,而且与全人类有关")。我们的开国元勋设立了一个光辉的目标:人人享有自由与正义。他们制定了一项杰出的政府计划:一部伟大的宪法。但是他们从未提到政府会轻而易举地变得可靠而公正。他们留下了一些没有解决的问题(你如何在个人自由与整个群体的权利之间保持平衡?这将成为一个持续的挑战)。当他们同意接受奴隶制——自由与平等的死对头——的时候,有些人知道他们正在做出一个可怕的妥协,而整个世界都在看着他们。

开国元勋们的妥协将使得美利坚合众国既成为一个梦想,也成为一场噩梦。自由土地上的奴隶制?这简直是赤裸裸的伪善。为结束这种暴行而进行的斗争,将是我国整个历史上最重要的战斗。这场战争将考验这个年轻的国家,改变它,巩固它。这场战争将赋予"自由"和"平等"崭新的含义。这场战争将创造"自由的新生"。

在《自由:青春女神》中,"自由"怜悯地给美洲秃鹰喂食。数数看,1796年的星条旗上有多少颗星?

第三章 所有人的自由？

当梅里韦瑟·刘易斯和威廉·克拉克翻越落基山脉的时候(那是1805年),一群印第安人正聚集在北美大陆的另一边——纽约州的野牛溪。他们是塞尼卡部落的易洛魁人,他们的酋长就是演说家萨哥耶瓦塔。在美国独立战争期间,易洛魁人发生了分裂,有一些人在美军这一方战斗,但是其他人,就像萨哥耶瓦塔一样,却为英国人战斗。因为萨哥耶瓦塔在战争中穿着红色的英国军装,所以美国人都把他称为"红衫客"。战争结束的时候,酋长"红衫客"被迫签订条约,把大片印第安人的土地交给这个新国家。如今,在野牛溪,美国人还要求易洛魁人放弃他们的

约翰·米克斯·斯坦利的画作记录了"红衫客"(中间站立者)生命中的一段艰难岁月。在1790年代,这位易洛魁领袖试图帮助美国与西部部落(迈阿密、肖尼等部落)谈判,这些部落联合起来抵抗美国人侵占他们的土地,他们因为"红衫客"没有帮助他们而愤怒,于是就嘘他,羞辱他。几十年之后,塞阔亚(上图)改革了所有印第安语言,创造了第一个美洲土著语字母表,开始用他的切罗基语言写作。

宗教。一些传教士已经从波士顿来到这里,让印第安人改信基督教。塞尼卡人礼貌地听着牧师的布道,然后萨哥耶瓦塔便作出了回答。

"红衫客"年轻时的易洛魁名字叫"奥特提亚尼",意思是"有准备的"或者"准备就绪的"。当上酋长后,他取了"萨哥耶瓦塔"这个名字,意思是"他让他们警醒"。

弟兄们,听听我们说的话。我们的祖先曾经拥有这个伟大的岛屿……从太阳升起的地方直到太阳落下的地方。大神已经把这个岛屿赐予印第安人使用,他创造了野牛、熊和其他动物供我们食用。他创造了熊和河狸,它们的皮毛供我们穿衣之用。他把这些动物散布于大地之上,教我们如何猎取它们。他让土地生长出玉米以制作食物。所有这些都是为他红色的孩子所做的,因为他爱他们。但是一个罪恶的日子降临到我们头上。你们的祖辈跨越了辽阔的大海,登上这个岛屿的海岸。他们人数很少,他们在这里找到了朋友而不是敌人。他们告诉我们,他们因为惧怕本国的恶人而逃避至此,以便他们能信仰自己的宗教……我们怜悯他们……他们便在我们中间坐下来……这些白人,我们的兄弟,就在那时发现了我们的国土。海浪汹涌,给我们带来了越来越多的白人。但是我们并不害怕他们,我们把他们当作朋友。他们称我们为兄弟,我们相信了他们……最后他们的人数剧增,他们想要更多土地;他们想要我们的国土。我们睁大眼睛,心情沉重。

那些都是历史,是过去的事情。萨哥耶瓦塔开始谈到目前的问题。

> 弟兄们,我们的地盘曾经很大,你们的地盘曾经很小。你们现在已经变得人数众多,而我们却几乎连个铺毯子的地方都没有。你们已经夺走我们的国土,却还不知足,还想把你们的宗教强加给我们……你们说只有一种方法可以拜祭大神。如果只存在一种宗教,你们白人之间对此的看法为什么会有那么大的差异?……弟兄们,我们也拥有自己的宗教,它从我们的祖先开始就一代代往下传给他们的孩子,传到我们手里……弟兄们,我们不希望破坏你们的宗教或者接受你们的宗教。我们只想信奉自己的宗教……弟兄们,我们得知你们一直在向这里居住的白人传教。这些人是我们的邻居,我们认识他们。我们将略等一些时候,看看你们的布道对他们产生什么效果。如果我们发现这对他们有好处,让他们变得诚实,变得不再想欺骗印第安人,那时,我们再来考虑你们说的话吧。

大多数美国人都不关心"红衫客"和他的人民的遭遇。易洛魁人丧失了他们的大部分土地和权利,他们的情况还将恶化。他们将被一而再、再而三地驱赶到西部。新来的美国人需要印第安人的土地,但是他们不知道以公平的方式分享土地。他们会许下诺言、签订条约,但是却违背了所有的诺言和条约。至于宗教自由,那是许多欧洲人来到美国的原因——在理智和情感的支配下自由行事。但是许多人忘记了他们自己的黄金规则:己所不欲,勿施于人。

这个新国家凭借《权利法案》,已经获得了一些前无古人的成就,并且断定一个统一的国家不需要一种统一的宗教。

> 我们的制度是永远与印第安人和平共处……通过给予他们有效的保护,来对抗我们自己人民的错误行为……他们要么融入我们的社会,成为美利坚合众国的公民;要么迁移到密西西比河以西。
>
> ——托马斯·杰斐逊

我们并非所有人都拥有相同的信仰,这是显而易见的事实。但是以前的政府却忽略了这一点,认为有必要确定一种国教,而这样做总是需要采取强迫手段。

1791年,所有这些都在美洲发生了变化。人民从《权利法案》中得到的不止是个人的宗教自由,还包括政府与所有教会完全分离。这样就使得公民获得独立思考的自由,也使得教会脱离了民族国家。这是与从前的断然决裂。1822年,詹姆斯·麦迪逊在写给朋友爱德华·利文斯顿的信中,清楚地阐释了自己对这个问题的看法:"宗教与政府越是互不干涉,它们双方就越能保持清廉。"野牛溪的那些好心的牧师没有明白这一点,他们仍然生活在过去。

一个新世界

17世纪的英国毫无宗教自由可言。你要么信奉英国国教,要么进监狱。英国曾经是天主教国家,直到16世纪的亨利八世国王登上王位,他有点婚姻上的麻烦①,于是建立了自己的教派——英国国教(也叫圣公会或者"国教"(the established church)——它是由政府建立的教派)。国王既是国家的首脑,也是教会的领袖。天主教徒和其他教派的教徒现在可就倒霉了——并且处境危险。他们所信奉的教派在英国遭到禁止。

> 经过航行,我们建立了美洲北部地区的第一个殖民地,我们共同立约,来制定和颁布这种公正和平等的法律、条例、法案、宪法,建立政府机关……为了殖民地的普遍利益;我们所有人都发誓遵守和服从。
>
> ——引自《五月花号公约》

事实上,除了控制权和领导权问题(天主教的领袖是罗马教皇),圣公会和天主教非常相似(尽管他们自己不这么认为)。有些英国人想加大天主教徒和新教徒之间的差异,他们根本不想让新教的仪式与天主教仪式相同。他们说他们想"净化"英国国教,于是他们便被称为"清教徒"。另外还有一些人甚至更过分,他们认为人们不借助牧师或者主教也能直接与上帝对话,他们想脱离英国国教,组建自己的教派,他们自称"圣徒",其他人把他们称为"分离主义者",大多数人把他们叫作"麻烦制造者"。

1603年,当亨利八世的女儿伊丽莎白女王去世后,詹姆斯一世成为英格兰国王,他不允许分离主义者信奉他们的宗教。国王说:"我会让他们尊奉国教,否则就把他们赶出这个国家。"对分离主义者来说,他们的宗教比他们的家园还重要——有时甚至比生命还重要。他们中有些人读到一本有关弗吉尼亚的书,是约翰·史密斯写的,然后,他们就决定冒险跨越重洋。

于是,在1620年,一百零二个勇敢的人登上一艘名叫"五月花"号的小船,开始向西方航行,前往那个被他们视为"新世界"的地方。船上半数的人都是"圣徒",其他人被称为"陌生人"。"陌生人"离开英格兰是为了探险,或者是因为他们不幸

---

① 亨利八世本是虔诚的天主教徒,因妻子凯瑟琳未能生下男嗣而要求离婚,而天主教尊奉严格的一夫一妻制,亨利八世的离婚要求遭到罗马教皇拒绝,于是他便自立为英国国教的首领,脱离了罗马天主教教会。在欧洲16世纪宗教改革后分离出来的各种新教中,英国国教是最接近天主教的。——译者注

福,或者是因为他们惹了麻烦。不过"陌生人"与"圣徒"有许多相似之处,他们大多数都来自社会底层,大多数都有自己的生意,他们希望能努力工作,他们都雄心勃勃,不喜欢正在改变英国的新思想。船上的所有人都想过上更好的生活——但是"圣徒"希望建立地球上最完美的社会。他们自称"朝圣者",因为他们是在作宗教旅行。

那是一次可怕的航行,花了六十六天才完成。船只狭小、潮湿而肮脏,臭气熏天。新鲜食物吃完了,但是朝圣者有洋葱、柠檬汁和啤酒,能防止他们患上可怕的坏血症。最后,美洲大陆终于遥遥在望了,那就是科德角。朝圣者以为他们是在朝弗吉尼亚航行,科德角不是他们想要到达的地方。但是他们已经精疲力竭,他们需要下船。威廉·布拉德福德是他们中的一员,他这样描述他们看到的景象:"一片丑陋、荒凉的原野,到处都是野兽和野人。"尽管如此,他们还是驾着"五月花"号绕过海角,来到他们在约翰·史密斯的地图上看到的一个地方抛锚,史密斯把那里叫作普利茅斯,与一个英国城市的名字相同。布拉德福德写道:"我们就这样抵达一个优良的港口,平平安安地踏上陆地,于是我们跪在地上,感谢上帝带领我们跨越了广阔而狂暴的海洋。"

这艘船上的各色人等不得不设法和平地生活在一起。"圣徒"和"陌生人"之间存在一些矛盾,因此,在上岸之前,他们就拟定了一个政府计划——《五月花号公约》,确定了一个统治机关。这些定居者同意一起生活在法制政府的统治下。国王没有意识到未来会发生什么,而这群人将不允许别人长期统治他们。威廉·布拉德福德说:"就像一支小小的蜡烛可以照亮一千个人一样,这里燃起的火花也将照耀许多人。"

谁的自由?

与此同时,在英国,新国王查理一世正在让那些非国教教徒生活艰难——尤其是清教徒。在1630年到1640年期间,有两万名清教徒启航离开了英格兰,他们打算建立一个神圣的社会,让人们按照《圣经》的规定来生活。他们希望自己的殖民地成为全世界的榜样。约翰·温思罗普是殖民地的总督之一,他说:"我们必须考虑,我们将会成为'山上之城'。所有人的目光都注视着我们。"

清教徒是到美洲来寻找宗教自由的——但这种自由只限于他们自己。个人应该自由地决定他们自己的信仰,这在他们看来是不可思议的,在那个时代,几乎所有人都认为这不可思议。灵魂濒临危险,而灵魂太宝贵了,不能留给普通百姓随意处置。清教徒向前迈出很大一步,他们认定,自己的灵魂太宝贵了,不能留给国王随意处置。这些反叛者为了挽救他们的灵魂,宁愿抛弃自己的家园以及他们热爱的许多东西。与"朝圣者"不同,清教徒往往是富人,受过良好教育,并且拥有土地。对他们而言,向一个不可知的世界航行需要惊人的勇气和献身精神。

他们正在把国王的特权换成《圣经》的权威(他们的牧师认为这是"神圣的

经文")。但是,对于实现宗教自由,或者让每个清教徒自己解释《圣经》,他们都感到无法理解,允许信奉其他宗教的任何人进入这个殖民地也让他们难以理解。他们来到了这个寒冷而环境恶劣的地区,是为了追求清教主义。在他们看来,允许其他意见和信仰进入这里,将会污染和威胁他们的追求。历史学家佩里·米勒说:"西方世界的每一个可敬的政府都认为,只能允许一种教派存在于其国土之内,每一个公民都必须参加这个教派,遵守该教派的规定,并且所有居民都应该为了维持这个教派而缴纳赋税。"清教徒正在组建一个"可敬的政府",在那些年代,每个国家都拥有自己的国教,每个人都得为维持国教而缴税。如果你认为自己像清教徒一样了解"真正的宗教",那么信奉其他教派就是错误的。他们说,这样做是帮助魔鬼。新英格兰的一名清教徒牧师约翰·科顿说,宗教宽容是"以上帝的名义来说谎的自由"。

民主是另一个让清教徒感到奇怪的观念。"如果人民是统治者,那么谁是被统治者?"科顿牧师问道。备受爱戴的清教徒总督约翰·温思罗普把民主叫作"最低劣和最糟糕"的政府形式。然而,清教徒确实实行了某种民主——对男教徒而言。每年这些男教徒都要聚在一起,组成一个地方议会,投票选举总督和政务会。地方议会与弗吉尼亚的民众议事会或英国国会十分相似。

像约翰·科顿这样的清教徒牧师都宣扬黄金规则(己所不欲,勿施于人),但是却不能容忍其他宗教。

现在,有些人把马萨诸塞湾殖民地描述成神权统治的地方——由教会官员以上帝的名义进行统治。这种说法不完全正确。尽管牧师是殖民地最重要的人物,他们却不得担任政治职位,也不参与统治。这是向政教分离迈出了一步,尽管只是一小步,但有一天政教分离的观念将成为美国自由的基础。

危险的新观点

在罗杰·威廉斯到达新英格兰之前,他的名声就已经传播到这里来了。当他抵达波士顿之后,便受邀去做一名教师和牧师。这是提供给他的最好工作,却遭到他的拒绝。对他来说,当地会众的行为方式还不够纯粹,于是他就去了马萨诸塞的塞勒姆,从外表看来,那里的人们更像分离主义者。但是威廉斯的强烈信仰开始引导着他,使他与上帝的关系逐渐变化,但却不能向外人道出。因为想要达到极端的清

在清教徒教堂做礼拜的时候,女性坐在后面或者楼上的位置。在类似于图中的教友会礼拜中,大家都坐在一起,没有牧师,没有布道。就像教友会今天的做法一样,参加礼拜的会众默默地坐着,只有站起来发言时才会移动。

教精神,他发现自己被迫放弃了处于他和上帝之间的人为干扰,这也使他明白,其他人会拥有与他不同的信仰,但是对他们自己却十分合适。威廉斯具有知识分子的诚实,这就逼着他提出问题:

通往上帝的道路是否有可能不止一条?

如果只有一条,是否任何人都能肯定自己踏上了这条道路?

以上帝的名义杀戮怎么可能是正确的?(清教徒对异教徒处以绞刑。)

国王怎么能够特授和出售不属于他的土地?

最后一个问题对国王和殖民者都有威胁。不论这是否合乎逻辑和道德,如果国王听说了这个问题,他也许会宣告马萨诸塞湾殖民地的特授无效,并且命令每个人都回国去。没有办法,和蔼、虔诚的罗杰·威廉斯成了一个问题,人们发现他犯了"持有危险的新观点"之罪,马萨诸塞法院决定把他送回英国。

威廉斯的妻子听说这个消息后哭了。威廉斯说:"五十个好人做了他们认为公正的事情。"但他不打算回到英国去,于是他冒着1月的大雪,逃到罗得岛的荒野。在罗得岛,他从纳拉甘西特族印第安人手中买下土地,建立了一个被他称为"普罗维登斯"的殖民地。这块殖民地的公约上写着,这里的人不得"因为宗教观

罗杰·威廉斯

> 我们可以称赞他维护宗教自由和政教分离。他应该受到颂扬,但颂扬还不够。他的伟大之处其实很简单:他敢于思考。
>
> ——埃德蒙德·摩根论罗杰·威廉斯

点的不同,而以任何方式受到干涉、惩罚、骚扰或者怀疑"。换句话说,就是政府应该只处理俗世的问题。普罗维登斯很快就吸引了许多在别处不受欢迎的人,威廉斯对每个人都表示欢迎——不管他们是教友会信徒还是天主教徒,是犹太教徒还是无神论者。至于美洲土著,他热爱和尊敬他们,就像他们热爱和尊敬他一样。他学会了纳拉甘西特族的语言,并且为此写了一本指南,好让别人也能学会这种语言。尽管威廉斯天性善良,他对非天主教徒的行为也能合乎道德观念仍然感到吃惊。他问道:"无神论者的道德来自何处呢?"他那个时代的其他人从未提出这个问题。

在英国,国教由天主教变成新教,接着又变成天主教,又变成新教,新教再次成为国教。每次转变都是通过政府权力来实施的。罗杰·威廉斯明白所有这一切中存在的伪善,他知道,政府可以强迫人们到教堂做礼拜,但是却不能强迫任何人从心里接受信仰。"既然国家不依靠精神强暴就无法强迫所有人的良心接受一种信仰,噢,它也许从未实施那种强暴……而一种更强大的武器和宝剑也许很快(正如从前那样)就会出现,来改变这种情况。""精神强暴"——这是一个强有力的短语。"更强大的武器和宝剑也许会……改变这种情况"?威廉斯谈论的是反复无常的英国国教史。他的观点在马萨诸塞无法被人接受,因为那里的领袖正试图在不惹恼英国政府的情况下,探索出一条独立之路。但是威廉斯没有止步,他这样评论强加于人的信仰:"俗世的政府把一种宗教强加给人民的灵魂,这违背了耶稣基督的箴言。耶稣从未提倡用钢铁之剑帮助精神之剑。"

所有的分离主义教会都认为,应该只存在一种宗教;他们只是在确定哪种是唯一的宗教时不能达成一致。威廉斯提出了一些以前从未提过的问题,但是却没有失去自己的信仰。他是一位虔敬的清教徒,深切地关心他所属教派的纯洁性。但是他明白"出于良心的动机"而杀戮和采取高压政治所具有的讽刺意味和罪恶。历史学家埃德蒙德·摩根在写到威廉斯的时候说:"我们可以称赞他……因为他维护宗教自由和政教分离。他应该受到颂扬……但颂扬还不够。他的伟大之处其实很简单:他敢于思考。"

良心和友谊

弗吉尼亚呈现出另一派景象,圣公会(英国国教)是官方认可的教派,法律规定你必须参加教会的礼拜;否认三位一体(该教派相信上帝是圣父、圣子、圣灵三者合为一体)的真理会判处死刑;对于自由思想者(指的是卫理公会派教徒、浸信会教徒和无神论者),则会剥夺他们对孩子的抚养权。尽管如此,怀有自由思想的传教士仍然试图进行宗教复兴,在流动的帐篷教堂中巡回布道。他们往往为此而遭到逮捕。

到了18世纪下半叶,监禁虔诚教徒的愚蠢行为仍然得到不少人的支持。年轻的詹姆斯·麦迪逊怀着从小培养的坚定的圣公会信仰,到普林斯顿去,在学院院长、加尔文教徒约翰·威瑟斯庞的指导下学习。威瑟斯庞从苏格兰带来了对国教的憎恨,还有一些启蒙思想。威瑟斯庞是这样谈论教育的:"在孩子们的教育中,应该注意培养他们对自由精神的热爱,并让他们不受约束地提问。不仅允许,而且鼓励他们的个人判断权,不要擅自以一副绝对正确的姿态指导他们,或者要求他们含蓄地赞成教师的决定。"

有些加尔文派教徒认为,在教堂中展示富丽堂皇的装饰是异教和渎圣的行径,因此应该毁掉这些装饰。

麦迪逊上大学时最好的朋友是马萨诸塞的威廉·布拉德福德。他们毕业之后,麦迪逊在1774年给他那位朋友写信,谈论在弗吉尼亚遭受迫害的浸信会教徒,他说:"这件事情让我感到前所未有的懊恼。就在此刻,邻县至少有五六个好心人被关进了监狱,因为他们发表的宗教观点大体上是保守的……我为此争论、斥责、辱骂和嘲笑了那么长时间,但是毫无效果,我再也没有通常的耐心了。所以,我请你可怜我,并且为了让自由与良心在我们中间复苏而祈祷。"麦迪逊不断地责骂和争吵。

在弗吉尼亚和马萨诸塞的信仰柱石之间,坐落着一个异常的地区:宾夕法尼亚,这里充满活力,有各色人等,并且对宗教十分宽容。宾夕法尼亚是由威廉·佩恩建立的,他出身于一个富有的圣公会家庭,生来就不愁吃喝,有人伺候。他的父亲是查理二世国王的朋友,国王欠佩恩的父亲一笔债,国王想还债,于是便把他拥有的一片美洲土地给佩恩建立殖民地。

就像许多孩子一样,佩恩没有按照父亲对他的期望去生活。他没有踏上圣公会的道路,却加入了一个受人仇视和排斥的激进教派——基督教公谊会,也被称为教友派。作为教友派信徒,佩恩拒绝参加圣公会的祈祷,结果被大学开除。他还为

爱德华·希克斯在《佩恩与印第安人的契约》(上图)中描绘了他们缔造和平的理想画面。1682年,当威廉·佩恩从英国来到美洲建立他的宾夕法尼亚殖民地的时候,他同意与萨斯奎哈诺克族、肖尼族和勒纳-勒纳普族印第安人在自愿的基础上交换土地。他写道:"不能让任何人离开他的地产……除非获得他的同意。"他学会了印第安人的方言,这样他不用翻译也可以与印第安人直接谈判了。

此进了监狱——不止一次。教友派给了他一种终生信仰,也给了他建立那个美洲殖民地的理由。因为《圣经》说:"你们不可杀人。"教友派信徒认为,所有的战争都是错误的。他们甚至在被征入伍之后也拒绝战斗。他们被称为"凭良心拒服兵役的人",因为他们的良心告诉他们不要争斗。除了上帝以外,他们也不会向国王、政府、旗帜或者任何人宣誓效忠。那在英国可是一个问题,因为那里的人民必须发誓对国王忠诚。

威廉·佩恩想要在美洲为教友派信徒和他们的思想创造一个避难所。那意味着一个能让所有人和所有宗教都受到尊重的地方。佩恩的《宾夕法尼亚自由公约》确立了一个政府,"让其统治之下的人民享有自由,根据法律进行统治,而且人民是那些法律的一部分",佩恩真的相信兄弟之爱。只要他掌管这个殖民地,他就设法公平地对待所有人(后来,情况会发生变化)。当佩恩说"所有人"

的时候,他指的就是所有人,教友派是首先反对奴隶制并且平等对待印第安人的白人。

但是,佩恩仍然不相信民主,这是一个巨大的错误。他挑选出来管理殖民地的人产生了内讧,并且还欺骗他(如果他采用民主制,情况会好得多)。但是佩恩的确证明,自由和公正能起作用。宾夕法尼亚的首府费城是由威廉·佩恩自己设计和建设的,它不久便成为这些殖民地中最大和最富有的城市。

把自由写进法律

到18世纪中叶,一群在北美殖民地土生土长且受过良好教育的杰出人才出现了。他们中有一个人向弗吉尼亚民众议事会的一名议员提出一个问题:"在宗教问题上,政府是否有权采用某种观点?"托马斯·杰斐逊问道。接着他就用一个响亮的"不"回答了自己提出的问题。他说,宗教与政府权力相结合总是具有压迫性。

弗吉尼亚的立法者都是圣公会的信徒,根据法律,他们必须如此才能被选入民众议事会。杰斐逊想劝说他们接受任何人——不管他属于天主教的任何教派还是其他宗教,或者根本就不信仰宗教——进入他们的独家俱乐部。于是,他撰写了一部法案——《宗教自由法令》——打算做一件前所未有的事情:从法律上确定政教分离。弗吉尼亚人可以按照自己的愿望,去参加礼拜,或者不参加礼拜。并且宗教与公民权或公共服务无关。"政府的合法权力只延伸到制止人们实施对他人有害的行为上,"杰斐逊写道,"不管我的邻居说有二十个上帝还是根本没有上帝,都于我无害。这些说法既没有扒窃我的钱包,也没有弄断我的腿。"

政教分离的观点让许多弗吉尼亚人难以接受。帕特里克·亨利曾经如此雄辩地公开指责没有代表权的征税,他竟然也反对杰斐逊的观点。乔治·华盛顿和詹姆斯·门罗起初也反对。议员们轻而易举地击败了法案。帕特里克·亨利想要通过征税来支持所有基督教教派,这似乎是一项革新(独立革命之后,浸信会教徒越来越活跃,再加上许多圣公会牧师都回英国去了,因此不得不做点什么来改变这种情况)。亨利的法案已经在第一次和第二次议案宣读会获得通过,在第三次和最后一次宣读会获得通过似乎已成定局。杰斐逊当时在法国担任大使,他给詹姆斯·麦迪逊写信说:"我们不得不做的事情就是一心一意地祈祷他死掉。"杰斐逊说的是帕特里克·亨利。

麦迪逊更务实一些。他写了一篇陈情书,攻击宗教暴政,获得人们(尤其是浸信会教徒)广泛的签名支持。接着他就帮着把亨利明升暗降地弄进了州长的办公室,这样亨利就没有否决权了。到了1786年,也就是批准宪法的前两年,《宗教自由法令》终于成为法律。杰斐逊得知这个消息后,给麦迪逊写信说:"我们第一次创造了这样一个立法机关:它勇敢地宣布,只要人们能形成自己的观点,那么人的理性就是可以信赖的。这对我们来说是一种荣誉。"后来,他又说:"在我参加过的辩论中,这是最艰难的一次。"

对杰斐逊来说,《宗教自由法令》不仅仅是确保了选择某个教会(或者选择不加入教会)的自由。它还正式宣布,政府无权告诉其公民应该信仰什么,它关心的是思想的自由。"真理是伟大的,只要听其自行发展,它自然会取得胜利。"杰斐逊在写到那个具有开创性的文件时这样说。

有些人真诚地表示担忧:如果没有法律强制公民信仰宗教,弗吉尼亚人会变成罪人。但是这种事情没有发生,人们并没有变得比以前更邪恶。于是,五年之后,当麦迪逊撰写《第一条宪法修正案》——《权利法案》——时,他毫不费力地把弗吉尼亚州的法令变成了这个国家的法律。"国会不得制定法律确立一种宗教或禁止信教自由。"《第一条宪法修正案》这样规定道。

乔治·华盛顿曾经担心一个没有国教的国家会失去信仰,那么现在他的态度如何呢?他成为宗教自由的最大拥护者之一。

詹姆斯·布莱尔牧师是威廉斯堡的布鲁顿教堂的牧师,也是威廉和玛丽学院(杰斐逊曾经就读于此)的创建者。在五十年的时间里,他一直是这些殖民地举足轻重的人物。根据与他同时代人的记载,布莱尔牧师是一个褊狭、"非常卑鄙的老家伙",如果他活得再长一点,也许《弗吉尼亚州宗教自由法令》根本就无法通过。

1790年,华盛顿在写给罗得岛州纽波特市犹太教徒的信中说:

> 美利坚合众国的公民制定了一项广泛、自由的政策,为人类树立了榜样,他们有权为此而向自己喝彩,这是一项值得效仿的政策……现在谈的不是宗教宽容,宗教宽容似乎要通过一个阶级的迁就,才能使另一个阶级行使其与生俱来的权利。令人高兴的是,美国政府不支持偏见,不助长迫害,只是要求生

活在这个国度并受政府保护的人们,做出好公民应有的表现。

西部的吸引力

在边疆,没有人关心你是清教徒、圣公会教徒或者天主教徒;不管你父亲是贵族还是叫花子都无关紧要。你是否可靠?能不能百发百中?是否勇敢?在边疆,这些才是重要的。

乔治·布恩是一个纺织工人,一个具有独立思想的教友派信徒。1717年,布恩举家移居到新大陆,因为他也想让家人获得自由,拥有土地。在农业社会中,土地就是一切。布恩的孙子丹尼尔也同样狂热地献身于土地和自由。1755年,丹尼尔坐在篝火旁边,听别人讲故事说,翻过北卡罗来纳的群山有个地方被印第安人称为"kentake"(意为"草地")。据说这片土地上到处生长着茂盛的野草,遍地都有鸟儿、野牛、鹿和河狸。布恩想要一块这样的土地,于是他就去寻找一条翻越群山的道路,最后找到一条印第安人踏出的小道,穿过一个隘口就进入了牧草丰美的肯塔基草原,这条小道有近五百公里长。布恩回到东部,把这个消息告诉了其他人。到1790年,差不多有二十万人顺着这条他们所说的"荒野之路",去了西部。

> 别让我分析这种情感,必须自己去体会。它进入那些准备接受它的心灵,使之变得充实,满心狂喜。
>
> ——亚历克西·德·托克维尔
> 《论美国的民主》

有些大胆的旅行者继续前行,有些人一直走到了落基山脉。一名出生于德国的商人这样描述那些前去探险和捕捉河狸以获得皮货的山民:"他们结成小队,在山路上漫游,"他写道,"不管岩石多么陡峭,不管河水如何湍急,都挡不住他们的去路。对他们中的大多数人来说,危险似乎具有难以抵抗的魔力。"

到1820年代,就在墨西哥从西班牙的统治下独立出来后不久,四轮马车就满载着一车车满怀希望的商人,开始朝西南部前进,在一条名叫"圣菲小道"的路上留下深深的车辙印。1831年,乔赛亚·格雷格带着三百辆马车到西部去,他这样叙述他抵达圣菲时发生的事情:"我们的到达在当地人中引起了不少骚动和兴奋,"格雷格说,"到处都能听见'Los Americanos!Los carros!'①的欢呼声;一群群妇女和男童拥上来观看新来的人。"

---

① 西班牙语,"美国人!马车!"——译者注

圣菲的商人是企业家,也是本杰明·富兰克林引以为例的部分美国传统。但是,对大多数爬进篷车、踏上拓荒者之路的人来说,吸引他们的却是土地。就像他们的祖先曾经拥抱父母和祖父母,挥泪出发去新世界一样,他们也离开了家园和家人,往往再也见不到这些亲人了。对有些人而言,这是一次伟大的冒险;有些人却未能活着完成旅行。一个密苏里农夫写信给家里,解释他为什么要踏上俄勒冈小道:

> 到俄勒冈去,我就能获得一平方英里的土地,而且你们每个人都能获得四分之一。爹爹为我烧荒,我已经种完地。到了冬天,霜雪把身体冻僵;到了夏天,老浑水河泛滥的河水淹没了我一半的土地;税收你取了剩下的土地所产的粮食。说什么这是上帝的土地。

他们去那里,是出于那些通常促使人们迁徙的原因:因为他们想让自己和孩子们过上更好的生活,或者因为他们喜欢冒险或天生好动。他们往西部去得越远,就越觉得自由。1835年,一个名叫亚历克西·德·托克维尔的法国年轻人,写到了他游历美国期间随处可见的"神圣的自由信徒"。

人民的政府

在美国崭新的自由观念中隐含的意思几乎无人理解。不过,的确有一个人理解了这种含义,他就是约翰·昆西·亚当斯,第二任美国总统的儿子。1821年,在他担任詹姆斯·门罗的国务卿期间,当他撰写"门罗主义"(警告欧洲人不要插手美洲事务)的时候,他这样写道:"让我们记住,自由就是力量。"在我们的总统中,约翰·昆西也许是准备最充分的人,他还有其他预言式的话要说:"享有最多自由之福的国家必须与其人口数量相称,成为地球上最强大的国家。"但是没有人注意听他的话,他不善于交际。

选民的范围在扩大,在此之前,许多州都只允许拥有地产的男性投票。那种情况正在发生变化,选举权扩大到不拥有土地的公民,这将改变美国政治。1824年,在亚当斯当选为第六任美国总统的时候,共有三十五万六千零三十八名美国人参加选举。四年之后,有一百一十五万五千三百四十名白人男子去了投票站——增加了百分之二百二十四。当出身高贵的亚当斯竞选连任时,那股民主浪潮将他淹没了。

美利坚合众国的头几任总统都来自弗吉尼亚州或者马萨诸塞州,他们都出身于成功、富有的家庭,有接受良好教育的时间和机遇。但是,如果你生活在19世纪的美国田纳西州,而且家境贫寒,那么你又会怎样呢?你是否有机会成为总统?当安

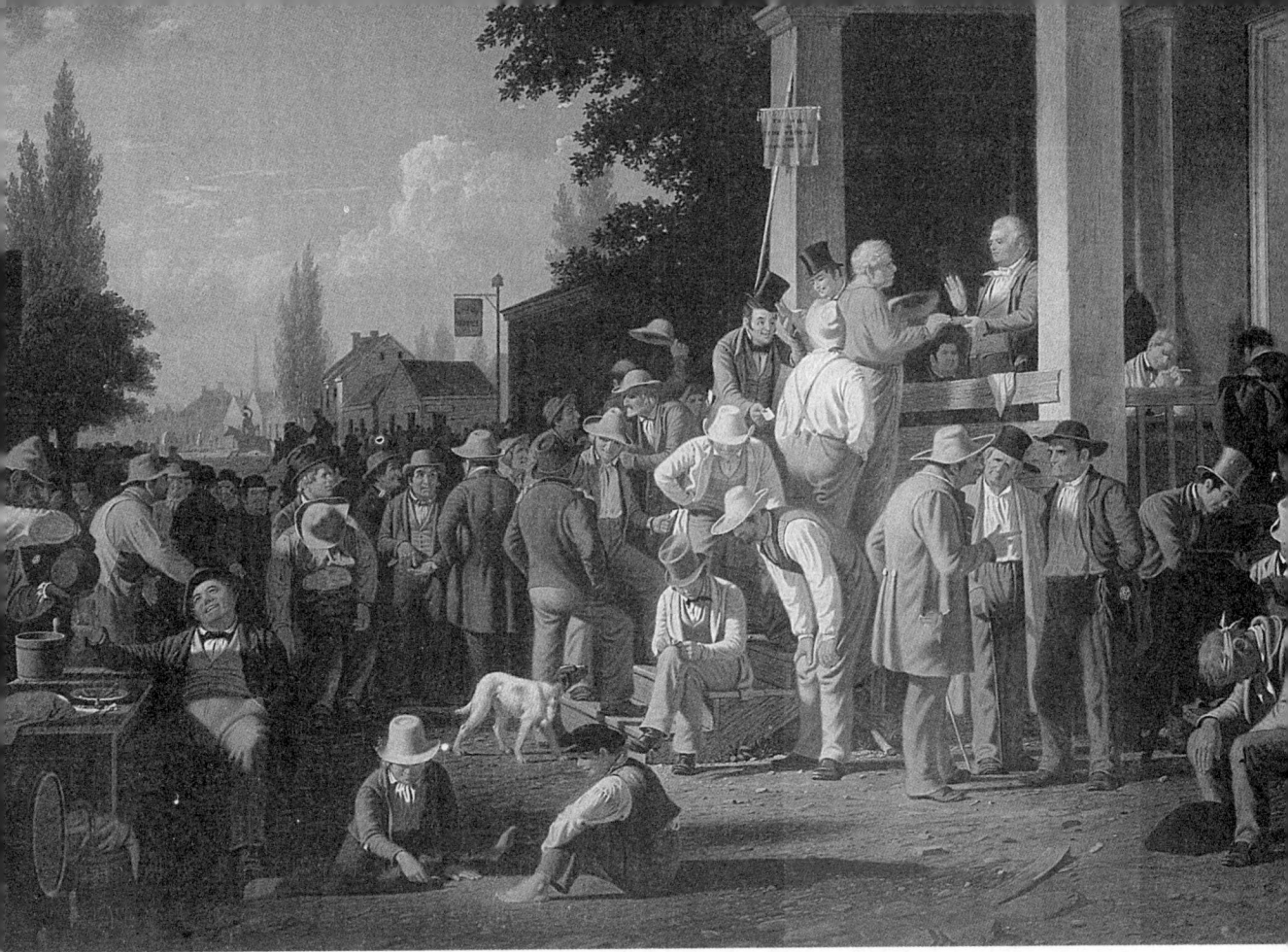

1811年,乔治·凯莱布·宾厄姆出生于弗吉尼亚州的夏洛茨维尔(托马斯·杰斐逊的老家)附近,但是很小的时候就随同家人搬到了密苏里州的富兰克林市,那时候这里还是西部荒野。在1852—1855年间,他创作了一系列图画,描绘了美国边疆杂乱无章的政治生活,例如这幅《县城选举》。

德鲁·杰克逊当选为美国第七任总统之后,你就知道自己也有机会了。如果安德鲁·杰克逊能够成为总统,那么任何出生在美国的白人男子都能够当总统。杰克逊出生在南北卡罗来纳州边界的一座木屋,他的父母是苏格兰—爱尔兰裔农民,安德鲁快出生的时候,父亲就去世了。但是什么都不能阻止安德鲁,他是天生的领袖。后来,他当上法官,并且成为战斗英雄。他的士兵们叫他"老山胡桃",因为他就像一棵山胡桃树那样强壮。一位名叫伍德罗·威尔逊(他也将成为总统)的大学教师把安德鲁描述成"一股来自遥远的西部草原的龙卷风"。杰克逊组建了一个新政党:民主党。

约翰·昆西·亚当斯无法容忍杰克逊,"他是一个野蛮人和原始人,几乎连自己的名字都不会拼写。"亚当斯说。那个老联邦党人、首席大法官约翰·马歇尔只得让杰克逊宣誓成为总统;他倒宁愿让一个魔鬼宣誓就职。但是杰克逊打着"民主"的招牌,吓倒了一些人,也赋予这个词以荣耀。杰克逊把自己担任总统称为一次革命,他是正确的。他使得人民的政府——民主——值得尊敬。杰克逊当选后,那些居住在

乔赛亚·格雷格是开创密苏里与新墨西哥之间的"圣菲小道"的商人之一。1844年,他写了一本有关其探险的书,名叫《大草原的贸易》。上面这幅插图就选自该书,其中描绘了在"圣菲小道"上行进的篷车商队。

华盛顿的人觉得,似乎每一个西部人都参加了他的就职典礼。人民——普通人民——从他们自己中间选出一位总统,他们所有人都想进入白宫——在同一时刻。他们穿着鹿皮裤和粘着泥巴的靴子,涌进这座大厦的大门,他们爬上覆盖着绸缎的椅子,打碎了玻璃杯子,弄洒了橘子潘趣酒。女士们晕倒了,男人们被打得鼻青脸肿,人们推推攘攘,有些人不得不爬出窗户才能离开。

许多人都记得华盛顿总统的招待会,参加招待会的男人们都戴着白手套,系着银鞋扣,说话轻声细语。有些人说,安德鲁·杰克逊的世界将成为美利坚合众国的末日,暴徒们将占领政府。但是这样的事情没有发生,幸好杰克逊举止文雅,自然大方。有些人以为自己会被他吓死,结果却被他迷住了。安德鲁·杰克逊的确改变了总统职位——它再也不是从前的样子了。大多数人都认为他使总统拥有更大的权力。对于早先的总统,民主意味着"民享"的政府;对于杰克逊,民主意味着"民治"的政府。

> 哦,无论给我什么,我也不能交换这种生活!那么独立,那么多未受污染的自然空气,让大脑、知觉以及每一种思想都充满了纯洁。我自由地呼吸,定居一处时,社交圈的闲言碎语让我感到压抑和紧张,现在这种感觉再也没有了。
>
> ——苏珊·麦戈芬,
> **1846年顺着圣菲小道去西部的一个新娘**

望西北

1763年，乔治三世国王在地图上顺着西部自然屏障(阿巴拉契亚山脉)的山脊，画了一条假想的线。国王颁布了一个公告，禁止定居者跨越那条线去西部，那些土地是为印第安人保留的。对英国的一些人而言，夺取印第安人的土地是理所当然的事情，国王的想法让他们感到烦恼。这条假想线也是为了把殖民者与印第安人分开，避免英国为保持殖民者与印第安人之间的和平关系而担心和花钱。另外，大多数英国人认为这些地区并不值钱。博学的塞缪尔·约翰逊博士是编写第一部英语辞典的人，他说，英国从法国—印第安人战争中获得的西部土地是"这片大陆上唯一的不毛之地和废物……最后到达美洲的法国人认为它聊胜于无，所以才占领这里"(我们正在谈论未来的俄亥俄州、印第安纳州和威斯康星州。约翰逊博士应该只管编他的辞典就行了)。

1783年，《巴黎条约》结束独立革命之后，英国人离开了美国。那时，新生的美利坚合众国宣布拥有英国人所有的西部土地——这片土地一直延伸到密

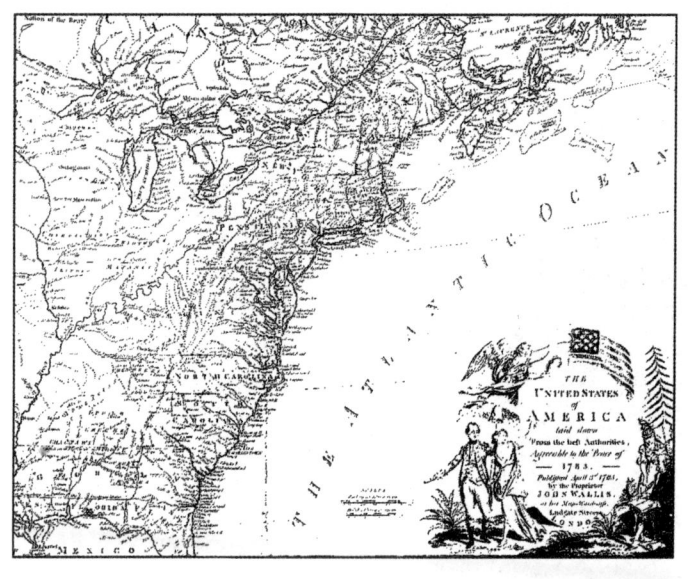

这幅1783年的地图记录下了新生的美利坚合众国的边境线。阿巴拉契亚山脉以西的大部分土地都属于印第安人——但是印第安人很快就被驱赶得向西部节节后退。

西西比河，使得这个新国家的领土增加了一倍。应该怎样处理这些土地？新移民正渴望开辟农田，他们根本不打算为恰好生活在这里的美洲土著担忧，或者为那些不准备放弃这里的英国商人担忧。但是，还有另外一个问题:几个大州，如弗吉尼亚州和纽约州，老早就声称那些地盘属于他们。而比较小的几个州，如马里兰州和罗得岛州，也不打算让大州贪心地攫取那片土地,他们最终使得大州放弃了对西部土地的所有要求。现在,那片土地就像是属于十三个州的殖民地一样,在此之前,殖民地一直是为了宗主国的利益而存在的——但是,由于美国人与大不列颠的不愉快经历,他们不想占别人的

便宜。因此,在1787年的《邦联条例》中,国会通过了一个基于平等领土权的《西北土地法令》,同意那些土地最终成为若干个州(美洲土著居民将再次被赶出家园,疾病和子弹杀死了他们中的许多人,另外一些加入了白人社会,而大多数印第安人都逃到了西部更远的地方)。

《西北土地法令》有一个权利法案,这就确保迁入这个地区的定居者能享受宗教自由、人身保护权,以及受陪审团审判的权利。该法令以托马斯·杰斐逊撰写的一个文件为基础,规定(注意这一点):"在所述地域不得有奴隶制或者强制奴役存在。"该法令还规定(也注意这一点):"宗教、道德和知识是优秀的政府和人类幸福所必需的,永远鼓励兴建学校和开展教育。"如果人民要自治——就像美国人正在做的那样——他们就得接受教育。如果你连读写都不会,你又怎能自治?如果你对当前发生的事情以及历史一无所知,你又怎能参加政府?因此法令要求城镇为公立学校划出土地。最后,该法令还说:"对印第安人当永守忠信。"

眼泪之路

从苏格兰、爱尔兰和德国涌入美国的移民被告知,这里有足够的土地给每一个人。但是,边疆的大多数土地都属于印第安人。移民们不关心这个,他们涌向西部。切罗基人的土地伸展在雾气笼罩的阿巴拉契亚山脉南部,处于半圆形的群山包围之中,从肯塔基延伸到阿拉巴马。一些新来的人在那片土地上修建木屋。切罗基人有好战的传统,他们不知道哪个白人友好,哪个不友好;他们只知道自己的土地和生命都受到威胁。于是他们便抢劫、杀戮,烧毁房屋和农场。定居者对切罗基人实施报复。尽管死了很多人,但是失败的主要还是印第安人。白人的疾病、武器和人多势众都让他们无法抵抗。美国的一些领导人试图找到保护印第安人的办法,但是很难做到这一点。定居者开始声称,所有印第安人都应该到密西西比河以西去生活。大多数美国白人——包括安德鲁·杰克逊——都同意这种观点。他们说,印第安人可以在那个地方和平地生活。然而切罗基人并不想迁走,他们热爱自己的土地。但是白人才不管这些呢。

安德鲁·杰克逊

> 在我们定居点的包围之中,那些部落无法生存。他们既无才智,又无道德习惯。他们居住在更优越的种族之中,肯定会灭绝。
>
> **——安德鲁·杰克逊**

1830年,国会通过了《印第安人迁移法》,由此,总统把印第安部落迁往西部就成为合法行为。杰克逊总统渴望那么做。接着在佐治亚州的切罗基人土地上发现了金矿,成千上万的淘金者来到那里。佐治亚州政府采用抓阄的办法,把切罗基人的土地给了白人定居者。士兵们帮助那些定居者掠夺切罗基农庄和果园。杰克逊总统说他对此无能为力,而事实却是,他根本就不想为此采取任何措施。

许多白人说,印第安人的问题在于,他们是"野蛮人"和"未开化的人"。他们这么说,是指印第安人不像白人那样行动和思考。但是,像切罗基这样的部落却让白人迷惑,他们中许多人的确就像白人那样生活,有些还与白人通婚,有些将印第安人和白人的生活方式结合在一起。他们清理出土地,修建大型农场,种植苹果和桃树,饲养猪

图中这座草房位于内布拉斯加,是用大草原上的泥土和草或者草皮修建的。这种房屋冬暖夏凉,但是到下雨的时候,地板就变成一片泥泞了。为了拍照,这户人家搬出了他们最值钱的财产。

牛。有些印第安人生活在欧式房屋中,许多印第安人都拥有奴隶。传教士进入切罗基人的领土,劝诱一些印第安人信奉基督教。有一位伟大的切罗基人塞阔亚创造了第一套印第安语字母,这样切罗基人的语言就可以书写记录了。切罗基人组建了一个政府,撰写了一部宪法,开办学校,并且修建了一座拥有宽阔街道和坚实建筑的首都。他们变得非常富有。但是,切罗基人越是富有,其他人就越是渴望将他们的土地据为己有。

塞缪尔·武斯特是一名公理会牧师,他来到位于佐治亚的切罗基人领土上,在切罗基学校教书,传播基督教教义。他很快就确信,切罗基人有权拥有他们的土地,并且还说出了自己的观点。佐治亚州立法机关通过了一项法律,规定来到该州印第安人领地的白人必须获得许可证。他们不给武斯特许可证。武斯特遭到逮捕,受到审判,被认定有罪,并且被判入狱服四年苦役。武斯特向最高法院提出申诉,他的案子被称为"武斯特诉佐治亚州案"。

这个案子涉及的并不仅仅是塞缪尔·武斯特之事。法庭根据印第安人对土地的所有权和他们的自治权问题来裁决。首席大法官约翰·马歇尔现在已经是老人了,关于"武斯特诉佐治亚州案",他写下了一个著名的宣判。那个宣判到现在都仍然被引用来说明人权的公正性。马歇尔写道:"切罗基族是一个独特的社会团体,居

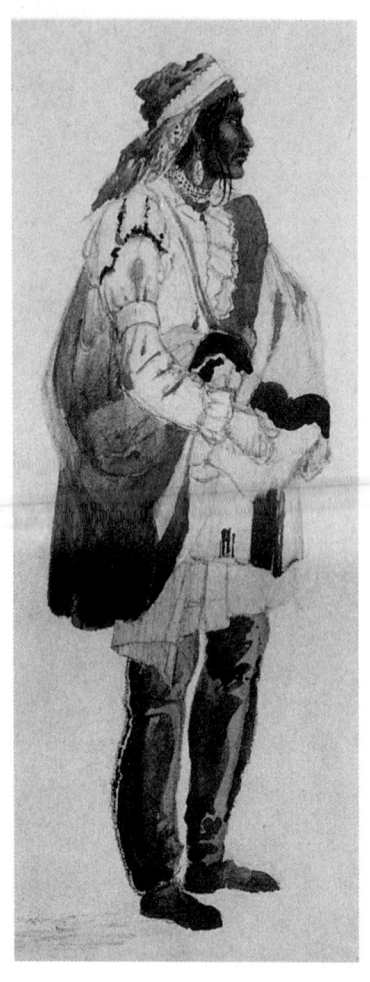

乔克托人特先尼的画像,这是在他的部落被迫离开自己的土地到西部去的时候画的。在1789—1825年间,乔克托族、克拉克族、奇克索族和切罗基族印第安人与美国政府签订了三十个条约。所有条约都让印第安人交出土地或者变更边界。

住在他们自己的领地上……佐治亚州的法律在这里没有效力,除非得到切罗基人自己同意,佐治亚州公民无权进入他们的土地。"切罗基人赢得了拥有自己土地的权利。最高法院说,印第安人"拥有本案涉及的财产权"。换言之,把他们从他们自己的土地上赶走是违反宪法的。但这没有用,总统安德鲁·杰克逊拒绝让法律生效。我们的法制政府体系失败了,这是美利坚合众国历史上的一个耻辱时刻。

这样一来,印第安人就别无选择了。他们被迫沿着一条"眼泪之路"向西部走去——那是一条漫长的道路。他们走一路,哭一路。印第安人离开了他们的家园、他们的农庄、他们的狩猎地,离开了那片属于他们父母的土地。最先离开的是乔克托族,他们在1831年迁走。三年之后,奇克索族也开始向西跋涉。克里克族曾经与美国签订条约,规定"他们将按照自己的意愿,自由地选择离开或者留下"。但是没有用,1836年,他们被驱赶到西部——有些人脖子上还戴着枷锁。切罗基族在1838年出发。他们跋涉着,孩子们和他们的父母,还有老人,不管是酷热的暑天还是数九寒天,不管刮风下雨,都得走。他们经常没有足够的食物,经常没有栖身之所。他们中每四个人中就有一个倒在了路上。政府说,他们将永远拥有新土地,但是,当新移民到来的时候,政府又忘掉了那些诺言。

1786年,托马斯·杰斐逊写道:"可以肯定的是,未经印第安人同意,不得从他们那里取得哪怕一英寸土地。"四十四年之后,《印第安人迁移法》却成了美国的法律。

天定命运

1844年,来自田纳西州的詹姆斯·K·波尔克当选为总统。就像他崇拜的英雄安德鲁·杰克逊一样,波尔克认为这个国家拥有西部土地是上帝赋予的权利。波尔克想要俄勒冈和属于墨西哥的加利福尼亚,大多数美国人也想要。土地让他们垂涎欲滴,有一种"天定命运"的观念让人们确信,美国应该获得这些土地。1845年,一个名

诱人的得克萨斯

得克萨斯十分诱人。那一整片美丽的土地……似乎生来就适合种植棉花。那片土地是墨西哥的一部分,由西班牙控制着。从16世纪起,得克萨斯就由西班牙统治,那时,诸如卡贝萨·德·瓦卡和科罗纳多这样的探险家寻找"西波拉七城",寻找他们确信自己能够得到的黄金和财富。到19世纪初,得克萨斯那广袤的土地上几乎空无一人,欧洲人带来的疾病杀死了大部分美洲土著人口。西班牙本希望自己的一些公民会在得克萨斯定居——就像其他欧洲人在美国做的那样——但是几乎没有人去。在得克萨斯没有找到黄金,而且那里也没有自由。在西班牙的殖民地,每个人都得是天主教徒,并且服从王权的统治。

这种情况并没有让斯蒂芬·奥斯汀感到烦恼。1821年,他从密苏里率领三百个移民来到得克萨斯定居,他们说,他们将成为墨西哥的好公民和天主教徒。同年,墨西哥爆发革命,反抗西班牙的统治,墨西哥获得独立。三年之后的1824年,墨西哥通过了一部杰出的宪法,建立了共和国。不幸的是,在西班牙殖民地没有英国殖民地那样的自治传统,人们不习惯自己管理事务。于是,一个野心勃勃的强硬独裁者安东尼奥·洛佩斯·德·圣安纳轻而易举地夺取了权力。他忽视了宪法允诺的许多自由。

到那时,从美国来的其他移民正在得克萨斯定居。他们中的一些人不想成为墨西哥公

山姆·休斯敦在成为抓住圣安纳的英雄和得克萨斯参议员之前,年幼时曾经被一个切罗基部落收养,过了三年印第安人的生活。

民或者天主教徒,他们想要学校和宗教自由;他们想建立城镇,并且自己管理这些城镇。这些移民购买奴隶——这触犯了墨西哥法律。他们大多数人都不想与印第安人分享土地。到1830年,在得克萨斯说英语的美国人比说西班牙语的墨西哥人多。圣安纳说,再也不允许美国人进入得克萨斯——但这并不能阻止他们前来。从美国来的人非法穿越边境线,要求获得墨西哥宪法给予的权利。

1836年,一些得克萨斯造反者攻打墨西哥的堡垒,接着圣安纳将一群叛军困在圣安东尼奥的一个叫阿拉莫的教堂和堡垒里,并将他们屠杀了,吉姆·鲍伊和戴维·克罗克特也在其中,他们俩曾是议员和边疆居民。几个月后,另外一队由山姆·休斯敦率领的造反者在圣哈辛托抓住了圣安纳,让他签署一个条约,使得克萨斯成为一个独立国家。得克萨斯现在是一个共和国了,由休斯敦担任总统,他们的国旗上有一颗星。但是休斯敦想让得克萨斯成为美国的一部分,这倒也没什么问题——除了有些得克萨斯人想拥有奴隶外。那时候,美国已经分裂,根据1820年的一部叫做《密苏里妥协案》的法律,美国被分成蓄奴州和自由州,二者的数量相等。如果得克萨斯成为一个州,并且成为一个蓄奴州,那么国会里的南部蓄奴州将比北部自由州拥有更多席位。那会产生麻烦。因此,得克萨斯保持了大约十年的独立,直到1845年才成为美国的第二十八个州,山姆·休斯敦则当上美国参议员。到那时,奴隶制已经变成一个热点问题,不仅在得克萨斯如此,在其他地方也是这样。

叫简·卡兹诺的记者第一次使用这个自高自大的词语,卡兹诺为编辑约翰·L·奥沙利文(许多人把卡兹诺发明的词归功于他,但这是错的)写稿。"天定命运"指的是美国人有权利和义务把民主制传播到整个大陆上。不久,那个词便成为每个人的口头禅。当时有一个叫伊格内休斯·唐纳利的政客写道:"那个国家的命运与人类的命运紧密相连,至少需要一个大陆才足够让它打下基础。"

1846年,波尔克与大不列颠签订条约,英国获得加拿大西部,而美国获得现在的俄勒冈、华盛顿、爱达荷以及蒙大拿的一部分。然后波尔克便向墨西哥宣战。战争结束的时候,得克萨斯和墨西哥的边界就定在了里奥格兰德河,于是美国就得到了加利福尼亚——那时候指的是从得克萨斯一直延伸到太平洋和怀俄明的土地。战争结束前九天,在一片属于瑞士人约翰·萨特的土地上发现了一些东西,那就是西班牙征服者和探险家科罗纳多在北美洲寻找过但却没有找到的东西——金子!

淘金热像一场流行病一样横扫这个国家。农夫离开了他们的耕犁,裁缝离开了他们的针线,水手离开了他们的船只,医生离开了他们的病人,所有人都跑到加利福尼亚去了。人们说,一旦你到达那个地方,你的忧虑就结束了。为什么?因为你可以弯下腰在河里捡金子,非常容易。卖掉你拥有的一切,朝西部进军,你立马就能发财。没错,

> 让每年以数百万的速度增加的人口在上帝赐予的这片大陆上扩张,这就是我们天定的命运。
>
> ——记者简·卡兹诺,1845年

有些矿工的确发财了,但是为数不多。路易莎·克拉普是矿工营地里屈指可数的女性之一,她对此非常清楚:"淘金是大自然最伟大的彩票计划。一个人也许会在一块土地上工作好几个月,结果却比他开始工作时更贫困;或者他也可能在几小时内便淘出价值几千美元的金子。这不过是碰运气罢了。"幸运矿工的故事充斥着全球的报纸,致使人们不断蜂拥而至。黄金、土地和自由的诱惑让人难以抗拒,移民人口飙升。导致移民增加的还有另外一个原因:1845年,爱尔兰发生土豆饥荒,在接下来的五年时间里,爱尔兰的穷人几乎没有任何可吃的东西。人们从世界各地涌入美国,这些移民中大多数人对美国知之甚少,只知道那是一片自由的土地。但这些正是他们缺少的:自由和工作机会。

约翰·奥沙利文宣传"天定命运"二十五年之后,约翰·卡斯特为美国的发展绘制了一幅肖像,但这幅画总结了美帝国无情的西进运动:帝国女神身后拖着电报线,她前面则是印第安人和美洲野牛在绝望地后退。

第四章 觉醒吧，美国

"**我**是一个独立的农夫，在这世界上，我连五个畿尼都没有。"威廉·艾奥尔创作的《独立》一剧的主人公说。该剧于1805年在南卡罗来纳州上演。艾奥尔的农夫为自己的土地而狂喜，他说这里的产出

"可供我和我的家人过得舒舒服服"，他夸口说："一个诚实的农夫不知道什么叫依赖，除非回到天国。"独立农民田园诗般的生活是当时流行的话题。托马斯·杰斐逊(一名有奴隶供自己使唤的种植园主)把自耕农视为典型的美国人。自由和土地——你还能想要什么？

三十年后，一场工业革命正在酝酿之中，交通工具的革新正在开启崭新的前景，在你自己的土地上过着自给自足的农业生

1825年之后，伊利运河将五大湖与哈得孙河连接起来，纽约获得了这个国家的大部分运输份额；1836年，百分之六十二的进口货物都是通过纽约优良的深水港(见左图)运来的。在那年的某一天，有九百二十一艘船排列在纽约的东河上(这里画的是1847年，图的最左边是汽船"科尼利厄斯·范德比尔特"号)。为早期工厂提供动力的也是水，就像上图广告中宣传的那样，产品的名称来自那条流过城市并驱动棉纺机的河流。

活——当那些没有土地的欧洲人涌入这个新国家时,这似乎是无比辉煌的未来——现在却再也不能让人满足了。

1833年,作家詹姆斯·费尼莫尔·库珀在欧洲待了很长一段时间之后回到美国,他被一种似乎已经主宰其祖国的心态吓坏了。在库珀的小说《归途》中,一个人物抱怨说:"希图一夜暴富的欲望控制了所有阶级。"

美国人是不是在追求财富的过程中失落了他们的灵魂?库珀认为是这样。不过,渴望赚钱的推动力也产生了惊人的结果:它将使整个国家富裕起来,与以前的任何一个国家相比,美国都为更多的人提供了更好的食物、衣服和住所。这种动力还将孵化思想、诗篇和歌曲。

剧作家艾奥尔笔下的独立农夫通过种庄稼或者养牲畜,获得他的大部分食物;他的妻子为他缝制衣服和烘烤面包;他的邻居帮助他修建谷仓;他通过物物交换获得鞋子和其他一些必需品。他很少看见钞票。进入19世纪几十年之后,那些曾经在家里制作的物品——例如布——通常在工厂里可以生产得更快更好。纸币成为必需品,技术将引诱独立农夫的孩子们:他们有些被吸引到了城市,而那些仍然留在农场里的人们将不再满足于过去的生活。欧洲文盲农夫的孩子们正在这个"联邦"中变成有文化的公民。自由与教育的结合具有很大威力,对于每一个人,甚至对于那些身陷奴隶制的人,这个国家的允诺——人人享有自由和正义——也将为他们提供希望和动力,并改变他们的命运。

在英国,从1760年代起便出现了一场工业革命(尽管暂时没有人那么叫)的萌芽;它以新技术以及劳动力和资本的崭新组织方式为基础。机器使得大部分革新成为可能。美国人缺少那些机器,但是英国人可不打算与他们分享,英国人想让工业革命保留在英国,不允许任何在棉花厂工作的人离开这个国家。

美国向任何能够建造出棉纺机的人提供奖励。在英国,塞缪尔·斯莱特很留意自己身边的机器。他在德比郡的一家工厂工作,使用理查德·阿克赖特发明的最新机器。在八年的时间里,斯莱特从学徒升为车间主任,他知道如何建造和操作这种机器。1790年,斯莱特逃到伦敦,假扮成农业工人,坐船前往美国。工业革命的关键就藏在他脑子里。1793年,在罗得岛商人摩西·布朗的资助下,斯莱特在罗得岛州波塔基特市黑石河的一个瀑布旁建造了一个小型棉纺厂。水力推动机器,将棉花纺成纱线。不久,在许多新英格兰河流旁便出现了棉纺厂——后来又出现织布厂。纺织厂、铸造厂和制造厂生产出的不仅是产品,它们还大量生产出一个新的经济阶层——所谓的"中产阶级"。

斯莱特还做了其他事情。他让工人的整个家庭——包括孩子——都在他的工厂劳动。穷苦的大家庭是他的主要劳动力来源。斯莱特为他们兴建住所,接着他又为公司开设商店,建立教堂,并且用商店购物券支付工人的工资。到1830年,罗得岛百分之五十五的工厂工人都是不到十三岁的孩子。他们从日出一直干到日落,往往一周还挣不了一美元。在建立这些工厂之前,这些孩子中的许多人很可能会在农场

这是选自塞缪尔·斯莱特回忆录的插图,图中描绘了他在罗得岛州波塔基特市的工厂一角。这本回忆录在他去世后第二年即1836年出版。斯莱特留下了一百二十万美元的财产,是美国最富有的人之一。到那时,斯莱特的纺织帝国已经扩大规模,他在新英格兰各地都有工厂,甚至还有一家银行。

上长时间地工作。

工业为许多人带来财富,但这是一种不平等的产业,对工人来说,工业通常只意味着长时间的工作和恶劣的工厂环境。托马斯·杰斐逊曾经在英国的新兴工业城市看到贫穷、悲惨的景象,他受到警醒,不想让那样的事情在美国发生。他谴责说:"我认为城市对人们的道德、健康和解放乃是致命之灾。"但是,大多数美国人都不听从他的警告。那时,这个国家的人口每二十年就增加一倍,大部分地区仍然是农村,然而城市却拥有令人兴奋的活动和工作。许多移民发现自己陷入了正在萌芽的城市,他们在那里既创造了民族群落,也创造了民族融合,二者都让这个新国家充满活力。

1831年,美国开了一家成衣厂。想象一下,让很

塞缪尔·斯莱特

埃利·惠特尼

多人都穿着按照统一尺寸做成的衣服!这个办法行得通吗?这个办法好得出奇。在第一家工厂中,全部衣服都由缝纫女工手工缝制,市场上需要一种缝纫的机器。1838年,沃尔特·亨特制造出一种用来"缝补、缝合、缝缀布料"的机器;但是,他接着就认为这个机器会让缝纫女工失业,于是便把它当作不道德的东西而抛弃了(亨特发明了安全别针,要造出那种缝纫的机器,他完全没有问题)。与此同时,埃利亚斯·豪尝试着在机器上模仿他妻子的缝纫动作,他在织布机穿梭往来的动作中找到了答案。1844年,年方二十五岁的豪完善了他的机器,生产力顿时剧增。

由于工厂能够迅速、轻松地将棉花变成棉纱,因此对原棉的需求量很大。但是,在美国生长得最好的棉花——粗绒棉——里粘满了种子,那些种子会沾在棉桃上,如果手工摘除这些种子,一个工人需要用一天的时间才能理出一磅棉花。当埃利·惠特尼到佐治亚州的萨凡纳去做教师的时候,他听说的都是与这个问题有关的事情。他思考着,胡乱捣腾,到1793年,他就发明了一种简单的机器,可以轻而易举地从棉花中除去棉籽。他把这个机器叫做"轧棉机器",这个名字很快就简化为"轧棉机"。

奴隶在操作一台轧棉机,为了想出制造轧棉机的办法,埃利·惠特尼观察了一个人清理棉花的情景:一只手抓住棉籽,同时另一只手拉出棉绒。惠特尼的机器就是模仿这种动作设计的。他用滤网代替手,来抓住棉籽,再用一个滚筒在接近滤网的地方旋转。在滚筒的表面,钩状金属丝抓住棉绒,滤网则把棉籽留在了后面;一个旋转的刷子再从钩子上把棉绒清理下来。就是这样。

如果用轧棉机,一个工人每天能够清理出五十磅棉花。美国南部一直存在经济问题。烟草耗尽了土壤的肥力,靛青和水稻产量不稳定。有人说,奴隶制在经济上不再具有可行性。然后轧棉机出现了。如果你能够种植许多棉花,你就可以致富。南方人寻找种棉花的土地以及种植和收获棉花的工人。突然之间,奴隶变得比以前任何时候都要宝贵。惠特尼并非有意达到这样的结果,但他的发明的确有助于南部成为奴隶帝国。

工业的黑暗面

那些在工厂做过童工的人,通常三十几岁就去世了。棉花厂的空气中充满了微小的棉花纤维,被吸入肺部之后,有时会导致癌症或其他疾病。轰鸣的机器噪音会导致头痛和耳聋。工厂的照明往往很差,于是,工人的视力很快就受到影响。工作枯燥乏味,任何人只要被如狼似虎的机器咬掉一个手指头或者一只胳膊,就会失去工作。赫尔曼·梅尔维尔是伟大的美国小说《莫比-迪克》的作者,他在1855年访问了一家造纸厂,下面就是他看到的情景:

在一排排面无表情的机器旁,坐着一排排面无表情的女孩,她们手中握着

除非你到一个工厂去,否则你很难明白那里有多吵闹。新英格兰纺纱机的噪音和震动让人很难适应——"滑轮、滚筒、纺纱轴和锭翼发出'嗡嗡'声、'嘶嘶'声、'呼呼'声。"

空洞的白色折叠器,所有人都在面无表情地卷着空白的纸张……没有人说一个字,除了钢铁巨兽持续发出低沉、震耳欲聋的声音外,什么也听不见。这里驱逐了人类的声音。机器被夸耀为人类的奴隶,在这里却得到人类奴颜婢膝的服侍……就像奴隶伺候苏丹一样。在普通的机械面前,这些女孩微不足道,还不如轮子上的一个小齿轮重要。

赫尔曼·梅尔维尔

许多工人都别无选择,他们必须工作。大多数美国人几乎都不知道他们的存在。一位羞涩的女性改变了公众的无知状况,她名叫丽贝卡·哈丁,来自西弗吉尼亚州的惠灵市。1861年,丽贝卡为那时最著名的杂志《大西洋月刊》写了一篇匿名文章,题目叫《铸铁厂的生活》。她写的是惠灵市的工人,他们与丽贝卡的生活简直有天壤之别,仿佛他们各自生活在不同的星系里。

在纺织厂工作的孩子们必须有一双灵巧的手,能够把断掉的线接起来;他们还必须有个小巧的身体,可以爬到需要修理的机器下面。在1850年代,洛厄尔市的女童工每周工作六天,每天工作十二小时。

一群群男子带着一副副呆滞、愚钝的表情,蹲在地上,或吃力或灵巧地到处打磨;烟尘在他们的皮肤、肌肉和身体上留下层层积垢。他们整夜在一锅锅沸腾的铁水旁弯腰工作,从幼年一直到死去,都呼吸着被烟雾、油脂和煤灰污染的空气,身体和灵魂都污秽不堪。

丽贝卡·哈丁还写到了那里的气味和满是灰尘的空气:

一团团浓烟缓缓地从铸铁厂巨大的烟囱里冒出来,飘落在泥泞的街道上那些黑漆漆、黏糊糊的水坑里。烟尘笼罩着码头,笼罩着暗黑的船只,笼罩着昏黄的河水。烟尘粘在房屋表面,粘在两棵正在死去的白杨树上,也粘在行人脸上,形成油腻的煤烟层……到处都是烟尘!一只肮脏的金丝雀在我旁边的笼子里孤独地"喳喳"叫着,它梦想着绿色原野和阳光,但这个梦想已经非常陈

发送消息

1850年,美国国旗上增加了第三十一颗星,那颗星代表着加利福尼亚州。西部的大多数地方在成为一个州之前很多年就已经是美国领土了。加利福尼亚能一跃跻身于各州之列,是因为1849年一个名叫詹姆斯·马歇尔的木匠在萨特的工厂发现了黄金,结果很快导致大量移民蜂拥而至。那些移民想要知道他们留在俄亥俄、新罕布什尔或阿拉巴马的亲人过得怎么样,而留在家里的人往往也急得发狂,他们的父亲或者兄弟找到金矿了吗?有时候一年过去了,却音信全无。美国邮局没有准备好应付1849年出现的成千上万封信件,他们没有足够的邮政工人,而那些本来做这项工作的人也不断辞职,到金矿去工作。因此一些有魄力的美国人开办了私人邮政业务,其中最快的是"驿马快信"。在密苏里州的圣约瑟夫市,拉塞尔、梅杰斯和沃德尔雇用了八十名骑手,购买了五百匹马,在差不多两千英里长的路线上,每隔十到十五英里建一个驿站,一共建了一百九十个驿站。邮递员骑马飞奔,在每一站换一匹新马;跑了八站之后,就有另外一名骑手接替他往前跑。一幅招收"驿马快信"骑手的广告这样写着:"招收:年轻瘦小的小伙子,年龄不超过十八岁,必须敢于每天冒险出生入死。孤儿最佳。"

"驿马快信"是个好主意,而且它也成功了。但是,它为什么只维持了十八个月呢?塞缪尔·F·B·莫尔斯应该为此负责。莫尔斯是一名画家,他到英国去学习绘画,结果受到当时的科学热潮吸引,尤其是有关电学这个新学科的实验。莫尔斯想知道电脉冲能否通过电线传送点划信号——短脉冲和长脉冲。如果能够这样,那么就可以把点划信号当作一种代码来传递信息。从这种简单的想法出发,莫尔斯发明了电报。他花了十二年做细节设计,并让电线架到杆子上,不过这种方法还是成功了。1844年,人们用莫尔斯电码发

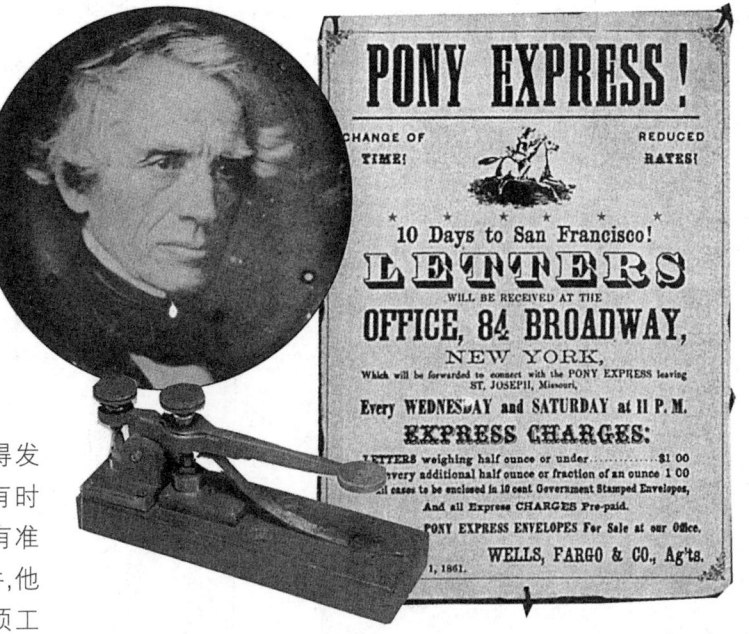

塞缪尔·莫尔斯(左上图,用早期的照相法"达盖尔银版法"拍摄的照片)是一个点子很多的人,但他并不是优秀的工程师。是助手们帮助莫尔斯完善了他的电报键(左下图);其中一名助手很可能设计出以莫尔斯命名的点划代码。到1854年的时候,使用中的电报线已经达到两万三千英里。右上图为"驿马快信"的广告。

送了第一条信息,是从华盛顿的最高法院发到巴尔的摩。莫尔斯用他的点划代码问道:"上帝创造了什么奇迹?"几秒钟之后,他就收到了回复的消息。起初,人们认为电报是一种有趣的玩具,当有人说现在缅因州可以和佛罗里达州通话时,作家拉尔夫·沃尔多·爱默生问道:"是吗?但是缅因和佛罗里达有什么话可说呢?"不久,有些人——特别是报纸编辑——开始意识到电报不止是玩具。当参议员亨利·克莱在巴尔的摩被提名为辉格党的总统候选人时,华盛顿特区的人几秒钟之后便得知了这个消息。在莫尔斯发出第一份电报后十七年,电报线就从大西洋海岸延伸到了太平洋海岸,"驿马快信"也便随之破产。

旧——我想,几乎不复存在了。

人们阅读她写的故事,了解到那些工资奴隶将一锅锅滚烫的铁水变成这个国家修建铁路和机器所需的钢铁,这可能是公众第一次了解工人的情况,他们感动得流泪了。哈丁的故事是否对那些工人有帮助呢?很可能没有,因为没有人知道,如果不通过艰苦、单调、繁重的劳动,该怎样去冶炼钢铁、开采矿石以及生产钢铁、纸张或纺织品。有一天这些问题将通过其他机器和立法得到解决(但是在1910年,罗得岛州只有不到一半的孩子上学,而且这种情况并不只在罗得岛存在。1938年,一部《公平劳动标准法》最终消除了童工)。

踏上通衢大道

一件事情会导致另一件事情的发生:如果你开始生产布料,并生产了几千码布料,那你不能只在新英格兰出售它,你得把它运到其他市场去。美国人要做到这点没什么问题。他们发展出一个世界级的商船队,来自塞勒姆和新贝德福德等港口的船只在中国、苏门答腊与荷兰都可以看到。但是,你怎么能把布匹从波士顿运到布法罗去呢?在19世纪初期,道路不能解决这个问题。想象一下:路上到处是车辙印和坑坑洼洼,还有石头;当你来到一条河边的时候,那里也没有桥梁。到了下雨天,路上的泥泞深得可以淹到马肚子。坐马车从

1829年,伊利运河已开通四年。那时,在该运河起点布法罗村,其人口已经增加为最初的三倍;到1840年,人口增加到一万八千,布法罗逐渐成为纽约州的第二大城市。乘坐汽船和班轮,从纽约城经奥尔巴尼去布法罗需要六天,比乘坐公共马车快十天。

1825年10月26日,纽约州州长德威特·克林顿在布法罗登上"塞尼卡酋长"号,作了一次仪式性的旅行,通过伊利运河到哈得孙河,最终到达纽约城。他把一桶伊利运河的水倒进纽约港。

波士顿到纽约去需要差不多一个星期的时间。当时最需要的就是更好的交通方式。美国人以其独创性而闻名,他们很快解决了那个问题。

南卡罗来纳州权威的代言人约翰·C·卡尔霍恩(在1816年)说:"让我们用完善的道路和运河系统将共和国联系起来。让我们征服距离。"古罗马的道路曾经巩固了帝国。美洲的阿兹特克人擅长修路,但是他们的技艺已经失传。在这个经济充满活力的年代,进入市场的道路至关重要。因此,修建道路作为一门科学得以再次发明也就不足为奇了。工程师开始建造石头路,带有排水系统和斜坡或者拱形面,以便将水排出。在1806年左右,一些有远见的美国人设想建造一条横贯全国的道路(至少要从东海岸到密西西比河),称之为"国道",其部分路线沿着当初特拉华印第安人内马科林开出的小道——在法国—印第安人战争中又被布拉多克将军和华盛顿上校拓宽。国道应由联邦政府出资修建,这让许多人感到苦恼。如果一条道路不靠近某个州,这个州是否也得出钱?联邦制应该走多远?各州的州权怎么办?(道路开建了——但是问题却没有解决。)1833年,道路通到了俄亥俄州的哥伦比亚市;1850年,通到了伊利诺伊州中部的万达利亚。在修建国道之前,从巴尔的摩到圣路易斯要走四个星期。但是,如果你通过国道马不停蹄地赶路,只需四天就能到达。

> 我有匹骡子叫萨尔,
> 伊利运河上十五英里。
> 她是个能干的老伙计,也是一个好伴侣,
> 伊利运河上十五英里。
> 我们白天拖驳船,
> 装着木材、干草和煤炭,
> 从奥尔巴尼到布法罗,
> 我们了解路上每一寸土地。
> 合唱:
> 低矮的小桥,每个人都弯下腰。
> 低矮的小桥,我们正在进城去。
> 你总是了解邻居们,
> 你总是了解伙伴们,
> 如果你曾经
> 在伊利运河上航行。

但是,要修建和维护平坦的大道,就需要昂贵的投入。必须找到更廉价的方法运载货物与旅客,一些人认为运河就是答案。与陆路相比,在运河上航行会更加安静、顺畅,也更可靠。纽约州州长德威特·克林顿计划修建一条运河,从哈得孙河畔的奥尔巴尼通往伊利湖畔的布法罗。这条运河被命名为"伊利运河",崇拜者把它称为"克林顿之梦";其他人对此嗤之以鼻,把它叫做"克林顿的蠢事"。这条巨大的水沟将跨越五百八十公里的距离,途中需要翻越陡峭的高山,船只也不得不翻过这些山。在崎岖不平的陆地上拖着船,那真是漫漫长途。当托马斯·杰斐逊听说这个计划之后,他对一个为运河鼓吹的人说:"什么,先生?你说要在野外挖一条五百六十公里的运河——就现在这个时代来说,谈论这个问题就跟满口胡言乱语差不了多少啊!"

从1817—1825年,这个工程花了八年的时间才完成,一共花费七百万美元,不过,好歹还是挖出了一条一米二深十二米宽的水沟来。这条运河是工程学上的奇迹——为了让船只翻山越岭,共修建了八十三道闸门,还有一条沟渠让它们穿过莫霍克河。运河在一声轰响中开通——实际上,是一系列轰响。最初是一门加农炮在布法罗开炮,运河沿岸的罗切斯特、锡拉丘兹、罗马和尤蒂卡等城市听到炮声之后,便依次接着放炮,直到他们听见奥尔巴尼的炮声,人们在那里不断地放炮,顺着哈得孙河一直放炮。当最后一发加农炮在纽约响起时,沿途已经放了一小时二十分钟。然后,他们又再次开炮,让炮声原路返回布法罗。不久,每个人都开始唱起一首名叫《伊利运河》的歌曲。

在修建运河之前,把一吨谷物从布法罗运到纽约需要花费一百美元,1855年,经过伊利运河运输只需八美元。人们收拾好行李,顺着伊利运河往西而去,他们搬到印第安纳、密歇根和威斯康星等地。有些人则来到东部,运河使得纽约成为全国最大的城市。

开足马力,全速前进

在运河中航行是很容易的事情,运河没有波浪,你可以用杆子撑着船只前进,也可以用马匹拉动船只。河流的情况可就不一样了,船只很容易顺着河水往下游漂,但是逆水而上就很困难了。你可以划船(艰苦的劳动),也可以借助船帆(如果有足够风力),或者在岸上用马拉船(有许多问题)。在密西西比河,有时候逆水行舟每小时只能前进一两公里。在英国,有几个人发现,用沸腾的热水——蒸汽——产生的能量能够成为推动船只或者火车的能源。罗伯特·富尔顿(就像塞缪尔·莫尔斯一样,他既是画家,也是发明家)根据这种观点发明了一样东西。他把一个引擎放入一个圆滑的外壳内,两边再各加上一个桨轮,这就是汽船。1807年,他的汽船"克莱蒙特"号在哈得孙河上逆水航行,速度快得惊人,从纽约到奥尔巴尼,用三十二小时就走完了二百四十公里的航程。但是,真正需要汽船的是西部。富尔顿的"新奥尔良"号在纳齐兹附近的浅水中搁浅,于是亨利·米勒·施里夫设计了一种平底汽船,最终成为一种

彼得·库珀

豪华的汽船(是即将出现的"漂浮宫殿"的原型)。到1820年的时候,密西西比河上有六十艘汽船;到1860年,就有了一千艘左右。而且,蒸汽动力也开始在陆地上使用。

1830年,当巴尔的摩—俄亥俄铁路铺好二十公里的轨道后,他们用马拉动车轮上的车厢。一匹马在铁轨上拉动的重量相当于十四马在铁轨外拉动的重量,但是铁路公司的管理者还不满意,他们是先进的思想者,想给铁路加上一个新的蒸汽引擎。巴尔的摩一位名叫彼得·库珀的发明家告诉他们,他能够做到这一点,他制造了一个很小的蒸汽火车头,把它叫做"大拇指汤姆",并且邀请管理人员乘车一试。库珀后来写道:"我们出发了——六个人在引擎上,三十六个人坐在车厢里,这是一个伟大的时刻。我们用了一小时十二分钟的时间到达埃利科特的工厂。"

第二年,纽约城《自由调查者》的编辑罗伯特·戴尔·欧文亲自前去观看这个新奇迹。在奥尔巴尼附近,他爬上一辆火车(他称之为"人类创造性的最崇高的胜利"),他发现"蒸汽机已经在冒烟,还有六到八节马车车厢——尽管通常被称为'火车车厢',但除了轮子不同外,它们和普通的马车车厢几乎没有差别——准备好接待乘客上车。"发动蒸汽机的时候,它没有与车厢连接,因为它需要增加气压来启动机器。"就像开始赛马之前先要遛遛马一样。"欧

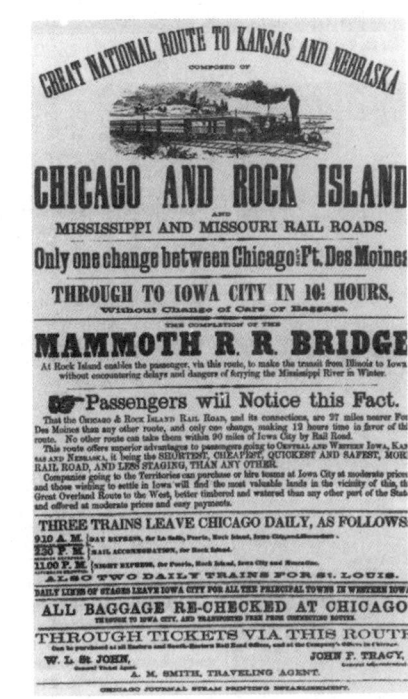

顶图,彼得·库珀和"大拇指汤姆"。1883年,库珀以九十二岁的高龄在纽约去世;当他的棺材被运往布鲁克林的格林—伍德公墓时,许多人前来瞻仰。他在纽约创建了一个艺术和设计学校——库珀学院,该学院至今仍然给就读的全体学生全额奖学金。下图,为跨越密西西比河的罗克岛铁路线做宣传的广告。

文解释说。最后,带有九个座位的乘客车厢被挂在了蒸汽机车后面。"接下来,我们便以每小时三十多公里的速度前进了,汽笛呼啸着,周围的景物纷纷后退,那情形就和骑着一匹快马全速飞奔差不多……踏进火车车厢的人……没有谁不认为,在运输编年史上,一个新时代开始了。"欧文兴高采烈地说。

然而,即便是最好的发明也可能是一桩冒险的生意。一个二十二岁的政治家为自己曾在"黑鹰战争"(一场有关印第安人迁徙的战争)中服役而自豪。1832年,他参加伊利诺伊州立法机关竞选,盛赞铁路是"一个非常诱人的目标"和一个"永远不会失败的交通方式,可连接两个相距甚远的商业地点"。不过他认为铺设铁轨太昂贵,建议伊利诺伊州把财力放在河流交通上(他自己就建造了一艘驳船)。这个年轻人就是亚伯拉罕·林肯,他在那次竞选中失败了,但他将成为铁路的拥趸者和铁路律师。

与冬季结冰的运河不同,火车可以全年运行;与马匹不同,火车可以运送非常沉重的货物,而且不会感到疲劳。火车就是未来。到1840年,美国铺设了大约四千八百公里铁路,到1860年,这个数字增加到四万八千公里。乘坐火车旅行,以令人难以置信的每小时四十八公里的速度前进,你从纽约到芝加哥只需要两天。1854年,出现了第一条从东海岸通到密西西比河的铁路,终点在伊利诺伊州的罗克岛。罗克岛线的修建者打算让铁路跨越宽阔的密西西比河,到达衣阿华州的达文波特市。他们开始修建一座大桥,1856年,当第一列火车跨过密西西比河的时候,有一位记者也在车上。

> 我们在铁轨上飞驰——罗克岛遥遥在望——汽笛鸣叫着,售票员大喊道:"到衣阿华州的乘客请坐好。"接下来火车停顿了一下——就像暴风雨之前的静寂时刻。然后,车厢继续移动——到大桥了——"我们正在大桥上行驶——看看桥下波涛汹涌的密西西比河。"——于是所有的目光都集中到这座雄伟的大桥那坚固的栏杆上,在庄严的肃静中,我们从桥上滑过。几分钟后,大家都松了一口气。"我们过桥了,"人们欢呼起来,"我们坐火车跨过密西西比河了。"

而在东部,《费城公报》上刊登的一篇文章宣布:"文明乘坐火车跨越密西西比河。"

这是一件让人神魂颠倒的事情,技术吸引了我们。我们美国人,在19世纪,对机器和科学进步着了迷。我们爱上了速度——爱上火车头、汽船和快速帆船。我们爱上了发明——爱上约翰·迪尔的钢犁、赛勒斯·麦考密克的收割机、埃利亚斯·豪的缝纫机,还有塞缪尔·莫尔斯的电报。我们把自己的精力都花在我们的各种想法上。

1820年左右,一名女校学生所作的画,描写了她的同学们劳动和玩耍的场面。她们学习做妻子和母亲所需要的技能——而且,就像其他任何地方的女孩一样,她们也跳绳。在19世纪初期,如果一个女孩完成学业之后,不仅学会了阅读、写字以及记家庭账本所需要的足够的算术,还会一点音乐、缝纫、绘画和舞蹈,那么她就很幸运了。

女孩有头脑吗?

1850年,美国入学儿童的比例比任何欧洲国家都高。那一年的人口普查显示,每一百个白人儿童中,有五十六个上学(但是每一百个黑人儿童中只有两个上学)。有些从未上过学的儿童在主日学校学习阅读,差不多每个人都阅读或者听别人阅读《圣经》故事。很多父母都在家里自己教孩子读书。

1840年代和1850年代,公立学校的观念开始流行起来。美国民主正在成长——能够参加投票的男性更多了——选民要求为他们的孩子设立学校。宪法中没有提到教育问题,并不是因为开国元勋们认为教育不重要,而是因为他们希望由各州自己管理学校教育。托马斯·杰斐逊相信,美国在政府上的试验——那种被称为"自治"的新思想——只有在每个公民都接受教育的国家才行得通。如果你不识字,你怎么能够投票和做出决策?杰斐逊在给一位朋友的信中写道:"在一个文明国家,如果一个民族希望既无知又自由,那么它这个希望从来不曾也永远不会成为现实。"乔治·华盛顿说:"美国应该采用一种普遍教育的计划。"他还说:"在每一个国家,知识都是公众福祉最可靠的基础。"

萨拉·皮尔斯同意这样的观点,她在自己位于康涅狄格州的家中,用一间餐厅创办了利奇菲尔德女子学院。大多数人都认为女孩子应该专注于女红、音乐和绘画——但是萨拉·皮尔斯不这么看。在她的学校中,女孩们既能学到女红,也能学到语法、阅读、作文、历史、哲学和逻辑。著名作家哈丽特·比彻·斯陀就是利奇菲尔德学院的学生。

但是几乎没有女孩子能有机会进入中学,而且女孩子也不能进大学。"女性的大脑比男性小,女孩无法像男孩那样学很多东西。"那就是19世纪某些男性专家的真实说法。玛丽·莱昂不相信他们的话,她知道自己和所有男孩一样聪明。当她还很小的时候,有一天,她妈妈发现她正在摆弄一个沙漏。"你在干什么?"妈妈问道。玛丽回答说,她试图发明更多的时间。玛丽·莱昂的时间似乎永远都不够用,有时候她每天学习十八个小时。但是她无法进大学,因为没有为女性设立的大学。

于是,1837年,玛丽·莱昂在马萨诸塞州创建了芒

到1850年代,有些学校就像这所位于波士顿的学校一样,开始给女孩子传授严肃的课程。随着人口的增长,需要越来越多的女性教师——因此她们必须接受更好的教育。

特霍尤克学院,学院共有四名教师和一百一十六名学生。莱昂坚持让学院成为一所民主的学校,让女性自己做饭和打扫卫生,从而把学费保持在很低的水平上。埃米莉·迪金森是芒特霍尤克学院的学生,她后来成为美国最优秀的诗人之一。她给一位朋友写信说:"学校很大,许多女孩都离开了,因为她们发现考试比她们预想的要难,但是现在仍然有大约三百名学生……莱昂小姐正在大幅度提高奖学金的标准。"另外有几所大学也向女性敞开了大门,它们还向非洲裔美国人敞开了大门。

玛丽·莱昂

难道我不是女性吗？

一些男性和女性开始鼓动女性争取平等的公民权。在1840年代和1850年代，女权会议在印第安纳州、马萨诸塞州、宾夕法尼亚州、纽约城等地召开。1851年，在俄亥俄州的一次会议上，当一个男子说女性生来就比男性弱小和卑微的时候，他认为自己在说实话。但是，一位身材瘦削、神态庄严的女性听到他这番话却不赞成。这位女性差不多有一米八高，穿着灰色的衣服，披着白色的披肩，头上包着一块白头巾，当她走路的时候，浑身都洋溢着女王似的尊严。这位高个儿女性叫索杰纳·特鲁斯(Sojourner Truth)，她是屋里唯一的黑人——所有的目光都集中到她身上。最后她再也无法忍受了，于是便站起来，用她那响雷一般的声音说：

难道我不是女性吗？看看我，看看我的胳膊(她展示自己强健的肌肉)。我曾经犁过地，种过庄稼，收获谷物装进谷仓，没有哪个男人比我强！难道我不是女性吗？我能够像男人一样干活，像男人一样吃饭——当我能够获得那么多食物的时候——而且我也像男人一样挨得起鞭子！难道我不是女性吗？我生了十三个孩子，看到他们都被当作奴隶卖掉了，当我作为母亲而悲痛欲绝的时候，只有耶稣听见我的哭声！难道我就不是女性吗？

十二年之后的1863年，有关索杰纳·特鲁斯的演讲的故事被一位名叫弗朗西丝·盖奇的女权主义改革家发表出来。有些

索杰纳·特鲁斯

人争论索杰纳·特鲁斯是否真的使用了那句著名的"难道我不是女性吗"，但是她演讲的力量却毋庸置疑。弗朗西丝·盖奇说："在一阵雷鸣般的掌声中，她退回到自己的角落里……她用胳膊把我们举起来，带着我们蹚过困难的泥沼，让整个潮流向着对我们有利的方向转变。"

当索杰纳·特鲁斯作为一个奴隶在纽约州出生的时候，她的名字叫伊莎贝拉。她受到无情的虐待，就像奴隶通常的遭遇那样。1826年，就在纽约州解放该州奴隶的前一年，她逃跑了。她是一位年轻的母亲，她计划将自己的孩子买回来。但是，在她能够那么做之前，其中一个孩子被卖给了南方的一个买主，那是违反纽约州法律的。在一个教友派家庭的帮助下，伊莎贝拉来到法庭上，赢回了这个孩子。那件事情足以说明她的决心以及法庭的公正。后来，她还帮助其他黑人在法庭上争取他们的权利。伊莎贝拉的教友派朋友告诉她："在上帝面前，我们所有人都是平等的。"以前从没有人对她说过那样的话。他们给她读《圣经》，她记住了《圣经》的大部分内容(她从未获得学习阅读的机会)。她怀着虔诚的信仰，幻想着上帝。她决心过一种虔诚的生活，帮助其他人。为了庆祝她的自由和新生活，她取了一个新名字，索杰纳·特鲁斯。"Sojourner"的意思是一个在某地做短暂停留之后又继续前进的旅行者。在接下来的四十年中，她将到处旅行，为真理和正义而高呼。

也许是因为她的尊严，或者是因为她的真诚，或者是因为她那强有力的声音，当索杰纳·特鲁斯说话的时候，人们都侧耳倾听。她为女性的权利、黑人的权利、监狱改革和禁酒而工作。她在胸前挂着一个标语，上面写着："遍地全民宣告自由。"这句引自《圣经》的话也刻在费城的"自由钟"上。

但是,在19世纪,确实仍然有许多人相信女性和黑人不应该接受教育。因此,除了极少数人外,大多数女性都无法成为医生、律师或者熟练工人。如果一名女性真的获得一份工作,她知道自己的工资只有从事相同工作的男性的一半。她的工资以及她的其他财产——甚至她父母给她的钱——都属于她丈夫。女性不能投票,因此她们无法改变法律。一个丈夫可以鞭打他的妻子,而法律却站在他这一边。根据法律,离婚几乎是不可能的事情,如果一名女性真的离婚,许多人都认为这是一件可耻的事情。如果一个妻子离开了她的丈夫,法律规定她丈夫拥有孩子的抚养权——即便他是个动不动就打孩子的酒鬼。但是,如果女性站起来说出自己的想法,那仍然会吓倒许多好人。他们说:"这是男人的世界。"在19世纪,的确如此。

格里姆凯姐妹:安杰利娜(左)和萨拉(右),她们俩都成为热心的废奴主义者和女权活动家。萨拉在她《关于两性平等的通信》一书上写了"为了被压迫的女性"几个字。

> 我坚持认为男性和女性是平等的,但是我们的处境与奴隶差不多。男性要求并且夺取了对我们的权力。
>
> ——萨拉·格里姆凯

然而萨拉和安杰利娜·格里姆凯却有自己的想法,于是她们便对着男女听众说出自己的话。1837年,两姐妹开始了一次巡回演讲,说出她们从奴隶制中了解到的情况。人们会问:"什么样的女人会在男人面前演讲?""妖怪女人。"这就是某些人对格里姆凯姐妹的说法。牧师们说,当男性听众在场的时候,女性出来说话是错误的:

女性依靠自己的柔弱,这是上帝为了保护她们而赋予她们的特质。但是,如果她作为一名公众改革者,站到了男性的位置上,以男性的口吻说话,那我们似乎就没有必要关心和保护她了。如果藤蔓……想要装出榆树般的独立……(藤蔓)将带着羞愧和耻辱倒在泥土中。

那些前去听格里姆凯姐妹演讲的人,看到两位女性穿着简朴的灰色教友派服装。尽管她们是南方女性,却再也不能生活在自己拥有奴隶的家庭中,于是她们便来到北部,告诉人们她们为什么要这么做。她们讲述黑人孩子被贩卖而离开了他们的家庭,她们讲述用鞭子抽打奴隶的笞刑,她们还讲述了其他可怕的事情。她们的听众惊呆了,因为听众对这样的事情一无所知。安杰利娜拿着女性收集的成千上万的反奴隶制请愿书,来到马萨诸塞州立法机关面前,她是第一位向立法机关发表演讲的女性。萨拉·格里姆凯说:"男人们也许会抵制我说的话,因为这伤害了他们的自尊。但是我相信,他们将发现,与那些比他们卑微的女性相比,与他们平等的女性无疑更有价值。"

所有的男性……还有女性

伊丽莎白·卡迪·斯坦顿阅读了美国伟大的《独立宣言》,这让她感到困惑。《宣言》上说:"人人生而平等。"但是所有女性的处境如何呢?伊丽莎白的父亲丹尼尔·卡迪是一名法官;伊丽莎白在她父亲的办公室度过很多时间,倾听和学习。她的父亲对她说:"如果你是男孩,你就能做一名律师。"伊丽莎白不想成为男孩,她只是想运用自己的头脑。她决心学习男孩们所学的一切。在学校里,她是最优秀的学生,她决心运用她的才智帮助女性。1848年,斯坦顿和她的朋友柳

上图,伊丽莎白·卡迪·斯坦顿(左)和苏珊·B·安东尼(右)。斯坦顿逝世于1902年,未能看见她终生奋斗的目标——女性参政权——在十八年后得以实现。下图为一个男性在1869年所作的画《女权胜利》,描述了女权胜利给男人带来的噩梦:女性抽烟、投票、抛弃孩子,并且通常处于主导地位。

一些漫画取笑女权大会的参加者,例如这幅作于1857年的漫画。伊丽莎白·卡迪·斯坦顿写到塞尼卡福尔斯会议时说:"所有的报纸……似乎都在彼此竞争,看谁能够把我们的活动写得最荒谬。"

克利霞·莫特召集了三百名女性和男性,在纽约州北部的塞尼卡福尔斯市召开女权大会。他们在那里撰写了一个宣言,通称为《塞尼卡福尔斯宣言》。《宣言》中写道:我们认为这些真理是不言自明的:所有男性和女性生而平等。

塞尼卡福尔斯的女性和男性继续前进,讲述他们感觉女性受到不公正对待的所有方式。在《独立宣言》中,托马斯·杰斐逊谴责乔治三世国王为暴君;伊丽莎白·斯坦顿谴责"男性",她这样写道:"人类历史是一部男性反复伤害女性的历史,其直接目的就是建立对女性的绝对暴政。"一百人在《塞尼卡福尔斯宣言》上签字,其中包括三十二名男性。有没有人关注这件事情呢?是的,的确有人关注。伊丽莎白·卡迪·斯坦顿在其自传中这样写道:

> 几天之后,我们发现,在我们看来如此及时、如此激进、如此神圣的事情,居然成为全国所有新闻报道讽刺和嘲笑的目标,那时,我们感到难以言表的惊

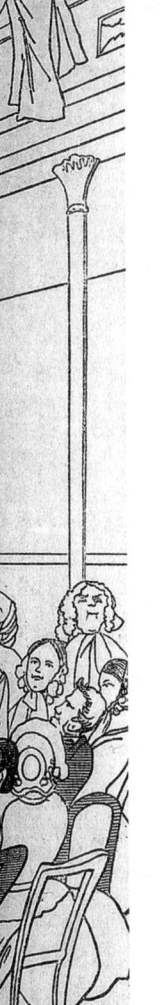

诧……大众的声音是如此断然地反对我们,以致大多数参加会议并在宣言上签字的女士都一个接一个地收回了她们的签名,加入了对我们施加迫害的队伍。

尽管如此,改革运动仍然传播开来。伊丽莎白·卡迪·斯坦顿开创了一项不断发展的事业。阿米莉亚·布卢默是一家禁酒报纸的编辑,她也是改革家之一。她在短裙下面穿着一种通称为"布卢默裤"的长裤,并且试图说服其他女性也穿这样的服装。但是人们却冲着"布卢默女孩"扔石头,或者嘲笑她们。

1851年的一天,阿米莉亚·布卢默把伊丽莎白·卡迪·斯坦顿介绍给了一位名叫苏珊·B·安东尼的教师,这是一次重要的会面。斯坦顿和安东尼组成一个团队——就像刘易斯和克拉克——将在美国历史上留下深深的烙印。1853年,安东尼获准在纽约州罗切斯特的一个教师会议上讲话,以前从来没有一个女性那么做过。下面是她的部分发言:

> 你们难道没有发现?长久以来,社会就认为女性没有足够的智慧去当医生、律师或者牧师,但是却有足够的智慧来当教师,你们中每一位选择做教师的男性都承认,他并不比一名女性更有头脑。

斯坦顿和安东尼明白,美国的民主试验是建立在《独立宣言》的文字所给予的诺言之上的:人人生而平等,而且在法律面前也应该人人平等。对于一个政府来说,做出这样的承诺是一件新鲜事——一件新鲜、精彩和特别的事情。但是它却制造了一个矛盾的局面,因为现实与诺言不符。正如安东尼所说:

> 对于你们,白人男子,世界敞开了她宽阔的大门,但是黑人男子和女性却生来就蒙受耻辱。肤色和性别成了低人一等的标志。男性生来就可以为所欲为,而女性和黑人却没有这样的特权。

> 女性的童年时代必须自由、不受阻碍,必须允许女孩子顽皮嬉戏、登山、滑冰和游泳;她的服装必须更接近男孩的服装——耐磨、宽松的外衣,厚厚的靴子,等等;她可以自由地参加……各种体育运动。
>
> ——伊丽莎白·卡迪·斯坦顿,1851年

一个建立在自由思想基础上的国家,怎么能够让他的兄弟姐妹深陷囹圄?怎么能够允许奴隶制存在?越来越多具有正义感的人开始提出这样的问题。

第五章 致命的冲突

遍地全民宣告自由?敲响钟声是为了表示祝贺,传播消息,欢庆胜利。但是,从得克萨斯到阿拉巴马到弗吉尼亚,钟铃却束缚着敢于抗争的奴隶。如果奴隶企图逃跑——去寻找自由——钟铃就会发生响声,这样就容易找到他或她的踪迹了。

这一切是怎样发生的呢——自由土地上的奴隶制?人被当作一种物品,就像一件件农具?这真是可耻、野蛮和可怕的现象;有些人为此辩护,伪称这是另一回事儿,但是那些真正动脑筋思考的人知道,他们不能用自己的自由换取哪怕一分钟的奴役。那么奴隶制是怎样发生的呢?我们是怎样成功地实行这种制度的呢?我们这个宣扬自

1847年,詹姆斯·马丁出生于弗吉尼亚州一个奴隶家庭。在他出生的五年前,一位名叫泰勒的画家画出了《一个美国奴隶市场》(右图)。1937年,已经九十岁的詹姆斯·马丁描述了拍卖奴隶的场面:"当一个奴隶被带到拍卖台上之后,监工就大叫道:'汤姆或者詹森,让竞买人看看你走路的样子。'……监工让他们单脚跳,让他们小跑,让他们双脚齐跳。然后他叫道:'这个男黑奴多少钱?一千?一千一?'于是买主们便根据奴隶身材和体格出价。"上图,一个奴隶向前猛冲,尽管他头上戴着一个拱形的防逃铃。

为了获取利润,殖民地的烟草种植园主不得不种植大面积的土地,使用大量工人。当自由劳力不够的时候,他们便转向了奴隶制。到1750年,在弗吉尼亚的非洲人比任何其他单个民族的人数都多。

由的国度,是怎样变成主要依靠奴隶劳动来获取财富的国家的?

美国需要工人。最初,在英国殖民地,购买契约佣工比买奴隶便宜——尤其是在弗吉尼亚,那里的死亡率高得惊人。但是,当英国经济增长,能提供充足的工作机会时,几乎没有佣工想横跨海洋,到一片荒野去为不可知的未来而冒险。于是,奴隶就填补了他们的空缺。此外,在英国殖民地贩卖劳工有利可图。就这样,没有经过多少考虑,奴隶制便在美国产生了。

奴隶制本身具有古老的历史,在全世界普遍存在。人们估计的数据各不相同,有些专家说罗马帝国有三分之二的人都生活在某种形式的奴役中。罗马灭亡之后,欧洲的奴隶制演化为农奴制(尽管奴隶制并没有完全消失)。正是在欧洲的殖民地——其使命就是赚钱——一种新型的奴隶制繁荣起来。奴隶为正在发展的国际农业提供劳力。奴隶制成为种族制,这并不是最初的意图——但它就那样发生了。此后,肤色就很容易暗示其他差异了,并且有助于为压迫辩护。

最大的奴隶种植园是从加纳利群岛、马德拉群岛、巴西和巴巴多斯岛等蔗糖殖民地开始的。由于这些种植园具有复杂的商业风险,他们使用先进的技术,需要巨大的投资。在农田里,一个建立在"时间与动作研究"(奖励成绩,鞭笞懒惰者)基础上的群体劳动制度有利于高效率的工作。设备精良的大型种植园工厂将甘蔗加工成优质食糖、糖浆和朗姆酒。投资回报率非常高(大概是百分之十),创造了世界上最大的一批财富。

在三个半世纪的时间里,大约九百九十万非洲人被强拖硬拽着渡过重洋——他们中一半以上都在甘蔗地里劳动,其中大约百分之四十一来到属于葡萄牙的巴西,百分之四十七来到属于西班牙的美洲殖民地(尤其是那些位于加勒比海岛屿上的殖民地)。只有少得惊人的百分之七被运到了后来成为美国的殖民地。

拉丁美洲的黑人被孤立在巨大的种植园里,几乎与白人没有任何接触。他们的文化尽管发生了迁移,却保持了占优势的非洲风格。而在北美洲就不一样了。在这里,最晚到1725年,位于切萨匹克湾地区种植园的奴隶数量中位数为十个①。黑人一直与白人保持接触;双方都是多种族社会生活的参与者。尽管非洲人处于被奴役状态,他们却变成了美洲人——在文化交流中既有付出也有吸收。

因此,从一开始,美洲的奴隶制就发生了分裂。黑人并不仅仅是受害者,他们也是美洲生活的参与者。他们是农夫、开路者、山民、牧牛工和拓荒者;他们淘金,开掘运河,帮助修建铁路;他们在康科德、邦克山、约克敦参加战斗。大多数黑人每天都与白人交流,就像所有美国人一样,他们也渴望自由,渴望他们的国家以及他们自己获得自由。非洲裔美国人需要而且也愿意为了获得与其他美国人相同的权利而战斗。独立革命后不久,一个黑人在马里兰的一份报纸上发表了一篇文章,上面写道:

自学成才的测量员和数学家本杰明·班纳克与托马斯·杰斐逊通信,并且出版了一本流行的年鉴,他在书中反驳了黑人劣等论。

> 尽管我们的身体颜色与你们不同,但是我们的灵魂却同样渴望自由。肤色(的差异)从来不会构成权利(的差异)。理性对谬论感到震惊!人性反抗这种观念!……那么为什么我们会束缚在奴隶制中呢?……你们国父们,自由和人类的朋友,注视着我们的锁链!……我们向你们寻求正义,尽管遭到拒绝,但这是我们的权利。

---

① 中位数不同于平均数。中位数是按大小排列的一组数据中央的一个数字(若数字个数为奇数),或中央的两个数字的平均值(若数字个数为偶数)。如"1, 3, 4, 20, 35"这组数字的中位数为4,"1, 3, 4, 20, 35, 42"这组数字的中位数为12。与平均数相比,中位数更不易受极端数据影响,并且可表示一组数据的"集中趋势"。——译者注

在一些殖民地社会,奴隶不仅为他们的主人提供田间或者家务劳动,还提供交通工具。这个法国人坐在与轿子相似的坐厢里,由两名奴隶抬着走,而第三名奴隶则为他拿着箱子。

但是,对于大多数黑人来说,却根本没有正义可言。少数黑人是自由的,但大多数黑人是奴隶。19世纪,美国南部达到棉花种植的极盛期,从而改变了那里的人口统计数据。棉花种植园主以甘蔗种植园为榜样,建立了庞大的工商企业,将工人隔离、孤立起来,并且将他们非人化。1800年,美国大约百分之十一的奴隶在棉花种植园做着苦工,到19世纪早期,这个数字增加到了百分之六十四。这一剧增表明了一个令人痛苦的混乱局面——家庭、社区和已经确定的生活方式遭到破坏。奴隶制具有重要的经济意义,至于道德就是另一回事儿了。

问题日益严重

1776年,当托马斯·杰斐逊撰写《独立宣言》时,他把奴隶制描述为"针对人类本性的残酷战争"。杰斐逊出生在一个奴隶社会,自己也拥有奴隶。但是他却认为奴隶制是错误的,而且说出了自己的观点。他写道:"命运之书写得再肯定不过了,这些人将会获得自由。"约翰·亚当斯强烈反对奴隶制,本杰明·富兰克林在新世界建立了第一个反奴隶制协会。但是,如果《独立宣言》中包含杰斐逊的反奴隶制条款,南卡罗来纳和佐治亚就拒绝在上面签字,于是这些条款便被删除了。代表们妥协了,如果没有南部殖民地,他们是否会继续前进?那必定意味着计划中的各州联盟会遭到失败。杰斐逊、富兰克林和其他人认为联盟比奴隶制问题更重要,他们相信奴隶制会在以后得到处理。

到起草宪法的时候,其制定者们还是没有宣布奴隶制为非法。问题仍然相同:存在一种依赖奴隶制的生活方式。南部各州的公民威胁说,如果宣布奴隶制非法,他们将会独立。佐治亚州的亚伯拉罕·鲍德温说他"无可避免地回忆起这个主题(奴隶制)在其中造成的痛苦和烦恼"。他很清楚,如果宪法规定奴隶制为非法,1787年的代表们就不可能在费城达成一致意见。

但是问题并没有解决。1790年,国会讨论了废除奴隶贸易和奴隶制的问题。这件事情根本无法回避,宾夕法尼亚州废奴协会递交了一份请愿书,是由令人敬畏的本杰明·富兰克林签的字。没有人忽视富兰克林博士,佐治亚州的詹姆斯·杰克逊引用《圣经》来为奴隶制辩护,然后承认"没有这些人,就无法将稻米运到市场上"。宾夕法尼亚州的托马斯·斯科特说,为新国家定性的文件是《独立宣言》,而不是宪法,"一个人把另一个人当作财产是不可能的事情"。马萨诸塞州的埃尔布里奇·格里试图调和双方的矛盾,说奴隶主"被第一批定居者诱惑而陷入奴隶贸易"。他提出一个计划,用奴隶的市场价为他们购买自由(他认为可以通过出售西部土地获得这笔钱)。最后,国会投票表决,把请愿书移交给一个委员会,结束了争论。他们之所以宁愿把问题搁置一边,有很大一部分原因是他们相信,作为一种制度,奴隶制正在消亡。

他们错了。现代学者的统计数据表明,在1808年法律禁止奴隶贸易之前,奴隶输入一直都在增加(战争年代除外)。1808年之后,奴隶贩子建立起非法交易,不过贩卖的奴隶数量有限,但黑人人口仍在爆炸式地增长。1800年,美国大约有一百万奴隶(实际为八十九万三千六百零二人);六十年之后,奴隶增加到接近四百万(三百九十五万三千七百六十人)。这一增长主要来自于寿命延长和出生率剧增。废奴主义者把出生率归因于可怕的"奴隶繁殖"实践。有些现

奴隶制和宪法

对于奴隶制问题,《美国宪法》到底是怎么说的呢?下面就是引自宪法第一条第二款的原文:

> 众议员人数及直接税税额,应按联邦所辖各州的人口比例分配,此项人口的计算法,应在全体自由人民——包括订有契约的短期仆役,但不包括未被课税的印第安人——数目之外,再加上所有其他人口之五分之三①。

众议院成员的人数根据各州的人口来分配。"所有其他人口"指的是奴隶。南部各州为了在国会获得更多代表席位,想要把奴隶人口计算在内。北方人认为不应该算入奴隶人口。这个"五分之三"条款是他们妥协的结果。奴隶不能投票——但是出于人口考虑,却被算作五分之三个人。

下面引自宪法第一条第九款:

> 对于这类人,现有任何一州认为应准其移民或入境,在1808年以前,国会不得加以禁止,但可以对入境者课税,唯以每人不超过十美元为限。

这是与奴隶贸易有关的规定。
下面引自宪法第四条第二款:

> 凡根据一州之法律应在该州服役或服劳役者,逃往另一州时,不得因另一州之任何法律或条例,解除其服役或劳役,而应依照应得该项服役或劳役之当事一方的要求,把人交出。

逃亡者将归还原主。后来,《逃亡奴隶法》的通过使得这一条款得到强化,该法案规定不交出奴隶就是犯罪。注意,在宪法中,没有任何地方使用"奴隶"或者"奴隶制"这样的词汇。这是不是因为开国元勋们希望能结束奴隶制呢?或者这只是用委婉的说法掩饰肮脏勾当的自然倾向?没有人能确定他们脑子里到底是怎么想的。宪法中的这些说法是否巩固了奴隶制,使之合法化?历史学家们对此颇有争议。

---

① 引自美国国务院国际信息局网站上的《美国宪法》中文版,略有改动,后同。——译者注

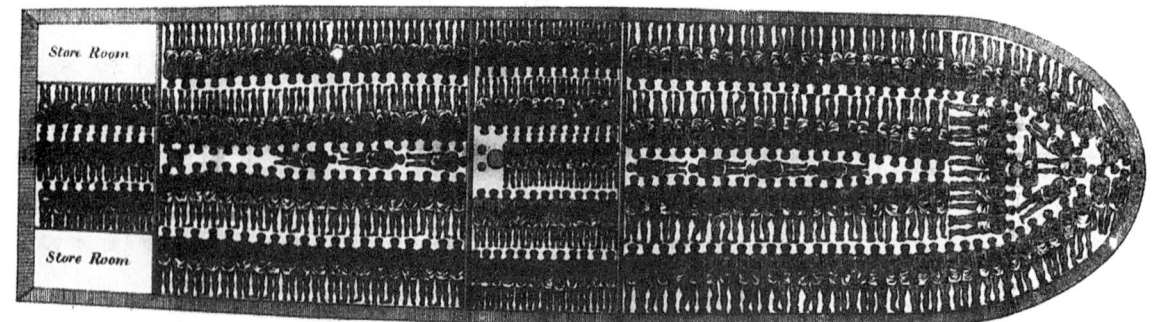

这幅著名的运奴船图样粗略地显示了其甲板上可能装载的奴隶数量。运奴船通常都超载,1788年,曾发现一艘建造时载客量为四百五十一人的运奴船,从非洲运载了六百名奴隶到美洲。

代历史学家争论这个问题,他们引用的统计数据表明,"奴隶繁殖"并没有以前想象的那么严重。但是,在拉丁美洲,却发生了其他的事情:死亡率高,出生率低,奴隶人口锐减。到19世纪中叶,美国南部成为美洲的奴隶制中心。

可怕的三角

这种罪恶的交易有一个漂亮的名字,叫"三角贸易",它让有些人发了财。下面是进行奴隶贸易的一种方式:美国北方的小船主从马萨诸塞州把腌鳕鱼运到巴巴多斯岛换取蔗糖,再到弗吉尼亚州捎上一些烟草。接着他们把蔗糖和烟草运到英国出售,换取钞票、枪支和英国布。然后继续向非洲航行,用枪支和布匹换取男人、女人和孩子。再从那里调头跨过大西洋,到西印度群岛,把人卖掉,换取更多的蔗糖和糖浆。最后,商人们返航回到新英格兰(或者纽约、安纳波利斯)的家中,他们通常在这个三角形航线上交叉往来。宪法没有规定奴隶贸易为非法,并且还给了奴隶贩子二十年的时间——直到1808年——那时才通过法律,结束这种贸易。事情就是这样发生的,把非洲人运到美洲做奴隶成为非法行为。1820年,违背这项法律会被判处死刑,但是奴隶贸易的巨额利润使得一些人不惜铤而走险。其他人则鼓动恢复奴隶贸易,南方人威廉·菲茨休说奴隶制是"劳动者自然的正常的状态",他认为应该再次让奴隶贸易合法化。

自由斗士

在那个被当地阿拉瓦族印第安人称为"海地"(意思是"多山之地")的岛上,圣多明各凭着自己的甘蔗和咖啡种植园,成为最富饶的法国殖民地。圣多明各的大部分人口都是出生于非洲的奴隶,统治者是法国人和克里奥尔人(出生于海地的白人)。奴隶们举行起义,在一位英明的领袖指挥下,为了他们的自由而战斗。这位领袖是奴隶出身的将军,叫杜桑·卢维杜尔。起义的过程大致如下:许多白人被杀死,托马斯·杰斐逊总统给起义军送去意想不到的支援,奴隶制被废除,但杜桑遭到杀害,海地成为西半球赢得独立的第二个国家。其他细节根据故事叙述者的不同而有差异。但是,在美国,特别是在南部,大多数人都把故事讲述成奴隶造反并杀死他们的主人。如果你是一个奴隶主,你会作何反应?他们小声地谈论这件事情——但是却让奴隶们听到了,海地奴隶起义的消息便传开了。

纳特·特纳非常聪明,这一点从他幼年时就清楚地表现出来了。他的主人喜欢向人炫耀这个小小的奴隶男孩,特纳自学识字,能够背诵大段《圣经》。《圣经》深深地打动了特纳,他宣讲《圣经》的思想,那种令人信服的讲话方式很吸引听众。他甚至还给一个白人监工施洗。特纳似乎拥有一种精神力量——他了解许多他本来无法知道的事情——而且他很有远见。1831年2月发生了一次日食,天空变得漆黑,特纳的洞察力也变得更加敏锐,他有点急不可耐了。特纳的个人世界摇摇欲坠:他的父亲为了自由而逃跑了,他的母亲被卖到一个谁也不知道的地方,他的主人死掉了,现在他属于一个九岁的孩子。甚至在弗吉尼亚那个死水一般的南安普敦县,纳特·

托马斯·格雷声称自己记录下了特纳·纳特的故事,他说:"仅仅一个人就把把这个'大强盗'抓住……他没有丝毫反抗的企图。"

特纳也听说了杜桑·卢维杜尔的故事。特纳相信他应该在弗吉尼亚领导一次起义,解放奴隶,推翻这里的权力机构。他选择7月4日作为起事的日期。

但是,直到8月,天象和他的洞察力才相吻合。他解释说:"从天空显示出来的迹象,打开了我嘴上的封条,我向人们传达上天安排我去做的大事。"于是,特纳和一些追随者拿着斧头和刀子,在令人恐怖的狂热屠杀中,杀死了六十二个白人(首先从那个九岁的奴隶主及其父母开始)。随后,白人开始搜捕特纳,这使得几百名奴隶惨遭杀戮,许多奴隶的头颅被穿在长矛上。最后,特纳自己站了出来——他并没有跑多远——然后向一名记者口述了他的故事,记者为此写了一本书(题目是《纳特·特纳的自白》),他说自己是忠实地按照特纳的叙述来写的。起义者和白人双方的可怕杀戮让正派的人难以接受,一名弗吉尼亚立法者说:"我们谈论自由,而奴隶制就存在于这片土地上。"托马斯·杰斐逊的孙子展示了杰斐逊提交给弗吉尼亚州议会的逐步解放奴隶的计划。计划建议向解放奴隶的奴隶主支付由此遭受的损失。立法者就自由与奴隶制展开辩论,投票结果接近解放奴隶(票数为七十三比八十二)。他们再也没有机

没有人知道谁画了这幅画,这些奴隶可能是在庆祝婚礼时举行"跳扫帚"的仪式。1909年,安妮·伯顿在《童年时代的奴隶制》中写道:"如果一个男奴和女奴希望结婚,就会安排在某个周六晚上举行晚会……婚礼中包括让这一对新人跳过一根棍子的仪式。如果在一年左右的时间里他们没有生孩子,妻子就会被卖掉。"

一个人的价格

美国有一种公民信仰,其基础一方面是自由和正义思想,另一方面是个人财产神圣不可侵犯。那么当被奴役者的自然权利侵害了奴隶主保护其财产不受掠夺的自然权利时,你该怎么办呢?那是无人能够解决的两难处境。但对废奴主义者来说,这并不是什么困境,他们认为,一切都很清楚:奴隶制在道德上是错误的,不得不将它废除(他们没有奴隶,因此他们谈论的并不是自己的财产)。在北方和南方都有人想逐步解放奴隶,甚至想为此向奴隶主付钱——但是大多数废奴主义者都想一下子废除奴隶制。他们认为,谁也不应该因为拥有其他人而得到赔偿(结果显示,如果向奴隶主支付赔偿,其代价要比发动战争小得多)。

会投票了。纳特·特纳被处以绞刑,但他的故事并没有结束。他那次小规模的起义在全国掀起对奴隶制的争论,并且激起了废奴运动。

南方的白人奴隶主现在非常害怕奴隶起义。杜桑·卢维杜尔的起义让六万人丧生。新通过的法律——被称为"黑人法典"——让奴隶的生活变得更加艰难。本来应该通过法律,制止出售孩子和拆散奴隶夫妻的行为,但是没有那么做;本来应该通过法律,使对奴隶进行性虐待的行为成为非法,但是没有那么做;那些殴打和杀害黑人的人本应该受到审判,但是没有那么做。1831年之后,奴隶制变得越来越残酷。参加独立革命的那代人对此非常明白——他们知道奴隶制是错误的,但是他们不知道怎样摆脱它。革命之后成长起来的几代人,对他们那实行双重标准的"特殊制度"的看法不同,他们开始相信奴隶制在道德上是正确的,也是天赐的。要相信这一点并不难。如果可以认为奴隶与白人不同——并且比白人卑贱——那么就能把他们受到奴役看作是平平常常的事情,这似乎很清楚。要让他们显得低人一等是很容易的,只需禁止他们进入学校学习和获得平等的机会即可。南方的奴隶法规变得越来越有约束性,南方一些州通过的法律规定,教黑人读书写字是犯罪。在弗吉尼亚州的诺福克,一位白人妇女在她的家里教几个自由黑人,结果就遭到逮捕,在监狱里关了一个月。"黑人法典"说得非常清楚:奴隶是财产,不是人。

在南部的一百五十五万个白人家庭中,只有大约四分之一拥有奴隶。在这些奴隶主中,只有七分之一的人拥有十个以上的奴隶。有些南方人是山民,几乎不认识

乔赛亚·亨森以前是奴隶,1849年,他出版了有关自己生活的故事:"我们住在木棚屋里,地上光秃秃的……每个房间都住着十一二个人,就像牛一样挤在一起,不管男女老少……我们的床是用草和破布铺的……就铺在木板上,唯一的覆盖物就是一张毯子。"

> 让奴隶接受教育可能会在他们头脑中激起不满情绪。因此,任何自由人教授任何奴隶学习读书和写字都有可能受到控告。如果任何奴隶教授或者企图教授其他任何奴隶学习,他或她将会被处以三十九下鞭笞。
>
> ——北卡罗莱纳州法律

任何黑人。拥有几百名奴隶的大种植园主为数很少,但是他们却在南部占支配地位,并且控制了立法机关。大多数人都确信白人是优越人种——他们还劝说其他人相信这一点。正是同样的种族主义,使得定居者那么残酷地对待印第安人,还使得自由的黑人不能完全享受公民的权利。关于人种的整个思想,是知识界正在考虑的一个问题,而且存在很多分歧(1831年,查尔斯·达尔文第一次登上

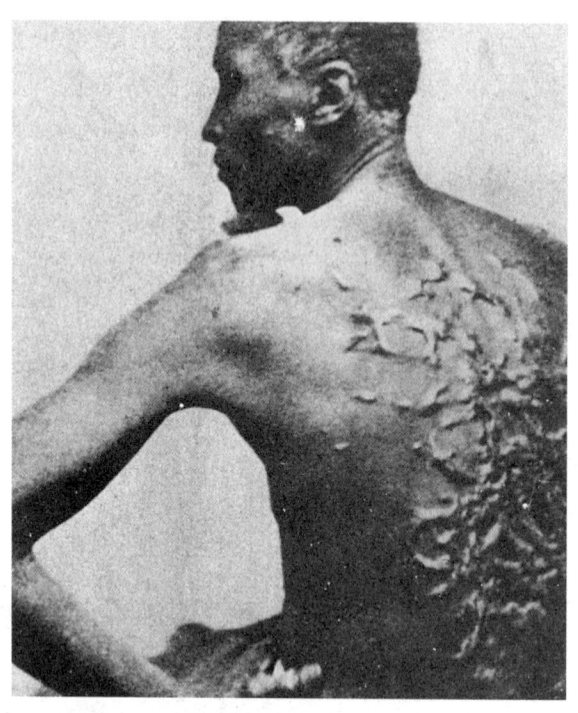

"小猎犬"号,开始他的历史性航行)。密西西比州的议员阿尔伯特·加勒廷·布朗相信黑人低人一等——是某种次人类动物,他说奴隶制"是奴隶的福气,也是奴隶主的福气"。如果人们不断对"自由"一词议论纷纷,就像那时候一样,那就有必要提出人种低劣论,它使白人有理由自认为高人一等。对于一些人来说,人种低劣论能够解释为什么自由土地上存在奴隶制。

1820年,密苏里要求作为一个蓄奴州加入联邦。这惊动了北方人,只要国会被平均分为蓄奴州和自由州,国会就能保持稳定。如果密苏里成为一个州,南部的票数就会超过北部。接下来会发生什么?设想一下,国会也许会通过一项法律,允许奴隶制在所有州存在!北方的议员不能冒这个险。众议院议长亨利·克莱不久便以"伟大的和解者"而闻名,他找到了一个解决办法。他们从马萨诸塞州分出缅因州,使之成为自由州,那就让自由州和蓄奴州保持平衡了。这一行动被称为"密苏里妥协案"。该妥协案也规定,在"路易斯安那购买案"的其余土地中,密苏里州南部边界以北的地区(密苏里除外)保持自由。"密苏里妥协案"设法冷却北南之间的一些怒火。与此同时,加拿大由于在奴隶制上无

左上图,这个名叫戈登的奴隶从密西西比州的一个种植园逃跑了,他身上的伤疤是他的主人在"上一个圣诞节"留下的。下图:一张出售奴隶的告示。这样的不动产出售(当一个奴隶主死去之后)对奴隶家庭来说特别痛苦,他们会以成批(一起)或者"单独"(也就是分开)等方式遭到出售。

弗雷德里克·道格拉斯

弗雷德里克·道格拉斯

做奴隶是什么滋味？几乎没有美国白人——特别是北方人——知道。但是，在1811年，一位高大英俊的男子在楠塔基特岛的一次废奴主义会议上站起来，他是一名逃跑的奴隶，名叫弗雷德里克·道格拉斯。"我感到一股想说几句话的强烈愿望。"他后来写道。但是他犹豫不决，两腿颤抖，"事实上，我觉得自己是个奴隶，对白人说话的想法让我感到很大的压力。"不过，他仍然鼓起勇气，说出了自己的话。弗雷德里克·道格拉斯只是讲述了自己的故事：他是怎样生活的，他看到了什么。道格拉斯创办一份废奴主义报纸《北极星报》，白人和黑人都订阅这份报纸。接着他写了一本书，书名叫《弗雷德里克·道格拉斯：一名美国奴隶的生活》。下面是一段摘录：

> 在我的生命中，我见到我母亲的次数……不超过四五次……她干完一天的活之后，晚上偷偷跑来看我，整个路程（十九公里）都是步行来的。她干的是地里活，如果没有在日出时下地，就会挨一顿鞭子……我不记得在白天见过我母亲，她晚上和我在一起。她会躺在我身边，哄我入睡。但是，在我从睡梦中醒来之前，她老早就离开了……在我大约七岁的时候，她去世了……她生病期间、去世的时候以及在葬礼上，都不许我在她身边。

年幼的弗雷德里克被送到巴尔的摩，给一个白人小男孩当童仆。作为一名奴隶，那是一个幸运的机会。他说，那次机会"为我接下来的成功打开了大门"。他的新女主人年轻、和善，她开始教这个渴望学习的男孩读书——直到她丈夫发现她这么做，命令她停止。男主人说，读书"会让他永远不适合做一个奴隶"。这对弗雷德里克来说太晚了，他已经被心里那条求知的虫子咬过，他下定决心学会阅读和写字。他用面包和白人孩子交换阅读课。但是，随后他就被送到一个残酷的新主人那里，被狠狠地抽打了一顿，直打得他鲜血淋漓，伤痕累累，并且还得不到足够的食物。他被派到地里长时间地干活，他目睹了一个人能对另一个人行使所有权力时能够发生的一切可怕的事情。道格拉斯后来写道："要不是希望获得自由，我肯定会自杀。"

弗雷德里克·道格拉斯不断重复这个简单的事实：公平对待黑人有助于维护这个国家的安全。他还说："你可以信赖我，我永远不会放弃穷人的理想——不管他们是黑人还是白人。"他的确从未放弃这个理想。他为了让黑人和女性获得选举权而奋斗；他大胆地说出反对虐待中国移民和美洲印第安人的话；他为了让所有人能进入更好的学校而工作。他总是有勇气站出来为自己的信仰辩护——对，并非"总是站起来"，有一次他竭尽全力为了那些信仰而坐着。当时他正在乘坐火车，别人因为他是黑人而要求他离开。他不愿意移动，一些白人男子试图赶走他。道格拉斯坚持着，即便他们把座位从车厢地板上拽出来，他也仍然守着自己的座位。

> 人们通常会说，他们像喜欢其他任何人一样喜欢有色人种，但只在适合有色人种的地方。他们把那个地方分配给我们；但不让我们自己来分配，在作决策时也不允许我们发出自己的声音。他们不允许我们用自己的头脑来思考、用自己的心灵来感受、用自己的灵魂来追求……那就是我们得到欢心的方式。你们贬低我们，然后问我们为什么被贬低了——你们封上我们的嘴，然后问我们为什么不说话——你们不让我们进入你们的大学和神学院，然后问我们为什么没有获得更多知识。
>
> ——弗雷德里克·道格拉斯

利可图,便废除了这个制度。1826年,当亨利·克莱担任约翰·昆西·亚当斯的国务卿时,他要求加拿大归还逃到那里去的黑奴。加拿大政府说:"这绝对不可能。"

废奴!

威廉·劳埃德·加里森的父亲是个酗酒的水手,他抛弃了家庭,让他的妻子范妮依靠做女管家的收入,独自养活三个孩子。范妮·加里森让她的儿子给一个报纸印刷商做学徒;她也把自己虔诚的浸信会信仰给了他。加里森在学徒期结束之后,到佛蒙特州和马萨诸塞州编辑了一系列报纸,但是在任何一家报社都没有待多久。他对政治和政客毫不妥协的攻击没有为他赢得多少朋友。然后他便搬到巴尔的摩,并且交了好运——他蹲了监狱,这改变了他的生活。

加里森写了一篇社论,在文中把一个奴隶贩子叫做"杀人犯"。他因为诽谤的罪名遭到控告,被判有罪,被投进监狱。这是一次脱胎换骨的经历。在狱中,加里森开始了解黑人,听说了一次拍卖奴隶的过程。在四十九天的时间里,加里森在关押他的牢房中写了一篇又一篇社论,要求"立即解放"所有奴隶。此前废奴运动一直处于战战兢兢的状态,加里森开始为之大声疾呼。

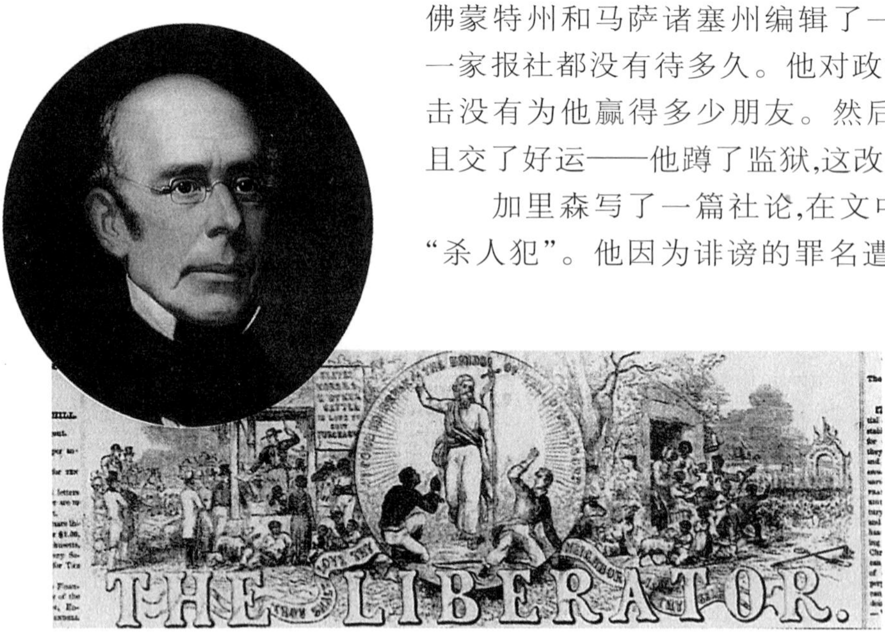

《解放者报》的座右铭是:美国即世界——国人即人类。威廉·劳埃德·加里森(上图)在南方受到如此憎恨,以至于佐治亚州甚至悬赏五千美元捉拿他。1854年,加里森公然烧毁一本《美国宪法》,抗议宪法未能禁止奴隶制。

1831年1月1日,加里森开始出版《解放者报》,不久便使之成为一流的废奴主义报纸。在《解放者报》第一期里,加里森写下了这样的话:

> 我不希望用一种温和的态度思考、讲话或者写作。不!不!当一个人的房子着火时,你可以给他一个温和的警告……但是别指望我在目前这样情况下态度温和。我是真诚的——我不会含糊其词——我不会辩解——我不会后退一英寸——而且我将让人们听见我的话。

第二年,加里森帮助建立了"新英格兰反奴隶制协会",该协会给种族主义以迎头痛击。建立非洲人殖民地曾经被许多人(包括詹姆斯·麦迪森)当作解决"黑人问题"的一种方法,但这样的人也被该协会谴责为种族主义者(当时没有使用这个术语,但已经有这个概念了)。加里森要求黑人完全获得平等,在社会上和教育上都要如此。平等就是平等,对加里森而言,这里没有妥协的余地。当教友派废奴主义者普鲁登斯·克兰德尔创办了一所没有种族界限的女子学院时,加里森支持她,这也激起了他对奴隶制更严厉的批评。

那是一个宗教复兴的年代,福音派基督徒成为废奴运动的中流砥柱。他们设想人类能达到完美,相信道德改革的急迫性,以及与罪恶战斗的重要性,因此他们坚定不屈,毫不妥协。格兰特·史密斯就是他们中的一员,他是居住在纽约北部的一位富人,做了许许多多善事。作为一名长老会教徒,史密斯认为应该通过政治发起一场"福音派道德革命"。

废奴主义者是聪明的宣传员,他们出版的报纸、小册子和书籍不久便装满了邮递员的背包,费用由格兰特·史密斯这样的慈善家支付。以前的奴隶开始大胆地讲述他们的故事,并且将这些故事印刷出版。南方人谈论他们的"慈善制度",但是,从广泛流传的殴打和性虐待故事中,很难看出这其中有什么慈善。废奴主义者要求在哥伦比亚特区结束奴隶制的请愿书如洪水般涌入国会,废奴主义者变得越来越激愤,有些人因为奴隶制而变得怒不可遏,甚至建议新英格兰正式脱离联邦,成立一个独立国家。他们的愤怒也遭到报复,废奴主义报纸遭到焚烧,一位废奴主义编辑被谋杀,信件被毁坏,无法送达。国会制定了限制言论自由的法规,对废奴主义者的请愿根本不予考虑。

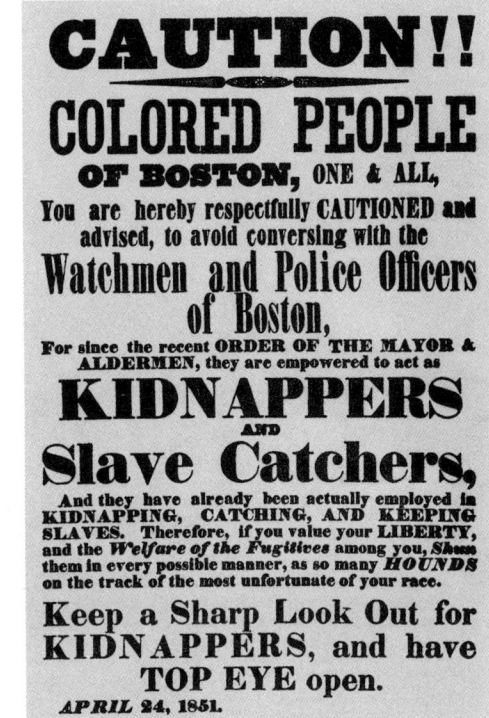

在1850年以及通过《逃亡奴隶法》(该法案强迫北方人把逃亡的奴隶归还给奴隶主)之后,废奴主义者便贴出这样的告示,提醒自由黑人,他们及其熟人也可能陷入危险境地。

对于那些拥有奴隶的人,或者那些(不管是北方人还是南方人)安于现状的人,废奴主义者都是宗教狂热者和到处瞎搅和的好事者。如果废除奴隶制,生活发生改变的将是南方人,他们认为这事与北方佬无关,而且他们也这么说。南方人不需要被别人说成是罪人,受到外人威胁的是他们的自由和财产(他们几乎无人为黑人的自由和财产担忧)。

与此同时,像加里森这样的废奴主义者不仅坚持让非洲裔美国人获得解放,还坚持让他们获得全部公民权。他们正在扩展美国的自由观念。他们说,种族在美利坚合众国将不会成为一个问题。在忙于废奴主义运动的同时,他们还说,女性也应该获得平等的权利;饮酒是罪恶的,应该被定为非法。废奴主义者狂热地信仰美国的民主制度以及社会的完美性,他们愿意为那些遭受奴役的人发动一场圣战。他们的狂热吓跑了那些不太坚定的人。人们常常把废奴主义者描述成"煽动者"、"宗教狂热者"。到1840年,据说美国北方已经有大约两千个废奴主义社团,他们中很少有狂热者,但是他们却十分坚定。

挽救联邦

1847年4月2日,南卡罗来纳州人W·吉尔摩·西姆斯在给其朋友詹姆斯·亨利·哈蒙德的信中写道:"联邦的解体是不可避免的……在得克萨斯和墨西哥等地的广阔土地上,奴隶制将成为拯救和恢复自由与文明的手段……(联邦的解体)确保奴隶制在随后一千年中维持下去。"密西西比州的杰斐逊·戴维斯比西姆斯更谨慎一点。在同一年,他写道:"也许南方人应该联合起来,解除我们与北方民主政府的联系,最近大多数非蓄奴州所持的立场让我担心。"这个国家正在走向分裂——每个人都能看出来。每当一个新的州加入合众国,都威胁到国会中南北势力的平衡。

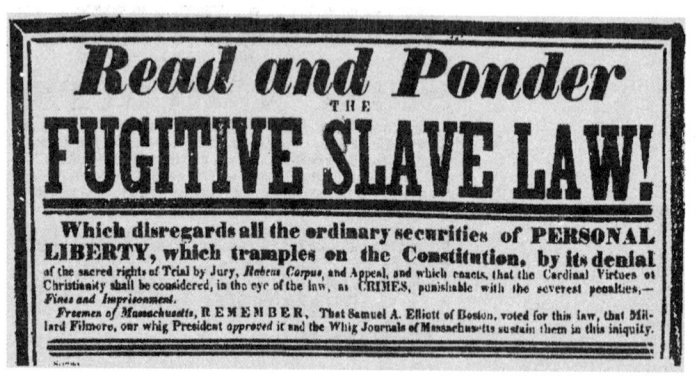

马萨诸塞州的这份反奴隶制告示批驳了《逃亡奴隶法》的条款,并质疑该法案是否符合宪法和基督教精神——"基督教的基本道德将被视为……有罪。"

加利福尼亚的法律禁止奴隶制,如果加利福尼亚加入联邦,自由州的数量就超过了蓄奴州。自由州就可能通过一项法律,宣布奴隶制是非法的。约翰·卡尔霍恩说,在发生那样的事情之前,南部还不如先正式脱离联邦。约翰·卡尔霍恩自从担任安德鲁·杰克逊的副总统以来,在政坛上就颇有声望。他支持奴隶制,他说:"先生,我们的政府是白种人的政府。"尽管现在他年事已高,但却比以前更强烈地坚持奴隶制。卡尔霍恩把奴隶制叫做"积极的好事"——对奴隶和奴隶主都是好事。他是控制国会十多年的政治三巨头之一,这三个人就是卡尔霍恩、亨利·克莱和丹尼尔·韦伯斯特。立法机关中很少拥有类似于他们三个人的成员。

卡尔霍恩已经说服了很多人,但是他还没有说服亨利·克莱。克莱现在是参议员,他也是奴隶主,一直在为逐步解放奴隶而工作。这位备受爱戴的肯塔基人说:"所有的立法机关,所有的政府,所有的社会,都是在互相让步、互相尊重、彼此团结和礼

"我只知道一个国家。我针对的目标就是我的国家、我的上帝和真理的目标。"丹尼尔·韦伯斯特(见上图及图中插入的肖像,当时他正在参议院中作他的最后一次发言)说,"我生来是美国人,我活着是美国人,也将作为一名美国人而死去。"右下方左图:约翰·卡尔霍恩,他在亨利·克莱(右下方右图)的1850年妥协案成为法律之前去世,不过暂时得到了他想要的结果。

尚往来的基础上形成的。一切都以它们为基础。"他正致力于实现另一次妥协,加利福尼亚获准作为自由州加入联邦——但是,为了安抚卡尔霍恩,国会将通过一项逃亡奴隶法,任何人拒绝归还逃亡奴隶,都被认定是非法行为(在1850年,北方大约有三万名逃亡的奴隶——价值一千五百万美元左右)。但卡尔霍恩还不满足于这项法律,北方必须"停止在奴隶问题上兴风作浪",如果不让废奴主义者闭上嘴,他说,"那就让各州同意国家分裂"。卡尔霍恩死在为1850年妥协案风潮争论之时。

现在该轮到口才雄辩的马萨诸塞州参议员丹尼尔·韦伯斯特了。他将在参议院作他的最后一次发言,议院里座无虚席。他说:"今天,我希望自己不是作为一个马萨诸塞人或北方人来发言,而是作为一个美国人来发言。我为维护联邦而发言,请听我说出理由。"韦伯斯特曾经是亨利·克莱的对手,深得废奴主义者的喜爱——现在他居然与克莱意见一致!他将赞成通过一部逃亡奴隶法。废奴主义者被吓坏了。这部法律将让所有美国人都参与奴隶制,他们必须同意交还逃亡的奴隶,否则就触犯了法律。但是为了挽救联邦,韦伯斯特差不多愿意做任何事情。

> 世界上不存在所谓的和平让步……我们在伟大的宪法下生活,这部宪法是否包括整个国家?它会不会在不断让步中融化、消失?就像山顶的积雪在春天的阳光照射下融化掉一样——几乎在我们毫无察觉的情况下就消失、流走。不,先生!不,先生!我不会说出可能导致联邦分裂的话;但是,先生,我对分裂看得非常清楚,就像天空中的太阳一样清楚。这种分裂必将导致……我不愿意描述的战争。

韦伯斯特知道,如果南方现在脱离联邦,北方将无法阻止他们。这样就会出现两个国家——一个实行奴隶制,一个是自由的——也许它们之间还会爆发战争。他的演讲达到了目的,让联邦团结起来。国会投票通过了亨利·克莱的妥协案。真正的问题却在于,没有人知道该怎样结束奴隶制,同时又能将南北方团结在一起。

小巨人

伊利诺伊州的参议员斯蒂芬·A·道格拉斯的绰号叫"小巨人"。尽管他只有一米五高,但却精力充沛,又被称为"穿裤子的蒸汽机"。他的衣服裁剪考究,他的朋友很有影响力。1854年,部分是为了他自己作为西部地主的利益,道格拉斯起草了一项议案,建议将密苏里州、衣阿华州和明尼苏达州以西的土地(本来已经许诺留给印第安人,"只要草仍然在生长,水仍然在流动",印第安人就拥有这片土地)分割成两个地区:堪萨斯和内布拉斯加(二者的面积都比现在的堪萨斯州和内布拉斯加州要大)。这项议案被称为"堪萨斯—内布拉斯加议案",它忽略了"密苏里妥协案"中禁止在这些土地上实行奴隶制的规定。相反,它让这两个地区的自由居民自己决定是否采用奴隶制。道格拉斯把这叫做"人民主权原则"。

由于"堪萨斯—内布拉斯加议案",斯蒂芬·道格拉斯(左图)使自己与那些反对在这些土地上蓄奴的人为敌。亚伯拉罕·林肯(右图)说:"内布拉斯加精神与1776年精神完全是背道而驰的。"

第五章 致命的冲突 111

这幅漫画揭示了道格拉斯孵化出的一窝问题:他手里拿着一枚代表"密苏里妥协案"的蛋——这项法律被他成功地废除了。

在那些对这项议案感到惊愕的人当中,有一位伊利诺伊州的律师,名叫亚伯拉罕·林肯。他说:"这项议案是错误的,错就错在其结果上,它使得奴隶制进入堪萨斯和内布拉斯加。"现在,日益加剧的矛盾中增加了一个新问题:西部地区的奴隶制。道格拉斯完全错误地判断了大多数北方人的情感。亨利·克莱在1820年制定的"密苏里妥协案"使南方和北方保持了三十四年的和平。开国元勋们没有批准奴隶制,他们盼望着结束奴隶贸易;他们禁止在西北地区实行奴隶制;他们谈论逐步解放奴隶。"堪萨斯—内布拉斯加法案"打破了这样的传统。如果抛弃"密苏里妥协案",接下来会发生什么?这似乎非常清楚:一些奴隶主想让整个国家都接受奴隶制,许多不赞成废奴主义策略的北方人现在也加入了他们的阵营。"堪萨斯—内布拉斯加议案"遭到强烈谴责,一名众议院议员把它称为"残暴的罪行";另一名议员也说它"完全违背了神圣的誓言"。这一混乱导致一个新政党的产生,这就是从辉格党(约翰·昆西·亚当斯和亨利·克莱的政党)中分裂出来的共和党。伊利诺伊州的那位律师亚伯拉罕·林肯成为一名共和党人。几年之后,林肯在伊利诺伊州的皮奥里亚谈起"堪萨斯—内布拉斯加议案"时,他这样说道:

内布拉斯加精神与1776年精神完全是背道而驰的……一点一点地……我们逐渐放弃旧的信念,接受新的信念……我们起初宣布人人生而平等;但是,现在我们却从那个开端逐渐演化到另一个宣言,宣布一些人奴役另一些人是"一项神圣的自治权

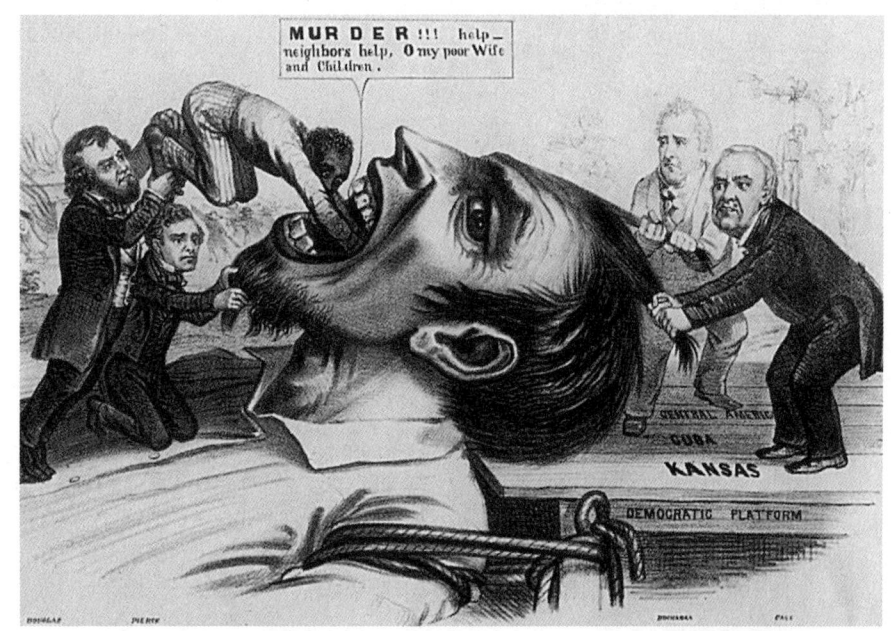

在1858年的这幅反奴隶制的漫画中,詹姆斯·布坎南总统和前总统富兰克林·皮尔斯揪住一个反奴隶制的堪萨斯居民,而斯蒂芬·道格拉斯则试图把一名无助的奴隶塞进他的喉咙。

利"。这些原则无法并存……让我们重新采纳《独立宣言》……如果这样做,我们将不仅能够挽救这个联邦,而且还将使得这个联邦永远值得拯救并保持下去。

一个声名狼藉的裁决

那是在1857年3月4日,詹姆斯·布坎南当选为总统,同时最高法院正在审理一个非常重要的案子——一个有关奴隶制的案子。布坎南知道法院会做出什么裁决——尽管他不应当拥有这种知情权。就在他宣誓就职那天,他站在全国人民面前说,奴隶制这个问题"属于美利坚合众国的最高法院,现在是最高法院悬而未决的问题,但是,据了解,它将很快得到最后的解决"。

奴隶制问题得到最后解决——那将是多么伟大的事情!这个被称为"德雷德·斯科特诉桑德福德"的案子与一名生活在蓄奴州密苏里的奴隶有关。那名奴隶叫德雷德·斯科特,在威斯康星生活了多年,那时这个地区还不是一个州。他是否会因为居住在威斯康星地区(现在是明尼苏达州)而成为自由人呢?根据密苏里州先前的一项判例,他的确能够成为自由人。因此,斯科特为了他自己以及他妻子的自由,控告了他的主人艾琳·爱默生。这个案子似乎一目了然,但是由于法律文书的归档不当,该案被搁置一旁长达三年之久。与此同时,斯科特和他妻子都被出租了,他们的工资被治安官扣了下来。他们会获得自由并拿回自己的工资吗?艾琳·爱默生会不会得到他们?艾琳已经结婚,脑子里考虑着其他事情,她把这件事情交给她的兄弟约翰·桑福德(法庭把案件的名称拼写错了)。由于他是纽约人,于是案件便被提交到联邦法庭,然后到了

左图是一幅反废奴主义漫画,画中暗示,所有政治家都跟着那些进行奴隶制诉讼的人演奏的曲调,亦步亦趋地跳舞,但是到最后,权力仍然保留在当权派手中。上图,德雷德·斯科特,他不会读写,但是他坚持完成了十一年的法律诉讼。

詹姆斯·布坎南

最高法院(爱默生夫人的新丈夫是一名废奴主义者。当他知道了正在发生的事情之后,他试图给斯科特自由。然而,当案件正在诉讼中的时候,他不能这样做)。

七十九岁高龄的罗杰·托尼是首席大法官,安德鲁·杰克逊任命他来接替著名的约翰·马歇尔。托尼备受爱戴,法院也很受尊重。就在布坎南宣誓就职两天之后,最高法院发布了他们的裁决。所有九名法官都写下了自己的观点,他们的观点千差万别。下面是首席大法官罗杰·托尼在"德雷德·斯科特诉桑德福德案"中说的多数派观点:

摆在我们面前的问题在于,黑人是否构成美国人的一部分,是否构成这个主权国家的选举成员?我们认为黑人不是。相反,他们是人类中一个从属的下级阶层,已经被优势人种征服。因此,他们不能对宪法赋予美利坚合众国公民的任何权利与特权提出要求。

"一个下级阶层……被优势人种征服……不能对宪法赋予美利坚合众国公民的任何权利与特权提出要求。"这些话说得再明白不过了:奴隶是财产,而《第五条宪法修正案》保护财产。托尼说,禁止在北纬三十六度三十分以北实行奴隶制的"密苏里妥协案"违背了宪法。由于这个原因,当德雷德·斯科特生活在威斯康星的时候,那里还不是自由的土地。此外,法庭还说,黑人不能享有公民权,甚至自由黑人也"不能享有白人应当尊重的权利,为了黑人自己的利益,可以把他们公正、合法地降为奴隶"。在伊利诺伊州的斯普林菲尔德,亚伯拉罕·林肯说:"我们认为这个判决是错误的。"他还说,奴隶制是"对黑人、白人和这个国家的绝对罪恶"。

布坎南总统居然认为这个判决可以解决奴隶制问题!它解决的是战争问题,这个判决差不多使得战争无法避免。

自由列车

约翰·普赖斯是肯塔基州的一个奴隶。我们对他知之甚少,不过我们确实知道,他肯定痛恨自己的奴隶身份,他愿意冒着生命危险逃跑。在一个寒冷的冬天,当宽阔的俄亥俄河结冰之后,他找到了一个逃跑的机会。普赖斯和两个朋友——一个叫黛娜的妇女和一个叫弗兰克的男子——决定跨过河去。在夜幕掩护下,他们骑着主人的两匹马,朝着薄薄的冰面上走去。当他们到达靠着俄亥俄州那一面的河岸时,他们找不到上岸的路了。河岸太陡,马蹄不断打滑。不久,这三个人便担心自己会

哈里特,也被称为摩西

哈里特·塔布曼于1820年出生在马里兰州的东岸地区,她一出生就是奴隶,但是她的心中却没有任何奴隶精神。她个子矮小——只有一米五高——然而她却比大多数男人都要强壮。她能够搬动沉重的物品,能够经受寒冷和酷热,能砍下大树,在必要的时候,没有食物也能活下来。从孩提时代起,她就获得了忍受虐待的训练,这就是做奴隶的一部分生活。她很好地利用了这种"训练",在她年纪尚幼、个子很小的时候,她就被送到地里干活了,她很努力地工作着。从没有人教她读书写字,但她学会倾听和记忆,不久她就拥有了非凡的记忆力。她倾听奴隶们小声谈论有关自由的事情,得知一些奴隶被他们的主人解放了,而其他奴隶则逃跑到北方,在那里找到了自由。她得知,如果一个试图逃跑的奴隶被抓住,就会遭到鞭笞、打上火印,然后被卖掉,可能会被卖到南部很远的地方。在那里的棉花种植园中,奴隶的生活比在马里兰还要艰难,而且几乎没有逃跑的机会。

哈里特还得知,有些人——既有白人也有黑人——帮助奴隶逃跑,这些人是一个"地下铁路"组织的一部分。当哈里特第一次听说这个词的时候,她还以为那真是一条铁路。实际上,这是一种秘密的旅行方式,也有乘务员、车站和乘客。乘客是遭受奴役的黑人;乘务员(既有黑人也有白人)是在奴隶通向自由的路上帮助他们的人;车站是可信赖的人为逃亡者提供食宿的地方,有的是带有特殊隐蔽房间的房子,有的是谷仓,有的甚至是河流上的船只。但是没有一个逃亡者回来过,

哈里特·塔布曼

没有人真正清楚他们的情况。哈里特与这些人不同:她会逃跑,而且还会回来。但是在此之前,她出了一件事。一个监工扔出的铅锤击中了她的前额,她不省人事地躺了好几个月,每个人都以为她会死去。在她的余生中,她会间歇性地昏迷过去,沉沉入睡,没人能将她唤醒。于是,她便被送去和她父亲一起工作,父亲教哈里特认识丛林中的小道,教她像美洲土著那样悄无声息地行走,告诉她哪些植物可以吃,哪些植物有毒。随后她遇到了一个白人妇女,这个人说可以帮助哈里特。哈里特猜测她是"地下铁路"的成员。

在哈里特逃到北方获得自由之后,她又跑回来带走了她的兄弟姐妹和父母,这需要做许多次旅行。而且她并没有在救出家人后就停止努力,她成为"地下铁路"最有名的乘务员。据说她曾率领三百名非洲裔美国人获得自由。诸如南卡罗莱纳州参议员约翰·卡尔霍恩这样的南方人一直在说:奴隶们受到良好的待遇,热爱他们的男女主人。但是,受到良好待遇的人不会不顾一切地冒险逃跑——有时甚至要冒着生命危险。那些通过"地下铁路"逃跑的人讲述妻离子散的经历,展示鞭子在他们身上留下的伤疤,他们讲述自己受到的虐待,这使得许多北方人改变了对奴隶制的看法。哈里特·塔布曼成为这个国家最想抓到的逃亡奴隶。

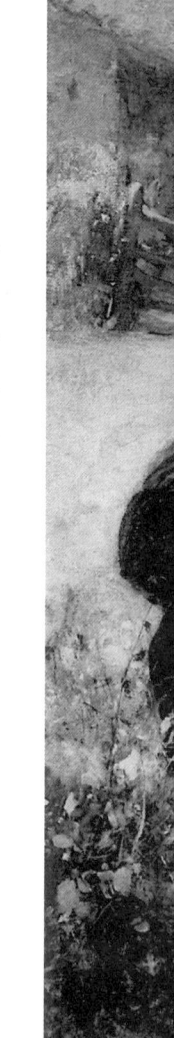

这是查尔斯·T·韦伯那幅著名的油画《地下铁路》中的部分细节：教友派信徒利维和凯瑟琳·科芬正在迎接逃亡的奴隶到她们位于辛辛那提郊外的家中去。这些黑人是从蓄奴州肯塔基渡河过来的。科芬开设了一家商店，专门出售获得解放的黑人生产的产品，并以此资助"地下铁路"。

被冻死。然后，随着黎明降临，他们看到了一条穿过陡峭河岸的路。他们离开了蓄奴州肯塔基，朝着自由州俄亥俄前进。

但是，这并不意味着他们获得了自由。根据《逃亡奴隶法》，任何发现他们的人都得把他们送还给其主人，否则就得进监狱或受到罚款，有时二者兼有。约翰、黛娜和弗兰克很幸运：他们遇到的第一个人是位教友派信徒，他不遵守那部法律，宁愿冒着牢狱之灾的危险，给他们提供食物和休息的地方，然后通过"地下铁路"把他们送到北方。

逃亡者在夜晚旅行，顺着北极星的方向前进（弗雷德里克·道格拉斯的废奴主义报纸就以北极星命名）。约翰·普赖斯去了俄亥俄州北部的废奴主义城镇奥伯林，他在那里找到一份工作，做苦工。有一天，一个名叫莎士比亚·博因顿的男孩告诉普赖斯，说有人要向他提供一份工作。其实这是别人给钱让博因顿对普赖斯撒谎，这个男孩把普赖斯带到了几个捕捉奴隶的人

这份废奴主义告示讲述了逃亡奴隶安东尼·伯恩斯的故事。1854年,伯恩斯在波士顿被抓住。6月2日,当他被关进一艘船运到南方去时,愤怒的波士顿人怒吼着"耻辱!耻辱!"政府不得不派出一千名警察看守他。为了抓住伯恩斯并把他送回南方,政府花费了差不多十万美元。

若一个家庭自相纷争,必定分崩离析。我相信这个政府无法永远承受一半为蓄奴州一半为自由州的状态。我认为联邦不会瓦解——我认为国家不会没落——但是我的确认为这种分割的状态将会终止,要么全部是蓄奴州,要么全部是自由州。

——亚伯拉罕·林肯,1858年
7月17日在伊利诺伊州斯普林菲尔德共和党会议上引用《马可福音》

那里——这些人是从肯塔基州派来的。

普赖斯被铐上手铐,关进一辆四轮马车里。抓他的人赶着车到附近的一个镇里去,在路上,他们的马车经过两个奥伯林男子,普赖斯大叫起来:"救命啊!救命啊!"这两个人赶紧跑到奥伯林,把他们看到的事情告诉其他人。与此同时,抓普赖斯的人把他带到一个旅馆,等着下一趟去南方的列车。不久,旅馆前面的大街上就挤满了来自奥伯林的愤怒人群,他们把普赖斯抢了回来,送上一列开往加拿大的火车。那是1858年的9月,此后再也没有听见有关普赖斯的消息。但故事还没有结束,那些放走普赖斯的人触犯了《逃亡奴隶法》。奥伯林的拯救行动成为全国人谈论的话题,那些相信奴隶制的人把这件事当作一个判例案件。政府会强制执行《逃亡奴隶法》吗?他们问道。那些反对奴隶制的人也把这当作一个判例案件。政府会因为一个社区的主要居民帮助某个人获得自由而把他们关进监狱吗?废奴主义报纸《俄亥俄州报》的一篇社论这样写道:

> 美利坚合众国要惩罚的并不是违反《逃亡奴隶法》的行为,那是一种反奴隶制的情感……他们要惩罚的是必须扑灭的思想自由,这

才是事实。

被控告的奥伯林人受到审判,法庭宣告他们触犯了《逃亡奴隶法》,对他们处以罚款。不过,恰好触犯法律的并不只有他们。约翰·普赖斯是被非法抓走的。抓奴隶的人必须出示适当的文件才能带走他,他们没有出示文件。于是,奥伯林的律师让这些抓奴隶的人也遭到逮捕,把他们投进监狱。在一个废奴主义者的城镇,对抓奴隶的人来说,蹲监狱可不是什么好玩的事情,他们同意放弃这个案子——如果奥伯林人也放弃对他们的起诉。最后,这个案子就这样结束了。当然,案子并没有完全结束。奴隶制的问题还没有解决。冲突正在升级。

大辩论

1858年,亚伯拉罕·林肯被新成立的共和党推举出来,参加伊利诺伊州的美国国会参议员竞选,他的对手是"小巨人"斯蒂芬·道格拉斯。再没有人比他们俩差异更大了。林肯出生在肯塔基州一间泥地小屋里,在印第安纳州和伊利诺伊州长大,并通过自学成为律师。他为人友善、诚恳,痛恨奴隶制。1858年夏,亚伯拉罕·林肯和斯蒂芬·道格拉斯登上一列火车,走遍伊利诺伊州。道格拉斯有一节私人火车车厢,林肯坐的却是普通车厢。他们在火车站和会议厅里对大群民众发表演说,他们在七个车站同时出台辩论问题,被称为"林肯—道格拉斯辩论",美国历史上从来没有这么令人难忘的政治角逐。

道格拉斯谈论人民主权国家,谈论人民自治的权利。他说这意味着白人选民有权决定他们是否想要奴隶制。"我坚持认为,当《独立宣言》宣布人人生而平等的时候,其签署者根本没有提到黑人。"他说,"他们指的既不是黑人,也不是野蛮的印第安人,也不是斐济岛民或任何野蛮种族。他们说的是白人。"

林肯说道格拉斯正在逃避真正的问题——奴隶制本身。"自治的原则是正确的,绝对永远正确,"林肯说道,但那不是重点,"如果白人统治自己,那就是自治;但是,如果他在统治自己的同时也统治了另一个人,那就不是自治了,那是专

林肯的确比道格拉斯高三十厘米左右,但这位漫画家无疑夸大了他们身高上的差异。在围栏后面,一名奴隶正在为林肯竞选1860年总统加油助威。

一大群人来听"林肯—道格拉斯辩论"。在昆西,林肯谈到奴隶制时说:"共和党认为……这是一个道德错误、社会错误和政治错误……不仅仅限于……存在奴隶制的州,而且……这个错误还……影响整个国家的生活。"

制。"林肯用每个人都能够理解的语言说明问题,他没有废奴主义者的激愤,他能够把支持与反对奴隶制的双方都看清楚。林肯出生在一个蓄奴州,他的妻子是南方人,但是他相信奴隶制是错误的,并且也这么说。

我们的父辈留下了正在走向最终灭绝的奴隶制,道格拉斯法官和他的朋友希望奴隶制在全国永远存在下去。他正在熄灭我们周围的道德之光!我想要让每个人都获得机会——我相信一个黑人也有资格获得机会。

斯蒂芬·道格拉斯当选为伊利诺伊州的参议员,但是"林肯—道格拉斯辩论"却让那位瘦高的乡下律师闻名全国。

一分为二

堪萨斯州爆发了内战,那些支持奴隶制的人正在杀害那些不支持奴隶制的人——反之亦然。这场战争被称为"堪萨斯内战",这个国家应该以此为鉴。1856年5月,一名个子高高、目光凶狠、喜欢引用《圣经》的白人男子和他的追随者残酷地杀害了五个支持奴隶制的堪萨斯人。这名高个子男人叫约翰·布朗,他相信自己是在替天行道。他离开了战火纷飞的堪萨斯,留出一部浓密的白胡须。这是一种伪装,他打算发动一场革命。他希望奴隶揭竿而起,加入他的军队。三年之后,在一个漆黑的雨夜,他和另外二十一个人肩上扛着来复枪,悄悄向弗吉尼亚州美丽的小城哈珀斯费里进军。哈珀斯费里是一个战略要地:它位于群山之中的隘口上,波托马克河与谢南多厄河在此汇合。布朗计划展开游击战,这里的山区环境似乎很合适。一条铁路穿过小城。更重要的是,一个政府兵工厂和军械库也位于哈珀斯费里,在这里制造与存放枪支。布朗和他的人轻而易举地夺取了军械库。

但是约翰·布朗所说的那些将会揭竿而起加入其部队的奴隶并没有出现,他一直对他的整个计划保密。布朗被抓住,受到审判。他为自己辩护,说他没有犯叛国和杀人的罪行。这位暴躁的废奴主义者具有很高明的演技,幸好有电报,逮捕他的人使他在全世界都找到了听众。记者们记录下他的一言一行,布朗做了一场令人难忘的表演。他经常撒谎,但是他知道怎样让人们信任他,而且他所争论的缘由的确是事实。

> 我否认一切……除了我这方面的一个解放奴隶的计划……如果我以自己供认的方式干预……有利于富人、有权有势的人、有才智的人以及所谓的伟人的事情……这个法庭上的每一个人都会认为我的行动值得奖励,而不是应该受到惩罚。

废奴主义者说审判不公正,布朗成为他们的烈士英雄。南方人怒不可遏,他们把布朗视为一个恐怖分子,并且他们也害怕奴隶起义,他们需要给约翰·布朗定罪——越快越好。他们的愿望得到满足。一辆家具店马车拉着布朗,他就坐在他那口黑色的胡桃木棺材上,驾车奔向他的死亡。他告诉马车夫说:"这是一个美丽的国家。"然后,他从自己的棺材上走下来,高昂着头,登上通往绞刑架的台阶。他把一张纸条递给狱卒,上面写着:"我约翰·布朗现在非常肯定,这片罪恶土地上的罪行永远无法清洗掉,除非用鲜血清洗。"然后,布朗便把头伸入一个用南卡罗来纳州的棉花制成的绞索中。

不久,布朗的幽灵便会骚扰北方和南方——尽管只有少数几个人能够说出约翰·布朗的意义。亚伯拉罕·林肯就是理解布朗的人之一,他说:"老约翰·布朗因为背叛国家而被处死,我们不能够反对他受到的审判,尽管他和我们一样认为奴隶制是错误的,但这不能成为暴力、流血和叛国的借口。"那年冬天,林肯正在

在这幅1861年的反对脱离联邦的漫画中,老鹰巢(象征着联邦)里的一些卵带着令人厌恶的褐色或者绿色,已经坏掉,孵出了毒蛇、鳄鱼和其他可恶的野兽,这些坏卵象征着南部各州。

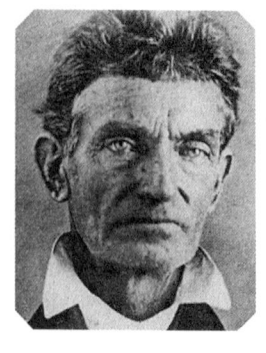

(左图)约翰·布朗(留胡子之前),一幅圣徒传画像(下图)描绘了他生命的最后时刻。一直有诸如此类的传闻,说他在前往绞刑架的途中亲吻了一个奴隶孩子。他说:"你们可以轻而易举地杀死我,但是这个问题仍然需要得到解决——这个奴隶问题……它还没有结束。"

和斯蒂芬·道格拉斯竞选总统,他说:

> 美利坚合众国有六分之一的人口都是奴隶,他们被看作财产,仅仅是财产。做一个保守的估计,这些奴隶的货币价值大约有二十亿美元。这么大一笔财产对奴隶主具有很大影响,这是很自然的事情。如果北方拥有这么大一笔财产,也会产生同样大的影响。人的天性是相同的——除去环境上的差异,南方人和北方人是一样的。

于是事情便发展到这个地步,奴隶代表着金钱,没有人会毫不反抗地放弃他们的财产。美国人必须做出抉择,他们不能既拥有一个自由的国家,同时又让一些人成为另一些人的财产。道德问题不会自动消失,这已经不止是自相矛盾了,这是伪善,这是卑鄙,这是罪恶。

1860年,亚伯拉罕·林肯当选为美国总统,甚至在他就职之前,一些州就开始脱离联邦了。南卡罗来纳州第一个退出。密西西比州是这个国家最富有的州之一,它也迫不及待地跟着退出了。然后是佛罗里达州、阿拉巴马州、佐治亚州、路易斯安那州和得克萨斯州。弗吉尼亚州、阿肯色州、北卡罗来纳州和田纳西州一直犹豫不决,直到林肯总统号召志愿者到南方去参加战斗,这才促使它们做出决定,它们不能与自己的南部姐妹州开战,只能退出联邦。这十一个州结成"美利坚邦联国"。南北方接壤处的蓄奴州马里兰州、特拉华州、肯塔基州和密苏里州暂时留在合众国里。

亚历山大·史蒂文斯将成为南部邦联的副总统,他说现在每一个人都在思考,"拯救合众国的所有努力都将徒劳无益,事实上,我们的领袖和公务人员不希望以任何方式继续留在合众国里"。1861年2月,密西西比州的杰斐逊·戴维斯被选为南部邦联的总统。他在就职仪式上说:"我们只要求别管我们。"

开战双方都宣称他们不是为奴隶制而战斗,但他们只是在自欺欺人。如果没有奴隶制,就不会发生这场战争。也有其他问题存在:南方人——现在的"造反者"——支持"州权"。他们认为任何一个州都有权脱离合众国,违背他们的意愿,把他们强行留在合众国里,这就是暴政。他们说,他们做的事情与乔治·华盛顿和其他革命者反对乔治国王的事情相同:都是为了他们的自由而战。但他们是为白人的自由而战,北方不会让他们那么做。林肯总统说,只有"出于一个在道德上合理的动机",革命才是正确的。南方没有合理的动机,因此林肯说,脱离联邦"只是对政治权力的邪恶运用"。

美国仍然是一个试验,人民的政府能够生存下去吗?林肯说,美国人需要证明"人民的政府不是一个谬论",然后他又补充说:"我们必须现在解决这个问题:在一个自由的政府中,少数人是否有权随心所欲地从政府中分裂出去。"

废奴主义者们强烈地要求林肯解放奴隶——立刻解放。但是林肯说,为了赢得战争,他需要留住临近南方的几个蓄奴州。如果他解放这几个州的奴隶,而在战争中失败,使联邦遭到毁灭,这对奴隶或者其他任何人都没有帮助。他给废奴主义者们打气说:"所有人肩上的重负都(将)被解除,所有人都(将)获得平等的机会。"但是他不会首先开战,他说:"除非用武力反对政府,否则政府不应该使用武力。"1861年4月,年轻的西奥多·厄普森正在玉米地里干活,他听到了一个消息,他说:"父亲和我正在剥……玉米壳……这时,威廉·科里穿过玉米地跑来。他非常兴奋地说:'乔纳森,叛乱者向萨姆特要塞开火了。'父亲的脸一下子白了,一句话都说不出来。"

萨姆特要塞是美国政府设在南卡罗来纳州查尔斯顿港的要塞。那些开火的人意在挑起战争。一个目击者写道:"一大股火焰喷射出来,一声震耳欲聋的巨响,沉闷的隆隆声,战争开始了。"

一些画家描绘了1861年炮轰萨姆特要塞、战争开始的戏剧性场面,但这些画作并不很真实,例如科里尔和艾夫斯所作的这幅。不过,通过马休·布雷迪和亚历山大·加德纳在前线拍摄的照片,北方人特别清楚地意识到战争的血腥性。

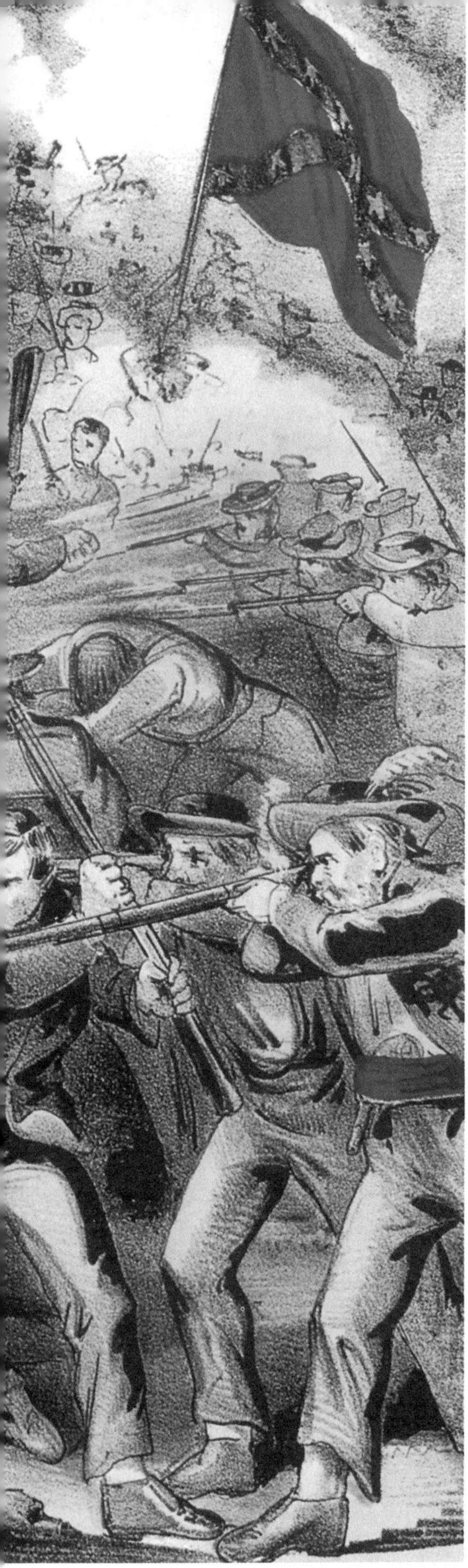

第六章 一场终结奴隶制的战争

这将是一次英勇的冒险,战争的双方都认为自己是为自由而战。不管在北方还是南方,人们都以为这场战争只会持续几个月。南方人喜欢当兵,这似乎是大胆、勇敢的行为。此外,他们确信所有的北方佬都是懦夫。只管等着到战场上一见高低好了——当南方人穿着灰色军装,英姿飒爽地出征时,他们向妻子和女友这样吹嘘道。北方人也同样自信。他们说,一场大战之后,战争就会结束。他们确信南方士兵都很懒

CHARLESTON

MERCURY

EXTRA:

Passed unanimously at 1.15 o'clock, P. M. December 20th, 1860.

AN ORDINANCE

To dissolve the Union between the State of South Carolina and other States united with her under the compact entitled "The Constitution of the United States of America."

We, the People of the State of South Carolina, in Convention assembled, do declare and ordain, and it is hereby declared and ordained,

That the Ordinance adopted by us in Convention, on the twenty-third day of May, in the year of our Lord one thousand seven hundred and eighty-eight, whereby the Constitution of the United States of America was ratified, and also, all Acts and parts of Acts of the General Assembly of this State, ratifying amendments of the said Constitution, are hereby repealed; and that the union now subsisting between South Carolina and other States, under the name of "The United States of America," is hereby dissolved.

THE

UNION

IS

DISSOLVED!

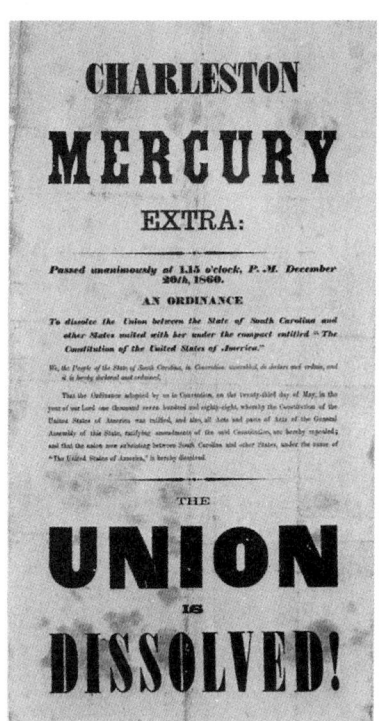

上图是一份南方报纸上刊登的宣布脱离联邦的告示。在独立战争期间,大多数战斗都是短兵相接,许多士兵都死于刺刀的伤害。但是,到1860年,出现了新式的线膛式火枪甚至更新的后装式来复枪,例如夏普斯卡宾枪或者斯宾塞连发枪,它们都能够在一二百米开外杀死一个人。这些新式枪支的精确性使得近距离的白刃战(例如1863年11月的查塔努加战役(左图),这次战役保住了联邦军队在南方最重要的供应基地之一)变得十分罕见了。

第九十六宾夕法尼亚团在训练。联邦军士兵奥利弗·诺顿写信给一位朋友说:"早上的第一件事情是训练,然后是训练,然后还是训练。然后是训练、训练、训练,更多的训练。然后训练,最后还是训练。"左图从上至下依次为:一个叛军士兵和他弟弟,一名来自密歇根的联邦志愿兵,以及佐治亚团里的一名士兵埃德温·詹尼森——他于1862年在弗吉尼亚的马尔文山战死,年仅十六岁。

散,为什么?因为如果没有奴隶,南方人就什么事情都做不成。只要一听见枪响,南方人就会吓得逃进山里去——当北方人穿着蓝色军装,英姿飒爽地出征时,他们向妻子和女友这样吹嘘道。

结果这成了美国历史上最糟糕的战争,它被称为"内战",战争中没有丝毫文明之处①,六十二万多人战死,城市遭破坏,农庄被焚毁,家园也被夷为平地。在一个叫做安提坦的地方,有一天被杀死的人比美国历史上任何一天都多,那真是血腥的一天。这次战争总的死亡人数差不多是美国参加的其他所有战争的死亡人数之和。

这也不仅仅是一次分裂国家的战争,这还是一次分裂家庭的战争。克利夫顿·普伦蒂斯少校参加了北方联邦军队,他的弟弟

---

① "内战"(civil war)一词中的"civil"也有"文明的"意思。——译者注

威廉参加了南部邦联军队,他们都在弗吉尼亚州彼得斯堡的同一场战役中战死。亚伯拉罕·林肯总统的四位姻亲在南方军队里作战,其中三位战死。亨利·克莱有三个孙子在北方军队中作战,四个在南方军队中作战。在一次战斗中,南方军的骑兵将军J·E·B·斯图尔特受到北方军骑兵将军菲利普·圣乔治·库克的追击,后者是前者的岳父(斯图尔特将军说,库克将军将为"一度成为联邦军而后悔,并会一直后悔")。大多数人都参加了所在地区的军队,但是有的人相信另一方的理想,并且为那样的信仰而战斗。海军将领戴维·法拉格特尽管来自阿拉巴马,他却是北方军的一名海军司令。塞缪尔·P·李指挥詹姆斯河上的联邦海军,他是南方军罗伯特·E·李将军的堂兄弟。温菲尔德·斯科特将军和乔治·H·托马斯将军都是弗吉尼亚人,他们都在北方军这边作战。

北方人和南方人是否彼此憎恨?他们常常以为自己是这样,但是,当他们逐渐了解对方之后,就不再如此了。北方军在南方军对面的战壕里扎营,双方都等着接受战斗命令——有时会等上几个星期或者几个月,这样的事情并不罕见。起初他们互相辱骂,然后他们开始交谈,甚至偶尔还会一起唱歌。有时候他们互相买卖物品,或者交换信件。接着,当战斗命令下达之后,他们就会专心地干那些杀人的勾当,战争就是这样的。但是他们的确有信仰,大多数人心里都明白,他们是在为重要的事情而打仗。他们知道战争肯定与奴隶制有关,与他们生活的地方有关,与一个州是否有权废除国会的法令、脱离联邦有关。这是一场有关定义的战争:他们是谁?他们首先是弗吉尼亚人、北卡罗来纳人还是纽约人?他们是不是美国人?

> 我们都宣称拥护自由,但是,在使用同一个词语时,我们指的却不是同一件事情。你们认为奴隶制是正确的,应该得到推广;而我们认为它是错误的,应该受到抵制。
>
> ——亚伯拉罕·林肯

国家的未来岌岌可危。宏伟的美国试验还能继续下去吗?这个由各州组成的合众国——这个联邦共和国——会不会在历史书中作为一个失败的空想计划而结束?如果是那样,那么怀疑论者就是正确的了:在现实世界中,诸如平等、自治以及人人享有正义的观点都不会长久。法国政治哲学家孟德斯鸠支持政治自由,倡导权力分立——但是他也说过,大共和国行不通。他的预言会不会得到证实?我们当时正在尝试前所未有的事情,它产生于一个观念,而不是来自古人或已经确立的程序;美国得以建立,凭借的是自以为是和一点运气。我们继续存在并不是什么必然的事情。我们拥有的一切不过是一种观念的力量罢了。

北方军士兵明白这一点,亨利·克莱和丹尼尔·韦伯斯特曾经一次又一次发表有关合众国及其象征意义的演讲。在一个热爱演说家的年代,连学校的孩童都能记住他们的演讲。北方佬凭着记忆就能够背诵出他们说的话来,口才雄辩的参议员克莱说:"我不知道有什么南方、北方、东方、西方值得我效忠……先生,合众国就是我的国家。"杰出的参议员韦伯斯特说:"当我的双眼最后一次仰望天空中的太阳时,但愿我不会看见它照耀在曾经荣耀一时的合众国那四分五裂的屈辱国土上。"不过韦伯斯特流传最广的一句话是:"自由与联邦,现在和永远,统一而不可分割。"北方军士兵愿意为了保存"自由与联邦"而牺牲。

除了废奴主义者,北方军在大多数情况下对联邦都不太关心。他们是在为自由、体面与平等而战。为了实现这些目标,传播它们的福祉,他们将会尽自己的能力做一切事情。至于坚持拥护联邦还是推翻联邦,那可不是他们寄托热情之处。亚伯拉罕·林肯不是一个废奴主义者——尽管他与废奴主义者有一些(不是所有)共同目标。当战争开始的时候,林肯说:"我不打算直接或者间接地干涉蓄奴州的奴隶制。"就像建国时的那代人一样,他首先考虑的是那个伟大的试验。林肯在1861年说:"我们必须现在解决这个问题:在一个自由的政府中,少数人是否有权随心所欲地从政府中分裂出来。"

叛军在约翰·卡尔霍恩的鼓动下,声称个人自由是最重要的。他们指的是作为白人和优势种族的自由,这种自由比坚持拥护一个他们认为不能代表自己利益的联邦更加重要。他们援引《独立宣言》中的话"政府必须经被统治者同意,才能获得其正当权力",以此证明自己的正当性。

因此,每个人都把"自由"一词挂在口头,但是北方和南方所指的却是不同的事情。这个在诞生时便早熟的国家,仍然是一件尚未完成的作品。从一开始就有人怀疑这种分权的联邦制政府。帕特里克·亨利在谈论宪法时说:"我闻到了老鼠的气味。"因为宪法从他热爱的弗吉尼亚夺走了一些自主权。这方面的争论并没有消失,南方的白种人想要保护欧洲旧大陆的价值观,保护他们了解的事物继续舒舒服服地存在下去,保护他们随心所欲行事的"自由"。他们害怕受到北方控制而失去权力和威望。卡尔霍恩参议员说:"与自甘堕落地承认自己低人一等相比,放弃生命简直算不得什么。"脱离是一种美国传统。毕竟,独立革命就是一次伟大的脱离,南方为什么不能做自己的事情呢?

此外,南方与北方生活方式不同。叛乱士兵相信他们也是为此而战斗。北方的城市面临着工业和变革所带来的一切问题,北方人看起来很粗鲁,而且往往真的很粗鲁。而南方人保守的田园生活却井然有序。南方是旧的欧洲阶级社会在新大陆落脚生根之处,南方为一小群白种人提供了很好的机会和便利。对许多白人来说,生活舒适而安全。然而,对于穷困的白人以及黑人来说,生活既不舒适,也不公正。在南方的一些州里,例如南卡罗来纳州,一半以上的人口都是黑人,他们大多数都过着囚徒一样的生活,尽管他们没有犯任何罪。

弗吉尼亚的参议员詹姆斯·M·梅森明白南北之间的差异,他说:"我把它(美国内战)看作……一种社会形态反对另一种社会形态……的战争。"的确如此,但是还不止于此。

步入正题

南北战争的第一次大战发生在一个叫做马纳萨斯的地方,这里距离华盛顿城不远,靠着一条浑浊的小河布尔河(Bull Run)。这里是两条铁路交会的地方,北方的将军计划夺取马纳萨斯,然后向南方进军,直捣南部邦联的首都——弗吉尼亚州的里士满。

1861年7月,在战斗打响的那天,战争看起来很像一场表演,许许多多的华盛顿市民都不想错过这场演出。他们带着野餐食品篮来到马纳萨斯,在布尔河边坐下来观看战斗。但他们看到的结果却不是图画书上描绘的战斗;这是真实的战斗,一切都混乱不堪。战斗的双方都打了几个小时的仗。那是一个酷热潮湿的夏日,到下午的时候,尸横遍野,浸透了鲜血的土地开始散发出臭味。北方军看起来的确在获胜,但是,南方军的增援部队很快赶来——乘着火车赶来(这是第一次用火车运送军队的战役)。叛军令人恐怖地嚎叫着进攻了,他们把这叫做"造反的嘶喊"。这喊声让北方佬难以忍受,他们弃枪而逃。

北方军士兵本来希望

当叛军朝驻扎在萨姆特要塞的联邦军队开火时,美国内战就从这里开始了。萨姆特要塞位于查尔斯顿港口的一个小岛上。在沙滩上安全的地方,查尔斯顿的女士们观看着战斗。埃玛·霍姆斯写道:"我看到了壮观的场面,我看到了他们攻击要塞时呼啸的炮弹,还有中弹的砖石建筑崩裂的碎屑。"

直捣里士满,现在却朝着相反方向走,回到华盛顿。骑兵、步兵、炮兵和运送伤员的四轮马车以及平民家庭乘坐的马车,都挤在通往北方的一条狭窄小道上,这时,一发流弹爆炸了,掀翻一辆四轮马车。马车横在一座桥上,挡住去路,士兵、马匹和平民全都堵在桥上,惊慌失措。有人喊叫说南方军骑兵正在进攻(其实没有),这引发了一阵恐慌,人们互相推搡,大声尖叫,陷入一片混乱之中。弗吉尼亚第一骑兵团的W·W·布莱克福德中校这样描述当时的局面:

> 在美国战争史上,没有任何战役可与布尔河之战相比。那是业余者的重要战事,是一场万事皆错的战斗,是唤醒全国人民——不管是北方还是南方——的伟大日子。人们梦想这是一场短暂、光荣、没有流血的战争,它……终结了这种乐观时代。布尔河战役之后,这个国家才开始步入正题。
>
> ——历史学家布鲁斯·卡顿

他们跳入布尔河——不管从什么地方,无论是在浅滩上还是在桥上,许多人都淹死了……我们顺着道路……找到了丢失的女用阳伞和讲究的围巾……是那些脆弱、美丽的人儿丢失的,大部分出游的马车上都给她们准备有座位。

人们不久便认识到,战争并非野餐。

查尔斯·科芬为《波士顿报》报道了布尔河战役:"树木被炸得粉身碎骨,碎屑四处飞溅,枝干断裂……战场上笼罩着硝烟、尘土,到处是粗野的对话和叫喊,四周响起枪弹呼啸的'咝咝'声、嚎叫声和爆炸声。对双方军队的士兵来说,这是一场新奇而出人意料的经历,与他们想象的战斗有天壤之别。"

南方的将军们

南方军拥有一笔财富,那就是众多优秀的将军。其中,托马斯·J·杰克逊和罗伯特·E·李两位将军是最受人尊敬的。在布尔河战役中,当叛军情况最糟的时候,巴纳德·比将军为了鼓舞士气,指着身先士卒的杰克逊说:"杰克逊像一堵石墙一样站在那里。"随着有关杰克逊的奇闻轶事越来越多,"石墙"的绰号也流传开来。"石墙"杰克逊不断做一些无法完成的事情。他以不可思议的速度,把部队开到其他军队无法到达的地方,击败远比他强大的军队,赢得了据说不可能获胜的战役。

"石墙"托马斯·杰克逊

杰克逊由一个孤儿成长为一个奇怪的、喜欢沉思的人,他像南方和北方的许多军官一样,曾经就读于西点军校,参加过墨西哥战争。当美国内战开始的时候,他正在弗吉尼亚军校担任教师。杰克逊不是一个很受欢迎的人,他很严厉,具有很深的宗教感情,没有丝毫幽默感。士兵们在背后叫他"傻瓜汤姆"。杰克逊动作笨拙,不修边幅,喜欢骑

罗伯特·E·李

着他那匹矮胖的马"索雷尔",吮吸一只柠檬。但是,当他开始指挥战斗的时候,他就如鱼得水了。杰克逊无所畏惧,在弗吉尼亚的谢南多厄山谷,他以一种残酷的步伐,让一小队人马行进了六百四十公里,把一大队联邦军队打得晕头转向,从他们手里抢夺了需要的供给,给北方军造成惨重伤亡,一些传奇故事因此而产生。一位联邦军将军曾说:"孩子们,他看上去不起眼,但是,如果我们抓住他,就不会落入这个陷阱了。"

罗伯特·E·李和杰克逊不同。李坐得笔直,气质高贵,骑着他那匹漂亮的马"旅行者",神态沉着,看起来将军气派十足:英俊、满头灰发、威风凛凛。李也以十足的将军方式指挥军队:公平、大胆、勇敢。他的士兵对他敬畏有加,为他冲锋

> 我与北方人民作战是因为,我相信他们正企图夺取南方最珍爱的权利。但是,我从未对北方人民怀着仇恨或者报复的感情,而且我也从未见过自己哪一天没有为他们祈祷。
>
> ——罗伯特·E·李,
> 南部邦联军队总司令

陷阵,不惜牺牲自己的性命。李具有赌徒的天性,敢于冒很大的风险,而且他的冒险一次又一次获得成功。他不会为了把人们投入战争而感到烦恼,如果你为他打仗,你很可能回不了家。但是,如果世界上有天生的领袖,那么这就是罗伯特·E·李将军。他的妻子是玛莎·华盛顿的一个孙女,他的父亲是"小马"哈利·李,一个弗吉尼亚种植园主和独立革命期间的骑兵英雄。据说"小马"哈利·李在战斗中无所畏惧,连帕特里克·亨利也吓不倒他。当亨利企图让弗吉尼亚投票反对批准新宪法时,哈利·李说道:

> 先生,美国人民都是一家人。我爱北方人民,不是因为他们采纳了宪法,而是因为我曾经作为同胞和他们并肩战斗……由此是不是可以认为我忘记了……自己土生土长的那个州呢?在所有地方性事务中,我都是一个弗吉尼亚人;在那些普遍性事务中,我不会忘记自己是一个美国人。

罗伯特·E·李也热爱美国和《美国宪法》。他不喜欢奴隶制,在战争开始之前便解放了自己的奴隶。他对州权也不以为然,他在一封给他儿子的信中这样写道:

> 脱离就是革命。如果我们的宪法制定者打算让邦联中的任何成员随意违背宪法……他们就不会在这上头耗费那么多劳动、智慧和耐性,并且用那么多警卫和安全措施保卫着它。不过,如果一个合众国只能依靠宝剑与刺刀来维持,如果要用冲突和内战来取代兄弟情谊与仁慈,那么这个合众国对我就没有吸引力。如果联邦解体,政府分裂,我将回到自己的家乡,分享家乡人民的苦难。除了保护家乡外,我再也不会拔出自己的宝剑。

战争爆发的时候,林肯总统把联邦军队的指挥权交给李将军。要拒绝这项任务绝非易事,李的妻子说他整夜无眠,来来去去地徘徊着,试图决定自己该怎么做。李是一位忠诚于美利坚合众国的军官,但是,当他不得不做出选择的时候,他选择了弗吉尼亚。很少有将军能像罗伯特·E·李那样激励士兵;也很少有人能像李那样表达自己的正直与智慧。在战场上,他冷静、大胆,但是,在失败的时候,他才显示出自己最优秀的品质。当战争结束时,李拒绝表现出痛苦、愤怒或者任何不高尚的情感。

戴维斯总统的问题

杰斐逊·戴维斯总统和亚伯拉罕·林肯总统一样,出生在一个小木屋里。他的父亲山姆·戴维斯参加过独立战争,后来又顺着丹尼尔·布恩的"荒原之路",前往西部的肯塔基。他在那里申请获得土地,然后砍倒大树,建起一座房子。山姆和妻子一共有十个孩子。他们根据希伯来文《圣经》给他们的前几个儿子命名:约瑟夫、塞缪尔、本杰明和艾萨克。第十个孩子出生于1808年——比另一个肯塔基婴儿亚伯拉罕·林肯早一年,这个孩子以杰斐逊总统的名字命名,中间名为菲尼斯(Finis),"Finis"在拉丁文中是"结束"的意思。戴维斯夫妇不想再要孩子了,他们果真没有再生孩子。

就在杰斐逊出生后不久,山姆·戴维斯和他的家人就搬走了,最初搬到路易斯安那,然后又搬到密西西比。在密西西比,他们找到了他们寻找的东西:财富。戴维斯夫妇靠种植棉花致富,他们的长子约瑟夫成为密西西比州最富有的种植园主。

上图:位于里士满的南部邦联白宫。右图:杰斐逊·戴维斯;大多数肖像都掩饰了这位叛军总统的相貌,正如一名新闻记者所说的那样,他的相貌是"死尸般的脸和骷髅般的身材"的结合。

约瑟夫是一名律师,他为人和善,拥有密西西比州最好的图书馆。约瑟夫帮助抚养弟弟杰斐逊,设法让他上最好的学校,并让他进入西点军校。杰斐逊长大成人后,参加了墨西哥战争,成为一位英雄。战后,他进入美国参议院,成为南卡罗来纳州参议员约翰·C·卡尔霍恩旗下的成员,不久便为奴隶制向西部扩张而展开争论。当南部邦联国寻找一位总统时,他们再也找不到比杰斐逊·戴维斯更有资格的人选了。

戴维斯搬进了南部邦联首都的总统府,它位于弗吉尼亚州的里士满。邦联的宪法重新提到了《邦联条例》。于是,戴维斯总统就以许多南方人一直梦想的那种政府开始了他的工作,他有那些杰出的将军帮助保护这个政府,但是他没有足够的食物、衣服、武器和船只。当世界上许多地区都在向工业化转变的时候,奴隶制却使得美国南部停留在封建制度和农业经济上。南方的交通系统早就过时,武器和弹药储备不足。在邦联制度的政府之下,戴维斯总统不能让南部各州交纳税款来做任何他们不想做的事情。当农夫们储存粮食而士兵却在挨饿的时候,戴维斯总统对此也无能为力。因此,叛军中的士兵经常在这片富饶的土地上饥肠辘辘。南部邦联相信,他们在英国的老朋友可以帮助自己解决困难,他们相信,英国依赖美国南方的棉花和烟草。他们错了。当联邦的海军封锁南部港口的时候,英国海军没有进行干预。一些英国政治家想帮助南方,但是大多数英国人不理会它,他们已经成为废奴主义者。

将军与战役

温菲尔德·斯科特将军

当战争开始的时候,温菲尔德·斯科特将军掌握着联邦军队。他被称为"大吹大擂的老家伙",是1812年美英战争的英雄,1846年,他又在墨西哥战争中打了一次胜仗,他甚至还代表辉格党参加过总统竞选。但斯科特的身体状况很差,他说:"有三年多的时间,因为一个伤口发作,我不能骑马,一次只能走几步路。"不过,斯科特将军的脑子可没出什么问题。当大多数人认为这次战争会速战速决的时候,斯科特估计北方至少需要两年或者三年的时间才能够打败南方。他制定出一个"蟒蛇计划"——从封锁南部港口开始,如果能够阻止南方与欧洲开展贸易,南方就会陷入困境。每个人都知道南方依靠出售棉花来获得军费——因此封锁确实会不利于南方。斯科特还打算控制密西西比河,那样就能切断路易斯安那州、得克萨斯州、阿肯色州与南方其余各州的联系。然后北方军就能分兵两路,就像蟒蛇挤压自己的猎物一样,从东西两面夹击南部邦联。

战争最终就是朝这个方向发展的。但是,当人们听说斯科特的计划时,他们纷纷大笑。战争会持续两年或者三年?为什么?这就是一位过时的老将军的胡言乱语!这场战争会在几个月内结束。斯科特的计划引起了那么多惊慌,林肯总统被迫另找一位新将军。斯科特将军说:"我感到非常遗憾,在那些重要的时刻,我根据总统的命令退出了,他以如此高贵的仁慈和慷慨对待我。"

总统找到一个英俊、聪明并且在部队中很受欢迎的人,这就是三十五岁的乔治·麦克莱伦将军,一名优秀的组织者。一位将军必须解决军队的食宿和装备问题,他得把士兵运送到很远的地方,他得鼓舞士气,他还得训练士兵。麦克莱伦擅长所有这些事情,他曾经在墨西哥战争中战斗过,而且还做过铁路管理人员。他

士 兵

他们的年龄中位数为二十四岁。那意味着参加内战的士兵中,有一半不到二十四岁,还有一半超过二十四岁。许多士兵只有十八九岁,甚至更小。十一岁的约翰尼·克勒姆在一个密歇根团中当鼓手。当一名南方军上校企图活捉他时,约翰尼抓起一支步枪,杀死了这名上校。他因此成为军士。

联邦法律规定,士兵的最低年龄应该是十八岁,但是,渴望参加战斗的孩子们找到一个迂回的办法。他们把数字"十八"写在一张纸条上,把纸条放在一只鞋子里。然后,当别人问他们的时候,他们就说:"我已经在十八以上了。"有一名年轻的志愿兵叫内德·亨特,他没有撒谎,不过他仍然被接受了:"当征兵官问我的年龄时,我说了实话:到下一个六月份满十六岁。当我父亲说'他和今天签字参军的任何人一样能百发百中'时,那位军官便递给我一支笔,命令我'在这儿签字'。"

急于参加战斗的并非只有年轻人。衣阿华州有一个著名的"灰胡子团",团里的每一个人都超过了四十五岁。历史学家布鲁斯·卡顿写道:"这些人那么老,而他们的国家那么年轻。这个团里没有一个人能把衣阿华称为自己的出生地。当这些衣阿华人出生的时候,衣阿华州还不存在呢。"起初,志愿兵非常多,双方军队都无法接受他们所有人参军。后来,随着这些志愿兵写信回家谈到战役、死亡和恶劣的环境,就很少有人愿意参军了,于是政府便向志愿兵发钱作为奖励。到最后,战争双方都不得不通过强行征兵来补充兵源。

有些人把这场战争称为"富人的战争,穷人的战斗"——因为如果你足够富裕,就不必待在军队里。在南部邦联,如果一个人拥有二十个或者更多的奴隶,他可以免除兵役,不过仍然有许多人参加战斗。北方人可以出钱让其他人代替自己入伍,许多人的确这么做了。

南方军上校内森·福雷斯特在征募如图所见的叛军志愿兵时,是这样写征兵广告的:"我只想要那些希望积极参与战斗的人……小伙子,如果你想找一堆乐子,并杀死一些北方佬,那就来吧。"

大多数士兵都是农民,因为美国当时是农业国家。有些士兵是小城镇的男孩,他们中几乎没有人远离过家乡。听起来,当兵好像是去做什么探险,有一段时间,参军确实很像男孩的野营。一名伊利诺伊州的新兵在一封家信中写道:"我们随处躺着睡觉,不洗脸,不梳头,不扣衬衫扣子,每一件事情都与平日不同,这很有趣。"他们结识新朋友,穿上新军装,进行阅兵和训练——但是这种情况很快就改变了。接着,士兵们便经常有长途行军和长期乏味的宿营,他们开始想家,他们的饮食很差,不得不忍受饥饿和疾病的折磨。部队中每战死一个人,就有两个人病死。

傲慢,充满信心。他说:"我没有可指挥的军队,只有退缩在波托马克河岸上的一队人马。"麦克莱伦的确存在一个问题,他不喜欢战斗。他总是迟疑不决,寻找借口,往后拖延。林肯的陆军部长埃德温·斯坦顿说:"如果我们有一百万士兵,他会发誓说敌人有二百万,然后他便会坐在泥地里,喊叫着要三百万士兵。"

麦克莱伦将军制定计划夺取里士满。那个城市不仅是南部邦联的首都,而且还是南方为数寥寥的几个工业城市之一。如果里士满陷落,南部邦联就会土崩瓦解,战争也就会结束。

那是1862年春天,麦克莱伦打算用船运载一支军队到弗吉尼亚半岛(在注入切萨匹克湾的约克河与詹姆斯河之间)。这支军队一到达计划中的位置,就顺着半岛北上,朝里士满进军,他们在那里与另一支从华盛顿南下的联邦军队汇合。这仍然是"蟒蛇计划"那种夹击敌人的策略。麦克莱伦按照计划,把他的军队运到弗吉尼亚半岛,然后就按兵不动。他天性小心谨慎,这就给了南方军队充分的准备时间。天上下着雨(这在受潮水影响的弗吉尼亚是常有的事情),半岛变成一片泥泞。

乔治·麦克莱伦将军

> 如果在三年内没有棉花供应,会发生什么?英国会一头栽倒在地,倾其所有,以整个文明世界的力量拯救南方。不,你不敢打棉花战,棉花就是国王。
>
> ——M·B·哈蒙德,
> 南卡罗莱纳州参议员

行军十分困难,尤其是带着四轮马车和大炮行军。联邦军队远远跟不上日程表的安排,叛军利用这点时间把"石墙"杰克逊和他的士兵派去攻打华盛顿。所以,那支本来计划南下与麦克莱伦汇合的联邦军队,现在不得不留下来保卫首都。

麦克莱伦的军队夺取了约克敦和威廉斯堡后继续前进,直到部队到达距离里士满三十多公里的地方。然后,将军决定等待增援部队。南方军已经设法让麦克莱伦相信,他们的军队远比联邦军队强大(事实恰好相反)。麦克莱伦迟疑不决,而罗伯特·E·李是一个很少犹豫不决的人。他向麦克莱伦进攻,两支军队激战七天,这被称为"七日战役"。双方都损失惨重,最后打成平局。

但是麦克莱伦失去了信心,他命令军队撤退。几个月的计划、运输、行军、战斗,结果却一无所获。联邦军队由海路回到北方,北方佬失去了一次夺取里士满、结束

友军误伤

　　1863年春,在林木茂密、被人们叫做"荒野"的地方,南北双方在燃烧的树木之间展开可怕的激战,战斗场面惨不忍睹。这场战役发生在弗吉尼亚的钱瑟勒斯维尔附近,参战的联邦军人数比叛军多一倍,但是叛军却获胜了。这也许是李打得最漂亮的一仗,但他认为不值得为这场战斗付出那么大的代价。在浓烟和混乱之中,"石墙"杰克逊被自己的一个士兵打伤(士兵被战友的子弹击中并非罕见——这被称为"友军误伤")。杰克逊截去左臂之后,伤势似乎渐渐好转,但他接着却得了肺炎。李将军让人给他送去一个消息:"告诉他,让他赶快恢复健康,尽快回到我这里来。他失去了自己的左膀,但是他不在这里,我就像失去了自己的右臂。"

　　这条消息让杰克逊感到高兴,他把这告诉了妻子安娜。"石墙"很少谈论他的个人生活,不过他很爱安娜,也为他们刚出生的宝宝朱莉亚感到自豪,母女俩都来到他身边,和他待在一起。杰克逊的伤口疼得很厉害,他常常痛得不省人事。他在昏迷中大叫:"准备行动!""让我们过河到树阴下休息。"然后他就去世了。当四匹白马拉着他的棺材,在庄严的军列中走过里士满的大街时,两万人静静地站在街头,向他挥泪道别。当他的遗体运回家乡,回到弗吉尼亚军校时,没有人再提"傻瓜汤姆"的绰号。现在他是英雄,而且永远都是英雄。

战争的机会,下一次机会要到两年之后才降临。

　　就这样,恐怖的噬人战役一场接一场,双方相持不下。战火席卷了弗吉尼亚和马里兰,也席卷了得克萨斯、密西西比、路易斯安那和密苏里。在西部,联邦军队看起来常常占上风;然而在东部,却是南部邦联的军队占上风。南北双方都死伤惨重,战场上尸骨枕藉,死者是这个国家的年轻人,总的来说,这场战争没有赢家。

永远自由

林肯总统想做点重要事情,他想要发布一个通告,改变战争的目的,但他不希望作为一支气馁的败军的领袖来发布这个通告。他需要一场胜仗,最后他得到了胜仗。然而,这不是总统所期望的那种胜仗——战死的人太多,比以往任何时候都多——但是,在1862年9月17日,联邦军队在安提坦河阻止了李的军队向前推进。林肯决定,必须阻止他们。安提坦河位于马里兰州的农业小城夏普斯堡附近,那次战役是美国内战期间最野蛮的战斗之一,双方都伤亡惨重。到那一天结束的时候,有四千七百一十人死去,一万八千人受伤。但是,南方军的情况比北方军还要糟糕。林肯乘坐火车来到夏普斯堡,催促麦克莱伦乘胜追击李的军队。麦克莱伦还有两个师的生力军,"我回来的时候,还以为他会立即行动,"林肯说,"我……命令他前进。"麦克莱伦坐等了十九天的时间,然后才慢吞吞地行动。他让南方军跑了。林肯大发雷霆,他相信麦克莱伦失去了又一次结束战争的机会。

麦克莱伦并不是唯一贻误战机的人。北方军士兵伊利萨·罗兹在一封家

> 在公墓的坟堆上盛开的花儿被炸飞了,坟墓和墓碑也被炸得粉碎,普通的墓石被成排地炸碎。
>
> **——联邦军士兵沃伦·戈斯**

安提坦战役成为战争浪费的典型:例如,在安提坦河,伯恩塞德将军指挥下的联邦军队企图强攻图中的这座桥。叛军顽固抵抗,保卫桥梁;但伯恩塞德却不断把士兵派到这里来,而不是派他们涉过旁边的小河,在那里,他们渡河时几乎不会受到抵抗。

信中写道:"唉,我们为什么不攻击他们,把他们赶进河里呢?我不明白这些事情,不过那时我还只是个孩子。"(不久,林肯就撤换了麦克莱伦;麦克莱伦不情愿地离开了,他说:"他们犯了一个大错。为我可怜的国家祈祷吧!")不管怎样,安提坦河战役还是北方胜利了。李前往宾夕法尼亚州,打算切断哈里斯堡的铁路线,希望能为他的部队找到鞋子和供给。现在一支垂头丧气的南部邦联军队回到弗吉尼亚,林肯可以发布他的通告了。1862年9月22日,他讲了下面的话:

> 吾主纪元1863年1月1日,在反叛美利坚合众国的任何一个州内,或者一个州的指定地区内,所有为人占有而做奴隶之人,都应该在那时及以后永远获得自由。

一个奴隶正在阅读有关《解放奴隶宣言》的新闻——画家亨利·路易斯·斯蒂芬在其浪漫化的水彩画中描绘了他想象的这一幕场景。

这是一个《解放奴隶宣言》。这个宣言没有解放北方的奴隶——那里根本没有奴隶可解放。它也没有解放位于南北之间但仍属于联邦的那几个州(马里兰州、特拉华州、肯塔基州和密苏里州)的奴隶,只有通过宪法修正案或者该州的立法机关才能那么做。它确实解放了南部邦联各州的奴隶——林肯在那里根本没有权力。那么《解放奴隶宣言》的目的是什么呢?1862年的人们明白,一旦总统在宣言上签字,就不可能回头了。当战争结束的时候,奴隶制也结束了。

总统不再认为仅仅挽救联邦就足矣。他逐渐意识到,奴隶制就像一个好苹果里面的虫子——它正在让整只苹果都烂掉。这个国家不能容许并信仰这样的罪恶。就这样,美国内战促使美利坚合众国得以实现建国之初确定的目标:一个正义的国家,一个伟大的国家,一个将其建国者的最好思想付诸实现并在此基础上继续发展的国家,一个旨在创造公平机会的国家,一个向所有人民许诺"生命、自由和追求幸福的权利"的国家。

往常,林肯总统都在政府法案中简单地签上"A·林肯",但是,当他签署《解放奴隶宣言》时,却写下了自己的全名"亚伯拉罕·林肯"。

"先生们,"他对站在旁边的内阁官员说,"在我的生命中,我感觉自己做得最正确的事情就是签署这份文件。"

哈丽特和汤姆叔叔

哈丽特·比彻出生于康涅狄格州利奇菲尔德市的一个多子女家庭,她父母共生育了七个男孩和四个女孩。哈丽特的父亲莱曼·比彻是一位公理会牧师,他以善于布道而闻名于整个新英格兰。公理会教徒是清教徒的后裔:他们严肃地对待宗教信仰,恪守道德规范。莱曼·比彻的儿子全都成为牧师,其中亨利·沃德·比彻据说是他那个时代最伟大的传教士,激励了许多废奴主义者;莱曼的另一个儿子爱德华是一所学院的教授;莱曼的两个女儿凯瑟琳和伊莎贝拉是女权斗争的先驱;哈丽特成为比彻家最有名的人,事实上,她也是当时最有名的美国女性。

莱曼·比彻把全家都搬到了俄亥俄州的辛辛那提,他在那里的一所培养牧师的学院担任院长。在新英格兰,奴隶制似乎曾经是非常遥远的事情,现在却已经逼近到了俄亥俄河对岸的蓄奴州肯塔基。哈丽特站在河边,看着一艘艘船只装满奴隶,运到南方去出售。哈丽特了解许多有关奴隶制的事情,这些事情让她感到非常愤怒。后来她和卡尔文·斯陀结婚并且有了孩子;他们的钱似乎永远不够花,于是哈丽特就写些故事来挣钱。她的嫂子(爱德华的妻子)对她说:"如果我也能像你那样写出优美的故事,我就会写点东西,让这个国家的所有人都知道奴隶制是一种多么罪恶的事情。"哈丽特就是这么做的,她写出了《汤姆叔叔的小屋》。

这也许是美国历史上影响最大的一本书。1852年,《汤姆叔叔的小屋》的单行本(它首先在报纸上发表)出版后一个星期内,就售出了一万册。内战开始之前,在美国就售出了二百万册,并且还被翻译成多种语言,传遍全世界。人们被汤姆叔叔和伊丽莎的故事感动得流泪,据说连英国女王都感动得哭了。《汤姆叔叔的小屋》是第一部描写非洲裔美国人真实生活的美国小说,它改变了人们对奴隶制的看法(在南方的许多地方,购买或出售这本书是违法的)。当林肯在内战期间会见哈丽特·比彻·斯陀的时候,他对她说:"那么你就是那个写出那本书而引起这场伟大战争的小妇人了。"

哈丽特·比彻·斯陀

哈丽特·比彻·斯陀在她厨房的桌子上写出《汤姆叔叔的小屋》,当她创作的时候,她的孩子们不断地从厨房跑进跑出,嬉戏玩耍。上图是该书中两位主人公的早期插图——左边是刚刚长大的托普西,右边是汤姆叔叔。

谁应该战斗？

不管南方军还是北方军,都不愿意接受黑人士兵。"美国人民到底是怎么了?"弗雷德里克·道格拉斯问道,"国家大厦正陷入一片火海之中,每一个能够扛上一桶水的人……都需要……(然而政府领袖)拒绝接受的恰好是最有兴趣击败和羞辱叛军的那个阶级……这种高傲、愚蠢的歧视和荒唐事统治着这个时代。"

在南方,成千上万的非洲裔美国人从种植园逃到北方佬军队的营地,他们把这场战争称为自由之战,意味着他们可以从奴隶制下获得自由。这些逃亡者被称为"战利品"——从敌人那里夺取的财产。不久,这些"战利品"便为北方军做了有用的工作。但是,他们以及南北方的自由黑人真正想要的是参加战斗,因为他们知道(远比大多数白人知道得更早)这是一场有关奴隶制的战争。他们想参加战斗,因为他们与其他所有人一样关心美国。他们想参加战斗,因为他们知道,人们永远不会把战士当作奴隶。1862年10月,在安提坦战役之后,林肯总统就宣布:联邦军队将开始征募黑人士兵。

1862年7月,当人们到白宫与总统一起参加晚会的时候,林肯总统对他们发表了一次即兴演讲。他谈到《独立宣言》以及那些颠覆宣言的人。他说,共和国正在面对"一场巨大的叛乱,叛乱的实质是企图推翻'人人生而平等'的原则"。并非每个人都喜欢他的想法。这场战争是以拯救联邦开始的,《解放奴隶宣言》使之变成一次结束奴隶制的战争;它是否还具有其他意义——它是不是一场把平等强加给这片土地的战争呢?

这里仍然是一块等级分明的土地,这种情况并不只存在于南方。那些从城堡公园的渡口满怀希望来到纽约城大街上的移民,往往发现他们接近社会阶梯的最底层。

他们不是为了打仗才到美国来的,尤其是这样一场似乎对他们无关紧要的战争。他们别无选择。许多人都被征募到军队中去。免除富人兵役的做法毫无平等可言,使新移民更加不满。那些逃避饥饿和土豆歉收的爱尔兰移民也带来了他们的天主教信仰,但是迎接他们的却常常是对"教皇制度"的嘲笑。宗教偏见经常把他们排除在社会主流机构之外,除此以外,他们还缺乏工作机会。在招收工人的时候,爱尔兰人往往被排在最后考虑。现在,他们听说黑人将获得自由,并将如潮水一般涌入城市,为了很低的工资而工作,抢夺新移民的工作机会。7月13日,当一名书记员正在军队的一间办公室起草征兵名单的时候,有人朝他的窗户扔了块石头。这引起了一系列暴力事件,在四天的时间里,不受控制的暴徒们抢劫、乱用私刑、纵火、发怒。他们的愤怒主要针对非洲裔,是爆发性的愤怒,是种族主义者的可耻行径。这就是"纽约征兵暴乱"。

背水一战的斗士

联邦军队要在萨姆特要塞向南方军讨还一笔旧债,更重要的是,他们想要夺取查尔斯顿。要夺取这个城市,他们就得经过查尔斯顿港的萨姆特要塞。联邦军试图用装甲舰摧毁要塞,但是没有成功。于是计划改为夺取莫里斯岛,一个距离萨姆特要塞一点六公里半的沙洲。目的是在莫里斯岛修建炮台,然后把萨姆特炸为齑粉。莫里斯岛并不是没有人驻守,那里屹立着用沙子、木头和泥土建成的巨大建筑——瓦格纳要塞,还有一道六米高的斜墙,上面插满了尖利的树枝。汹涌的波涛使得这个岛屿更加难于靠近。

第一次进攻被打退了,于是联邦军就用重型加农炮轰炸要塞。最后,瓦格纳要塞里的枪炮安静下来,北方佬准备再次进攻。要塞的一侧有一道干涸的护城河,非常深。通过时必须经过一片不利的地势,会让进攻者挤成一团,这样他们就很容易成为守军的靶子。但是,由于要塞的枪声停止了,联邦军队以为南方军已经放弃了要塞。他们派出两个旅,列队前去看个究竟。马萨诸塞第五十四团是一支黑人军队,由一名波士顿贵族罗伯特·古尔德·肖上校率领。他们首先朝着要塞冲击,但很快就明白过来,大炮对要

当马萨诸塞第五十四团的旗手在瓦格纳要塞倒下之后,威廉·卡尼(左图)不顾身上受了几处伤,把军旗抢救下来。他后来被授予国会勋章。下图,第一零七有色人步兵团的军乐队,他们曾经帮助保卫华盛顿特区。

塞几乎没有造成什么破坏。沙子似乎吞没了炮弹,保卫要塞的南方军从城墙后瞄准了冲锋的北方军,轻而易举地击中他们。对步枪兵来说,从高处向低处射击,就像在射击场上打鸭子一样容易。不过,仍然有一些北方黑人士兵夺取了要塞的胸墙,他们在那里展开白刃战,直到被击退。肖和他的六百五十名士兵中的二百七十二名都牺牲了,联邦军的总损失(死、伤、失踪)人数达到一千五百一十五人,而南部邦联的伤亡人数只有一百四十七人。随后,联邦军的昆西·A·吉尔摩将军包围了要塞。五十七天后,南方军偷偷溜走,瓦格纳要塞落入联邦军手中,但是查尔斯顿仍然遥不可及。

在瓦格纳要塞战役之后,没有人质疑黑人能不能打仗了。一个当时在场的人写道:"偏见消除了。"《纽约论坛报》上的一篇文章写道:"不用多说,假如这个马萨诸塞第五十四团面临考验时踯躅不前,联邦军将再也不会让其他二十万黑人士兵参加战斗……但是,这个团没有退缩,瓦格纳要塞对黑人的意义和邦克山战役九十年来对北方白人的意义一样重要。"

南部邦联找到了肖上校的遗体,把他扔进一个公共墓穴,然后报告说把他"和他的黑鬼"埋在了一起。那些了解他的人说,他本来就想和他的士兵埋在一起。南方军的军官宣布,他们会把抓获的任何领导黑人部队的白人军官当作罪犯判处死刑。被抓获的黑人士兵知道自己会被卖为

由罗伯特·古尔德·肖率领的第五十四马萨诸塞团在瓦格纳要塞英勇战斗。

为什么要与叛军作战?

几乎每个人都厌倦了这场战争,它既没有英雄性,也没有冒险性。一个名叫克莱门特·莱尔德·瓦兰迪加姆的俄亥俄人领导一群"和平民主党人"(被他们的反对者称为"铜头蛇"),无情地批评林肯及其政府。为什么要与叛军作战?把他们想要的给他们,不值得为此而打仗,瓦兰迪加姆说(他说的话大意如此)。他引证了联邦军的一次又一次败仗,想要政府停止流血战争。1863年5月,瓦兰迪加姆被俄亥俄州的军事首脑逮捕,并以"公开表示……同情那些武装反对美利坚合众国政府的人"的罪名受到控告。他受到军事法庭审判,被判有罪,关押在一所军事监狱里。他的律师向法庭申请人身保护令,遭到拒绝。最高法院说没有法律授权自己审理特别军事法庭的案件,总统命令军队释放瓦兰迪加姆,并把他驱逐到南部邦联去。瓦兰迪加姆在那里待了一个月,然后就逃到加拿大去了。

奴隶。尽管如此,非洲裔美国人仍然踊跃报名自愿参军,到战争结束之前,他们一共有二十万人在联邦军中战斗。林肯说非洲裔美国士兵使得联邦军的胜利成为可能。

1864年,黑人军队开进纽约城,《纽约时报》的一名记者说,这些正在行军的士兵是这个"非凡时代"的标志,这是"公众思想的一次革命"。

> 如果谁在去年预见了这样的情况,他会被当作傻瓜……八个月之前,非洲人在这个城市简直像野兽一样遭到追捕。他们为了活命而逃跑……这一切发生了多么惊人的变化。同样是那些人……现在排着整齐的队列前进,肩上扛着步枪,背着士兵的背包,挎着子弹盒,走过我们最华丽的街道……在嘹亮的军乐伴奏下,走到哪里都有人挥动手绢,抛撒鲜花,向他们致敬。

亚伯拉罕·林肯说,通过给予奴隶自由,我们也保证了自由人的自由。

葛底斯堡

罗伯特·E·李知道在北方有强大的和平运动,如果他的士兵能够占领一些北方领土,如果能在北方佬自己的地盘上击败他们,他相信北方很快就会乞求和平。他决定向北方进军,这是一场大赌博,但是李的大胆曾让他获得过成功。

那是1863年初夏,李在葛底斯堡遭遇了脾气暴躁的米德将军率领的北方军。葛底斯堡位于宾夕法尼亚州,是一座宁静的大学城,许多道路辐辏于此,这里的风景美得跟明信片似的:满眼绿意,平静如水,许多小山包围着这个坡度平缓的谷地。在1863年,葛底斯堡有十二个街区长,六个街区宽,拥有居民两千四百人。公墓山上竖着一个牌子,上面说任何在该地区开枪的人,会被罚款五美元。在1863年7月的头三天,如果这个小镇能向在此开枪的人罚款五美元,它将成为美国最富有的城镇。

7月1日,当战斗开始的时候,双方的士兵都没有全部到达这里——许多人仍在朝着葛底斯堡行军——然而,这并不能阻止已经到达的军队开火。他们渴望战斗,他们想要结束这场战争,因为它持续的时间太长了。起初,联邦军队似乎又要吃败仗,叛军把联邦军队逼进城里,后者伤亡惨重。但是,增援部队不断涌入,联邦军的比福德将军给米德将军发去一条消息:"立刻把士兵派到这里来,这是一个打仗的好地方。"比福德的骑兵发现,葛底斯堡位于一系列山脊上面,山脊之间是一道道很浅的山谷,不管

乔治·米德将军

奥古斯都·比尔被称为"孩子炮手",他回忆葛底斯堡战役的第一天说:"人们在那条战线上下蹒跚、倒地……在后面,马匹飞奔过来,四处猛冲,可怕的伤口让它们发疯,骑手呻吟着,炮弹爆炸着,子弹在头顶呼啸……到处都是硝烟、尘土、碎片、鲜血、残骸和屠杀,令人难以形容。"

谁控制了高地,都会占据极大优势。北方佬的士兵比叛军少,但是比福德和他的士兵占领了村庄南边的公墓山脊,那是一个好地势。南方军从任何方向进攻都必须爬上山来。

到了7月2日,战斗很早就开始了,而且比前一天更激烈,天气尽管酷热,也不能阻止士兵们的猛烈攻击。他们怀着至今仍令人难以置信的狂怒,战斗和死去。北方军的明尼苏达第一团在这天开始的时候有二百六十二人,但是只有四十二人活了下来。"在岩石上的一些地方,积聚了一汪汪的鲜血。"南部邦联军指挥阿拉巴马第十五团的威廉·奥茨上校说。

然后,7月3日破晓,有人说这场战役将在内战中起决定性作用。现在,李将军的队伍已经不如米德将军多,但这吓不倒李,他以前就曾经以寡胜众。他让炮火连续两个小时轰击联邦军战线,以此作为这一天战斗的开始。一名士兵后来写道:"大地在我们脚下震动,山丘和岩石像醉汉一样摇摇晃晃。"

南方军的乔治·皮克特少将准备好率领美国历史上最有名的冲锋——冲过一片一千二百米长的开阔地。那是一幕可怕的景象,一排接一排身着灰军装的士兵从树林中走出,他们胳膊挨着胳膊,就像一场盛大的阅兵仪式,一万五千名战士以令人难以置信的整齐步伐向前迈进,移动的方队差不多有一千六百米宽,八百米长。李在这种老式的军事冲锋上孤注一掷。战场上笼罩着一种令人毛骨悚然的寂静,那也是一种疯狂。李的脑子里在想些什么?他居然让这些士兵在光天化日之下毫无掩护地冲锋。

北方佬蜷缩在公墓山脊的石墙后面,炮弹已经把他们的阵地前沿轰击了两个小时。现在,他们正望着叛军向他们冲锋。叛军行进的声音、7月的酷热、硝烟以及等待打响战斗的紧张心情几乎让北方军士兵难以忍受。幸运的是,对方的很多炮弹都射得太高,落在了阵地的后面。南方军不知道这一点,他们穿着闪亮的军服,兴高采烈地列队走过开阔地。后来,南方军的W·W·伍德上尉回忆当时的情景说:"我们相信战斗事实上已经结束,我们什么都不用做,只要在不受抵抗的情况下开到公墓山上,占领这个地方即可。"

联邦军指挥官说:"先让他们冲上来靠近一点,然后再朝下稳稳当当地瞄准开火。"当指挥官终于命令炮兵开火的时候,加农炮射出的不仅是炮弹,新的火力

> 脚碰着脚,身体挨着身体,人挤着人,他们挣扎、推搡、奋力冲击。一群群伤兵和一堆堆死尸混杂在一起,他们没有帽子,没有外套,大汗淋漓,被弹药熏黑,被鲜血染红。
>
> ——马萨诸塞州的一名联邦军士兵

1863年7月5日,一名联邦军炮兵在他的日记中写道:"我们今天早晨走到村庄里去,开始掩埋我们的死者,看到我们死去的士兵躺在地上,堆了厚厚一堆,那真是可怕的场面。"

中包括一些铁罐,它们爆炸之后会放射出冰雹一样的金属,杀死前进的士兵。南方军勇敢地收拢队列,不断前进,这些穿着闪亮灰军服的人紧紧挤在一起,除了前进,他们别无他路可走。北方佬在整个公墓山脊上,从各个角度朝他们射击。叛军不断逼近,踏着那些先倒下的人的尸体,然后他们自己也倒下了。这是一场屠杀,当冲锋结束的时候,南部邦联损失(包括战死、受伤和失踪)了三分之一的队伍,那就是两千八百人。李将军只能责怪他自己,这是一场赌博,一场用士兵的性命作赌注

的狂妄赌博。他输了。

7月4日,葛底斯堡战役获胜的消息传到华盛顿。几天之后,人们又得知,就在7月4日这天,尤利塞斯·S·格兰特将军在密西西比州的维克斯堡也打了个大胜仗。葛底斯堡和维克斯堡的这两次胜利扭转了战局。米德将军在给他妻子的信中回味那个胜利时刻,他写道:"士兵们表现得非常棒——我真的认为他们已经成长为战士了。"唯一对维克斯堡持有保留意见的人是格兰特,他说:"我本打算获得更大的胜利。"至于李,他面朝福里曼特尔上校说:"这是一个让我们悲痛的日子,上校——一个悲痛的日子;不过我们不能总是期望获得胜利。"李最辉煌的胜利早已成为往事。

乔治·皮克特将军

自由的新生

战争还没有结束,不过十八个北方州已经同意共同承担在葛底斯堡公墓山举行国葬的费用。战死的士兵将在地下安息,政府计划在1863年11月9日举行一个仪式来纪念他们。爱德华·埃弗里特曾当过希腊语教师、哈佛大学校长和国务卿,政府安排他按照古希腊伯里克利时代流传下来的重要习俗,作一次葬礼演说。他将演讲两个小时,而且他从来不用演说稿,他的听众将有一万五千人。总统也受邀去说几句话。

林肯不想错过这次机会,他提前一天就开始为他的讲话做准备,他将设法解释这场战争的意义。许多北方人迫切需要和平,他们不再关心联邦或者奴隶。林肯知道,不管在什么时间,只要这个国家想获得和平,它就能得到。但是,那会把设想中的美利坚合众国毁于一旦,林肯相信这场可怕的战争是有目标的。

费城的一名记者约翰·拉塞尔·杨也在听众之列。

从城里出来的游行队伍十分杂乱,我们所有人似乎都尽可能以最好的状态到达那里。一个简陋的平台俯瞰战场,平台的一边是新闻记者;另一边是地位显赫的人。总统站起来之后,他略微站了一会儿,等着人们的欢呼平息下来,然后缓缓地调整他的眼镜,从他的口袋里掏出一张看起来很普通的纸,静静地打开,开始读起来。

在听了演说家埃弗里特优雅的嗓音之后,林肯的肯塔基口音显得有些土里土气,但是林肯作过很多演讲,他知道如何让他的声音传递信息。他讲了三分钟。

总统(在白色方框中)在葛底斯堡演讲时拍下的照片。林肯的私人秘书约翰·海在1863年11月20日的日记中写道:"总统以一种优雅、大方的方式,说出了他的半打献祭词,显得比往常更加高贵。然后音乐响起,他穿过大街上拥挤、欢呼的人群,回到家里。"

八十七年前,我们的父辈在这片大陆上创造了一个新国家,它在自由中孕育,致力于人人生而平等的主张。现在,我们正在打一场伟大的内战,这场战争将检验这个国家,或者任何如此产生并抱有相同主张的国家,能否经受长期考验。我们在这场战争中的一个伟大的战场上相聚,对于那些为了让这个国家生存下去而献出生命的人,我们要把这个战场上的一块土地献给他们,作为他们最后的安息之地。我们应该这么做,完全合情合理。但是,在更广泛的意义上,我们不能奉献这片土地——使之成为圣地。那些在此战斗过的勇士,不管是活着的,还是死去的,早已让这里变成圣地,我们那点微薄的力量,对它的神圣不能有丝毫损益。这个世界几乎不会注意,也不会长久地记住我们在这里说过什么,但是,这个世界永远不会忘记那些勇士们在这里做过什么。那些在此战斗过的人们曾经如此英勇地促进了这项工作,我们这些活着的人更应该献身于他们未竟的事业。我们应该致力于那些仍然摆在我们面前的伟大任务——从这些可敬的死者那里,我们要向他们为之付出最后全部贡献的理想,不断做出自己的贡献——我们在此下定决心,决不让这些死者白白牺牲;我们将让这个国家在上帝的庇佑下,获得自由的新生——这个民有、民治和民享的政府将不会从地球上消失。

总统没有提到北方,也没有提到南方。这篇演讲中根本没有提到任何名称,总统的意图是要超越这一时间和地点。他的听众是到这里来致哀的,既是为他们的儿子哀悼,也是为他们的国家哀悼。林肯让他们回想起建国时期(八十七年前),回想起《独立宣言》(致力于人人生而平等的主张)。林肯想要指出,正是《独立宣言》为这个国家的未来确立了道德标准(这个国家在上帝的庇佑下,获得自由的新生)。

他的努力达到了目的。这篇演讲表达了这个国家的目标,它将与美国的开国文献一起,在历史上占据一席之地。在葛底斯堡演讲之前,"美利坚合众国"一直是一个复数名词;在此之后,它就变成了一个单数名词。美利坚合众国是一个国家,在上帝的庇佑之下,它不可分割。

最后一年

林肯总统无法找到一个他可以信赖的将军,于是他把目光投向西部,那里有一位正在打胜仗的领袖。这位将军让整支南部邦联军队落入圈套,他就是尤利塞斯·S·格兰特,林肯称他是"你见过的最安静的小个子"。格兰特曾经上过西点军校,他在那里有个绰号叫"山姆大叔",因为他姓名的首字母与"山姆大叔"相同;他在军中的朋友则把他叫做"山姆·格兰特"。在西点军校的时候,"山姆·格兰特"因为个子太小,除了擅长马术,在其他体育运动中都表现平平。他参加过墨西哥战争,然后就离开了军队。他的平民生活并不太成功,当他因继承财产而得到一名奴隶的时候,他很穷,非常穷。他本来可以卖掉奴隶,获得一千美元,但是他没有那么做,他让那个人获得了自由。

看起来,格兰特似乎不会有什么成就,直到内战爆发,部队需要受过训练的军官,他的命运才出现转机。他属于那种对军事理论不以为然的将军,但他就是能比敌人技高一筹,比敌人坚持得更久。

格兰特将军和他的朋友——红胡子的威廉·特库姆塞·谢尔曼将军——正是林肯总统一直在寻找的将军。格兰特知道,战争持续时间越长,北方人就越有可能厌倦支持战争。他渴望尽快结束战争,于是格兰特就不断进攻,进攻,再进攻。南方军仍然在打胜仗——他们比北方佬的伤亡人数少——但是南方军吃的败仗对他们自己造成的损

据说有些政客想以尤利塞斯·S·格兰特将军嗜酒为由,解除他的军职。对此,林肯总统回答说:"弄清楚他喝的是什么牌子的威士忌,然后给战场上的每位将军送一大桶去。"

1864年，战局开始扭转。谢尔曼将军(左图)正在亚特兰大冲锋，身后留下一路废墟。在弗吉尼亚北部的谢南多厄山谷，菲利普·谢里登将军(上图)率领的一支北方军，破坏了那些打算把谷物供给南部邦联军的农场。

害却更大；他们的兵力不如北方。联邦军队打回了弗吉尼亚半岛，越来越逼近里士满了。格兰特决定包围彼得斯堡，这里是李将军的部队以及里士满的供给中心。那次包围持续了漫长的十个月，令人厌烦的、伤脑筋的、紧张的十个月。

那是1864年，当时所有的战场都转移到了南方。南方的许多地区都已变成一片废墟。威廉·特库姆塞·谢尔曼将军率领西部联邦军，从田纳西州穿过佐治亚州，向南北卡罗来纳州进军。谢尔曼置其供给线于不顾，这违背了他在西点军校学到的规则。他孤注一掷，认为自己能在当地找到足够的食物。谢尔曼是正确的。不久，北方军士兵便失去了控制，当他们在南方腹地开辟一条四十英里宽的通道时，他们开始偷盗、纵火和破坏沿途的乡村。谢尔曼信仰全面战争，他说，必须破坏南方发动战争的能力——食品和武器生产。他也许是正确的，他也许缩短了战争，但是他却在身后留下了废墟、仇恨和痛苦。有些人仍然把战争视为遵循正当原则的爱国冒险，他们将永远不能原谅谢尔曼。

对任何人都不怀恶意

"我感到很疲惫，"亚伯拉罕·林肯对一位来访者说，"有时候我认为自己是地球上最疲惫的人。"他的确有理由疲惫,他担负了四年战争的忧虑与痛苦,同时他珍爱的儿子威利又死于伤寒症,而且他还得参加总统连任竞选。

1864年,乔治·麦克莱伦将军作为一名倡导和平的候选人,成为林肯竞选总统的对手。麦克莱伦说他将很快结束战争,他认为不应该允许西部实行奴隶制,但是他不打算禁止南方的奴隶制。麦克莱伦的支持者把他称为受到总统误解的伟大将军,南方的一家主要报纸说麦克莱伦当选会"带来和平以及我们自己的独立"。现在,每个人都厌倦了战争,看起来林肯似乎要失败了,他也肯定自己会落选。"我会遭到失败的,"他说道,"除非发生巨大变化,否则我将一败涂地。"随后,果真发生了一项巨大变化:谢尔曼将军占领了佐治亚州的亚特兰大市。

现在战局已经非常清楚,北方正在获胜,也许战争很快就会结束。亚伯拉罕·林肯以极大的优势获得连任,美国人开始喜欢他们这位高个子总统了。早在四年前,在他的第一届总统任期里,他希望能阻止战争,他差不多愿意做任何事情来防止这个国家分裂,甚至愿意允许奴隶制在南方继续存在。现在他的观点不同了。战争极其残酷,超过了任何人的想象。但是,现在他看到了战争的目的。奴隶制将会结束,如果没有奴隶制,内战也许就不会发生。林肯认为,这一切都是上帝所作的神秘安排,这就是他在第二任总统就职演说中讲的话。曾经做过奴隶的废奴主义者弗雷德里克·道格拉斯参加了他的就职仪式。道格拉斯说:"1865年3月4日,我参加了林肯先生的就职仪式。那时候,南部邦联已经是穷途末路。人群中存在一种深深的情感,我能够从那里的空气中感觉出来。我听到林肯总统作了这次精彩的演讲,演讲很短,但是他用一句话回应了对他延长战争所作的批评——那句话真棒。"

下面就是总统在就职仪式上说的话:"我们殷切地期望,衷心地祷告,让这场战争留下的沉重痛苦尽快消失,但是,如果上帝希望战争继续,直到二百年奴役所积累的财富全部挥霍一空,直到因鞭笞而流出的每一滴鲜血都用宝剑刺出的每一滴鲜血偿还,那么我们仍然会说……主的裁决完全是正确而且公道的。"

在林肯的第二次就职仪式上,他要求南北双方都要彼此宽容:"对任何人都不怀恶意,对所有人都心怀仁慈;坚持正义之事……让我们努力做完手头的工作……尽一切努力实现并维护公正、持久的和平。"

为和平而筹划

彼得斯堡和里士满陷落,北方《詹姆斯敦日报》新闻头条的标题是"再见,杰夫!!!"("杰夫"指南部邦联总统杰斐逊·戴维斯。——译者注)

1864年3月14日——林肯总统第二次就职仪式结束十天之后——他感到非常疲惫,便在自己的卧室召开了一次内阁会议。他躺在床上,靠着一大堆枕头。他的部长们以及那些了解他的人都大吃一惊,也许做点改变会有帮助,总统需要离开华盛顿。尤利塞斯·S·格兰特将军大概听说了总统的疲惫,他给总统发来一份电报:"你为什么不到锡蒂波因特来住一两天呢?我非常想见你,我认为休息对你有益。"

几天之后,在3月23日,林肯和妻子玛丽以及他们的小儿子塔德便登上游艇"江河女王"号,前往格兰特的司令部所在地锡蒂波因特,这里距离弗吉尼亚州的彼得斯堡二十公里,而彼得斯堡的包围还在继续。在那年的4月,锡蒂波因特也许是这个国家最繁忙的地方了。林肯望着船只和人群涌入这里,谢尔曼将军离开了他那支驻扎在北卡罗来纳州的军队,来和格兰特将军商议军情。林肯与两位军事领袖讨论和平,他们三人都一致认为:战争虽然惨烈,和平却应该温和。他们都知道,李和他的军队不久便会因为饥饿而走出彼得斯堡,南部邦联政府也将会因为饥饿而走出叛军首都里士满。那时叛军是否会投降?他们会不会选择继续战斗呢?

南部邦联的领袖觉得他们没有选择,许多人都害怕他们被俘后会作为叛国者而被处以绞刑。许多人如此坚信他们的理想,根本就不想投降。他们当然要战斗,但是他们也知道,围城产生了作用。李计划离开彼得斯堡,向南行军,与那里的一支叛军会合,然后继续战斗,也许是作为一支游击队而战斗。这样的情况可能会继续好多年,李相信自己有几周的时间作准备。但这一切发生在乔治·皮克特将军在弗吉尼亚的五岔口打响一次战役之前,在五岔口,多条道路汇集于一条铁路线附近。李告诉皮克特,他必须守住五岔口,运到彼得斯堡和里士满的食品和供给得通过那些道路和五岔口才能到达。军队和城市都在挨饿,这是他们的生命线。皮克特在大约两年前领导了葛底斯堡的那次有名的冲锋,他打赢了五岔口战役。但是,战斗结束后,他就到几英里外的地方去烤鲱鱼去了。他走后,北方佬发动反攻,这次是他们赢了,北方军占领了五岔口。那天是愚人节,当一些联邦军士兵得知这个胜利的消息时,他们都不敢相信,还以

一名记者写道,里士满"没有生命的声音,只有坟墓的沉寂……我们站在废墟的阴影之下"。不过被弃的里士满却意味着战争正在走向结束。林肯说:"感谢上帝让我活着看到这一天,这四年来,我似乎一直生活在一个可怕的噩梦之中,现在,噩梦终于结束了。"

为别人在跟他们开玩笑。

现在,南部邦联没有希望在包围中生存下去了,罗伯特·E·李让杰斐逊·戴维斯总统离开里士满。叛军士兵烧掉了这座城市,制造了一个地狱似的废墟。当里士满陷落的消息到达华盛顿的时候,首都的居民简直兴奋得发疯了。大炮"隆隆"作响,旗帜迎风飘扬,人们幸福地拥抱、亲吻和哭泣着。经过四年的时间,北方军终于占领南部邦联的首都。4月4日,在里士满的七座山丘之一的山脚下,一个戴着黑色大礼帽的高个儿男子步出一艘小小的军舰,十名船员护送着他。人们告诉他,别去里士满,那里太危险。但他还是去了。

那个男子向上走了三公里:经过州长的官邸,经过托马斯·杰斐逊的州议会大厦,来到南部邦联的总统府。有一次,当他们停下来休息的时候,一名热泪纵横的老黑人向这位高个子男人走过来,脱下帽子,鞠躬,然后说道:"愿仁慈的主保佑你,林肯总统。"总统脱下自己的帽子,默默地鞠躬回礼。

我们都是美国人

伊利·帕克知道,我们并不是所有人都一样。我们的肤色不同,我们的宗教信仰不同,我们的能力不同,我们的背景可能也不同。那么我们的共同点何在?是什么让我们都成为美国人?

是一个观念。我们拥有相同的观念,那就是我们的共同之处。其他国家都不是从一个观念开始建立的;大多数国家都是从贵族和国王开始的。我们从一个声称人人生而平等的宣言开始,那个崭新而强有力的观念让全世界的人都激动万分,然而,我们的宪法却未能保障那种平等。美国内战尽管可怕,却使得宪法朝着好的方向变化。不久便会通过三个宪法修正案——第十三、十四和十五条宪法修正案,它们将确保我们都成为美国人,它们将给予这个国家自由的新生。

一路上,不断有黑人过来看林肯,向他欢呼,为他歌唱。白人待在家里,从破碎的窗户往外张望。后来,总统的一名船员卫兵写道:"数千人悄无声息地张望着,既没有欢迎,也没有憎恨。"里士满的大多数白人都吓坏了,他们与这个人打了四年可怕的战争,他会不会进行报复?林肯进入以前南部邦联的总统府,一座三层楼的砖砌大厦。这是一所时髦的房子,入口处竖着一些圆柱,墙上装着新款煤气灯,贴着最新式的墙纸。林肯坐在杰斐逊·戴维斯的椅子里笑了,他说他现在感觉自己是整个美利坚合众国的总统了。

但是战争仍然没有结束,格兰特必须俘获或者击败李的军队,战争才能结束。那支精疲力竭、没有鞋子穿的部队现在正急速向西移动,他们期望中的给养没有到达。格兰特想把李的军队包围起来,那样他们就无路可逃了,最后他就是那样做的,在阿波马托克斯法院附近。

麦克莱恩先生的客厅

还记得弗吉尼亚州布尔河附近的交通枢纽马纳萨斯吗?内战的第一场战役就是在那里的布尔河打响的。马纳萨斯的大部分土地都属于威尔默·麦克莱恩先生,一名退休商人。南方军把他的农庄用作开会的地方,马纳萨斯战役之后,士兵们仍然待在附近,一年后,在马纳萨斯又打响了另一场战役。麦克莱恩真是受够了,他决定去找一个非常安静的地方,他想尽可能地远离这场战争,于是他搬到一个远离大路的小村子——名叫阿波马托克斯法院。

威尔默·麦克莱恩先生的血液里也许有指南针,他似乎对重大历史时刻有吸引力。1865年,南北两军发现他们到了阿波马托克斯法院。一名南方军军官正在寻找一个地方,召开重要会议,威尔默·麦克莱恩先生指给他一间空房子。这所房子不行,于是麦克莱恩把他带到自己那栋舒适的砖房里,结果那个地方还不错。1865年4月

李(左边,和马歇尔上校在一起)正在麦克莱恩的客厅签署投降书。在格兰特(坐在右边的小桌子旁)身后站着(左起):菲利普·谢里登、奥维尔·巴布科克、霍勒斯·波特、爱德华·奥德、塞西·威廉斯、西奥多·鲍尔斯、伊利·帕克和乔治·卡斯特,卡斯特以最后一名从西点军校毕业,将会在小大角河战役中不体面地死去。

9日,罗伯特·E·李——神态高傲,挺直腰板,穿着他最漂亮的军服,腰上挂着一把闪亮的宝剑——走进威尔默·麦克莱恩的客厅。他是来向格兰特将军投降的。

  格兰特拟定了正式投降条款,它们比任何人预想的都要仁慈。南方军士兵可以回家,并且,只要他们发誓再也不拿起武器反抗国家,就不会因叛国罪而受到起诉。他们必须交出枪支,不过他们可以带走他们的马匹和随身佩带的武器。每个人都明白,那意味着李无需交出他的宝剑来投降。李注意到格兰特的一个助手——古铜色皮肤的伊利·帕克中校,一个塞尼卡族的易洛魁人,便说道:"我很高兴在这里看到一名真正的美国人。"帕克坚定地回答道:"我们都是美国人。"罗伯特·E·李尽管明智、尊贵,他似乎仍然不理解为什么这么多男男女女都愿意在这场可怕的战争中战斗并死去。我们都是美国人。这就是原因。

第七章　什么是自由？

亚伯拉罕·林肯心情很好,这天是1865年4月14日,他正在会见他的内阁。格兰特将军现在是战斗英雄,他也作为客人参加了会议。总统向格兰特和内阁成员讲述自己头天晚上做的一个梦,在梦中,他坐在一条船上,朝着远处雾蒙蒙的岸边驶去。他以前也做过这个梦,每次梦后,他都接到重要的消息。他肯定在那一天结束之前,这个国家将听说什么重要事情。

内阁成员的心情也很好,林肯的梦让他们哈哈大笑,然后他们便转到别的话题上去了。战场上仍然有南方军队,杰斐逊·戴维斯正坐在一列供应良好的火车上,劝说他的人民

贝特曼的绘画《祖国》(右图)的寓意中,充满了最真诚的爱国主义和宗教含义,代表南方与北方重归于好。巨大的亭子是联邦政府,圆屋顶下薄薄的鼓形圆盘代表立法机构、最高法院和内阁。下面,外侧的圆柱代表各州政府,正在进行"重建":"奴隶制的基础"、前南部邦联各州正被新的信念所取代:公正、自由和教育。但是,以前做过裁缝的安德鲁·约翰逊(上图)能不能真正把联邦缝合在一起呢?

"继续战斗"。尽管如此,尽管还存在持续游击战的真正威胁,内阁却相信战争差不多结束了。应该怎样让南方回到联邦?应该怎样帮助刚刚获得自由的男男女女?再造这个国家的过程——在没有奴隶制的情况下——已经被称为"重建"。

在应该怎样进行重建的问题上,总统和他的内阁没有达成一致。内阁中的许多成员都被称为"激进共和党",他们曾经是毫不妥协的废奴主义者。有些只想让以前的奴隶享受全部公民权,那意味着选举权和平等权。林肯相信,这个国家的大部分地区还没有准备好走那么远。至于被击败的南部邦联领袖,他们是叛国者吗?如果是,那么对叛国者的惩罚就是死刑。经过四年的残酷战争之后,许多北方人不愿谅解他们。

林肯已经谅解他们。他在第二次总统就职演说中已经表达得很清楚,"不对任何人怀有恶意",他说;还有,"让我们努力做完手头的工作;包扎国家的伤口……尽一切努力维护我们内部以及我们与所有其他国家的公正、持久的和平"。总统没有列出有关重建的细节,不过他的总体思想已经明确。他说,南方人仍然是美利坚合众国大家庭的成员。当他在总统游艇"江河女王"号上会见格兰特和谢尔曼时,他说:"让他们所有人都走吧,军官和所有士兵,我想要他们投降,不想看到更多的流血……我不想让任何人受到惩罚,对他们所有人都宽大处理。我们想要那些人恢复他们对联邦的忠诚,服从国家的法律。"

就在那次会议之后,格兰特宽宏大量的投降书条款让每个人都感到吃惊。当他们在威尔默·麦克莱恩的客厅里签好投降书之后,格兰特走到屋外,士兵们正在朝这里张望。罗伯特·E·李骑上他的"旅行者",轻触帽檐向他从前的敌人致意。那是一个充满象征性、尊重和庄严的时刻。在今后的日子里,李将像从前一样亲切。

总统对已经在路易斯安那州开始的自由重建计划表示鼓励,他渴望让那个州恢复它在联邦中的地位,但是国会拒绝接受一名新的路易斯安那代表。林肯认为他们那样做是一个错误,他想让南部各州尽快作为国家的一部分回到联邦。总统旁听了这次内阁会议,他说,他很快就将宣布他的重建计划。

林肯知道,当内阁正在开会的时候,一面美国国旗正在南卡罗来纳州查尔斯顿港的萨姆特要塞冉冉升起——恰好就是四年前开战时这里降下的那面旗子。现在,人们正在对着这面国旗欢呼,这个国家最重要的两名废奴主义者——派头十足的亨利·沃德·比彻牧师和作家兼编辑威廉·劳埃德·加里森——正在发表充满希望的演讲。比彻宣布,自然权利的原则"将赋予所有人,不论其种族、肤色或者家庭条件"。

北方人再次来到南方——不是作为士兵。有些人已经为刚刚获得自由的男人、女人和孩子开设学校;有些人打算教白人社团如何运转。以前的叛军现在只拥有荒芜的土地和破碎的家庭,他们可不怎么欢迎北方人。重建绝非易事。

开枪之后,约翰·威尔克斯·布思(右)跳到舞台上,观众中有一位名叫查尔斯·利尔的医生,他奋力来到总统包厢,让总统躺在地上,给他做人工呼吸,直到他能够自己呼吸为止。"他的伤口是致命的,"利尔说,"他不可能康复了。"

在内阁会议上,有人递给格兰特将军一张纸条,是他妻子写的。她说一俟这次会议暂停,他们就将去费城看望他们的儿子。林肯总统希望和将军一起度过那个夜晚——格兰特一家和林肯一家受邀去福特剧院观看《我们的美国表亲》演出。这家大众剧院位于白宫与国会大厦之间。尽管有人认为这出戏愚蠢,林肯却很喜欢。听说格兰特不打算去,林肯总统说自己也不想去了。不过他知道林肯夫人一直盼望能有一个夜晚出去参加活动,他不想让夫人失望。于是他们就与其他客人一起前往。当他们到达剧院的时候,乐队演奏了《向总统致敬》,观众们都站起来向他欢呼。总统来到一个覆盖着国旗的总统包厢,在一把特殊的摇椅上坐下来。他和总统夫人手拉着手,戏中的插科打诨逗得他们大笑。

然后,观众听到一下仿佛是减弱了的闪电声,一个英俊的年轻人戴着顶黑毡帽,穿着带马刺的长筒靴,从总统的包厢里爬出来,跳到舞台上,高喊着弗吉尼亚的拉丁文格言"Sic semper tyrannis!"("暴君的下场从来如此!")有些人认出了他,他是二十六岁的演员约翰·威尔克斯·布思,深得女戏迷的欢心。他摔倒在地,弄断了一条腿,然后跑掉了。一个妇女尖叫起来,有人喊道,总统中弹了。顿时,这一切似乎都成了戏剧的一部分,但这并不是演戏。观众陷入恐慌,不知道是否还会发生更多的血腥事件。后来他们得知,国务卿威廉·西沃德与另外四个人也在自己家中被刺;副总统安德鲁·约翰逊逃脱了暗杀,准备刺杀他的刺客因为胆怯而喝醉了酒,没有杀他。

人们把总统送到剧院对面的一所小房子里,第二天,亚伯拉罕·林肯便在这里去世了。那天是 1865 年 4 月 15 日。这场可怕的战争,从一个疯子在哈珀斯费里的暴行开始,又在另一个疯狂的行动中结束。当消息传播开来的时候,人们简直不敢相信,然后便是恐怖、愤怒和哭泣。在国家渡过了所有难关之后,这个消息简直让人难以承受。在白宫外面,一群主要由非洲裔美国人组成的人群聚集起来,大雨似乎也在和他们一起哭泣。与此同时,布思却匆匆逃跑了,他肯定南方人会为他的最后一出戏喝彩。他错了,罗伯特·E·李把这称为"史无前例的罪行",并且"必须受到每一个美国人的鄙视"。布思受到追捕,在弗吉尼亚的一个烟叶棚里,他被包围起来、开枪打死了。

> 世界上再也不会有任何与此相似的事情。呼叫声、叹息声、诅咒声、座椅撞击声、妇女尖叫声、杂乱的脚步声和恐怖的叫喊声制造出让我终身难以忘怀的记忆,如同地狱的钟声一般。
>
> ——海伦·杜鲁门,
> **林肯在福特剧院被刺时在场的观众之一**

到了为林肯举行葬礼那天,在弗吉尼亚的诺福克,一队长长的游行队伍伴着一支军乐队演奏的哀乐,走过这里的街道。游行者中有很多是以前的叛军士兵,立正致哀的是以前的奴隶。列车运送林肯的遗体回到伊利诺伊州的斯普林菲尔德,在华盛顿、费城、纽约、奥尔巴尼、布法罗和芝加哥,只要是送葬列车经过的地方,都会有成千上万的人列队向他致以最后的敬意。人群中有六岁的西奥多·罗斯福,还有含着热泪的沃尔特·惠特曼,后者将为这一时刻以及这个国家遭受的这项损失而写出一首诗歌。

一个受伤的国家

只需打开历史书,所有人都能够看见这样的事情:不管是爱尔兰、法国还是苏格兰——在叛乱之后,你都能发现大屠杀、游击战和几十年甚至更长时间的暴乱。林肯知道这一点,李也知道。有没有理由期望美国成为例外?北方和南方几乎变成两个独立的国家,他们之间有强烈的仇恨。没有任何必然性能让我们作为一个国家继续存在下去,然而那两位领袖和他们的一些同辈却想象着"一个公正和持久的和平",并且使之得以产生。

在战争结束的时候,南方的白种人感到愤怒、迷惑,他们觉得自己受到伤害,感到痛苦。他们所热爱的、高雅的、贵族的南方变成一片废墟。一位造访南卡罗来纳州查尔斯顿的游客写到了"空荡荡的房子、寡妇、正在腐烂的锭盘、废弃的仓库、野草丛生的花园、几英里长满野草的街道"。乡村是什么样子呢?"我们没有牛、猪、绵羊、马匹或者其他任何东西,"一个弗吉尼亚人后来写道,"谷仓都被烧光了,烟囱孤零零地矗立着,房子却不见了;房子矗立着,房顶和门窗却没有了。"整个南方都没有政府、法庭和邮局,也没有治安官和警察。散兵游勇随意打劫。

那些回家的士兵身上带着伤痕。1866年,就在李投降一年后,密西西比州把税收的五分之一用来为老兵装假肢。南方人必须为他们的悲惨而谴责某些人,于是以前的叛乱者就谴责北方人。南方人说,他们想做的不过是建立自己的国家而已。他们怎能原谅北方人阻止他们这么做?但是失去儿子和兄弟的并非只有南方人,许多北方人也失去了亲人。北方人说,是南方人挑起了战火,应该惩罚南方,应该把叛军首领吊死。

林肯总统的想法不一样。他说:"已经牺牲那么多生命了,如果我们期望和谐与团结,就必须熄灭自己的仇恨。"骁勇善战的谢尔曼将军在向南方进军时,表现出毫不留情的态度,他曾经在"江河女王"号上与总统谈起和平计划:

> 我询问总统是否已经为结束战争完全作好准备。他说他完全准备好了,他想要我们做的所有事情就是打败敌军,让组成南部邦联军队的人们回到自己的家里,到他们的农场和店铺中干活。我感受到他前所未有的善良天性,以及他对全体人民的痛苦所表达的深切而真诚的同情。他最真诚的愿望似乎就是尽快结束战争,让双方军队的士兵回到他们家里。

让和平产生作用的是那些士兵与他们的军官。罗伯特·E·李竭尽全力奋战,他失败得正大光明,现在他拒绝停滞不前。他将一次又一次地

哥伦比亚的废墟。哥伦比亚是南卡罗莱纳州的首府和最初的"分裂摇篮",当谢尔曼的军队在向大海方向进军的途中占领这个城市后,它被一场大火烧毁了。

> 自由似乎经过漫长的时间才降临。一切都和从前一样。我们听说许多奴隶正在获得土地和骡子,以便让他们开始自己的生活。但我从来不知道任何人得到什么土地或者骡子或者任何东西。
>
> ——米利·弗雷曼,以前的奴隶

劝告南方人继续他们的生活,让这个国家重新统一起来。李去威尔默·麦克莱恩的客厅时所佩的那把剑上,刻着下面的法文:"Aide-toi et Dieu t'aidera."("自助者天助。")这似乎是他的座右铭。他妻子热爱他们位于弗吉尼亚州阿林顿的家,但这里已经被没收,并且变成联邦军的公墓,这肯定让李夫妇感到痛苦。他的其他财产都被扣押了,但李从不抱怨。当大胆的约翰·莫斯比派一名骑兵侦察兵到里士满去找他,问"莫斯比奇袭兵"是否应该继续战斗,李回答说:"回家去,你们所有与我一起战斗过的孩子们回去,帮助建设我们那个四分五裂的国家。"对于奴隶制的结束,他说:"南方最优秀的人们早就渴望废除这个制度了。"并且他还发誓"只要有利于恢复和平,愿意做出任何牺牲,或者采取任何光荣的行动"。

但是,现在获得自由的四百万南方黑人男女怎么样了呢?他们该做些什么?他们将到什么地方去?他们是否应该为以前长年累月的劳动获得报酬?政府是否应该像林肯曾经许诺的那样,给他们分配土地和骡子?大多数以前的奴隶都不会读写,谁将担任他们的教师?需要有人做些组织工作,需要有人维持法律和秩序。当总统、国会和许多个人试图重新建设这片土地,回答这些问题时,南方战后的重建开始了——这是美国历史上前途光明、充满希望的理想时刻。但重建却变得让人心碎,然后又令人厌恶。这是一次错过的机遇,一个呼唤领导者的时代。

改善黑人处境

安德鲁·约翰逊宣誓就任第十七任美国总统。1864年,林肯把选择副总统的事情留给了提名会议(林肯第一个任期内的副总统是汉尼巴尔·哈姆林)。约翰逊是一个民主党人和奴隶主(林肯则是痛恨奴隶制的共和党人),他被选出来担任副总统,因为他是反对分裂的南方政治家。共和党把自己称为"全国性联邦"政党。没有人认为约翰逊会真的成为总统。在林肯就职后,他只见过约翰逊一次,就在林肯去世的前一天。他们确实也有共同之处:约翰逊是一个没有受过多少教育的穷孩子,靠自己的力量,在生活中闯出一条路来。他最初是个裁缝,但是,当他在政治会议上站起来开始讲话时,他发现自己很有天才。他能够迷住听众并一直吸引他们。在他的老家田纳西州,他当上了州长、众议员和参议员。然而,他拒绝和田纳西州一起加入南部邦联。他说:"我爱

安德鲁·约翰逊

我的国家。"当联邦军队在内战中占领田纳西州后,林肯总统任命约翰逊为该州的军事长官。随着战争的结束,人们希望约翰逊成为让这个国家重新凝聚起来的合适人选。有些了解他的人并不十分肯定,他有勇气,这是毋庸置疑的;但他也十分顽固,毫不妥协。

激进共和党人希望能影响约翰逊,他们认为约翰逊比林肯更有可塑性。有些人期望在南方搞一次自由革命,让黑人获得与白人平等的地位。甚至在战争还没有结束的时候,国会就组建了一个"自由民管理局",这个机构将帮助刚刚获得自由的人找到衣食、住所,以及独立生活的途径。"自由民管理局"开始创办学校,奴隶们如饥似渴地希望学习。在密西西比州,"自由民管理局"的一名官员报告说,当他告诉三千名以前的奴隶,他们将拥有学校时,"他们喜不自禁,高兴得又跳又叫"。父母们常常和孩子们一起坐在教室里,他们一旦学会读写,就立即开始教其他人学文化。

这些学校的许多教师都是北方教会派去的白人,其他的则是受过教育的北方黑人,例如玛丽·匹克——她在弗吉尼亚州的汉普顿创建了第一所非洲裔美国人学校。那些去南方的人往往

截至1877年,共有六十万南方黑人进入学校学习。"自由民管理局"还开设了如图所示的"职业技术学校",教授诸如缝纫之类的实用技术。

觉得自己仿佛身处异国,一名在佐治亚州工作的教师说:"我们的工作简直与在印度或者中国传教差不多。"(保守派的南方人觉得自己才是真正的美国人,他们对这些行动毫无热情)

如果你饥肠辘辘,就很难学习下去,而南方的农场都处境艰难。1865年,小麦歉收,第二年也好不到哪里去。"自由民管理局"让大多数人免受饥馑,人们也互相帮助。一名以前的家务奴隶找到了工作,他每周都给自己以前的女主人带去五美元。一些南方白人已经准备好与黑人和睦相处,但是许多人却无法接受人人平等的社会——特别是在那场激烈的战争之后。平等的社会让战死者显得毫无意义,成千上万的人离开这个国家,到了墨西哥和南美。有些南部邦联的人去了巴西,那里仍然存在奴隶制(巴西不久也兴起了废奴运动)。李将军对此很不高兴,他在给一个人的信中写道:"弗吉尼亚需要她所有的儿子,她不能没有你们。放弃所有这些地方仇恨情绪,让你们的儿子成为美国人。"

三K党采用诸如烧毁十字架、鞭打或者谋杀之类的恐怖手段,目的是阻止黑人参加选举,担任政府公职,或者行使他们刚刚获得的宪法规定的其他权利。

但是,许多白人再次求助于目光短浅的领袖,他们通常是别无选择。就在战争结束后的1865年和1866年,同样的旧时南方机构把持了政权,南方的每一个州都通过了歧视黑人的法律。这些法律被称为"黑人法典",它们赋予白人几乎不受任何限制的权力。如果黑人拒绝签约继续在白人的种植园工作,这就是违法行为。没有一个南方州为非洲裔美国人建立学校。以前的奴隶在政府中没有发言权。种族骚乱爆发。在新泽西州,三十四名黑人以及三名支持他们的白人被杀害了。菲利普·谢里登将军也在新泽西,他把这叫做大屠杀。有些白人脸上戴着面罩,烧毁黑人的教堂和学校,恐吓和杀害黑人。这些白人是新成立的仇恨组织"三K党"的成员,他们没有勇气露出自己的真面目。约翰逊总统督促南方各州保护被解放的奴隶的权利,但是他根本不采取任何行动确保他们受到保护。约翰逊转而反对那些支持联邦的南方人(他自己也曾支持联邦),当时正需要一个能够领导全国人民的领袖,而他却拉帮结派。

扩大公民权

1865年12月6日,国会批准了《第十三条宪法修正案》,该修正案说:"苦役或强迫劳役,除用以惩罚依法判刑的罪犯之外,不得在合众国境内或受合众国管辖之任何地方存在。"

这条宪法修正案结束了奴隶制。《解放奴隶宣言》现在成为全国的法律。然而,是不是摆脱奴隶制就足够了呢?如果你有自由,但却不能参加选举,你是否算真正获得自由?如果你有自由,但法律却说你不能停止以前当奴隶时的工作,或者离开以前的种植园——就像"黑人法典"规定的那样——你是否算真正获得自由?

为结束奴隶制,已经打了一场战争,而且奴隶制已经完结。但是"黑人法典"却仍然在做以前的事情:禁止非洲裔美国人享受他们不可剥夺的权利。因此,1866年,共和党内的一小群领袖(激进共和党人)让国会通过了一项《民权法》,以取消"黑人法典"。约翰逊否决了《民权法》,尽管他不再相信奴隶制,却相信黑人与白人不平等。

他认为,应该由各州而非中央政府来保障个人权利。他说《民权法》违背了宪法。在总统否决之后,一部法案要获得通过,国会参众两院都必须有三分之二的议员投票赞成——确实有三分之二的议员投票赞成。一项重要法律在被总统否决后仍然获得通过,这在美国历史上还是第一次。约翰逊非常恼火,"我是正确的,我知道我是正确的,"总统说道,"如果我没有坚持自己的立场,那我就该死。"

在"德雷德·斯科特案"中,最高法院说非洲裔美国人不是公民,不能享有任何公民权。激进共和党决定推翻该裁决,他们以《民权法》作为开端,但是他们知道未来的法律可能会转向,因此,他们决定扩充宪法本身。他们已经从《第十三条宪法修正案》(结束奴隶制)开始了,现在他们又撰写了《第十四条宪法修正案》——其中包括了对公民权的定义:"任何在合众国出生或归化合众国的人"都是"美利坚合众国及所居住之州的公民"。现在黑人成为公民了。《第十四条宪法修正案》的主要目的是解决那些与新获解放的非洲裔美国人有关的问题,但是,一个关键词语将会使该修正案发挥更大的作用。

> 未经适当的法律程序,任何州都不得剥夺任何人的生命、自由或者财产;也不得对任何受其管辖之人,拒绝给予平等的法律保护。

换言之,任何州都不能剥夺任何公民的权利。我们所有人都应该享有《宪法》和《权利法案》赋予的保障。当一个州与个人发生冲突时,个人将受到宪法保护。正如以后的法庭所解释的那样,"适当的法律程序"这个词将扩大所有美国人的自由。

回到1787年,宪法的创立者曾经为保护公民不受国会、总统或者中央政府的虐待而担忧,但是却没有考虑公民受自己所在州的虐待。宪法期望每个州都保护自己的公民,而有些州却没能做到这一点。1831年,在具有里程碑性质的"巴伦诉巴尔的摩案"中,约翰·巴伦拥有的一个码头因为市政疏浚工程而废弃,他根据《第五条宪法修正案》控告巴尔的摩市毁坏了他的财产而未予"公正补偿"。首席大法官约翰·马歇尔和最高法院说,宪法不能保护巴伦(他代表十名码头主进行诉讼)免受州政府伤害,这只能由州里的机构处理。根据这个裁决,各州可以审查新闻、书报,剥夺财产,使奴隶制合法化,可以为所欲为——只受他们各自的宪法约束。

《第十四条宪法修正案》使得联邦政府高于任何州政府。南方曾经为州权而战,许多南方人都认为每个州都有权做出自己的决策。如果一个州想要一个贵族社会,把人们分成不平等的利益阶层——如果该州的大多数人都想要如此(或者那些当权者能够制定这样的法律),他们为什么不这样做呢?强有力的《第十四条宪法修正案》设定了限制,有助于把众多各不相同的州凝聚成一个国家。到了20世纪,该修正案将以完全出乎其撰写者预料的方式,成为保护个人自由的工具。在通过《第十四条宪法修正案》之前,美利坚合众国只是一群半独立的州的集合体;而在此之后,美利坚合众国就成了一个联邦国家。安德鲁·约翰逊很不喜欢这样,持这种观点的并非他一人。

重建意味着改造

要确保被解放的奴隶获得自由,光是制定法律还不够,法律必须得到施行。因此,在1867年,国会将南方划分为几个军事地区,帮助当地恢复秩序,并且做点事情改变"黑人法典"。军队被派到南方去组织和管理各个军事地区,他们在那里待了大约十年。这一时期被称为"国会"重建或者"军事"重建阶段(与最初的"总统"重建相对比)。其他北方人到南方去做教师,参加援助项目,帮助各州政府重新开始运转——有时也是去为自己赚钱。这些北方佬也被称为"毛毡提包客",得名于当时制造旅行包所用的毛毡材料。大多数南方白人都痛恨这些"毛毡提包客"。

一些南方种植园主生产出类似于"重建烟草"这样的农产品,希望在战后迅速获利,但是,在1866年和1867年,农作物歉收,经济复苏缓慢。

国会通过一项《重建法案》,遭到约翰逊总统的否决;但是,该法案在遭到他否决之后,再次在国会以足够的票数获得通过。《重建法案》规定,每个州都必须重新撰写一部州宪法,与美国宪法保持一致,而且新的州宪法必须批准《第十四条宪法修正案》。至于选举,《重建法案》规定所有年满二十一岁的男性公民都能够投票,依法判刑的罪犯和那些参加"叛乱"的人除外。那就意味着许多以前的南部邦联军士兵不能选举,而黑人却能够。北方士兵确保黑人能够投票,几年前做过奴隶的人很快就在投票站前排起长队,他们中很多人都没有文化(大约五分之一的南方白人也是文盲)。但是,文盲并不意味着愚蠢,这些新的投票者完全做了詹姆斯·麦迪逊期望的事情,他们把票投给他们相信对自己有利的那一方。威斯康星州的参议员蒂莫西·豪说:"我们摆脱了全部僵死的过去,把我们的锚向前抛出了一百年。"不久,黑人就被选出担任公职,密西西比州的布兰奇·K·布鲁斯和海勒姆·R·雷维尔斯成为美国的参议员,他们两人都是大学毕业。雷维尔斯登上了杰斐逊·戴维斯以前在参议院的位置。他宣誓就职那天,参议院的走廊里挤满了人,当他顺着过道走来时,每个人都站立着。有些旁观者看见一位黑人参议员便开始欢呼。《费城报》的一篇社论说:"自从共和国诞生以来,还从没有在同一个屋檐下聚集过这样的听众,这里包括了最伟大和最渺小的美国公民。"

一些白人很难接受这些变化:黑人进入国会!黑人进入州立法机构!许多白人相信种族主义神话,他们肯定黑人无法应付立法程序。

到南卡罗来纳州的查尔斯顿去,看看那里正在发生什么。那是1868年1月14日,我们来到会议街那时髦的查尔斯顿俱乐部会所,州立法机构的成员正要重新撰写州宪法,那样南卡罗来纳州就可以再次派代表到华盛顿去了。因为南卡罗来纳州的大多数公民都是黑人,而他们现在又能够参加选举,所以他们就为该州的立法机关选出了黑人立法者。俱乐部的舞厅里聚集了七十六名黑人和四十八名白人。俱乐部外面,喧闹的人群正在大街上涌动,大多数都是以前的奴隶,他们心中充满希望,他们相信一个新的时代已经开始。这个城

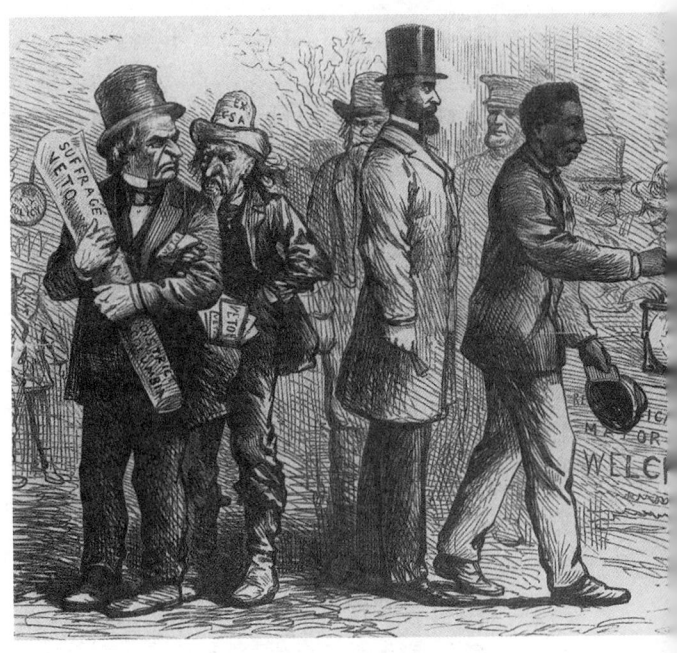

这幅1867年的漫画意在表明:富人支持黑人投票者,而穷苦的农夫却支持安德鲁·杰克逊的否决。真实的故事要复杂得多。

市的白人贵族们拥有俯瞰查尔斯顿港的漂亮房屋,他们正在房门紧闭的家中等待、担忧,有些老牌的种植园家庭被吓坏了,州议会是否会要求报复这么多年的奴役?有谣言说他们会这么做。

在俱乐部里,少数代表衣着粗陋,但是大多数都穿着剪裁考究的长尾双排扣常礼服,留着时髦的胡须。查尔斯顿的一份报纸禁不住评论说:"许多有色人种代表都相貌堂堂,聪明可敬。"二十五岁的罗伯特·布朗·埃利奥特所受的教育不比任何与会者差,他曾经就读于英国著名的伊顿公学,受过法律方面的训练,能够流利地讲法语和西班牙语。他将在这次会议上默默地坐了十四天,然后便会站起来,一鸣惊人,成为一位伟大的演说家。埃利奥特希望成为南卡罗来纳州州长,不过他首先要去华盛顿,作为来自南卡罗来纳州的议员进入众议院。在为公民权立法而争论的时候,他将会说:

> 在这样的时代,我有必要在美国国会里站起来,支持一部不过是主张让各个阶层的美国公民享有平等权利和平等公共特权的法案,这是一件让我觉得遗憾的事情。我很遗憾,先生,我的黑色皮肤会让那些指责我受个人动机控制的污蔑找到借口……先生,那个激励我的动机并非局限于如此狭隘的范围,而是与你们的宪法一样宽广。我支持这个法案,先生,因为它是正确的。

但那时还只是1868年,而我们是在查尔斯顿。注意一个留着连鬓胡子的高个儿,他很引人注目。这个人就是弗朗西斯·路易斯·卡多索,一位犹太经济学家和一位自由黑人妇女所生的儿子。卡多索三十一岁,毕业于苏格兰的格拉斯哥大学,在拉丁语和希腊语方面获得了优等成绩。他到查尔斯顿来担任一所学校的校长兼牧师。卡多索是一位精明的管理者,他将揭露那些在南卡罗来纳州牟取暴利的腐败商人,为该州挽回数百万美元的损失。与卡多索交谈的人也是犹太人父亲和黑人母亲所生的儿子,他就是罗伯特·斯莫尔斯。几年前,他曾经驾驶一艘南部邦联的汽船,穿越查尔斯顿港的炮火,把船交给合众国海军,让南北双方都惊讶得瞠目结舌。这群人中的第三个人是一米八五高的威廉·贝弗利·纳什,他以前是一个奴隶,靠自学学会阅读,能够顺手拈来地引用莎士比亚作品。纳什以思维敏捷、机智而闻名。在俱乐部里还可以看见别的人,其中之一是丹尼尔·亨利·张伯伦,白人,哈佛大学和耶鲁大学毕业生,野心勃勃。在内战期间,张伯伦是率领黑人团的联邦军官。罗伯特·布朗·埃利奥特痛恨张伯伦,他们俩都是"毛毡提包客"。张伯伦将成为南卡罗来纳州州长。

有人说,在查尔斯顿召开的这次立法会议是美国"第二次革命"的开端,它试图在社会中真正实现不同种族的相互融合。这里有贫困白人的代表,有以前的奴隶的代表,还有习惯于统治他人的富有白人的代表。毫无疑问,这是民治的政府,这些与会者正在创造历史——他们也明白这一点。在整个南方,重建立法机关正在运转。佛罗里达州立法机关有六名成员都不会读写(这六个人中有四个是白人)。乔纳森·C·吉布斯是一位黑人牧师,也是达特茅斯大学和普林斯顿大学毕业生,据说他是那次佛罗里达立法会议上最有文化的人。

大多数南方人都是小农场主,对他们来说,这是一个艰难的时期。棉花价格滑落到很低

选举权(一)

当新泽西州的黑人社团举行模拟选举来表明他们渴望投票时,内战几乎还没有结束。在北卡罗莱纳州的威尔明顿,以前的士兵、牧师和刚刚获得解放的非洲裔美国人在大街上游行,他们都是"平等权利联合会"的成员,他们要求得到"所有的社会和政治权利"。被他们列在第一位的是选举权,许多白人都同意他们的观点。亨利·沃德·比彻说:"每个人都享有法律上的发言权……以保障自己。那是天赋的权利,不是被赐予的特权。"有些白人害怕把参政权给予"无知"的黑人,比彻却回答说:"拥有一个无知的选举阶层是一件危险的事情,不管他们是黑人还是白人。但是,拥有一个无知的阶层却不让他们选举更要危险得多……无知的选民具有的危险毋庸置疑,只有教育他们才是补救方法。"《第十四条宪法修正案》只是间接地涉及选举权问题,要解决这个问题,需要做更多的事情。国会通过一项法案,结束了哥伦比亚特区关于选举权的种族限制。国会议员提到了黑人在战场上所作的牺牲,约翰逊总统否决了哥伦比亚特区的法案,国会推翻了总统的否决。

南卡罗莱纳州的罗伯特·布朗·埃利奥特（见插入大图的小图）在众议院发言支持一项公民权法案,该法案旨在结束旅馆、铁路和其他公共场所对非洲裔美国人的歧视。1875年,这一法案获得通过,但是却很少得到执行。

的水平,好像这还不够糟糕似的,那时的天气和收成都很差。白人农场主们疲惫不堪,怒火难平:他们的儿子死了——在战争中被杀死了,他们的积蓄也花光了。他们没有钱雇用工人、购买农具或种子。黑人农夫大多数都没有土地。这种状况简直令人无法忍受。立法者问自己:是否应该剥夺那些叛国的南部邦联成员的土地?是否应该把这些土地分给那些曾经在这片土地上劳作并使其他人富裕起来的奴隶?他们能不能公平地分配土地?你应该怎样为所有人提供机会和公正?

这些重建立法机关将投票建立免费的公

> 所有自由政府都是在人民的智慧和愚蠢相结合下进行管理的……任何政府,若不允许其所有公民参与法律的制定和实施,都不是自由政府。其他所有政府都是专制。
>
> ——撒迪厄斯·史蒂文斯

谁该享有选举权？

两位开国元勋和一位现代评论员说：

如果你同意所有没有财产的男性与拥有财产的男性一起参加选举，那么同样的推理……也将证明你应该允许女性和孩子参加选举；因为一般来说，与那些完全没有财产的男性相比，女性和孩子也有同样良好的判断力，同样独立的心智。那些没有财产的男性实际上也同样依靠其他人——这些人会乐于给他们提供衣食，雇用他们——就像女性依靠他们的丈夫，或者孩子依靠他们的父母一样……我敢说，先生，试图改变选民资格是一个充满争议性的话题，在这样的事情上打开缺口是很危险的，会带来没完没了的问题。人们将会提出新的要求，女性将要求获得选举权；十二至二十岁的孩子会认为社会对他们的权利不够关心；在一个州制定所有法案的过程中，每个一文不名的人都会要求享有与其他任何人平等的发言权。结果就会混淆和破坏一切优越性，让所有阶层都屈服于共同的标准。

——约翰·亚当斯，1776年

今天，如果一个人拥有一头价值五十美元的驴子，他就具有选举资格；但是，到下一次选举开始之前，这头驴子死掉了。与此同时，这个人却拥有更丰富的阅历，他在政府条例上的知识以及他对人类的了解也更加广博，因此他也更有资格选举合适的统治者。然而，驴子已经死掉，这个人没有价值五十美元的财产，也就不能参加选举了。现在，先生们，请告诉我，参政权到底应该赋予谁？这个人还是这头驴子？

——本杰明·富兰克林
《珠宝箱，又名文学、智慧与情感之花》

美利坚合众国在其诞生之初，并不是一个民主国家——远不是民主国家。那时"民主"一词还带有贬义，让人联想起混乱状态、由不适合的人统治甚至暴民统治等等形象。此外，事实上那时这个国家能够参加选举的人相对很少，被排除在外的大多数是非洲裔美国人、美洲土著、女性、未成年人以及没有土地的白人成年男子。

——亚历山大·凯萨，《选举权》，2000年

立学校，这样的学校以前在南方几乎不存在；他们将投票修建道路；他们不会要求报复白人贵族；他们将做得和大多数立法机关一样好，而且远比美国国会好——那个时候，国会腐败得惊人；但是，他们将不会解决土地问题，而且他们将会垮台。当合众国的士兵离开南方后，"救世主"政治家(大多数是以前南部邦联的成员)将取代他们的位置。胁迫与恐惧(为他们的生命和他们的工作)不久便会使黑人远离投票站。限制性的立法将结束重建时期立法机关的工作。1868年那些充满希望地在查尔斯顿俱乐部会所外盘桓的民众不会看到一个新时代，他们不会生活在一个公正的种族融合的社会。罗伯特·布朗·埃利奥特将不会成为南卡罗来纳州的

州长。

弹劾总统

约翰逊总统不喜欢《第十四条宪法修正案》,他信仰州权,他不喜欢激进民主党人撒迪厄斯·史蒂文斯——《第十四条宪法修正案》的幕后策划者。亚伯拉罕·林肯信仰妥协,他提出问题,倾听,然后在他认为需要的时候改变主意。史蒂文斯不会妥协,安德鲁·约翰逊也不会。约翰逊不会征求意见,也不会倾听别人提出的意见。他带着良好的愿望就职,每个人都希望他成功。但是他顽固、狭隘的性格使他成为一个很糟糕的领袖。他参加巡回演讲,就国会的问题说了一些疯狂的贬抑之词。他的行为常常显得有失尊严,不适合其总统身份。但是他的信仰是真诚的,他确信,让那些刚刚获得解放的男男女女在法律面前获得公正和平等待遇,那不是国家的责任,他认为那是各州的责任。

撒迪厄斯·史蒂文斯知道各州政府没有这么做,他相信他们不会那么做。约翰逊把史蒂文斯叫做叛国者,还说应该把他吊死;史蒂文斯则说总统应该受到弹劾。

弹劾是从英国政府制度借鉴的程序。撒迪厄斯·史蒂文斯说,弹劾约翰逊总统具有"道德必要性"。并非只有史蒂文斯才想弹劾总统,许多关心重建以及重建方向的人,似乎都想弹劾总统。总统是否会受到弹劾?如果会,那么是否会宣判他犯有"重罪和行为不端"并将他逐出白宫?这个国家屏住了呼吸,等待着找出答案。

那是1868年,关于弹劾的争论在众议院持续了两个多月,最后众议院投票表决,安德鲁·约翰逊总统受到弹劾。现在,该轮到参议院的成员来审判总统了。在美国历史上,以前从来没有发生这种事情:一位总统在受审。为了让人们进入国会走廊,印刷了一千张门票,人们想尽办法弄票。华盛顿的一名妇女在夜里叫醒一位参议员,直到他允诺给她一张票,这名妇女才离开。记者们就像对待杀人案一样报道这场审判,全国各地的报纸一天接一天地在头条新闻中报道其细节。5月16日,星期六,审判的日子到了。最高法院的首席大法官让每位参议员都发誓"不偏不倚地公平对待此事"。要将总统赶下台,必须有三分之二的国会议员投票定罪。投票开始了,正如预计的那样,所有的民主党人

两位顽固的政治家被比喻成火车头:安德鲁·约翰逊(左)和激进民主党领袖撒迪厄斯·史蒂文斯。两个人都不肯在自己的重建计划上让步。

都投票说总统"无罪",而一个接一个的共和党人都投票说总统"有罪"。撒迪厄斯·史蒂文斯现在已经是病魔缠身的老人,他坐在椅子里被抬进来,他投的票是"有罪"。

但是,有些共和党人再三考虑了这件事情,有人向他们保证,如果投票宣告约翰逊总统无罪,总统将不再干预重建。有六名共和党人把票投向总统一边,第七名这样做的共和党人是刚当选为议员的堪萨斯人埃德蒙德·罗斯,他非常艰难地做出决定。共和党还差一票就能宣判总统有罪,罗斯那一票起着决定性作用。埃德蒙德·罗斯以前是记者,内战期间曾在联邦军中作战,他痛恨奴隶制——而且他也不喜欢约翰逊总统,他在每个问题上都把票投向激进共和党一边。就在审判前不久,他接到一封家乡发来的电报:

> 堪萨斯已获悉证据,要求判总统有罪。D·R·安东尼及另外一千人。

堪萨斯是激进共和党掌握的州,罗斯的回答是:致 D·R·安东尼及另外一千人:我已发誓根据宪法和法律公平对待此事,请相信我有勇气按自己的判断力和国家的最高利益投票。

在审判那天,轮到罗斯投票了,他要投出决定性的一票。首席大法官说:"参议员罗斯先生,你怎么说?被告人安德鲁·约翰逊是否犯有起诉状中所述的重罪?"罗斯后来回忆当时的情景如下:

> 听不到一点脚步声,听不到一点衣服摩擦发出的"沙沙"声,听不到一点耳语声……似乎每张脸上都混杂着希望与恐惧。坐在座位上的议员们向前靠着桌子,许多人把手放到耳后倾听着……我差不多看见自己的坟墓张大了口。友谊、地位、前途,让一个雄心勃勃的男人对生活感到向往的一切,都会随着我嘴里说出的话一扫而空,也许是永远。

1867年,参议院通过了《官职任期法》,防止总统解除其内阁成员的职务。图中忠诚的国务卿威廉·西沃德试图安慰被该法案"刺中"的总统。

轻轻地,埃德蒙德吐出两个字:"无罪。"参议院最后的投

一名激进共和党人

"激进"一词很少用于赞美,那些被称为"激进共和党人"的人常常不招人喜欢——不管在北方还是南方。他们被视为极端主义者,他们曾经是狂热的废奴主义者,现在他们在重建问题上拒绝妥协。激进共和党人要求所有人完全平等。他们相信,光是解放黑人还不够,刚刚获得解放的人还需要获得公平的机会,让每个黑人家庭拥有土地和一匹骡子似乎是合情合理的。这些激进分子不太受欢迎,就算他们自认为是正义者也没用。许多激进共和党人支持妇女投票权的观点,他们的思想具有超前性,这从来就不容易。撒迪厄斯·史蒂文斯在国会里为激进共和党人的观点辩护。

撒迪厄斯·史蒂文斯

史蒂文斯是在佛蒙特州长大的,他是一个有残疾的穷孩子:他有一只脚是内翻足,这让他跛得很厉害。但是他拥有惊人的智力,并且具有毫不动摇的坦率。就像大多数佛蒙特人一样,他想到什么就说什么,决不浪费言词。1816年,当史蒂文斯二十四岁的时候,他搬到宾夕法尼亚州的小城葛底斯堡,不久便成为那里最优秀的律师,然后成为宾夕法尼亚州最优秀的律师,也是最富有的律师。他拥有一座铸铁厂(在葛底斯堡战役期间被李的军队破坏),他是一个精明的投资者。史蒂文斯在葛底斯堡的邻居对他颇有好感,他们把他送到国会,让他一直待在那里。南方的白人把他叫做"最卑鄙的北方佬";非洲裔美国人则把他视为英雄,把他列在接近天使的地位;那些了解他的人对他既无崇拜也无仇恨。史蒂文斯做他想做的事情,说他想说的话,似乎根本不关心别人的想法。他不可能接受贿赂或者引诱——在这一点上每个人都意见一致。1838年,早在内战之前,他就拒绝在宾夕法尼亚州宪法上签字,因为该宪法只把选举权给白人。当逃亡的奴隶需要帮助时,史蒂文斯就担任他们的律师,并且从不收费。他那个北方佬的头脑告诉他,"人人生而平等"指的是所有人——并不只是所有白人。因此,从1830年代起,他就开始为废除奴隶制奋斗,然后为解放奴隶奋斗,然后为争取平等的权利奋斗。他从来没有停止过奋斗,从来没有保持缄默。当处理涉及南方的问题时,你可以把他称为"毫不妥协者"。内战结束之后,他把南方视为被征服的领土,国会可以随心所欲地统治。他是《第十四条宪法修正案》的主要撰写者,并且还为《第十五条宪法修正案》奠定了基础。他说:"我们在建设一个国家。"意思是他的观点有助于将各州的集合体改变成一个有凝聚力的国家。他说,除非南方各州给予黑人选举权、土地以及在法律面前一律平等的保证,否则不允许这些州重新加入联邦。安德鲁·约翰逊总统对他十分憎恶,而史蒂文斯对总统也很藐视。

1868年,当撒迪厄斯·史蒂文斯去世的时候,数千人在国会大厦,从他的棺材前走过。他被埋葬在一个黑人与白人并排安息的公墓里,他的墓碑上刻着这样的话:

> 我长眠于这片宁静、偏远之地,
> 并非由于天生的孤僻,
> 而是发现其他公墓有种族限制,
> 我选择此处以表明,
> 我死后仍然坚持
> 自己在漫长的一生中倡导的信条。

上图,共和党参议员埃德蒙德·罗斯(图中前景位置)在约翰逊弹劾案上投出他的一票(右上角,一张参加审判旁听的门票)。插入图:激进共和党人本·巴特勒在宣读证据。参议员查尔斯·萨姆纳说:"(奴隶制)的残暴力量在行政大楼里找到了庇护所,在这里,由于对宪法和法律的极端蔑视,它得以施展其古老、长久的影响力……安德鲁·约翰逊体现了奴隶制的这种残暴力量。"

怎样弹劾

若美利坚合众国的总统、副总统和所有文官因叛国、贿赂或者其他重罪和行为不端,受到弹劾且被判有罪,则均应免职。宪法的撰写者使得一位总统不会轻易遭到免职。根据宪法:"只有众议院具有……提出弹劾的权力。"如果众议院以简单多数投票弹劾一位总统,他就会受到弹劾。那意味着他因为行为不正或者犯罪而受到控告——并不意味着他被判决犯有这些罪,他还没有被免职。下一步是审判,地点转移到参议院,需要三分之二的参议员投票同意才能判决有罪。用宪法的话说:"只有参议院才有审判所有弹劾案的权力……若受审者为合众国总统,则应由首席大法官主持审判,除非获得到场议员三分之二的同意,否则不得宣判任何人有罪。弹劾案中的判决不得超过免除以及取消其担任或者享受合众国任何有荣誉、有责任和有俸给之职务资格;但被判处者仍须服从另据法律所作之控诉、审讯、判决及惩罚。"

票结果是三十五票"有罪"对十九票"无罪",宣告总统有罪所需的三分之二的赞成票恰好缺一票。总统得救了。D·R·安东尼写信给罗斯说:堪萨斯就像摒弃所有做伪证者和卑鄙者一样摒弃你。其他人谴责他受贿(他没有)。罗斯再也没有被选去担任政治职务。撒迪厄斯·史蒂文斯听说罗斯投出的这一票后说:"国家将走向毁灭。"但是,美国宪法说总统要犯了"重罪和行为不端"才能受到弹劾。安德鲁·约翰逊鼓励种族偏见,减慢了实现"人人享有公正"的过程,他的顽固对这个国家来说是一场灾难;但是,他没有犯下"重罪",他是因为自己的观点而受审,而持有某种观点是没有必要受到弹劾或者审判的。开国元勋们本意是让选举者通过投票把有害观点逐出政府。撒迪厄斯·史蒂文斯感到非常失望,他知道约翰逊总统的政策正在破坏重建的许诺。史蒂文斯只有几个星期的生命了,他把自己最后的日子用来为哥伦比亚特区的免费学校制定计划,他帮助起草了《第十五条宪法修正案》,该修正案从宪法上给予非洲裔美国人选举权。《第十五条宪法修正案》是这么说的:"合众国政府或任何州政府,不得因种族、肤色,或以前曾服劳役而否定或剥夺合众国公民的选举权。"

一次失败的革命

以黑人为主的南方立法机构拨款用于兴建学校、道路和铁路,所有这些事情对普通人都很重要。但是,为了支付这些款项,就需要征税,而大土地所有者比普通人交纳的税款多,土地所有者对某些新拨款不满意。截至1870年,南方的黑人儿童进入四千所新学校读书,至少开放了九所黑人大学。1875年,国会通过了一项民权法,禁止旅馆、剧院和游乐园的种族歧视。这是一次民权革命。

但是,这场革命的基础存在一个问题,如果非洲裔美国人能够成为国会议员和负责任的公民,如果教育对他们能够产生效果,那么认为黑人劣等的整个观念都毫无意义了。因此奴隶制肯定是真的错了,许多南方白人仍然无法接受这种观点。他们经历了一场惨烈的战争,每五个南方白人男子中就有一个战死。如果奴隶制是错误的,他们的儿子和父亲就白死了,他们怎能相信这一点呢?南方白人并非魔鬼,也不是天使,他们是人。他们需要有人帮助他们理解,他们热爱的南方到底发生了什么事情。他们没有得到帮助。诸如三K党之类的仇恨组织开始向以前的奴隶发动战争。在内战之前,不存在针对黑人的私刑,那时奴隶是宝贵的财产;现在针对黑人的私刑变得十分普遍。1871年,肯塔基州法兰克福市的黑人公民向国会递交了一份请愿书:

> 今天,我们法兰克福市及附近的有色人种公民,就肯塔基州存在的一些情况提出请愿。我们恭敬地声明,本州有色人种的生命、自由和财产都得不到保障。铤而走险、无视法纪的凶徒组成的武装帮派——其成员主要是以前的叛军士兵,经过训练和伪装,通过宣誓和秘密契约联合起来,以武力、恐怖和暴力暗中破坏有色人种的所有民间社团……我们相信,你们不熟悉三K党夜晚横行乡间的情形,他们从一个县到另一个县,在县城无缘无故地抢劫、鞭打、强奸和杀害我们的人民,散布恐怖气氛……我们申明,我们是守法的公民,依法交纳了税款,然而在本州的许多地方,我们的人民被赶出投票站——其选举权遭到拒

选举权(二)

激进共和党人相信,只有通过宪法修正案才能保证广泛的男性参政权。1869年,他们提出一个修正案,其第一个方案让所有男性公民(美洲土著除外)都享有选举权,不受地产和教育水平限制。国会有关"民主"含义的争论十分雄辩、充满激情。这个问题非常复杂——共和党能够感觉到,权力正在从自己手中溜走,增加黑人选票对他们有利,也对南方各州有利——把黑人选民算作完整的个人(而不是像最初的《宪法》中规定的那样,把一个黑人算作五分之三个人),南方将在国会中增加代表人数(和选票)。但是许多南方人并不这样看,而北方在权利平等方面颇有些伪善,西部的代表担心给予华裔选举权(尽管华裔在那时还不能成为公民);新英格兰的有些州害怕爱尔兰人获得参政权(如果对财产和教育水平没有限制);其他人则担心女性想要参加选举。最后,《第十五条宪法修正案》缩小到只涉及"种族、肤色或者以前受奴役的状态"。该修正案于1870年2月成为宪法的一部分。弗雷德里克·道格拉斯兴高采烈,他说该修正案"意味着我们被置于与其他所有男性平等的地位……自由将成为所有人的权利"。他得出这个结论还为时过早。但是,在重建过程中,南方的非洲裔美国人有几年的确拥有选举权。

绝。许多试图投票的人受到屠杀,我们询问这样的状况还会持续多久。

南方的大部分大地主都是民主党人,他们决心尽可能地恢复旧日的南方,为此不择手段:黑人法典、嗜杀成性的三K党人以及阻止穷黑人参加选举的人头税都是他们的工具。那些反对重建的民主党人自称"救世主",在1870年代,他们忙于拯救一个又一个州,将共和党人赶下台去。

在华盛顿,内战英雄尤利塞斯·S·格兰特当上了总统,他很受欢迎,但是还没有为当总统作好准备。作为一位正直之士,他相信自己周围的人,结果这些人却不值得信任。他们在公共土地和资源方面窃取了数百万美元,格兰特和美国人民都成为受害者。在格兰特当政的年代,政府腐败得可怕。

到格兰特任总统的最后一年,政治腐败非常普遍,迅速变化的经济正在给这个国家带来社会和财政混乱。北方的公民厌倦了有关南方需要公平社会的说法,他们自己也遇到了麻烦。在1876年的总统竞选中,民主党人塞缪尔·蒂尔登似乎在总票数上领先于共和党人拉瑟福德·B·海斯,但是,如果海斯能够赢得选举团票数计算还未结束的南方州,他就能够获胜。投票中开始发生一些奇怪的事情,在路易斯安那州,一万五千张选票(差不多全是民主党的)突然被宣布无效。在总统就职日前不到一个星期的时候,海斯说,如果他当选,他会把联邦军队撤出南方。他获得了南方的选票。1877年3月5日,海斯站在国会大厦的台阶上,宣誓就职,他说:"一个地方政府只有承认和保证所有人的权利,它才是一个真正的自治政府。"他指的是不受联邦军队监督的州政府。海斯信守诺言,士兵们离开了南方,受到仇视的占领结束了,但是没有人留下来强制实施黑人的公民权。重建结束了。

南方的老卫士——"救世主"——把持了权力,他们批准法律,要求选民交纳人头税或者参加一项文化考试:那意味着大多数黑人都再也不能参加选举。新的法律和政策使得非洲裔美国人无法获得像样的教育或者购买土地。黑人无法得到公正的审判,武装的小流氓胁迫甚至谋杀那些追求公民权的人,证明了——如果需要证明——个人选举的重要性。不久,许多南方黑人的状况就后退到他们做奴隶时的情形了,有的甚至比做奴隶时更糟。

吉姆·克劳①

重建结束了,"毛毡提包客"不切实际的改良主义失败,他们被逐出了南方——有些人只是感到气馁便离开了;有些人则遭受了私刑。试图公平对待黑人的南方白人受到奚落——他们有时候也遭受私刑。早就存在于北方的种族隔离现在发展到了南方,黑人(还有印第安人、亚洲人和拉丁美洲人)在白人的旅馆、饭馆、学校或者剧院都不受欢迎;他们无法找到好工作。种族隔离得到了一个名称,来自一首歌里的人物——这首歌讲述的是一个唱歌跳舞从不惹麻烦的黑人,名叫"吉姆·克劳"。

共和党总统候选人拉瑟福德·B·海斯,看起来正直,很有总统气派。但他是通过欺诈选民获得这份工作的。

> 什么是自由?自由是否只意味着不带镣铐的特权?如果这就是自由的全部含义,那么自由就是一种痛苦的嘲弄,一种残酷的欺骗。
>
> ——詹姆斯·加菲尔德,国会议员,以前的牧师,未来的总统

> 旋转,转圈,就这样跳舞,
> 我每次旋转都大叫"吉姆·克劳"。

在内战之前,南方存在奴隶制,但是没有种族隔离。种族隔离无法与奴隶制并存,奴隶主与奴隶必须靠近,一起生活和工作。战争之后,北方的情况几乎与战前一样,习惯性的种族隔离继续存在。但是,在南方,一切都变了。"吉姆·克劳"跳着舞,穿过大地,不久黑人和白人便乘坐在隔离的火车车厢里,到隔离的学校上学,埋葬在隔

---

① 吉姆·克劳,泛指黑人。——译者注

"重建"是一次充满希望的试验,但是却失败了。"吉姆·克劳"是一个长寿的穷苦小丑,他活得太长了。这幅画表现了那首描述他的歌曲(毫不掩饰地把他比作一只猴子)。

离的公墓里,在隔离的教堂做礼拜,在隔离的餐馆吃饭。黑人对此无能为力,因为现在他们不能投票选举。州里和地方上通过法律,使这些种族隔离措施成为可能。一些南方白人试图阻止通过这些法律,但是他们的意见被忽视了。查尔斯顿一家报纸上登载的一篇有关火车座位的社论说:

> 在我们看来,根据常识和适当的安排,头等车厢是提供给购买头等票的旅客乘坐的,不管他们是白人还是有色人种……直截了当地说,我们更需要,正如每个人都知道的那样,把粗暴的或者喝醉的白人乘坐的车厢分开,而不是把"吉姆·克劳"车厢分给有色人种乘客。

但是,常识已经从南方逃跑了。这些实行种族隔离的州是否违背宪法?他们当然违宪。《第十四条宪法修正案》说:

> 任何州都不得制定或者实施任何剥夺合众国公民的特权或者豁免权的法律……亦不得对任何在其管辖之下的人,拒绝给予平等的法律保护。

然而,当权者没有人以足够的关切,或以足够的权力,对此采取任何措施。

隔离但平等

1890年,路易斯安那州议会通过了一项法案,规定铁路必须在旅客列车上"为白人和有色人种提供隔离但平等的座位"。每个人都知道,隔离从来就不平等。六年后,一些路易斯安那人来到最高法院,看看他们能对这种隔离做点什么。他们问霍莫·普莱西能否提供帮助。普莱西的曾祖母是非洲裔,他家庭中的其他所有人都具有欧洲背景。普莱西的皮肤是白色的,但是根据种族主义者的观点,任何带有非洲裔血统的人都是黑人,因此普莱西被看作黑人。他那些新泽西州的朋友试图证明整个种族分类观念的荒谬,这就是他们选择白皮肤的霍莫·普莱西作为判例案件的缘故。

他们让普莱西坐在一节火车车厢的白人区里,当乘务员得知他是黑人后,普莱西遭到逮捕,被指控犯法,关进了监狱。普莱西和他的律师说这项"隔离但平等"的法案违背了宪法。新泽西州的法官约翰·H·弗格森说他们错了。普莱西的官司一路打到最高法院,普莱西在那里打输了。"普莱西诉弗格森案"和"德雷德·斯科特诉桑德福德案"一起,成为最高法院判决的最糟糕的案例。只有一位最高法院法官约翰·马歇尔·哈伦不同意其同僚的观点,下面就是他的不同看法:

> 根据宪法,从法律的观点看,这个国家的公民中不存在优等的、占支配地位的统治阶级,不存在等级制度。我们的宪法是色盲,既不知道也不容忍公民中有阶级之分。

联邦的军队一离开南方,重建便没有成功的希望了。"救世主"逐渐剥夺非洲裔美国人的权利。最高法院大法官亨利·B·布朗(左下图)宣读了"普莱西案"的判决,该判决使得"隔离但平等"成为这个国家的法律。

"我们的宪法是色盲"——但是要到六十年之后,我们的最高法院才能明白这一点,并且最终废除"吉姆·克劳法"。克劳先生一直到那时都在纵情地唱歌跳舞。"隔离但平等"成为南方的生活方式。1893年(三年后,"普莱西案"成为法律),弗雷德里克·道格拉斯在芝加哥世界博览会上说了这样的话:

大法官约翰·M·哈伦

大法官亨利·B·布朗

> 人们谈论黑人问题,黑人问题根本不存在。问题在于美国人是否足够忠实、足够诚恳、足够爱国地实践他们的宪法。我们黑人热爱自己的国家,我们为自己的国家战斗过。我们只要求自己受到的待遇与那些背叛这个国家的人相同。

第八章 这是谁的土地？

两百年来,美洲土著通过一个又一个条约得到允诺——假使他们再迁移一次,他们就不会再受到干扰。他们首先被驱赶着越过阿巴拉契亚山脉,然后被驱赶到密西西比河以西,现在又要求他们让出西部剩余的所有好土地。他们没有获得一次选择机会——或者,他们别无选择:要么迁移要么开战。因此,在内战结束大约三十年

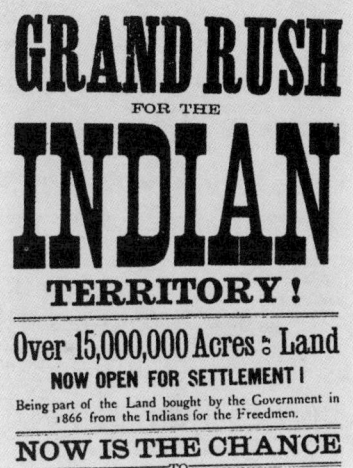

的时间里,西部仍然有印第安人战争。是美国军队迫使印第安部落战斗。不管人们怎么说,发动这些战争都是出于同样的原因:土地,以及谁将控制土地。"我们打到了他们的家门口……他们打起仗来简直不要命。"一

一位德国画家鲁道夫·丹尼尔·路德维希·克罗瑙在1880年代到美洲旅行,描绘了从布鲁克林桥到俄勒冈州的景色。1885年,他在《犹他州的格林河》中画了一处名胜(左图),从外国游客到美洲土著,每个人都会在格林河停下来观看那里的风景,那景色让人心生敬畏。上图的土地抢购海报讲述了印第安人的土地被交给白人定居者的故事。不久,"印第安土地"就只是简单地意味着可以随意占领的地区。

名军官对一个试图理解印第安战士的凶猛性的预审法庭说。对战争双方的恐怖行为,很难做出合理的解释。

占据印第安人土地的都只是一些普通的白人,他们被告知,西部有空土地,于是就来到这里定居。他们曾经听说美洲土著的故事——通常都说印第安人是残酷、嗜血的野蛮人,不像他们自己那样"文明"。许多来到西部的定居者宁愿待在东部,但是,到 1873 年的时候,东部发生了经济危机,农场衰退,成千上万的人失去了工作。于是他们便向西部前进,填满了阿巴拉契亚山脉以西的土地,然后跨过密西西比河。他们会遭遇令人吃惊的事情,在大草原上耕种不同于在东部耕种。大约有三分之一去西部的人都回到了他们出发的地方。返回东部的马车上覆盖着标语,上面写着:我们信仰上帝,但却在堪萨斯破产。

那片广阔的美洲平原——从得克萨斯一直延伸到加拿大——是世界上最大的草原之一,是一片动植物资源丰富的草原,就像俄国的西伯利亚大草原或者阿根廷的潘帕斯大草原一样。到西部去的人来自周边有海湾、森林或者高山的地区,或者来自新英格兰带篱笆的农场,没有为这样的开阔景色做好准备。这简直就像降落到了另一个星球上。这些目光里习惯于树木、群山的冒险者,往往会在一望无垠的土地上迷路。但是,有一些人却感觉到了前所未有的自由,这里无边无垠的广袤景色也许会让人类显得渺小,但这也让人类成为令人敬畏的无尽宇宙的一部分。这个地区并不适合每一个人,不过,那些喜欢这里的人逐渐爱上了它的辽阔,它的宁静,它的潜力。

其他人发现这是一片无情的土地。大草原并不是空地,但是对于那些抱着过高的希望跟在篷车旁边跋涉的人来说,它就显得荒凉、贫瘠,孤寂得令人痛苦。要花很长时间才能适应这里的环境,许多人永远不能适应。土壤非常肥沃、富饶,然而气候却要么酷热,要么严寒,还有不期而至的龙卷风刺激着人们。入侵的蝗虫吞噬了庄稼,干旱让农作物枯死,开阔平原的孤独把有些人逼疯了。

不过,大多数美国人的梦想是拥有一个农场,尽管这片广袤的平原存在一些问题,却仍然吸引了那些想要获得土地的人们。1862 年,当内战仍在继续的时候,国会通过了一项《宅地法》。该法案规定,任何居民(包括女性),或者任何提出书面申请要求成为美国公民的人,只要支付十美元,就能够获得一百六十英亩的公有土地。(后来,历史学家保罗·约翰逊将写道:"在人类历史上,不管是在此之前还是在此之后,从没有官方权力机构在帮助普通人成为土地所有者方面走这么远。")战争一结束,许多人便朝着西部进发了。有人说他们中有二十五万是寡妇和单身女子,很多自耕农都是刚刚下船的移民。一些西部定居点的人全部是德国人,或者全部是瑞典人,或者全部是挪威人。

大平原上兴起了一种新农业,那里的降水很少,于是农夫们就挖井,利用充足的风力来驱动金属风车,将水从井里抽出来,不久,大平原的景色中便到处点缀着这样的风车。许多农夫成为只种植一两种农作物的行家。千百年来,男男女女都使用同

上图,一台收割机(和它的发明者赛勒斯·麦考密克,见插入的肖像)由三十二匹马拉着,很快就收割完了俄勒冈州东部的一块土地。左图,在堪萨斯州收集美洲野牛粪。在没有树木遮蔽的平原上,使用野牛粪而非木头做燃料。

样的播种和收割方法,随后出现的若干发明改变了这一切,其中之一就是约翰·迪尔的耕犁。

平原上的土地都是草原,由地下厚密的草根盘结在一起,它们缠绕得如此紧密,你可以把它们成块地挖出来,这种土块叫"草皮",可以用来建造房屋。要犁开这样坚实的土地,老式的木犁头会断掉;铁犁也不好使,泥土会粘在铁上。迪尔设计了一种钢犁,非常坚硬,泥土也不会粘在上面。这种钢犁改变了农业,但这与赛勒斯·麦考密克的收割机比起来,简直算不了什么。正是那种收割机——还有铁路——把人们带到西部,改变了他们的耕种方式。收割机可以割断、收获谷物。在以前,农夫都用镰刀收割麦子,镰刀是一种手持工具,用镰刀收割是一项艰苦、劳累的工作,一个好劳力收割一英亩谷物就需要一整天的时间,如果他拥有四十英亩土地,那就意味着他得用四十天才能收割完。在四十天的时间里,谷物会熟过头、烂掉。麦考密克的机器——用马或者骡子拉动——可以在一个下午的时间内收割一大片土地。收割机对小麦种植的意义相当于埃利·惠

一位摄影师在场拍摄了历史上规模最大的土地抢购场面：1893年，俄克拉何马州六百万英亩无人定居的土地——"切罗基地带"——在一天之内就认购完了。在安德鲁·杰克逊把切罗基人赶出佐治亚州之后，这片土地曾被"永久"地赐予切罗基人作为捕猎野牛之所。而这次抢购从切罗基人那里夺去了这块土地。

特尼的轧棉机对棉花种植的意义。收割机使得大型农场具有可行性，在赛勒斯·麦考密克到来之前，工业革命主要发生在城市，麦考密克带来了农业生活的革命。他不仅是一位发明家，他也是一位商业和销售天才。他为自己的机器做出保证：如果机器发生故障，他将确保它们得到维修——此前从没有人做过这样的事情。他训练一些专业人员去教农民使用收割机，此前也没有人这样做过。收割机非常昂贵，大多数农民都买不起，于是麦考密克让农民用几个月的时间付款，这被称为"分期付款购买"——这是他的另一个主意。他给自己的工厂增加了一个研究部门，不断改进收割机的样式，这对商人来说也是前所未有的事情。

在1860—1890年的三十年时间里，美国变成耕地的土地比1607—1860年成为耕地的面积总和还要多。1879年，麦考密克工厂生产了一万八千七百六十一台收割机。两年后，该厂生产了接近四万九千台，并且产量还在持续上升。种田成为一种工业，昂贵的农耕机械成为必不可少的设备。新设备使得大型商业化农场变得十分普遍。现在，银行贷款和资金成为农业的重要部分。那些不能筹集资金的农夫通常会被淘汰出局，越来越多的小农场主卖光家当，来到城市，在制造业和工业部门寻找工作。到 1900 年,在阿巴拉契亚山脉以西的土地上,杰斐逊极其崇拜的独立而自给自足的农夫几乎不复存在了。新的农夫是一个巨大的体系的一部分,他的小麦、棉花、牛肉和羊毛卖到了世界各地,他不得不为伦敦和芝加哥的市场和价格担忧,而不是为附近的市场和价格担忧。

由于土地看起来无边无际,美国农夫的耕种十分浪费土地。当一块土地的肥力耗尽之后,他们只需搬到边疆的另一块更好的土地上即可。但是,到 19 世纪末,边疆的空土地已经不复存在。此外,低劣的农耕方法破坏了一亿多英亩的土地(相当于俄亥俄州、北卡罗来纳州、马里兰州和伊利诺伊州加起来的面积)。在大草原上,农夫将野草斩草除根,耕种草皮下面的土地,这样一来,就没有什么东西能够保持水土了;肥沃的土地变成尘土,被风刮走,雨水把上层的大部分肥土冲进河流。那片土地曾经养育过野牛、高大的野草和富饶的野生动植物,现在却变成一片贫瘠之地。

用铁丝网围起来

想象一下这样的场面:你在堪萨斯州的一个农场上定居下来,你努力工作,你种植的谷物长势良好,你对自己感到满意。接着,一个牛仔决定把他的牛群赶到市场上去,他刚好经过你的土地。"轰"——你的庄稼没了,一年的辛苦劳作化作泡影,也许连农场也没了,因为没有谷物拿去出售,你就没有钱购买种子和生活必需品。这只是打击平原州农业的众多麻烦之一。美洲土著与农夫之间的冲突不亚于农夫与牛仔之间的冲突。农夫们不能像他们在东部地区所做的那样,把他们的土地用篱笆圈起来,因为没有足够的树木做篱笆桩。后来约瑟夫·格利登解决了他们的问题,他在自己的后院里用旧咖啡磨和一个巨大的旋转磨石做实验,用它们把两根铁丝拧在一起,然后在铁丝上缠绕尖尖的倒钩。用这些带刺的铁丝网,农夫就能够以相对较低的成本把几英里的地产圈起来。到 1874 年,格利登每年生产一万磅带刺的铁丝网。农夫们很高兴,牛仔可不高兴。他们再也不能走直线了,现在他们不得不绕着铁丝网篱笆找路。

足迹在一个保留地终止

新来的美国人和美洲土著正在分享同一片土地,但是他们却有着各不相同的生活方式,双方都不愿意改变自己的生活——为什么要改变呢?问题在于,这两种生活方式不能在同一片土地上并存,而他们双方都想要那片土地。平原印第安人主要是猎人,新来的定居者主要是农夫和牛仔。猎人和农夫很难生活在一起,猎人需要自由的、没有耕种的土地,这样一群群野牛、鹿和羚羊就可以在土地上移动了。而农夫需要清除掉野生动物的土地,这样农作物就不会被践踏、被吃掉和遭到破坏。牛仔需要没有野牛和其他野生动物的牧场,这样他们的牲畜就没有竞争对手跟它们抢草吃了。

1796年,乔治·卡特林出生于宾夕法尼亚的威尔克斯—巴里;他对印第安人的生活和知识着迷,为此在1830—1836年之间旅行了几千英里——从密苏里州来到美国西南部,在四百七十幅画作中描绘了差不多四十个部落的生活。《追踪野牛:公牛与人和马的战斗》(上图,作于1832—1833年)是一系列作品中的一幅,画中描绘的是希达楚部落。

当刘易斯和克拉克到西部探险的时候,大群大群的野牛布满了平原,一眼望不到边。到1865年,仍然有一千二百万头野牛。有个见过野牛的人写到一个非常大的牛群,它以每小时二十四五公里的速度移动,整群野牛全部从他身边经过,一共花了五天时间。几年之后,野牛差不多已经完全消失了,人们为了获得牛肉和牛皮,杀死了成千上万头野牛,有的时候,杀野牛只是一种运动,或者为了清理土地。像"野牛"比尔·科迪这样的猎人,把杀死的牛群留在它们倒下的地方,土地散发出死牛的臭味,曾经在野兽的蹄子下震动的大地,变得如同沙漠一般寂静(但是不久之后,家养的牛便取代了野牛)。

为了更好地理解美洲土著的遭遇,认识到这一点很有帮助:内战后,许多以前的士兵,在这场战争中学会了怎样杀人。他们习惯于杀人,其中有些人不知道怎样做其他事情,于是就到西部去杀戮印第安人。到西部去种田的和平定居者有时候成为愤怒的印第安人刀下的无辜受害者。双方的仇恨都很强烈,复仇的欲望同样强烈。

1875年,美国政府决定,必须把残留下来的所有平原印第安人限制在保留地里(差不多总是位于无人想要的土地上,那些地方贫瘠得没法种庄稼)。那些反抗的印第安人要么被捕要么被枪杀,政府派遣士兵到西部,把美洲土著驱赶到保留地去；印第安人为他们的土地和他们的生活方式而战斗。菲利普·谢里登说："只有死去的印第安人才是好印第安人。"这句话被广泛引用。谢里登曾经是内战中的联邦军将军，现在成了攻打印第安人的战士，他的老板威廉·特库姆塞·谢尔曼说过这样的话："所有不肯离开其老狩猎地的印第安人都充满敌意，他们会保持敌意，直到被杀光。"谢尔曼谈论的是对印第安问题的"最终解决方法"。谢尔曼的中间名是一位伟大的印第安英雄的名字，但是谢尔曼并不引以为豪。约翰·波普（他曾在第二次布尔河战役中指挥联邦军，被打得一败涂地）宣布说，他将把苏族印第安人"当作疯子或者野兽，决不会当作能够与之达成协议或者妥协的人类"。在科罗拉多州，曾经做过牧师的约翰·M·齐文顿上校屠杀了一百五十名向州长寻求保护的夏延族印第安人，其中大多数是妇女和儿童。齐文顿把这种屠杀叫做"为我们自己和文明所做的分内事"。

乔治·阿姆斯特朗·卡斯特中校是受命实现这一新目标者之一。卡斯特留着长

"白人雇用猎人只是为了杀野牛，"一位凯厄瓦族印第安人"老母马"说，"皮货商跟在他们后面来到，有时候，一人高的牛骨堆顺着车辙印摆满一两公里。"

约翰·齐文顿上校

> 如果一名印第安人为了不让他的妻儿挨饿而杀死一个白人的公牛，你们的人民就会大吹牛皮，有时还会发动战争。当我们的人民看到自己的野牛被你们的族人杀死，而且这些人并不是因为饥饿才杀野牛，你能指望我们的人民说什么呢？
>
> ——一位夏延族印第安酋长

长的金发，发卷一直垂到肩上，他是一个传奇式的内战英雄。他勇敢无畏，但也鲁莽自负。1876年6月26日，他不顾自己接到的命令和侦察兵的报告，率领二百六十六名士兵进攻两千名夏延族和苏族印第安人。由苏族酋长"疯马"率领的印第安人聚集在蒙大拿州中部的小大角河。随后发生的事情被称为"卡斯特的最后抵抗"，美国军队中唯一的幸存者是一匹名叫"科曼奇"的马。在东部，据传说，卡斯特

这是众多表现卡斯特(左图)在"最后抵抗"苏族酋长"疯马"(右上角插图)的图画之一,"疯马"说:"我们只想要和平与不受干涉的生活……但是长头发(指卡斯特)来了……他们说我们把他杀害了,但是,如果我们不保护自己,他就会对我们做同样的事情。"

成为一个在小山顶上直面死亡的英雄人物。

事实上,大多数美洲土著根本就不想与白人世界打交道,他们希望能够不受干涉地追求自己的生活方式。一位明尼苏达族的酋长说过这样的话:

> 白人总是试图让印第安人放弃自己的生活,像白人那样生活——去种田,努力工作,像他们那样行事——印第安人不知道怎样做这些事情,而且也不想那么做……如果印第安人曾经试图让白人像印第安人那样生活,白人就会反抗,许多印第安人也会同样如此。印第安人想要……随心所欲

> 今年我们杀死的印第安人越多,明年我们不得不杀死的印第安人就越少。我对这些印第安人了解得越多,我就越发肯定他们所有人都该被杀掉,或者作为一个乞丐种族而保留下来。
>
> ——威廉·特库姆塞·谢尔曼将军

地去他们想去的地方，在能够找到猎物的地方狩猎，把兽皮卖给皮货商，以他们自己的方式生活。

酋长和他的人民被赶进一个保留地，那里土地贫瘠，没有足够的食物。他们不得不从政府的代理商那里购买食物和生活必需品，这些代理商往往会欺骗他们。

> 许多白人常常虐待印第安人，对他们很不友好。也许白人这样做有自己的借口，但是印第安人不这么想。许多白人在看见一个印第安人时，似乎总会按照他们的方式说："我比你好得多。"印第安人不喜欢这样……达科他人不相信这个世界上还有比他们更好的人。

甚至那些本打算帮助美洲土著的基督教牧师，也往往以破坏这些部落收场，因为这些牧师相信他们的生活方式比美洲土著的生活方式好。当牧师们带走印第安孩子，把他们送进教会学校或者政府的寄宿学校时，他们认为自己在做正确的事情。美洲土著被迫穿上白人的服装，吃白人的食物，学习白人的生活方式。黑脚族印第安男孩"独狼"这样描述自己的经历：

宾夕法尼亚州的这所卡莱尔印第安学校建于1879年，该校是政府第一次试图"教化"印第安人的一部分计划。卡莱尔学校的学生（就像这些苏族男孩，在入学前和入学后拍照片）不得不剪掉他们的长发，穿上学生制服，只允许说英语，并且改信基督教。

> 我们搭乘马车那天非常冷，我们谁也不想走，我们的父母也不想让我们走。一到肖堡的学校，我们的物品就被拿走，堆成一堆，点火烧掉了。接下来是我们的长头发，让所有印第安人骄傲的头发。当男孩们看见自己

的辫子被扔到地上时,他们一个接一个地失声痛哭了。

新来的美国人谈论着"征服"这片土地及其古老的人民,而且他们就是那么做的。印第安人、山民和野牛的传统西部结束了,一个新的、不同的西部出现:那片土地属于农夫、牛仔、矿工、城市居民以及适应了这个新现实的印第安人。但是,在上演这出悲剧的最后一幕之前,一位伟大的领袖试图拯救他的人民。

我将永不再战

纳兹珀斯族印第安人生活在一个伊甸园似的地方。他们的土地——就是现在的爱达荷州、华盛顿州和俄勒冈州所在的地方——有郁郁葱葱的山谷,野草繁茂的平原,陡峭的群山,还有似乎被巨人的蒸汽挖土机劈开的大峡谷。纳兹珀斯人与麋鹿、鹿、羚羊、野兔、禽鸟和石山羊(还有一些食肉的天敌:熊、狼、狐狸和草原狼)共享这片土地。鱼儿,尤其是尊贵的鲑鱼,在他们的河流中溅起水花。纳兹珀斯人是优秀的猎手,他们以自己坚硬的弓箭而闻名,这些弓用樱桃木或者紫杉制成,不过,最好的弓是用山绵羊角做成的,把羊角放在沸水中煮过,然后弄弯了,用一层层筋加固。其他部落用他们最宝贵的货物交换这样的弓。当马匹来到这些北部地区之后,纳兹珀斯人就变成了技艺娴熟的骑手,是这片土地上最优秀的骑手之一。马儿在丰美的高山牧场上长得十分膘实,纳兹珀斯人学会把这种动物培育得强壮、漂亮而快捷。

早在第一次看见外来人之前,纳兹珀斯人就从其他部落听说了他们的故事。纳兹珀斯人知道南方的西班牙人、阿拉斯加和西海岸的俄国人、北部和东部的法国人。不过,当梅里韦瑟·刘易斯和威廉·克拉克步履蹒跚地走进他们的一个营地时,纳兹珀斯人肯定仍然大吃一惊。那是1805年9月底,托马斯·杰斐逊总统派到西部踏勘的探险队成员遭遇了一次山地暴风雪,他们饥肠辘辘,印第安人给克拉克和他的队员吃了野牛肉和卡马夏根茎,很可能救了他们的命。印第安人和探险队彼此关系友好,刘易斯和克拉克劝说美洲土著停止各部落之间的战争,以便让白人能够安

约瑟夫酋长。"他昂首挺胸,身材高大,但却奇怪地显得友善而温和,"历史学家小艾尔文·M·约瑟菲写道,"然而他身上却具有一种沉静的力量和尊严,那是对任何人都无所畏惧的人所具有的特征。"

全地开设贸易站,他们计划向印第安人出售枪支、镜子和其他货物。印第安人需要这些货物,他们召开了一次会议,发誓"促进和平"。在1860年从他们的土地上发现金子之前,保持和平是很容易的事情。但是,他们无法从这片土地上赶走寻找金子的矿工,定居者接踵而至,麻烦开始了。

格兰特总统试图解决这个问题,他留出一片土地,"作为漫游的纳兹珀斯印第安人的一个保留地"。定居者不准到那里去,但这却无法阻止矿工和自耕农,他们公然反抗总统,搬到这片保留地上去。有些纳兹珀斯部落签订条约,放弃他们的部分土地,但其他人不愿那么做。在这些拒绝签订条约的部落中,有一个部落的领袖被大多数美国人称为"约瑟夫酋长",他的真名是"Hin-mah-too-yah-lath-ket",意思是"在山间轰鸣的闪电"。约瑟夫告诉他的人民要有耐心,他不想和白人定居者打仗。1876年,美国政府派遣三名专员去见约瑟夫酋长,想劝说他从自己的土地迁移到保留地去。约瑟夫不同意迁移。"我们热爱这片土地,"他说,"这是我们的家园。"这些专员失去了耐心,他们说,印第安人必须离开,而且还要快点——即使天气很恶劣。一名愤怒的印第安年轻人——他父母被白人定居者杀害了——杀死了这些白人中的几个,现在白人就有借口把印第安人叫做野蛮人了,现在他们就能够攻击印第安人了。

当印第安人举着休战的白旗走到白人士兵跟前时,第一场战斗开始了。一颗子弹向印第安人呼啸而来,纳兹珀斯人给予了回击。战斗很快结束,三十四名骑兵死去,而印第安人没有死。逃跑的士兵丢弃了他们的武器——六十三支来复枪和许多支手枪,这是印第安人的战利品。但是他们人数不多,他们知道这次战斗会让白人发出警报,其他白人士兵很快就会追击他们。于是他们赶紧跑到他们认为自己会获得自由的地方,他们朝加拿大前进。

> 关于我对土地的热爱,请给予充分理解。我从未说过:这片土地是我的,我可以随意处置。有权处置这片土地的是创造这片土地的人。我要求获得在自己的土地上生活的权利,并且给予你们在你们的土地上生活的特权。
>
> ——约瑟夫酋长

那是一千英里长的旅程,一支白人军队来了,随后又来了一支,一支接一支,他们尾随和攻击纳兹珀斯人的这个残余部落。约瑟夫酋长的大多数小队都是孩子和老人,不管在什么地方,他们的人数和武器都比不上白人。然而,他们却一次又一次地用智慧战胜了追击者。但是,与他们作战的不仅有军队,还有电报。电报招来了新的部队,最后,就在距离加拿大近五十公里的地方,面对得到增援的美国军队,纳兹珀斯人只得投降了,他们无法走得更远。酋长约瑟夫说:

> 我厌倦了打仗,我们的酋长们被杀害了……老人们死去了……孩子们被冻死了。我的人民,有一些逃到了山里,他们没有毯子,没有食物;没有人知道他们

在哪里……我心情沉重而悲伤。以太阳之名,我将永不再战。

那天,白人向约瑟夫酋长许下诺言,但是白人不会遵守这些诺言。在华盛顿,那些想得到印第安土地的人编造谎言,纳兹珀斯印第安人被赶出他们繁茂的山地,送到了荒凉的保留地,许多人生病去世。约瑟夫酋长祈求正义,他说:

> 所有人都是由同一个大神创造的,他们都是兄弟。大地是所有人的母亲,所有人都应该在大地上享有平等的权利。如果你们希望,那些生来自由的人们在被关起来、失去随意走动的自由之后,应该感到满意,那么你们也可以希望河水能够倒流。我们只要求像其他人那样获得平等的生存权利,我们要求作为人而得到承认,我们要求同样的法律对所有人起同样的作用。如果印第安人违反了法律,那就根据法律来惩罚他;如果白人违反了法律,也同样按照法律惩罚他。让我做一个自由人——自由地旅行,自由地停止,自由地工作,自由地前往我选择的地方进行贸易,自由地选择我自己的教师,自由地信仰我父辈的宗教,自由地独立思考、说话和行动——那样我就将遵守每一条法律条文,或者服从惩罚……只有当白人像对待他们自己人那样对待印第安人时,我们与白人之间才不会再有战争。我们所有人都应该是彼此相似的——都是拥有同一个父亲和母亲的兄弟,头顶同一片蓝天,拥有同一片土地,受同一个政府统治。

埋葬吾心于伤膝溪

奇里卡华族的阿帕奇部落印第安人漫游于高大的树形仙人掌所生长的土地——亚利桑那。作为娴熟的骑手和战士,他们主要依靠狩猎以及袭击印第安人村庄以及墨西哥人为生。1851年,墨西哥士兵杀害了一个阿帕奇人的母亲、妻子和三个孩子,这个印第安

我已爱上美国名字,
动人的名称从无一字多余,
写在蛇皮上的矿权地契,
梅迪辛哈特那装着羽饰的战帽,
图森、戴德伍德和洛斯特缪尔平地。
我不会在蒙帕那斯安息。
我不会在温奇尔西长眠。
你们可以把我的躯体埋在苏塞克斯草地,
你们可以把我舌头埋在尚梅蒂。
我不会待在那里,我将复生又死去。
埋葬吾心于伤膝溪①。

——斯蒂芬·文森特·贝内《美国名字》,选自《民谣与诗歌,1915—1930》,1931年版

---

① 诗歌译文来自美国驻华大使馆网站资料,稍有改动。——译者注

弗雷德里克·雷明顿在其画作中描绘了第七骑兵团在伤膝溪开火的场面。他重点描写了士兵,而不是他们那些手无寸铁的受害者。右图,杰罗尼莫。他说:"如果我在囚禁中死去,我希望能确保残余的阿帕奇部落得到他们所要求的一个特权——回到亚利桑那。"

人就是戈雅克拉(他的名字意思是"打呵欠者"),他发誓报仇。从此以后,戈雅克拉便经常进行报复。墨西哥人给戈雅克拉起了个外号,叫"杰罗尼莫"。《瓜达卢佩·伊达尔戈条约》(该条约结束了1848年的墨西哥战争)把亚利桑那、里奥格兰德河以北的得克萨斯、加利福尼亚、新墨西哥、内华达、犹他以及科罗拉多和怀俄明的一部分割让给美国。当美国人到达这些地区的时候(主要在内战之后),他们要求获得阿帕奇部落的土地。美国政府命令土著迁移到印第安人保留地去。杰罗尼莫拒绝离开,组织游击队与美国军队战斗了三十年左右;他的英勇行为富有传奇色彩。他被美军抓获,押到一个保留地,逃跑,袭击,再次被抓获,押到一个保留地,逃跑,袭击——就这样继续下去,他被称为"虎人"。最后,一大队士兵被派去抓捕这个老谋深算的阿帕奇人,杰罗尼莫与士兵们周旋了好几个月,但最终还是投降了,他听说自己的战士将被送到佛罗里达,与他们的家人待在一起。那是1886年,"从此以后,我将停止敌对行动,和平地生活。"他说道,并且当真这样去做了(他和他的战士被关进监狱,然后被送到了俄克拉何马州的印第安人保留地)。后来根据他的口述出版了《杰罗尼莫的生活》。

在南达科他州伤膝溪附近的一个地方,一群汉克帕帕部落的苏族人——主要是妇女和儿童——正聚在一起举行"鬼魂舞"仪式,这时,美国第七骑兵团的五百名士兵出现了,冲突转变成暴力,然后是屠杀。一位名叫"美洲马"的苏族领袖是目击者。"士兵们把枪口转向小屋里的妇女,"他说,"四散奔逃的女人们和她们怀里的孩子一起被杀死,子弹准确地射中他们的身体。小男孩则遭到了屠杀。"一位苏族医生"黑麋鹿"很快到达现场:"在士兵们开枪的小山脚下,平地上到处是一堆堆倒下的男人和女人。在通向高高的山脊的道路旁边,到处都是被杀害的妇女、孩子和婴儿。看着这一切,我真希望自己也死掉。"

那是1890年,美国西部的印第安战争结束。1904年9月21日,约瑟夫酋长去世。在华盛顿州的科尔维尔印第安保留地,医生把约瑟夫酋长的死因归结为"心碎"。

杰罗尼莫现在是一头驯服的老虎。1904年,他在圣路易斯世界博览会上展出;并骑马参加了西奥多·罗斯福总统就职仪式上的游行。在第二次世界大战期间,美洲土著伞兵在跃入空中的时候会大叫"杰罗尼莫"。战后,"杰罗尼莫"成为表示高兴的常用语。

来到美国

19世纪的美国移民来自世界各地,不过来自欧洲的移民比别处都多,而来自德国的移民又比任何欧洲国家多。卡尔·舒尔茨就是众多德国移民之一,他在这里讲述了他的故事:

> 这是我童年时代最早的记忆之一……我们的一家邻居即将搬到遥远的大海那边去,据说他们再也不回来了。我看见眼泪静静地流下饱经风霜的面颊,农夫们彼此紧握对方粗糙的手,在互相点头作最后的道别时,有些男人和女人几乎说不出话来。最后,火车终于开始移动,他们为美国欢呼三声,然后,在清晨的第一束灰白的曙光中,我看着他们顺着大路翻过山,消失在森林的阴影之中。我听见许多人说,如果他能够与他们一起到那个伟大而自由的国家去,那该是多么幸福的事情。在那里,一个人可以按照自己的意志行事……那是我第一次听说美国,在我孩提时的想象中,美国的土地部分覆盖着神秘的树木,部分是开满鲜花的草原,一眼望不到边,上面交织着大江大湖——在那片土地上,每个人都能够做他认为最好的事情,而且谁都不必做穷人,因为每个人都是自由的。

1848年,舒尔茨在德国为一次自由运动而战斗。但是,当自由战士失败后,他就陷入了困境,不得不逃到瑞士去。然后,舒尔茨又凭着非同寻常的勇气,回到德国,帮助他大学时的教授从监狱里逃脱。不过,舒尔茨也知道,如果自己待在德国,也会受

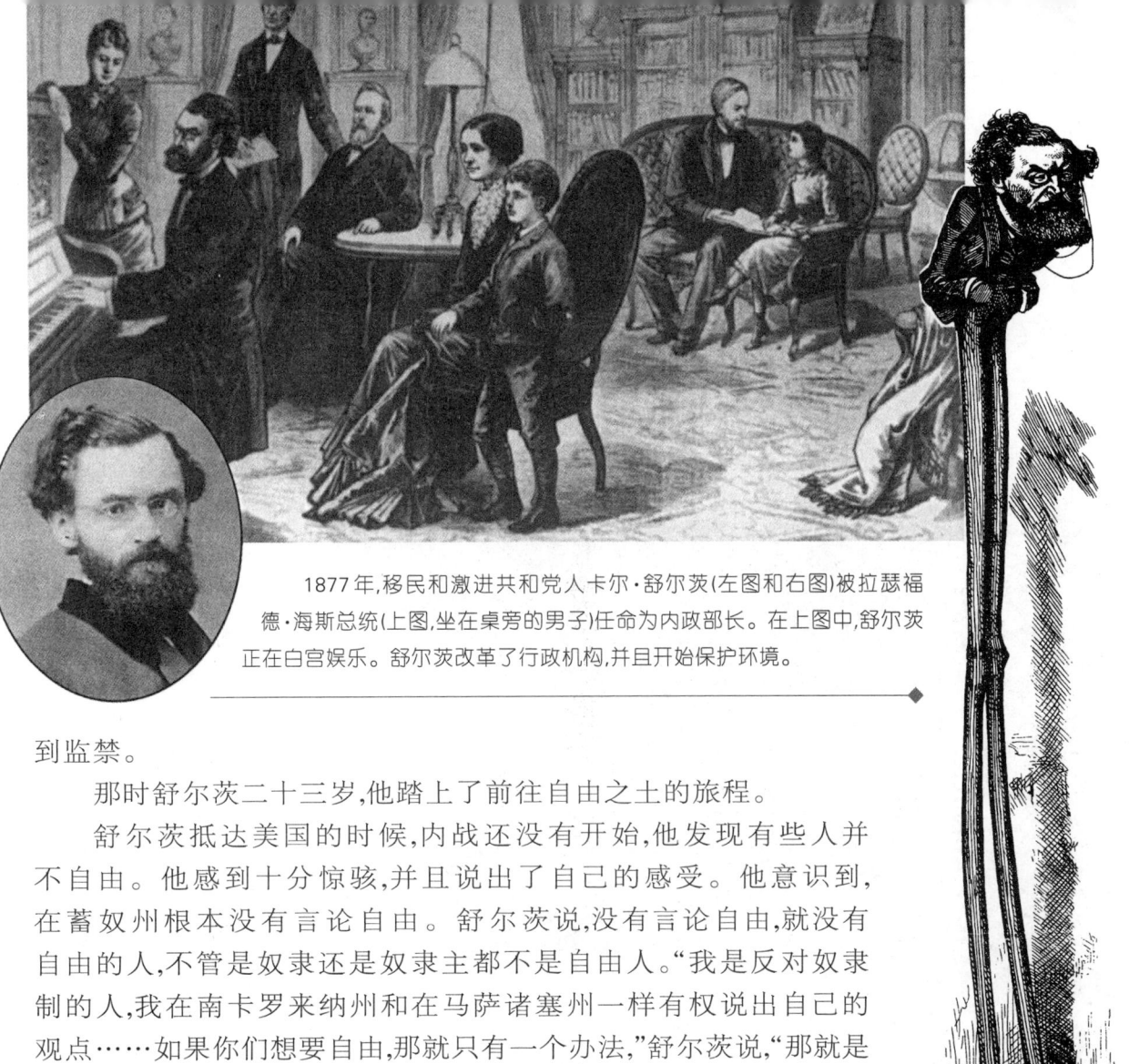

1877年,移民和激进共和党人卡尔·舒尔茨(左图和右图)被拉瑟福德·海斯总统(上图,坐在桌旁的男子)任命为内政部长。在上图中,舒尔茨正在白宫娱乐。舒尔茨改革了行政机构,并且开始保护环境。

到监禁。

那时舒尔茨二十三岁,他踏上了前往自由之土的旅程。

舒尔茨抵达美国的时候,内战还没有开始,他发现有些人并不自由。他感到十分惊骇,并且说出了自己的感受。他意识到,在蓄奴州根本没有言论自由。舒尔茨说,没有言论自由,就没有自由的人,不管是奴隶还是奴隶主都不是自由人。"我是反对奴隶制的人,我在南卡罗来纳州和在马萨诸塞州一样有权说出自己的观点……如果你们想要自由,那就只有一个办法,"舒尔茨说,"那就是确保你的所有邻居都平等地享有全部自由。"

在他的新国家,卡尔·舒尔茨能够畅所欲言,说出他相信的事情。就在他抵达美国十年之后,亚伯拉罕·林肯总统任命舒尔茨担任美国驻西班牙公使,接着舒尔茨在联邦军队当上将军。战后,舒尔茨先后当过新闻记者、编辑、密苏里州的参议员和内政部长。他谈论着保护未开垦区和公平对待印第安人,那时几乎没有其他任何人想到这些事情。"平等的权利……是真正的民主制度中最伟大的道德要素。"卡尔·舒尔茨写道。就像其他许许多多移民一样,他也爱上了美国理想。

自由与工作机会

1845年,爱尔兰土豆歉收,并且一直持续了好多年,一百多万爱尔兰人被饿死。就在美国内战酝酿中的那几年,爱尔兰全部人口的四分之一(一百七十万男人、女人和孩子)来到了美国。在欧洲大陆上,从1750—1850年的一百年间,人口增长了一倍。所有那些增加的人口都需要食物、住所和工作——而在欧洲，这一切似乎就是不能满足他们的需要。

很多移民到美国来是为了寻找工作和逃避饥荒。还有很多移民是为了免受宗教压迫，持不同宗教观点的人从荷兰来到美国；犹太人在欧洲经常因为自己的信仰而受到迫害，他们也从德国、波兰和俄国来到美国。还有一些移民是为了躲避正在让部分欧洲陷入混乱的政治战争。在美国内战结束后的半个世纪里，大约有二千六百万移民来到美国。许多新移民在城市里开始了他们的生活——在那些人满为患的廉租公寓里，有时候八户人家共用一个浴室——如果有浴室的话，通常这种公寓只在屋后有一个厕所。几乎没有几个移民了解美国——除了知道这是一片自由的土地。然而，那正是他们想要的：自由和工作机会。

"朝美国航行的轮船非常差，"一个十一岁的移民来自奥地利，他说，"人们……很脏……当我们……在埃利斯岛……下船的时候，人们……因为长了虱子而搔痒。"在美国，孩子们待在大街上的垃圾堆里（里面还有死马）玩耍。顶部的插图：雅各布·里斯，他记录了纽约城里贫困移民的生活。

他们是乘坐汽船过来的，大多数移民都挤在甲板下叫做"统舱"的地方，这里的船票只要三十美元。航程需要十天才结束，许多移民在纽约港上岸，在一个叫做城堡公园的地方。1892年之后，他们通常在埃利斯岛上岸。

雅各布·里斯来自丹麦。他读过有关美国的书，认为自己对这个国家略知一二。里斯在丹麦阅读的是有关牛仔的书，他希望能在纽约找到野牛和牛仔。到达美国之后,他做的第一件事情就是把自己的钱花去一半,买了一支枪。后来他说,他惊讶地发现纽约"铺砌着道路,有路灯照明,完全和哥本哈根一样文明化"。一个友善的警察看见这个男孩子的皮带上别着一把手枪,就告诉他把枪放在家里。"我听从了他的建议,把手枪放了起来,暗自为摆脱了这东西而感到轻松。带着它到处走非常沉。"里斯花了七年的时间才找到一份体面的工作,随后他受雇成为一名新闻记者,撰写有关美国城市贫民生活的故事。他学会照相,大多数摄影师照的都是美丽的风景或者富人。没有人给穷人照相,但里斯却这么做了。他真实地再现了一些移民如何勉强维持生活的场景,他的照片和文字(他有一本书叫《另一半人如何生活》)有助于制定法律来改变一些事情。"我的目的就是说出我看到的真相,"他写道,"如果我的书曾经为获得正义的丰收尽了绵薄之力,那就达到目的了。"雅各布·里斯就像卡尔·舒尔茨(他认识舒尔茨)以及当时的其他一些人一样,是一名改革家。他想要让这个世界变得更加美好。

谁想要移民?

有些美国人不希望新移民来到这个国家;而那些新移民一旦定居下来,也不希望其他移民随后到来。通常,最后到达的移民非常穷困,愿意努力地工作,接受低于先到的移民所得的报酬。所以,一些人想阻止移民,因为他们害怕有人竞争工作机会。还有其他一些原因。因为新来者不会说英语,他们需要从学校获得额外帮助,这就得花钱——纳税人的钱。许多新移民居住的城市拥挤不堪,犯罪频生,这就需要更多的警察和城市服务,这也得花钱——纳税人的钱。有些人说:"我们为什么要为那些穷人的问题付钱呢?"

与此同时,新移民正在做其他人不愿做的工作——洗盘子、擦地板或者修建铁路。没人能够预见,这些新移民的儿女将会成为某些有史以来最有创造力的公民。但时代不同,有些哲学家和科学家认为某些人比其他人优越——这是一个诱人的观点(结果只是胡言乱语)。然而这样的观点导致了歧视——有时候是邪恶的歧视,尤其是那些针对天主教徒、犹太人、黑人、爱尔兰人、亚洲人和拉丁美洲人的歧视。

事实上,有一群怀有偏见的人组建了一个政党,其正式名称叫"美国人党",不过大多数人把它叫做"一无所知党"。"一无所知党人"反对天主教,排斥外国人。他们设法破坏了罗马天主教教皇送来的一块石头,这块石头本来是修建华盛顿纪念碑所用的一部分材料。另一群心怀仇恨的人——三K党——强烈排斥黑人和闪族人。在西海岸,劳工党的口号是"中国人滚蛋"。

到1882年,美国人口刚过五千万,其中只有三十万是华人。大多数美国工人都希望在农场工作或修建铁路时能获得高工资,如果他们去加利福尼亚,他们就希望找到金子。在中国,生活十分艰难。华人愿意为非常低的报酬而工作,有些公司派遣船只到中国(然后到日本和印度)去寻找工人。

"一无所知党"(正式名称为"美国人党")的成员是"本土主义者"和反移民者。这张广告中的土生美国人和肥皂代表了"纯净",那是他们的目标所在。

> 认为没有经历过自治的人们不适合实行自治,这种观点是全世界鼓吹专制者的老花招……(但是),自由本身就是学习自由的最好学校,并非只有经历过自治才能够学会自治。这一点,先生,是正宗的美国思想,是真正的美国精神,我祈祷为此而做出自己贡献。
>
> ——卡尔·舒尔茨

有人说雇主是在剥削这些工人,但这种剥削有两重性。当这些亚洲人拿到自己挣的钱回家后,就像许多人所做的那样,他们也在利用这片充满机遇的土地。许多移民也到东海岸做同样的事情,他们来到这里,拼命工作,把钱存起来,然后回家——到希腊、意大利或者波兰去,在那里,他们挣的美元让他们显得很富有。那也很好,美国有很多机遇可以分享。此外,大多数人带回老家的还不仅是金钱,还带走了美国的观念和理想。从中国来的人不断前往那个被他们称为"金山"的地方——只要他们能够去。

1860年代和1870年代,在中国生活十分艰难,此时,在美国生活也不容易。工作非常难找。由于华人愿意接受低工资,他们往往能找到工作。这激怒了许多白人劳工,暴徒袭击和杀害华人,流氓无赖烧毁华人的住所和洗衣店。劳工党要求制定法律终止从中国移民。由于东部的国会议员需要加利福尼亚的政治支持,他们帮助通过了那项法律。东海岸的大多数美国人根本不了解华人,种族的概念正在受到重视,那种认为某些种族优于其他种族的观念也受到重视。

1790年通过的一部法律规定,只有白人才能入籍美国。那部老掉牙的法律现在只用于亚洲人,因此,除非华人在美国出生,否则就不能成为美国公民,而且也不能通过申请入籍成为美国公民。1882年,切斯特·A·阿瑟总统签署通过了一项《排华法案》。该法案禁止此后来自中国的所有移民,通过这项

1890—1920年,有四百一十万以上的意大利人进入美国,比任何其他民族在同样短暂的时间内移民美国的人数都要多。有些意大利人甚至跑到遥远的加利福尼亚,在那里建立农场和葡萄园。图中的这一家意大利人待在纽约城,在下东区开了一家杂货铺。现在小意大利区的部分地方看起来仍然是这个样子。

法律的时候,已经有许多华人在美国死于修建铁路、采矿和在农场做苦力。

华人洗衣店奇案

旧金山有一条法规说,所有的洗衣店都必须开在砖结构建筑里。这条规定很有道理。自从1848年在萨特的磨坊里发现金矿以来,旧金山的人口就开始迅速增长。住宅和店铺挤在一起,它们大多数都是木结构建筑,火灾会造成非常严重的问题。在这座城市的差不多每一栋建筑里,都用火来取暖、烹煮食物和烧水。旧金山有三百二十家洗衣店,其中三百一十家是在木结构建筑里,二百四十家是中国公民开设的(旧金山拥有美国最多的华裔人口,由于大多数华人都不能入籍美国,他们仍然是中国公民)。

1886年,就在通过《排华法案》四年之后,霍普金斯治安官走进旧金山的"益和洗衣店",他手握一张逮捕证,把店主拘捕了,因为益和洗衣店是在木结构建筑中开设的。霍普金斯治安官可以逮捕木制建筑洗衣店的所有华人店主,他只逮捕了一名白人洗衣店店主(这家洗衣店的老板是一名妇女)。这些华人洗衣店的店主被判有罪,处以罚款。如果他们不交罚款,就会蹲监狱。他们的店铺被关闭了。这是显而易见的歧视,店主们非常愤怒。他们能够做什么?记住,他们不是美国公民。

要理解这些华人洗衣店主的处境,你不妨想象自己生活在19世纪。现在,到中国去,尝试做一个中国公民,你将发现自己无法做到这一点——除非你是中国人。你也无法成为日本公民——除非你是日本人。你甚至无法在这些国家获得务工证,在大多数欧洲国家,也会发生同样的情况。在19世纪,除了你祖先的发源地,几乎没有一个国家会允许你获得公民身份。甚至在今天,许多国家也不让具有其他民族背景的人成为该国公民。在19和20世纪,美国人苦苦挣扎于"公民"的概念之中:成为公民需要具备什么条件?不管是过去还是现在,美利坚合众国的自由与开放都是不同寻常的,大多数人认为这就是我们国家的特别之处——然而有些人根本就不喜欢这样的观点。

现在,回到霍普金斯治安官和华人洗衣店店主的事情上来。白人洗衣店店主也在木制建筑里开展业务,为什么旧金山只抓华人洗衣店店主?华人洗衣店店主们认为旧金山的做法很不公平,他们向法院起诉,这就是"益和诉霍普金斯案",这场官司一直打到最高法院。其实没有"益和"这么个人,霍普金斯治安官以为益和洗衣店的老板就叫"益和",其实他叫"李益"。我们对李益知之甚少,只知道他在1861年来到加利福尼亚,并且经营洗衣店的时间长达二十二年。我们还知道他渴望争取自己的权利。然而,他的权利是什么呢?他不是美国公民,他是否拥有等同于美国公民的权利?没有人能够肯定。

最高法院并不审理人们希望它审理的所有案子,它试图挑选出那些检验重要问题的案子,尤其是检验宪法问题的案子。"益和案"存在两个问题:第一,警察是否有权任意强制执行法律?第二个问题涉及非公民的权利,即法律是否应该以对待美国公民的方式对待外国人?这是一个重要的问题。许多州的警察部门对此都很感兴趣,他们不想让自己的权力受到限制,他们想拥有随心所欲地对待外国人的权力。内布拉斯加州、衣阿华州、印第安纳州、新泽西州、威

拉瑟福德·海斯总统否决了1882年的《排华法案》,但该法案仍然获得通过。马萨诸塞州的参议员乔治·霍尔说该法案代表了"种族歧视的合法化"。他的话是正确的,但是几乎没有其他人关心这一点。

斯康星州和佛罗里达州向最高法院呈送案情摘要——书面的法律论据是很少做到"摘要"的,所有这些州都支持霍普金斯治安官。对这个案子,最高法院是这么说的:

> 这一团体通过其行动,宣布八十多个非中国国民在木结构建筑中受雇洗衣为合法行为,而所有中国国民做同样的事情则为非法。该团体之行动没有合法理由。

> 实施这项法规是依靠"邪恶之眼与不平之手",法官们说,以"邪恶之眼与不平等之手"来施行法律,是错误的。法庭这样说道:

广告也可以成为种族主义者——因为许多华人,特别是西海岸的华人,开设洗衣店,所以"神奇牌"肥皂公司无耻地利用反亚洲人情绪,呼吁美国人撵走华人劳工。

> 《第十四条宪法修正案》并不局限于保护公民,它说:"任何州,如未经适当法律程序,均不得剥夺任何人的生命、自由或财产;亦不得对任何在其管辖下的人,拒绝给予平等的法律保护。"

福　地

1894年,玛丽·安汀从一个小村庄来到波士顿,用她的意第绪语说,村庄就叫"shtetl"。村里的道路是土路,有些村舍的地板也是泥土地面。那时玛丽十三岁,他们仿佛是从中世纪来到了现代社会。

> 我的生命从俄国所谓的"安置区"开始,沙皇命令我待在这个地区,与我的父母、朋友以及其他所有与我们相似的人在一起。我们不能走出安置区,因为我们是犹太人。

那个村子名叫波洛茨克,村民十分虔诚,生活因循守旧,因为他们的生活方式与此前的许多代人没有两样。玛丽家里很穷,非常穷,几乎是食不果腹。即便他们有钱,玛丽也不能做自己想做的事情。她脑子聪明,喜欢读书,但是俄国的学校拒绝接受大部分犹太人,而且在安置区里也没有公共图书馆。由于玛丽的父母关心她的学习,他们花钱请了一位拉比的妻子——一位教师——来教女儿们读书。玛丽的兄弟上的是宗教学校,它只对男孩开放。在波洛茨克,女孩一旦学会阅读希伯来祈祷辞,她就应该满足于女红和家务活。男孩子若想在宗教书籍之外学习其他东西,他们根本就做不到。玛丽的父亲就是那种男孩子:他是一名学者,但不是研究宗教的。也许这就是他想把家人迁往美国的原因,也许是因为他在欧洲是个失败者。

玛丽及其家人到达波士顿的新家后的第一天晚上,他们去公共澡堂洗澡——他们的公寓房间里没有浴缸。当他们回家的时候,天已经黑了,而街道有灯光照明——这真是有趣。

> 那么多路灯,它们一直亮到早上,我父亲说,那样人们就不用提着灯笼了。那时,在美国,一切都是自由的,或者是免费的,就像我们在俄国听说的那样。路灯是免费的,街道就像宗教节日期间的犹太教堂一样明亮。音乐是免费的……我们在联合广场安置下来后不久,就欣喜地听到一支铜管乐队的演奏。教育是自由的,我父亲曾反复写到这个主题,其中包含了他对我们这些孩子寄予的主要希望,这是美国机遇的精华,这是盗贼无法偷走的一笔财富,甚至不幸与贫困也无法剥夺的一笔财富……第二天,我明白了教育自由的真正含义,这个现实让我激动不已。小巷对面的一个小女孩来到我们这里,提出带我们去学校。我父亲出去了,但是我们五个孩子那时只会说几个英语单词。我们知道"学校"这个词,我们能听懂。这个孩子昨天才见到我们,她甚至连我们的名字都叫不出来……却能够向我们提供在波士顿上学的自由!学校对我们中的每一个人都敞开了大门。

那时是5月,差不多到一学年的末尾了,因此安汀家的孩子不得不等到9月才开始上学。

> 我会永远记住那天,哪怕到我老得连自己的名字都叫不出来的时候,我也会记得。对大多数人来说,上学第一天都是一个值得纪念的时刻。对我而言,

这一天的重要性被放大了一百倍,因为我等待了那么多年,因为我走了那么远的路,因为我怀着明明白白的雄心壮志。

父亲亲自把我们带到学校,就算是美国总统来了,父亲也不会把这个任务交给他。父亲就像我一样焦躁不安地等待着这个日子,当他带着我们穿过闪烁着阳光的人行道时,他看到的未来前景超越了我的所有梦想……对他来说,新世界引以为豪的自由,远不止随心所欲地到任何地方居住、旅行和工作的权利;而是意味着自由地说出自己观点,自由地抛弃迷信的束缚,自由地尝试自己的命运,不受政治或宗教暴政的阻碍。

玛丽·安汀成为她那所小学最优秀的学生。她写了一首有关乔治·华盛顿的诗歌,在波士顿的一份报纸上发表,当时整所学校都为她欢呼。玛丽长大之后,写了一本自传,叫做《福地》。在书中,当玛丽写到自己的第二祖国时,她说美国最让她热爱之处在于:它提供的自由与机会甚至能让最穷困的移民——就像她自己一样——成为知识渊博的人。

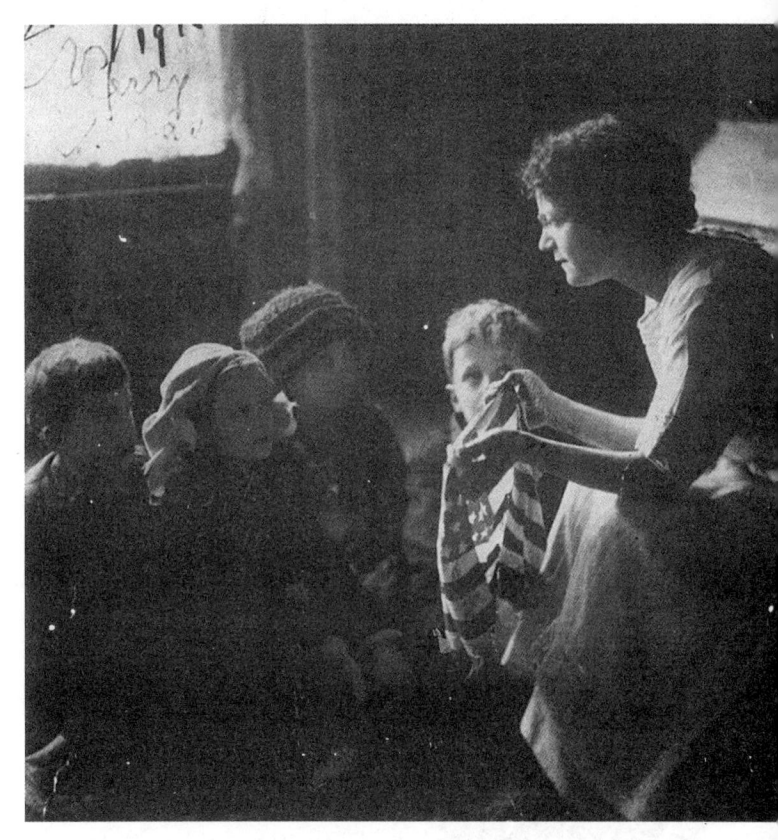

在美国,"这个年轻的世界拉着旧世界的手,"玛丽·安汀(上图,手持国旗者)写道,"这两个世界正学着并肩前进。"玛丽·安汀从未失去其个性中天生的天真烂漫:有一次,已经长大成人的她,居然顺着楼梯扶手滑下楼去,把她住处的女主人惊得目瞪口呆。

第九章 为自由而工作

18 70年对于美国人民的自由权具有重要意义。旨在赋予非洲裔美国人选举权的《第十五条宪法修正案》在这一年成为法律。该修正案规定：合众国政府或任何州政府,不得因种族、肤色,或以前曾服劳役而否定或剥夺合众国公民的选举权。非洲裔美国人曾经为这个新国家的建立付出如此多的劳动,现在他们终于(至少是从形式上)成为自治公民。

但是,这个国家仍有一半人口被排除在外。女性权利的主要倡导者苏珊·B·安东尼

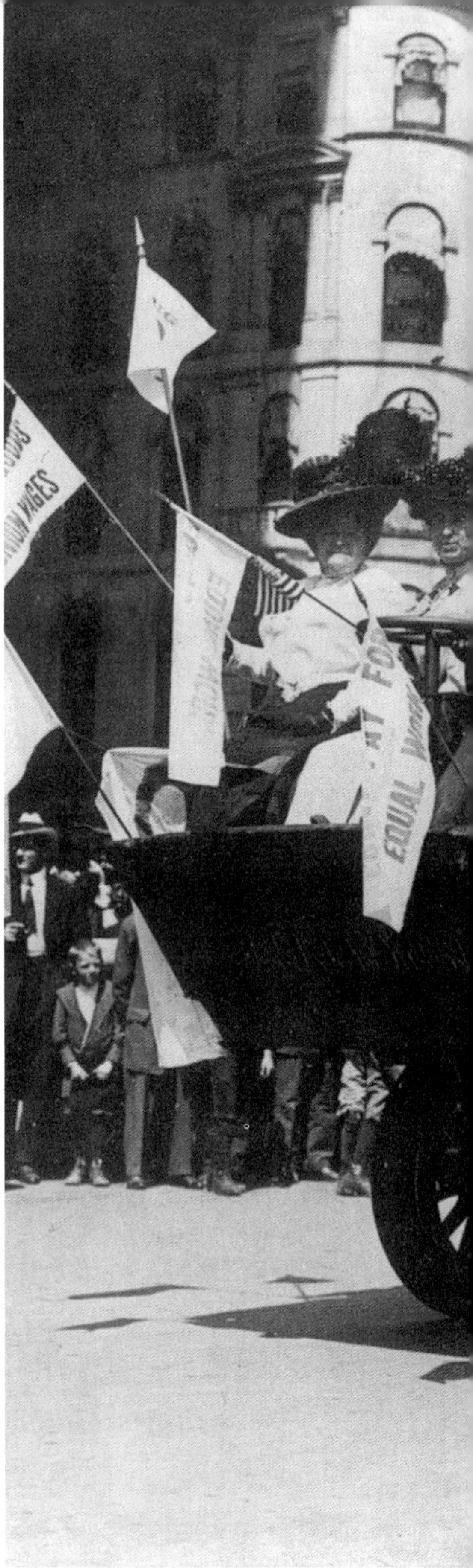

"现在是什么时候?"世界产业工人同盟的一幅海报(上图)上问道,座钟底座上的文字回答说:"现在是组织起来的时候。"世界产业工人同盟是一个大型开放性工会,与行业组织如女性辅助印刷工会不同,后者的游行花车参加了1909年纽约城的劳动节游行(右图)。劳动节是在克利夫兰总统残酷镇压1892年的普尔曼铁路罢工之后确定的,为了安抚工人和工会,国会匆忙投票确定了一个献给劳动者的全国性节日;不过,克利夫兰仍然没有获得1894年的连任。

和伊丽莎白·卡迪·斯坦顿希望那条修正案写成"不得因种族、肤色,性别或……",但"性别"一词没有写入该修正案,甚至那些对女性抱同情态度的议员也说,如果他们提出性别问题,就无法让这项修正案获得通过。那么他们是有意让这一条显得不明确的。现在的问题在于:女性是否能够投票?1871年,七十二名女性被赶出了华盛顿特区的投票站。不过,就在同一年,在纽约州奈阿克的三名女性和密歇根州底特律的一名女性确实参加了投票。对此,《纽约时报》的一篇社论写道:"这并未带来罪恶的后果。"

在纽约州的罗切斯特,苏珊·安东尼深入地思考了《第十五条宪法修正案》,它规定公民能够参加选举,她是不是一个公民呢?她的朋友亨利·塞尔登是一名律师兼法官,他相信这个问题的答案为"是"。1872年11月1日,安东尼和其他十五名女性长驱直入罗切斯特的第八选区,那里正在开展选举登记。这些女性要求登记参加选举,三名登记员都是男性,他们不知道该怎么办。他们争论了很久,不过最后还是同意让她们登记了,他们看不出妇女选举有什么害处。第二天,罗切斯特的报纸上到处登载着这件事,这个国家其他州的报纸也是如此,许多报纸把这些女性称为"违法者"。但是,到了选举那天,也就是11月5日,这十六名女性在早上七点钟就来到投票站。当她们投票的时候,这一重大新闻通过电报从缅因州传到了加利福尼亚州,从华盛顿州传到了佛罗里达州。

苏珊·B·安东尼

> 好了,我已经去那个地方完成了这件事情——实实在在地投了共和党一票,直截了当,就在今天早上。我非常疲惫——但是达到了很好的目的。
>
> ——苏珊·B·安东尼,
> 1872年11月5日

二十三天之后,就在感恩节那天,一名副司法官敲响了苏珊·B·安东尼家的门,"安东尼小姐,"他说道,"我是来逮捕你的。"他拿着一张逮捕证,上面说她违反了国会的一项法案。那一天,其他十五名参加选举的女性也遭到逮捕,并在法庭上受到审判。法官问安东尼,她"参与这件事情是否为了检验这个问题","是的,先生,我在三年前就决定参加选举了。"她回答道。她将接受一个大陪审团的审判,让这些女性登记的三名男性也以非法登记及非法接受投票的罪名遭到逮捕。政府决定只起诉安东尼——她将代表十六名女性;三名男性将全部受到审判。那时是1月,审判定在6月,他们有六个月的时间准备。苏珊·B·安东尼很好地利用了这六个月的时间,她在罗切斯特的所有辖区作了有关《宪法》和"天赋人权"的演讲。

权利不是属于政府并由政府赋予人民的恩惠,安东尼说,权利属于我们中的每一个人。人民生来就拥有权利,组建政府的目的就是保护那些权利。她使用了托马斯·杰斐逊的"不可剥夺"一词,把它们称为"上帝赋予的权利"。她还谈到"可恨的性别寡头政治",指的是男性对女性的统治。她说,一半人民受到另一半人民统治。她不断用殖民者在1775年波士顿茶党事件中的口号"没有代表权,就没有纳税义务"提醒人们,女性必须纳税,但却不能选举。女性会遭到逮捕,但是却不能在陪审团中工作。罗切斯特的许多人都认为安东尼说得有道理。6月,当审判安东尼那天终于到来的时候,法庭里挤满了人。法官沃德·亨特不许苏珊·安东尼为自己辩护。他说安东尼"没有能力"为自己辩护。安东尼的朋友、律师亨利·塞尔登回答说:"每个公民都有权与其他每一个公民平等地参与……政治奴役等同于奴隶制。"但是亨特法官具有最后决定权,他转身对着陪审员们说:"根据《第十五条宪法修正案》……安东尼小姐不受选举权的保护,"他说,"因此我命令你们找到一个有罪的判决。"任何法官都无权那么做。法官可以告诉陪审团有关法律的事情,但是无权告诉陪审团怎样投票。法庭的书记员对陪审团说:"你们说你们认为被告有罪,你们所有人都赞成吗?"没有一个陪审员说一个字。

亨特法官说道:"陪审团的先生们(当然是"先生们",因为其中没有女性),你们被解散了。"法官判决安东尼有罪,没有一名陪

> 我来到法庭上是为了寻求正义。我不仅没有获得与我同等之人组成的陪审团,而且根本连陪审团都没有。
>
> ——苏珊·B·安东尼

沃德·亨特法官

除了女性参政权外,苏珊·B·安东尼还是其他许多领域内的改革家:她为禁酒运动、女童教育、废奴运动和工厂改革而工作。她也穿布卢默裤,剪短发,但是,面对政治反对者的不断讽刺和嘲笑(就像在这幅讽刺漫画中一样,它把安东尼画成强硬的"山姆大姨"),她决定放弃这样的装束。

审员说话,他们中大多数人都怒不可遏。

现在,问题不再是女性选举权的事情了,而是一个自由社会的自由审判问题。这次审判简直就是笑话,安东尼和三名登记员受到罚款并且被判入狱。《纽约太阳报》写道:"由十一根木头(人)组成的陪审团操纵在一个法官的手里。"纽约州尤蒂卡的一份报纸说亨特法官"触犯了苏珊·B·安东尼的权利"(尽管编辑认为女性不应该投票)。另一份报纸则说:"陪审团在审判上的权利包括自由而公正地做出判决的权利。"

安东尼拒绝支付罚款,亨特法官可能也知道自己做得太过分,他从未要求安东尼付款,安东尼也没去蹲监狱。更高一级的法院再没有重审安东尼他们的案子。那三名男性登记员在监狱里度过了五天时间,在狱中吃到了他们登记的那些女性送来的美食,然后尤利塞斯·S·格兰特总统便赦免了他们。到了下一次选举的时候,罗切斯特的选民以更多的票数重新选出他们做登记员。但是,美国妇女却仍被排除在外。如果她们在1873年那桩案子中获胜,整个国家的女性都将获得选举权,《第十五条宪法修正案》中的"公民"一词

> 我们为我们自治政府的试验获得成功而欣喜,但是'我们,合众国的人民'并不意味着'我们,合众国的男性公民'。对女性谈论自由的福祉简直就是讽刺。
>
> ——苏珊·B·安东尼

也将被重新解释为"男性和女性公民"。然而,亨特法官却做出了另一种判决。

三年之后,在1876年7月4日,美利坚合众国在费城举行了盛大的建国一百周年庆祝会和展览会。庆祝活动的核心是展现美国的技术、独创性和自由,参加者大声朗读了《独立宣言》。就在同一天,两名不速之客出现在百年纪念会上,她们是伊丽莎白·卡迪·斯坦顿和苏珊·B·安东尼。她们也宣读了自己的宣言:

> 当这个国家沉浸在爱国热情中,所有的心灵都一齐发出赞美的和弦时,我们很遗憾在我国成立一百周年的纪念会上敲响一个不和谐的音符。但是,我们不能忘记,尽管各个种族的男性都拥有全部公民权,所有的女性却遭受着被剥夺了参政权的耻辱。我们并不要求我们的统治者给予我们特殊利益,我们只要求让我们自己以及我们的女儿永远获得公民权和政治权。

安东尼几乎难以遏制自己的愤怒,她说:"在1876年,这个国家的女性比1776年的男性更有理由不满、造反和革命。"她为什么如此愤怒?因为她和其他女性——其中包括斯坦顿、露西·斯通和索杰纳·特鲁斯——通过努力奋斗,看到了奴隶制的废除,她们相信废除奴隶制将会与女性获得权利一起得到实现,但是许多男性废奴主义者却忽视了她们。"我所知道的最好的女性不想参加选举。"一名重要的废奴主义记者霍勒斯·格里利说。女性感到自己受到背叛。

私刑意味着被一群暴徒杀害

"我于内战结束前夕出生在密西西比州的霍利斯普林斯,我的父母以前都是奴隶,并且作为奴隶而结婚,他们在获得自由之后又重新举行了婚礼。我的父亲接受了木工培训,我的母亲是一位著名的厨师……我的父亲是他的主人与一名女奴所生的儿子……他从未受到鞭打或者遭到拍卖,他对奴隶制的残酷性知之甚少……我的母亲……出生于弗吉尼亚州,她一共有十个兄弟姐妹。她和两个姐妹年轻时被卖给了奴隶贩子,被带到密西西比州出售。"

艾达·B·韦尔斯写下了这些话,她是一位新闻记者(也是苏珊·B·安东尼的一位朋友)。艾达在霍利斯普林斯长大,这是一个小城市,那里的人们(包括黑人和白人)都在内战后努力和平共处。"我们的工作就是去上学,学习我们能够学会的所有知识,"艾达写道,"'自由民之助'协会在我们的城市建立了一所学校……我的父亲是学校的理事之一,我的母亲也和我们一道去上学,直到她学会阅读《圣经》。"霍利斯普林斯的黑人和白人一起乘坐有轨电车和火车,艾达的父母是社团领袖,那个城市在大多数时候都能保持种族和谐。

艾达是家里七个孩子中最年长的,也是一名好学生,她打算去上大学。但是,当她十六岁的时候,一场席卷南方的黄热病瘟疫传到了霍利斯普林斯,她的双亲和还是婴儿的小弟弟染病身亡,艾达的孩提时代就此结束。艾达·韦尔斯给自己找了份当教师的工作,在五个弟弟妹妹面前承担起父母的责任,她开始写作。最初,她给一些黑人报纸写信,她的信很有意义,不久她就获得了一个定期的报纸专栏。后来,有一天,艾达坐火车前往田纳西州的孟菲斯,她坐在女士车厢里,就像她以前所做的那样。但是南方正在发生变化,列车员不收她的票,他说现在黑人必须坐在吸烟车厢里。艾达·韦尔斯不愿意挪动。

艾达·B·韦尔斯

> 我本来希望通过自己的诉讼,为我的人民争取一种带有普遍性的伟大结果。我一直坚信法律站在我们这边,当我们提出上诉时就会给我们公道。我感觉自己的这种信仰受到欺骗,感到万分沮丧。
>
> ——艾达·B·韦尔斯

当我坐在女士车厢里的时候,我就打算待在那里。他试图把我从座位上拖开,但是,他一抓住我的胳膊,我就用牙咬他的手背。我用双脚勾住前排座位,紧紧地抓住椅背,列车员已经被我狠狠地咬了一口,他没有再次试图独自把我拖走。

列车员找来两个男人帮忙,他们撕扯艾达的衣服,把她从火车上拖下来。韦尔斯请了一名律师起诉铁路公司,法官说她做得对,判给她五百美元的赔偿。但是,切萨匹克和俄亥俄铁路公司向田纳西州高等法院上诉,高等法院做出了相反的判决。艾达·韦尔斯不得不支付一笔罚款,她遭到了挫败。

韦尔斯在孟菲斯有许多朋友,不过,托马斯·莫斯夫妇却是两位特殊的朋友。莫斯是一名邮差,他攒下一笔钱,与两名合伙人一起开了家杂货店。他们的杂货店对面是一家白人开的杂货店,那个白人店主不喜欢有人和他竞争,他威胁这几名新店主,然后,白人店主就和其他一些白人来到莫斯他们的杂货店里——带着枪,不过莫斯和他的朋友也有枪。有三个白人受伤,这三名黑人被关进监狱。但是,他们在监狱里并不安全,一群暴徒冲进监狱,把他们带走,用子弹把他们的身体射得千疮百孔。这是一次私刑,是一群暴徒的谋杀。

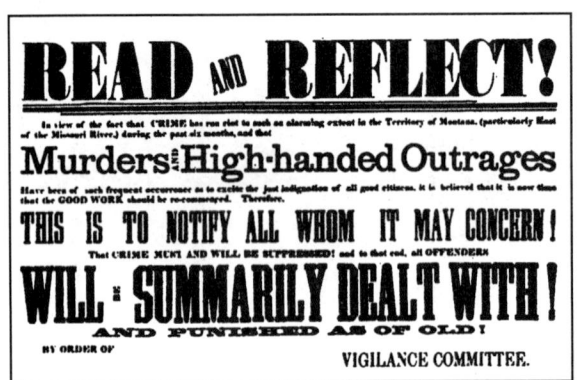

"自警团"通过散布谎言和真假掺杂的事情,制造恐怖、猜疑与愚昧的气氛,这是煽动暴徒所必需的手段。

在1882—1930年间,美国有四千七百六十一人遭受了私刑,这种事情不仅发生在南部,而且也发生在北部和西部。白人和亚洲人也遭受了私刑的折磨,但是大多数私刑都发生在南部,而且大多数受害者都是黑人。在密西西比州,有五百四十五人被私刑谋杀;得克萨斯州有四百九十二人;路易斯安那州有三百八十八人;蒙塔那州有九十三起私刑。在西部,私刑被叫做"自警团"的审判,但这里面从没有公正,它只是让法律和政府失去效用。

然而,一些荒诞的说法却使得许多人接受了私刑,据说实施私刑的暴徒由未受教育的穷人组成。那是无稽之谈。在这个国家的每一个地区,暴徒杀人犯都得到了社团领袖的首肯,而且那些领袖还常常积极参与他们的暴行。还存在其他荒诞的说法,其中有一种说法认为,这些暴徒的受害者是强奸妇女或者犯下可怕罪行的罪犯,谋杀是不对的,但是,如果这些人真的是坏人,也许他们只是罪有应得。起初,甚至艾达都相信了这样的说法。

但是,韦尔斯了解托马斯·莫斯,她知道莫斯是一位正派的公民,从未攻击过任何女性。其他遭受私刑的人中,是否也有无辜的受害者呢?艾达·韦尔斯展开了调查。她获得的结果表明,只有三分之一的私刑受害者曾经被控侵犯妇女,在那些遭受私刑的人中,还包括妇女和儿童,有些死者是被认错了人。主流报纸没有登载这篇故事,韦尔斯把它登出来了。她已经成为一名娴熟的记者,当时正在为一家叫做《自由言论》的报社写稿。她那些直率而翔实的文章使她受到学校解雇。

当孟菲斯拒绝找出杀害汤姆·莫斯的凶手时,艾达·韦尔斯告诉黑人,让他们离开孟菲斯:"我们只能做一件事情——离开一座既不保护我们的生命与财产,又不给予我们公正审判的城市。"在两个月的时间里,六千名黑人离开了这座城市。然后,艾达组织了一次联合抵制活动:她的读者不再乘坐有轨电车。当黑人不乘坐有轨电车的时候,白人的生意开始遭受损失了。

> 城市铁路公司的管理者和财务人员来到《自由言论》的办公室,要求我们运用自己对有色人种的影响力,让他们回来乘坐有轨电车。我问这些人,为什么说有色人种是他们最好的主顾。"这么说你们自己的工作也得依靠黑人的光顾了?"我问道。尽管这个问题让他们脸红,他们却没有直接回答。

在《自由言论》刊出艾达的一篇文章之后,报社受到攻击,报纸也被毁掉了。发生这件事情的时候,韦尔斯正在前往纽约城的途中,编辑托马斯·福琼到渡口去迎接她。"我们很久以前就想让你来纽约,"他说道,"不过恐怕你现在只好待在这里了。"孟菲斯有些人正嚷嚷着要对艾达·B·韦尔斯处以私刑,艾达再次来到南方要等到三十年之后了。

企图对法庭处以私刑

内华达·泰勒二十一岁,是一位漂亮的金发女郎。她在田纳西州查塔努加市场街的一家杂货店做会计。内华达的母亲去世了,她和她的兄弟与父亲一起生活在福里斯特山公墓的一间小屋里,她父亲泰勒先生在那里做公墓管理员。

1906年1月23日,内华达在下午六点钟下班,然后乘坐新电车回家。这段近五公里的路程需要二十分钟的时间,车费为三美分。她下车之前与售票员聊了几句,然后再步行一小段路才能回家。那是一个冬日的傍晚,那一段路没有路灯。就在公墓大门口,她听到身后传来脚步声,然后什么东西缠住了她的脖子,有个人对她说:"如果你叫喊,我就杀了你。"那就是她记得的所有事情,她没有看见袭击她的人。几分钟之后,她跟跟跄跄地回到家里,家人请来一位医生。内华达·泰勒遭到了强暴。

约瑟夫·富兰克林·希普治安官在佐治亚州长大,曾经在南部邦联的军队里服役,他身上的三处伤疤可以证明这一点。战争结束后,希普结了婚,搬到查塔努加,开办了一家水泵制造厂,然后又开设了一个家具厂。他变得富有,接着就参加了政治。有一家报纸把他称为"天生的领袖"。希普不喜欢失去任何东西,他正在竞选连任。

泰勒遭受的可怕罪行激怒了社区里的人们。在重建失败之后,这一犯罪使得紧张的种族关系更加难以解决,它涉及性的问题以及女性的社会地位问题,然后还有

私刑(Lynching)一词来源于弗吉尼亚州一个名叫查尔斯·林奇(Charles Lynch)的人,在独立战争期间,他临时组织一群人清除了效忠派的地盘。后来的私刑往往并不是自发的行为,大多数都是有计划的。在这幅图中,人群架起一根横梁,把绳子套在这个人脖子上,然后把他扔出窗户。全镇的人都出来观看这场私刑。

个人悲剧,一名19世纪的女性在遭到强暴后会终生蒙羞。内华达的生活毁灭了(她在一年内就死去了)。查塔努加的人们感到非常恐惧,后来又发生了一次强奸,而且还有一些没有侦破的案件。《查塔努加时报》(其老板是阿道夫·奥克斯,他利用这家报社的利润买下了另一份摇摇欲坠的北方报纸《纽约时报》)在头版刊登了这样一篇社论,标题是"亡命之徒横行查塔努加,黑人暴徒犯罪达到高峰"。报纸悬赏捉拿罪犯,治安官希普接到一个电话,"悬赏的钱还有效吗?"打电话的人问他。那人提供了一个嫌疑人——埃德·约翰逊,一个没有文化的黑人流浪汉,靠做临时工过活。约翰逊一口咬定他没有犯这桩罪,而且也有证人证明他当时的行踪(在"最后机会"沙龙里),但证人都是黑人。

约翰逊被捕了,一群私刑暴徒试图到监狱中劫持他。希普治安官预见会出现这个麻烦,他已经把约翰逊转移到了安全的地方。2月6日,就在内华达强奸案发生十四天后,约翰逊被带到法庭上接受审判。辩护律师要求给予一定的时间来做准备,他们要求改变审判的地点。法官的偏见十分明显,他拒绝了律师的要求。法院匆忙地判决埃德·约翰逊有罪,律师告诉约翰逊,上诉根本没有用。接着,两位黑人律师出现了:诺埃尔·帕登和斯泰尔斯·哈钦斯。他们俩都不想介入此事,他们知道,这个案子也许会让他们在查塔努加的职业完蛋。不过,有一种力量迫使他们参与此案。

3月17日,诺埃尔·帕登爬上最高法院大厦的九十五级台阶,那时距离预定对埃德·约翰逊处以绞刑的时间还有七十二个小时。此前,只有一位来自南方的黑人律师向这个国家的最高法院提出过诉状。与帕登一起去的是一位来自华盛顿的律师,他是一小群获准在这所法院开展法律事务的黑人律师之一。他们等待了整整一天,最后,天快黑的时候,他们被带到一个身材高大、衣着邋遢的人跟前。这个人就是他们希望见到的法官:约翰·马歇尔·哈伦。由于哈伦经常与其同僚意见相左,人们谴责他患有"反对癖"。哈伦就是在"普莱西诉弗格森案"中持反对意见的那位法官,那位说出"我们的宪法是色盲,既不知道也不容忍公民中有阶级之分"

> 很少有人理解"希普案"的重要性。这是以后许多案件的基础,在一个种族歧视和白人优越论甚嚣尘上的年代,"希普案"真正展示了最高法院的勇气,尤其是哈伦法官的勇气,他一直是我崇拜和研究的一流法官。
>
> ——最高法院法官瑟古德·马歇尔,1991年,引自马克·库里登和小勒罗伊·菲利普斯所著的《藐视法庭》

的法官。对这位法官,诺埃尔·帕登了解一些其他人所不知道的事情:哈伦有一个同父异母的哥哥,就像霍莫·普莱西一样,是带有八分之七白人血统的混血儿。他的那位哥哥被赶出了公立学校,从未获得与他人平等的发展机会。

帕登向这位法官回顾了约翰逊的案子。哈伦把他撇到一边,说:"我到这里来不是重审这件案子的,一名法官已经这样做过了。"但是,他不难看出约翰逊的案子是一桩冤案。帕登正在要求最高法院做一件以前从未做过的事情——干预一家州法院的刑事判决;他在要求最高法院扩展宪法管辖的范围,让《权利法案》和其他修正案也适用于各州。《第十四条宪法修正案》就可以做到这一点——如果从广义上解释。帕登知道哈伦一直在倡导这样解释《第十四条宪法修正案》,但是,其他法官反对这种做法。不过,这桩案子涉及了那么多违反基本权利的地方,帕登希望上诉不会轻易遭到拒绝。

第二天,最高法院的多数法官都聚在一起,阅读了帕登的案情摘要。非常清楚:约翰逊没有受到公正的审判,而现在查塔努加的法院正要急匆匆地对他处以死刑。哈伦法官给查塔努加的联邦巡回法官发了一封电报:"埃德·约翰逊案人身保护权的起诉已获批准。"约翰逊的死刑被推迟,这个案子将移交给最高法院审判,约翰逊现在成为一个联邦囚犯了。在查塔努加,这个消息迅速传播开来。白人社区的许多人都十分愤怒,这是他们的城市,他们审判的罪行,他们的囚犯——华盛顿的一家法院怎么敢干预他们?

第二天晚上,希普给他的副手们放了一晚上的假,在监狱里只留了一名卫兵。一群暴徒出现了,值班的副治安官交出了他的钥匙。审判此案的法官从附近的一个窗户张望着,却什么都没有做。约翰逊在一座桥上被吊死,暴徒们朝他开枪,并且残害他的尸体。第二天,《亚特兰大新闻报》谴责了私刑,同时也说:"在我们看来,美利坚合众国最高法院干预籍籍无名如查塔努加这种地方的一个案子,这个主意似乎有失公道。"

政府是否会做出反应?司法部派出执法官进行调查。根据调查结果,司法部长对希普治安官、几名副治安官和私刑暴徒的某些成员提出"藐视法庭"的起诉。这个案子被称为"联邦诉希普案"。美国司法部副部长亨利·霍伊特说:"这一起诉不过是确立和保护法治。"法庭的裁决意见一致,其中一部分是这么说的:"这是一群暴徒的谋杀,它既是对合众国和本法庭的攻击,也是对州的攻击;但是,同样的行为可能既是冒犯州的罪行,也是冒犯合众国的罪行,合众国完全有权处罚——不管州里是否这样做。"希普治安官和其他五个人被处以若干个星期的监禁,当他们回到查塔努加的时候,一万人兴高采烈地到火车站迎接他们。诺埃尔·帕登和斯泰尔斯·哈钦斯再也不能回到这个城市了。

关于"联邦诉希普案",法学教授托马斯·贝克这样评论道:"我们不妨这么说,正是由于这个案子,今天法律才能够得到我们的尊重。如果最高法院当初没有处罚希普治安官,会出现什么情况?如果各个城镇、县和州意识到他们无需服从联邦法院的命令或者《美国宪法》,又会出现什么情况?"在"希普案"中,最高法院设法执行了自己的判决,从而肯定了我们联邦制政府的信誉和法院的职责。它开拓的领域在半个世纪内都没有再次遭到践踏。

两极分化的年代

《独立宣言》赞美了自治政府、平等以及令人迷惑的"追求幸福"。但是,在起草宪法的时候,《独立宣言》却被推到一旁去了。是亚伯拉罕·林肯在其《葛底斯堡演讲》中将《独立宣言》的自由概念与宪法的政府计划联系起来,构成美国的"圣约书"。

林肯所做的还不止于此。对开国元勋来说,幸福是一个自由社会中的正直生活。对那些处于工业革命中期的人来说,幸福成为取得成功、获得财富的自由。林肯定义了这种新的幸福,他在对他的英雄亨利·克莱的颂词中,将这种幸福与自由联系起来:

(克莱)热爱他的国家,部分原因在于这是他自己的国家,但主要原因在于这是一个自由的国家;他胸中燃烧着促使这个国家获得进步、财富和荣誉的热望,因为他在这样的进步、财富和光荣中,看到了人类的自由、人类的权利和人类的天性。他希望自己的同胞获得财富,部分原因在于他们是他的同胞,但主要原因是向世界显示,自由人能够成为富人。

于是,美国的自由便朝着一个实际的方向前进了,那将是一次持续不断的航行,但常常会变成消极的东西——缺乏限制(对于那些向希普治安官欢呼的人,自由意味着禁止政府干预州里和地方的事务)。在西部,自由不受限制的观点,不仅刺激了对完全独立的追求,也怂恿了开枪决斗、完全开放的酒吧和可怕的违法行为。那么美国工商业呢?在19世纪的大部分时间,它完全不受限制。《民族》杂志的自由主义编辑E·L·戈德金把自

在美国,一些19世纪的工业大亨比欧洲的皇帝还富有;他们夸耀地卖弄财富,就像下图中只有男性参加的宴会一样(或者像威廉·范德比尔特在罗得岛州纽波特港举行的宴会,宴会中,客人从餐桌中央的沙盒里挖掘埋在里面的珠宝),这种奢侈与右上图中迫使这个小男孩去洗衣店工作的贫困形成鲜明对比。

这是三位工业家：安德鲁·卡内基（上图），他相信赚钱的能力也带来了责任；科尼利厄斯·范德比尔特（左图），他唯一的责任就是让自己发财致富；还有托马斯·爱迪生（下图），他想在自己做的所有事情中成为最优秀的人。

由定义为"不管何时、何地，以我们乐意的方式进行买卖以及修理与制造的自由"。这就是马蒂·西尔克斯的行为方式，这位丹佛的女士携着一把镶着花边的太阳伞和一个金十字架，说道："我开妓院纯粹是出于生意上的原因，在那些年代，这是女性挣钱的方式，而且我也挣到了钱。"

马克·吐温把这一时期称为"镀金时代"，对这些富人以及正在萌芽的中产阶级来说，生活十分美好，而且会越来越好。但是，对移民、少数民族、不走运的人和技术不熟练的人来说，生活往往是赤贫。到1890年，占人口百分之一的富人拥有的财富比这个国家其余百分之九十九的人拥有的财富总和还多。

《纽约时报》给科尼利厄斯·范德比尔特起了个绰号，叫"强盗大亨"，这个绰号一直保留了下来。范德比尔特很精明，那是毋庸置疑的；他从一艘小船起家，不久便拥有了一支船队。然后，他看中了铁路的未来，成为铁路之王。他的大部分财富来自政府的优惠，他的法制观念非常淡薄。"法律！我才不关心法律呢，难道我没有获得权力吗？"他并不是唯一持这种观点的人。安德鲁·卡内基、约翰·D·洛克菲勒以及其他大资本家都雇用了警察，枪杀并胁迫工人，而且还自己制定法律。

早期的工厂主与他们的雇工一起工作，他们了解和关心他们的工人。后来，美国出现了新的商业模式——公司，并发展成为庞然大物。那些登上巅峰的商业王子像中世纪的苏丹一样生活，与他们的工人几乎没有接触。垄断加剧了这种两极分化，但垄断也存在一些积极面：垄断的力量有助于使这个国家变成一个工业巨人。

镀金时代的这些大亨到底是怎样赚钱的呢？对于有些人，例如科尼利厄斯·范德比尔特和乔治·普尔曼，是铁路让他们致富。对于其他人,例如美孚石油公司的创始人约翰·D·洛克菲勒——"有史以来最伟大、最英明和最吝啬的垄断资本家"——是石油让他致富。对于托马斯·爱迪生、亨利·福特和其他人,是发明让他们致富。然后还有钢铁——控制在安德鲁·卡内基手里的工业,卡内基出生于苏格兰。

1847年,十二岁的卡内基在宾夕法尼亚的一家纺织厂当绕线筒童工,从早上六点钟一直工作到下午六点钟。几年后,他成为一名铁路主管的助手,学习有关资金以及如何运用资金的知识。到卡内基三十三岁时,他已经非常富有。然后他便进入钢铁行业,并成为钢铁大王,一直保持低工资和高利润。不久,钢铁就改变了美国的景色(以及全世界的景色)。有了钢铁做框架,高大的建筑开始耸立在城市的天空中。钢铁管道帮助建造了连接曼哈顿和布鲁克林的布鲁克林大桥,一座不同寻常的大桥。一群由马戏团大象组成的游行队伍走过大桥,炫耀和证明大桥的安全性。

桥上没有钢铁工人的游行队伍。作家哈姆林·加兰访问了宾夕法尼亚州的一座钢铁城。"大街上的环境非常可怕,建筑物十分糟糕;人行道下沉,到处坑坑洼洼,"他写道,"在每一个地方,大街上的黄色泥浆都聚成一团团黏糊糊的东西,一群群面色苍白、身材瘦削的男子,穿着褪色的外套,懒洋洋地趟过泥浆。"

1889年,钢铁工人工会在卡内基的霍姆斯特德钢铁厂(距离匹兹堡几英里)赢得了一份为期三年的有利合同,卡内基决定解散这个工

在安德鲁·卡内基位于宾夕法尼亚州霍姆斯特德的钢铁工厂,罢工者试图攻击平克顿侦探,后者被抓了起来,手持来复枪的工会成员正押着他们。

> 它(工厂)会让你变得残酷无情,刚开始的时候你是一个人,但是你变得越来越像一台机器。它让你从精神上和道德上堕落,就像它让你从身体上变得衰弱一样。如果不是工作时间太长,我不会太在意这些。但十二个小时毕竟太长了。
>
> ——一名19世纪的钢铁工人

会。1892年,卡内基待在他位于苏格兰的富丽堂皇的家中,而他的经理亨利·克莱·弗里克(他那所位于第五大道的住宅现在成为一家华丽的博物馆)那时正在逐步提高产量要求,他把工人关在工厂外面,当工会的工作人员抗议时,弗里克便解雇了工会的工人。弗兰克宣布,所有的雇员都必须签订个人合同。工会的回应是动员霍姆斯特德全城(大约一万两千人——大部分是钢铁工人及其家属)罢工,堵住了通往工厂的道路。弗里克雇用了三百名平克顿侦探(他们被称为"侦探",其实只是带枪的人),他们与罢工工人发生争斗,在"平克顿"们投降之前,三名侦探和七名工人被杀死了。政府派来八千名武装国民军,结束了罢工。钢铁工人工会的领袖遭到逮捕,工贼取代了许多工人的位置。卡内基获胜了,他确定了更长的工作时间和更低的工资。各方对这次罢工的看法都不相同。罢工者相信,工人有权组成工会,并且不应该为此而遭到解雇;卡内基和弗里克相信,他们有权按照自己认为合适的方法处理自己的业务。四十年之后,霍姆斯特德的钢铁工人才再次组织起工会来。

工人的崛起

钢铁工人每天工作十二个小时,每周工作六天。纺织工人(他们中许多是儿童)每周工作六十到八十小时。矿工在地下伴着爆炸物辛苦劳作,但是却没有安全规章制度。在一年的时间里,两万五千名工人在工作中死去,受伤的人更多。如果一名工人在工作事故中丢掉了一只胳膊(许多人都在操作机器时发生事故),没有人帮助他们支付医疗费。如果工人抱怨,他们就会遭到解雇。工人开始要求获得自己的权力,他们想要更高的工资、更短的工作时间和更好的工作环境(工厂主想要降低

托马斯·安舒茨这幅《钢铁工人的中午》作于1880年,按照他那个时代的标准,这幅画具有高度的现实主义风格。安舒茨画的是西弗吉尼亚州惠灵市一家铁钉厂的工人,他们是熟练的炼铁工,工作就是把熔化的铁水倒进模子中。

在德国和英国,都有广告招募工人到芝加哥的秣市广场去,参加1886年5月4日那次具有决定性的集会。塞缪尔·菲尔登是一名卡车驾驶员,当一枚填满炸药的铸铁炸弹爆炸的时候,他正在对人群发表演说。

劳动成本)。"19世纪末和20世纪初,工人问题成为基本的公共问题。"历史学家埃里克·福纳说。

工人运动的核心是工会——为争取改善条件而联合起来的工人群体,这是一些希望掌握自己命运的人。正是在工会中,许多美国人——特别是新移民——学到了有关民主与自治的知识。但是,许多工会组织松散,有些是由社会主义者领导的,社会主义者想要政府接管影响公众的企业,例如铁路、电力和电话;有些工会由无政府主义者领导,他们根本就不相信政府。1886年5月1日,美国各地的工会为争取八小时工作制而举行罢工。这次罢工是偶然事件,但它似乎在芝加哥获得了动力。

5月3日,出生于德国的新闻记者奥古斯特·施皮斯正在芝加哥的秣市广场。那里有一千四百名来自麦考密克收割机公司的工人正在举行和平罢工游行,他们针对的是八小时工作制问题(他们也要求获得更高的薪水)。小赛勒斯·麦考密克对工人感到如此绝望,他雇用了替补工人——工贼——取代了罢工工人的位置,并且同意让工贼们每天工作八小时。罢工者非常愤怒,警察也很暴躁。奥古斯特·施皮斯说,警察开进广场,他们开了枪,至少两名工人被打死。

施皮斯是一名无政府主义者,他印刷了一些传单,号召人们"复仇!工人们武装起

一名工会成员

美国劳动法远远落后于差不多其他所有自由国家。美国工厂的工作环境往往很不安全,工厂很少支付合理的薪水,工人几乎没有什么福利。1900年,每十二名美国工人中只有一名属于某个工会。不管是管理人员还是工人都害怕工会,许多工人领袖都是激进分子。接着,出现了一位持保守思想的工会领袖,他就是塞缪尔·冈珀斯。他运用商业方法来组织工人,为工人谈判,坚持"纯洁而简单"的工会主义,告诫工人要避开推翻资本主义的运动。

塞缪尔·冈珀斯是出生于荷兰的犹太人,十岁时做过鞋匠学徒。后来,他作出决定,宁愿帮助他父亲——一名雪茄制造商。但是,他们的收入不能填饱家人的肚子。雪茄制造商协会是一个工会组织,他们救助了冈珀斯一家,为他们提供了帮助会员前往美国的移民资金。那时美国正在打内战,但冈珀斯一家并没有因此而停止移民,他们朝着新世界前进。当他们一家搬进纽约城下东区的一套廉租公寓时,塞缪尔还只有十三岁。他和他的父亲在家里制作雪茄,塞缪尔还到纽约库珀学院上课。不久,塞缪尔就被选为雪茄制造商协会的主席。他是一个饶有风趣、绝无废话的人,他有远见,并且敢于追求。雪茄制造商协会是一个行业协会——其所有成员都从事同一项工作。1886年,冈珀斯劝说

塞缪尔·冈珀斯

其他行业协会与雪茄制造商协会联合起来,组成美国劳工联合会(American Federation of Labor,简称AFL)。在接下来的三十八年中,冈珀斯一直为美国劳工联合会工作,使之成为美国工业界的一支主要力量。他确信,如果工人收入好,那么每个人都会变得富有。此外,他还相信,一项公平的劳动政策可以促进公正社会的形成。"告诉我哪个国家没有罢工,我就会向你证明这个国家没有自由。"他说。

雇主拥有几乎不受限制的权力,他们能够把雇员锁在工厂里面或者外面;他们能够通过雇用武装警卫或者简单地收买不利的宣传来破坏工会;法庭差不多总是做出对管理者有利的判决。当工会获得权力和尊敬的时候,这种情况开始改变。如果没有塞缪尔·冈珀斯这样的领袖,也许不会发生这样的改变。

工作了漫长的一天之后,工人回到家里,怀着满腔悲愤倒在床上,然后开始梦见工作。他们工作不是为了生活,恰恰相反,他们是为了工作而吃饭,为了工作而睡觉,而且连做梦也在工作。那些能够早点回家的工人有时间看到他们的孩子,吃晚餐,然后读读报纸。阅读报纸就让他们产生了独自待半个小时的愿望,这又让他们产生了想再多个房间的愿望,不过是多一个小小的房间而已。那个小房间在社会发展进程中是一个里程碑,它意味着地板上铺着一块地毯,上面放着一把椅子,还有一把安乐椅;墙上挂着一幅画,房间里再放一架钢琴或者风琴……促使人们想要一个放有那些东西的房间,他们就将努力挣得足够的工资来购买这一切。时间是地球上最宝贵的东西:时间可用来思考,用来行动,用来发展我们的兄弟情谊,用来让男人变得更好,用来让女人变得更好,用来让我们变成更好、更独立的公民。

——塞缪尔·冈珀斯

来!"他把罢工比作1776年的独立革命。"如果你们是男人,如果你们是为了解放你们而抛洒热血的那些人的儿子,"他写道,"那么你们应该参加起义,消灭那个试图毁掉你们的可怕魔鬼。武装起来,我们号召你们武装起来。"第二天,三千多名抗议者聚集在秣市广场。不过,后来,天上下起雨来,大多数人都离开了。当一百八十名警察到达广场的时候,那里只剩下大约三百名抗议者。突然,一枚炸弹扔了出来,立即炸死一名警察。关于其他人的死亡人数,各权威部门的数据并不一致——有些因为炸弹爆炸而受伤,有些是被慌乱的警察射出的流弹打中。不过有几名警察和一些罢工者被杀死了,受伤者也许有一百人。扔炸弹的人没有找到。

这次事件引起这个国家的公愤。许多罢工的工人是新近来到美国的移民。有关外国阴谋颠覆政府的故事到处流传,芝加哥的警察不出示逮捕证就把人抓起来,有八个人被控谋杀,其中有四人在扔出炸弹的时候已经离开秣市广场。当时在场的一个人说:"在秣市广场集会的时候,没有任何一个字谈到无政府主义的问题。"这并不重要,这个国家现在正害怕外国人、社会主义者、无政府主义者和工会主义者。八个人全部被判有罪,其中四个人被判处绞刑——包括奥古斯特·施皮斯,另一个人自杀了。在麦考密克工厂,工人们恢复了以前的十小时工作制。在巴黎,第二共产国际代表大会把5月1日定为劳动节。三年后,伊利诺伊州州长赦免了剩余的三名幸存者,这个州长没有获得连任。

艰难岁月

奥古斯特·施皮斯被处以绞刑五年之后,也就是霍姆斯特德罢工一年之后,这个国家受到一次经济危机的打击。这次经济危机从农夫们开始,他们穷困潦倒,只好停止购买商品。然后,这个国家的其余部分开始遭受损失。股票市场行情下跌,银行夺取了那些不能偿还抵押贷款的农夫的农场,但是,当他们试图出售那些农场的时候,却没有人购买,这让银行陷入困境。在1893年上半年,有一百七十二家州立银行、一百七十七家私人银行和四十七家储蓄与信贷机构倒闭。到1893年年底的时候,倒闭的银行总数增加到五百家,一万五千多家企业也破产了。而这些还只是一个开始。铁路开始关闭,矿山停产,汽船停泊在港口里,工厂关门,公司破产。

据说,按照这个国家的人口计算,1894年的失业率高于美国历史上的任何时期。以制造业为主的宾夕法尼亚州、纽约州和密歇根州受到的打击尤为严重。据报道,宾夕法尼亚州每四个人中就有一个人失业,密歇根州的失业率为百分之四十三点六,在全国范围内,每五个工人中就有一个没有工作。在芝加哥,有十万人睡在大街上,甚至那些有工作的人也面临着减薪。1893年是可怕的一年,而1894年还要糟糕。

雅各布·考克西是一名美国内战老兵、农夫、采石场主和虔诚的基督徒,他也是一位改革家。他想要让政府帮助失业的公民找到工作。于是,在1894年,当情况确实十分糟糕的时候,他就联合一群失业男子,他们从俄亥俄州的马西隆前往华盛顿不管考克西的游行队伍走到俄亥俄州的什么地方,他们都会受到警察的骚扰,被当作危险的游民对待。当雅各布·考克西在华盛顿被捕入狱后,一名摄影师拍下了他的这张照片(左边的插入图)。

> 我们需要制定法律,让每一个有能力而且愿意工作的人受到雇用;我们需要制定法律,把我们热爱的国家从经济奴役中解放出来。
>
> ——雅各布·考克西

特区,开始一次长达六百五十公里的自由游行。他们打算要求政府帮助失业者,但是,当"考克西大军"朝东部前进的时候,报纸的报道把他们描绘成一群衣衫褴褛的饥民,到农村搞恐怖活动。白宫增加了值班警卫,格罗弗·克利夫兰总统明确表示,他不会与抗议者见面。"考克西大军"在离开俄亥俄州三十五天后,到达了华盛顿。这些人顺着宾夕法尼亚大道来到国会大厦的台阶前,考克西准备在那里演讲。但是,他还没有开始,国民警卫队就进来逮捕了他。国会不得制定法律……剥夺公民的言论自由,《第一条宪法修正案》如是说。"言论自由是社会的安全阀,如果这里发生堵塞,某个地方就会发生爆炸。"考克西说道,他十分了解宪法。

永远团结

有一个工会痛恨塞缪尔·冈珀斯的美国劳工联合会,这就是"Wobblies"。是的,你没有看错，就是世界产业工人同盟。其正式名称为"Industrial Workers of the World"，简称"IWW"，但是每个人都把他们叫做"Wobblies"。他们抱怨美国劳工联合会的成员都是熟练工人——劳工世界的贵族，而且美国劳工联合会并不是对每个要求加入的人都表示欢迎。世界产业工人同盟说美国劳工联合会应该被称为"美国劳工分裂会"。世界产业工人同盟实行民主，任何工人都能加入。

1905年，犹他州的"大比尔"威廉·海伍德在芝加哥召开了创建世界产业工人同盟的会议，他站在一张松松垮垮的会议桌前，拍了一下桌子，用他低沉的声音宣布道："工友们……这是工人阶级的大陆会议。"露西·帕森斯在讲台上和大比尔站在一起。露西的丈夫阿尔伯特·帕森斯就是秣市广场爆炸后被吊死的四个人之一。露西知道阿尔伯特与爆炸无关，于是她就带着两个孩子，参加了几百场会议，去做演讲，直到她发动一场世界规模的抗议。最后，伊利诺伊州州长宣布，阿尔伯特·帕森斯和其他人是因为他们的信仰而牺牲的，不是因为他们的活动而被处死的。

世界产业工人同盟的目标是建立一个大型工会——所有的工人都是其成员——然后举行一次大罢工，让一切都停止运转。然后工人就可以接管政府，让这个国家变得更美好。他们是理想主义者，而且大多数人都真诚地相信他们的理想。但是，对于如何组织这样一个理想化的国家，他们互相之间却很少达成一致意见。最初，世界产业工人同盟的大多数成员都是西部的矿工，他们中有许多作家，例如歌曲作者乔·希尔。他们把自己的问题和希望编写成诗歌和歌曲。差不多每一位成员手中都有一本小小的世界产业工人同盟歌曲集，歌唱对于他们似乎是自然而然的事情。他们有一首名叫《永远团结》的歌曲成为整个工人运动的主题歌。如果一个地方工会需要帮助，世界产业工人同盟的成员就会跳上火车的货车车厢，到那个地方去游行，爬上肥皂箱子演讲，被捕入狱，然后唱歌。推翻资本主义是他们的长期目标，不过世界产业工人同盟和美国劳工联合会一样，都从要求更短的工作日、更高的工资和更安全的工作环境开始。在马萨诸塞州的劳伦斯市，世界产业工人同盟发展到了顶峰。

马萨诸塞州的立法机关通过了一项法律，规定

"大比尔"海伍德

> 工人阶级和雇主阶级毫无相似之处，只要成千上万的工人仍然在忍饥挨饿，缺乏基本生活用品，只要组成雇主阶级的少数人仍然拥有生活中所有的好东西，他们之间就不会有和平。
>
> ——"大比尔"海伍德

妇女和儿童每周的工作时间不得超过五十四个小时。但是,劳伦斯市的纺织厂不打算接受这项法律,妇女和儿童一直每周工作五十六个小时。为了让工人在五十四小时内生产的产品与他们在五十六小时内生产的一样多(工人得加快工作速度才能跟上工作量),厂主加快机器的运转。接着,他们每周又从每个工资袋里扣除了两个小时的工资,工厂利润之高,达到了前所未有的程度。

那是1912年1月,劳伦斯的工人领到工资袋那天,天气非常寒冷。袋子里的钱比上周少,有些妇女便离开了她们的织布机。不久就有两万五千名工人离开了他们的工作,他们中大多数人都出生在外国——他们说着四十五种不同的语言。许多工人是从故乡看到广告后来到劳伦斯的,那些广告说,这里的工厂有工作机会。有一张广告上画着一名劳伦斯市的工人提着满满一箱金子离开工厂。当他们来到劳伦斯的时候,他们发现自己的工资只够勉强填饱肚子。他们的居住条件十分恶劣,如果一家人要生存,孩子们也必须工作。这些移民梦想着自由、富足的美国;他们相信美国的承诺,现在他们感觉自己被出卖了。他们示威的标语上写着:"我们既需要面包,也需要玫瑰。"

> 为五十四小时的工作支付五十六小时的工资等同于涨工资,那是工厂无法承担的。
>
> ——威廉·伍德,
> 美国毛纺公司总裁

但是他们没有真正的领袖,于是便向世界产业工人同盟求助。"大比尔"海伍德很快就踏上东去的道路。伊丽莎白·格利·弗林是一名年轻漂亮、精力充沛的爱尔兰人,她也去了劳伦斯。在华盛顿州斯波坎,当市里的官员把世界产业工人同盟的成员投进监狱的时候(因为他们举行公共集会抗议雇用工人的方法),伊丽莎白曾把自己绑到一根路灯柱上以示抗议。但在劳伦斯,最终成为工人领袖的是二十六岁的乔·埃特,一位优秀的组织者。埃特出身于一个意大利移民家庭,能够流利地讲意大利语和英语,他的波兰语、匈牙利语和意第绪语也能应付。

在劳伦斯,一些重要的公民把这些罢工称为"反美"活动,并且谴责"外国的影响力"。他们指的是那些移民。《美国羊毛和棉花报告》(是工厂主的刊物)警告人们当心"无政府主义"和"社会主义",以及向"法律和秩序的基本观念"提出的挑战。埃特让罢工者保持冷静,他说:"你们别指望通过任何暴力策略获得成功……暴力……意味着罢工失败。"劳伦斯存在暴力,那是警察的暴力。市长说:"我们要么破坏罢工,要么打破罢工者的脑袋。"民兵、特警和平克顿侦探都来到了这座城市。他们发现了炸药,逮捕了罢工者,报纸的新闻头条叫嚷着无政府主义。不久人们便发现,是一个前市长的儿子埋下这些炸药,企图用来陷害罢工者。侦探们假扮成罢工的工人,把报纸中的头条新闻撕掉,大肆破坏,抢走头条新闻。

当罢工进行到第四十三天的时候,四十个儿童及其父母聚集到劳伦斯火车站,费城的一些怀着同情心的家庭提出把这些儿童带到他们家里去寄养,直到罢工结束。但是,在火车到达之前,劳伦斯的警察出现了,开始殴打妇女和儿童。"警察在市司法官的命令下行动,掐住妇女和儿童的脖子,殴打罢工者们无辜的妻儿子女。"《波士顿民报》这样写道。一份大杂志上的文章说:"指控世界产业工人同盟……在劳伦斯……的基本原则……为暴力原则……这是错误的;从根本上说,他们的基本原则是人类手足情谊的原则。"

这真是太过分了。国会命令做出调查,公众了解了劳伦斯罢工的详细情况。送到纽约去的儿童"被发现患有营养不良症"。伊丽莎白·沙普利医生说:"在工厂里工作的所有男性和女性中,每一百个人中有三十六个在二十五岁时或者之前就死去了。"到听证会结束时,工厂主同意提高工资,支付加班工资,并且重新雇用罢工者。"面包与玫瑰罢工"结束!露西·帕森斯为工会发表演讲时说:"我们的运动只有一个一向正确、不会改变的问题:'自由'——发现真理的自由、发展的自由、物质充足自然而然地生活的自由。"

下图,"他们不能用刺刀织出布来。"世界产业工人同盟的组织者乔·埃特对劳伦斯的示威者说。"要用各种办法尽可能地确保和平罢工。"左图,乔·希尔,诗人、歌曲作者,世界产业工人同盟运动的烈士。

第十章 渴望呼吸自由的空气

那是1885年的6月,纽约码头的工人正准备搬卸二百一十四个密封的货箱。箱子里装着重要的货物——一个漂亮女人的躯体。这个女人非常大。他们把她叫做"庞然大物",她一直是最大的,单是她的鼻子就有一米二长。从欧洲启航之后,她的重量差点把船弄沉了。现在,她到了纽约港,再也无处可去了。她是法国人民赠送给美国人民的礼物,一个没有组装的纪念像。她当然就是自由女神像,她将成为一种象征:自由的象征。

这尊雕像是1865年在法国的一次宴会上构思出来的。具有学者风度的爱德华·德·拉布莱是那次宴会的主人,他对自由充满热情,尽管从来没去过美国,却对这个年轻的国家满怀热望。拉布莱认为美国内战

1883年的自由女神像耸立在巴黎街头,当时正在铸造厂建造。为了让细节更加完美,人们先铸出了几个小模型;最后的模型被分成几个部分,然后再把每部分的体积扩大四倍,重新铸造。结果:一个用钢铁和铜铸成的女士,从脚后跟到头顶高达三十三米(上图,已经运到纽约,但仍然放置在地上,她的头有五米高,她的嘴有近一米宽)。她头冠上的七条射线代表世界上的七个海洋和大陆。

自由女神像的雕塑者巴托尔蒂(右图),他在自己的工作室里开始塑造自由女神像,但是,那里不久便很难容下她的体积,于是,她就耸立在了巴黎的巴托尔蒂家附近。上图:有一段时间,这尊从地面到火炬高达四十五米的雕像,可以在同一个水平上从头(她的冠冕)看到底(她的脚),那是它们都放在地上的时候。

虽然残酷,但却是自由力量的一次胜利。那个可怕的矛盾——自由土地上的奴隶制——从此不复存在。宴会客人回忆起美法之间的长期友谊,小时候,他们曾听自己的父母和祖父母谈论过本杰明·富兰克林和托马斯·杰斐逊在法国生活的时代。拉布莱为法国在美国革命中扮演的角色感到自豪,也为参加那次革命的法国英雄拉法耶特侯爵感到自豪。客人们想做点什么事情来庆祝自由战胜奴隶制。他们认为,一个象征着美国自由的纪念碑很合适,而且能向全世界提出忠告(包括法国当权派)。

在参加宴会的客人中,有一位名叫弗雷德里克·巴托尔蒂的年轻雕塑家,他被这次谈话吸引了,他将设计这个纪念碑。

五年之后,巴托尔蒂在拉布莱的鼓励下前往美国,从罗得岛的纽波特到加利福尼亚的旧金山,访问了众多美国城市。"这里的一切都很大,"他写信给拉布莱说,"甚至连青豌豆也很大。"当巴托尔蒂向纽约航行的时候,他被纽约港的美景和开阔打动了。他找到一个名叫贝德罗岛的小地方,他几乎立刻就意识到了,这将是他的纪念碑竖立的地方。在贝德罗岛上能够同时看到河流、大海和陆地。这个岛屿属于政府,巴托尔蒂写信给拉布莱说:"这是一片为各州所共有的土地。"现在,他脑子里已经构思了一个巨大的雕像,他将建造一尊雕像,比地中海罗得岛上的巨像还要

第十章　渴望呼吸自由的空气

高。设计那个地中海岛屿上的巨型雕像,是为了炫耀古希腊力量;但巴托尔蒂的雕像不是力量的象征,而是自由的象征。"我试图赞美那里的共和制和自由,"他在给拉布莱的信中写道,"我将等待着,有一天,也许在这里(法国)会找到它们与我们同在。"

现在需要一位工程技术天才——这个人要想办法建造一座巨型雕像,让它能够在不受任何保护的情况下挺立于海港中。法国刚好有这样一位天才:他的名字是居斯塔夫·艾菲尔(他不久将在巴黎修建一座著名的铁塔)。艾菲尔设计了一个用钢铁做成的骨架,具有足够的弹性来抵抗大风,并且坚固得足以承受这位女巨人以及在其身体里攀登的游客的重量;她的皮肤将由精巧的铜片做成。她被一块一块地造出来了,其体积如此之大,一个成年男子可以站在她的大脚趾上,而且还有富余空间。当她的头和手做完之后,就被送到了费城的建国一百周年博览会上,有九百万美国人前来观看它们。但是,1885年,在自由女神像的其余部分到达纽约那天,她却找不到立足之地。美国的国会和金融家都不愿意为她提供一个底座,没有底座,雕像就无法竖立起来。

这可怎么办?有一家报纸的老板是一位宣传天才,他决定向公众讲述这尊雕像的故事。当约瑟夫·普利策从匈牙利来到美国的时候,他才十七岁,一个英语单词都不会说。他不久便参军,他从美国内战的战斗中学会的不仅仅是一些单词。内战结束后,普利策在密苏里州的圣路易斯定居下来,成为一名新闻工作者,创办了《圣路易斯邮讯报》。然后他就前往纽约,在那里获得了他最大的成功——随着他买下了《纽约世界报》而带来的成功。当普利策得知纽约那些富有的公民不肯为自由女神像建造一个底座时,他决定向读者求助。

> 这尊雕像不是法国的百万富翁送给美国的百万富翁的,而是全体法国人民送给全体美国人民的。让我们不再等待百万富翁给钱,让我们倾听人民的声音!

"建造雕像所花的二十五万美元是由法国人民群众支付的……他们来自各个阶级,处于各种地位……"约瑟夫·普利策(右图)写道。他让《纽约世界报》(下图)变成一份投身正义活动的出版物,专注于许多美好的事业。

普利策宣布,任何捐钱的人——不管捐多少——《纽约世界报》都将登出他们的名字。全美国的人们都作出反应。新泽西州特伦顿的十二所公立学校从他们的学生那里募捐了一百零五美元七美分。一个名叫简的女孩捐了五十美分,"我只是一个贫穷的绣花女。"她写道。一个十岁的孩子送来了"我的零花钱——二十个银美分。"一群画家和作家捐出他们的作品,通过拍卖来为雕像筹款。马克·吐温捐出了一堆注销支票,上面有他那个著名的签名。"就像自由地捐出它们那样自由地使用它们,"他写道,"天知道,我有一吨这样的支票。我将把它们全部送给你们,因为我衷心关切着这一壮观作品!"1886年,在几百万捐款者的帮助下,自由女神像终于在一个崭新的底座上竖立起来了。

埃玛·拉扎勒斯

在捐献作品的作家中,有一位年轻女性,名叫埃玛·拉扎勒斯。17世纪,她的祖先为了躲避欧洲的宗教迫害而来到美国,那是埃玛出生前很久的事情。埃玛的童年生活十分优越,但是,从1879年起,她开始听说席卷俄国的犹太人大屠杀,以及反犹太暴徒的攻击。几千名犹太人被杀害,成千上万的犹太人来到美国。这些事情触动了这位年轻的诗人,让她明白了宗教自由的重要性。埃玛·拉扎勒斯写了一首十四行诗,表达了自由女神像对她的重要意义。她把自由女神像称为"新巨人",她不知道——她没能在短暂的一生中(她三十八岁时去世)获知此事——她的诗歌将赋予这尊雕像第二层含义。自由女神像不仅成为自由的象征;她也象征着美国的欢迎政策——它的金色大门——它接受所有肤色、种族和宗教的人民的非凡决心。拉扎勒斯那首诗歌的最后五行被刻在了雕像的底座上。数百万移民在进入纽约港的时候,都会受到那些

> 她不像希腊的巨大铜塑雕像,
> 拥有征服疆域的四肢跨越一片片土地;
> 在我们这海浪拍打、夕阳映照的大门,将巍然屹立
> 一位高举火炬的女巨人,那四射的光芒
> 是幽闭的闪电,她的名字
> 是"流放者之母"。她手中的火炬
> 闪耀着迎接全世界的光彩,她温柔的目光
> 凝视着如天桥般连接双子城的海港。
> "古老的土地,留着你们久存的浮华吧!"她紧闭的双唇
> 发出无声的呼喊,"把你们疲惫穷苦的人民给我,
> 他们向往自由呼吸,却被无情抛弃,
> 这些可怜的废物在你们的海滩上拥挤。
> 把这些无家可归、连受打击的人全都给我。
> 我在金门旁高举灯盏迎接他们!"
>
> ——埃玛·拉扎勒斯,《新巨人》

诗句的迎接。

实话实说

　　1837年,玛丽·哈里斯出生在爱尔兰的科克,土豆饥荒袭来的时候,她还是个孩子。在饥饿的威胁下,他们一家便朝着新世界出发了。后来,她经常称自己的父亲是反抗英国的活跃分子,玛丽自然也像父亲一样,抱有不同政见。不过,她却是从传统职业开始的,先是当老师,后来又做了女裁缝。玛丽与乔治·琼斯结婚后,生活在田纳西州的孟菲斯。他们生育了四个男孩,玛丽似乎正在向家庭妇女的生活发展。接着,黄热病席卷了孟菲斯(艾达·B·韦尔斯的父母就在1867年死于这场瘟疫),夺去了玛丽的丈夫和四个儿子的生命。

　　悲痛的玛丽·哈里斯·琼斯鼓起勇气,搬到芝加哥,开办了一家制衣店。琼斯夫人的服装很合潮流,1871年,当一场可怕的大火吞没芝加哥的时候,她的生意做得正红火。整个城市差不多都被烧毁了,玛丽·琼斯的店铺也付之一炬,她现在一无所有。玛丽下定决心,如果自己将一次又一次地重新开始生活,她就想做些对生命有重要意义的事情。玛丽希望帮助其他人,她知道成千上万的儿童在美国的工厂和矿山里工作,许多孩子每天要干十二到十五个小时,过着奴隶般的生活,几乎没有人关心他们。童工们需要有人为他们奔走呼号,这就是玛丽·琼斯要做的事情,她找到了自己的事业。

　　这位大约一米五高的小妇人生性好斗,无所畏惧。在她的孩子们死去之后,玛丽的头发变白了。她被人们称为"妈妈",因为她看起来像一位慈祥的老妈妈——直到她开口说话。然后她就会厉声怒斥,用震耳欲聋的声音,说出自己的想法。"每次展开战斗,我都不得不投身于其中,"琼斯妈妈说道,"我的演讲就像我的鞋子——不管走到哪里,都跟随着我。"克拉伦斯·达罗是著名的律师,他写到玛丽时这样说:"琼斯妈妈……那无畏的灵魂总是把她带到激战正酣、危险重重的地方。"

　　在阿拉巴马,琼斯妈妈在一家棉纺工厂为童工辩护。"我观察过整天都在侍弄危险机器的孩子们,"她说,"然后,当他们对工厂主没有用处时,我看到他们被扔出去,死掉了。"她继续说道:

　　　　小女孩和小男孩们光着脚,在一排排长得没有尽头的锭子间来回穿梭,把瘦小的双手伸进机器里去接线。他们爬到机器下面去加润滑油,他们整日整夜地更换锭子……六岁的孩子长着一张六十岁的脸,每天三班倒,却只能挣到十美分;那些在北方制造的机器,为了方便孩子们的小手而造得很低……在半个小时的午餐时间里,孩子们会一边吃着玉米饼和肥猪肉,一边打瞌睡。他们躺

琼斯妈妈(左图)和芝加哥大火,1871年,这场火灾烧毁了她的店铺、她的家,还烧毁了另外一万八千座建筑。这个城市的大部分房屋都是用木头匆忙建成的,火焰如此炽热,连"防火"的砖石和铸铁结构建筑物也熔化掉了。

在光光的地板上就能睡着。睡觉就是他们的消遣,就是他们的解脱,就像游戏是自由孩子的消遣和解脱一样。

1902年,玛丽·琼斯将一些童工聚拢来,从宾夕法尼亚州向纽约游行,试图搞募捐,并警醒世人。她说:"这些孩子们的苦工让其他人获得财富。"在新泽西州的普林斯顿,她向一群人介绍十岁大的詹姆斯·阿什沃斯,人群中有大学生和教授。詹姆斯因为背负重物而压驼了背,琼斯妈妈说:"他在一家地毯厂工作,每天干十小时,每周只能挣三美元。一个国家的贵族们把生活建立在穷孩子的血汗之上,这个民族的未来让我感到不寒而栗。"接着她又介绍了格西·兰格纽,小女孩那张疲惫的脸活像个老太婆,"这个小女孩失去了所有的童年生活。"她描述兰格纽如何整天捆扎长袜,日复一日,年复一年。琼斯妈妈率领着纺织厂的这些童工,一路游行,来到西奥多·罗斯福位于长岛牡蛎湾的家中。

琼斯妈妈还抽出时间支持和组织矿工,帮助建立世界产业工人同盟,支援1907年的墨西哥革命,帮助组织纽约的女式衬衣工人,她毫不犹豫地大声讲述:在科罗拉多州拉德洛的一个矿工聚居地,妇女和儿童遭到屠杀(而其他所有人几乎都忽视了这次屠杀)。她的格言是"为死者祈祷,为生者奋力拼搏"。

警察把琼斯妈妈叫做"公害"。一个法官问她,是谁允许她在大街上演讲,她回答道:"是帕特里克·亨利、托马斯·杰斐逊和约翰·亚当斯!"琼斯妈妈被捕

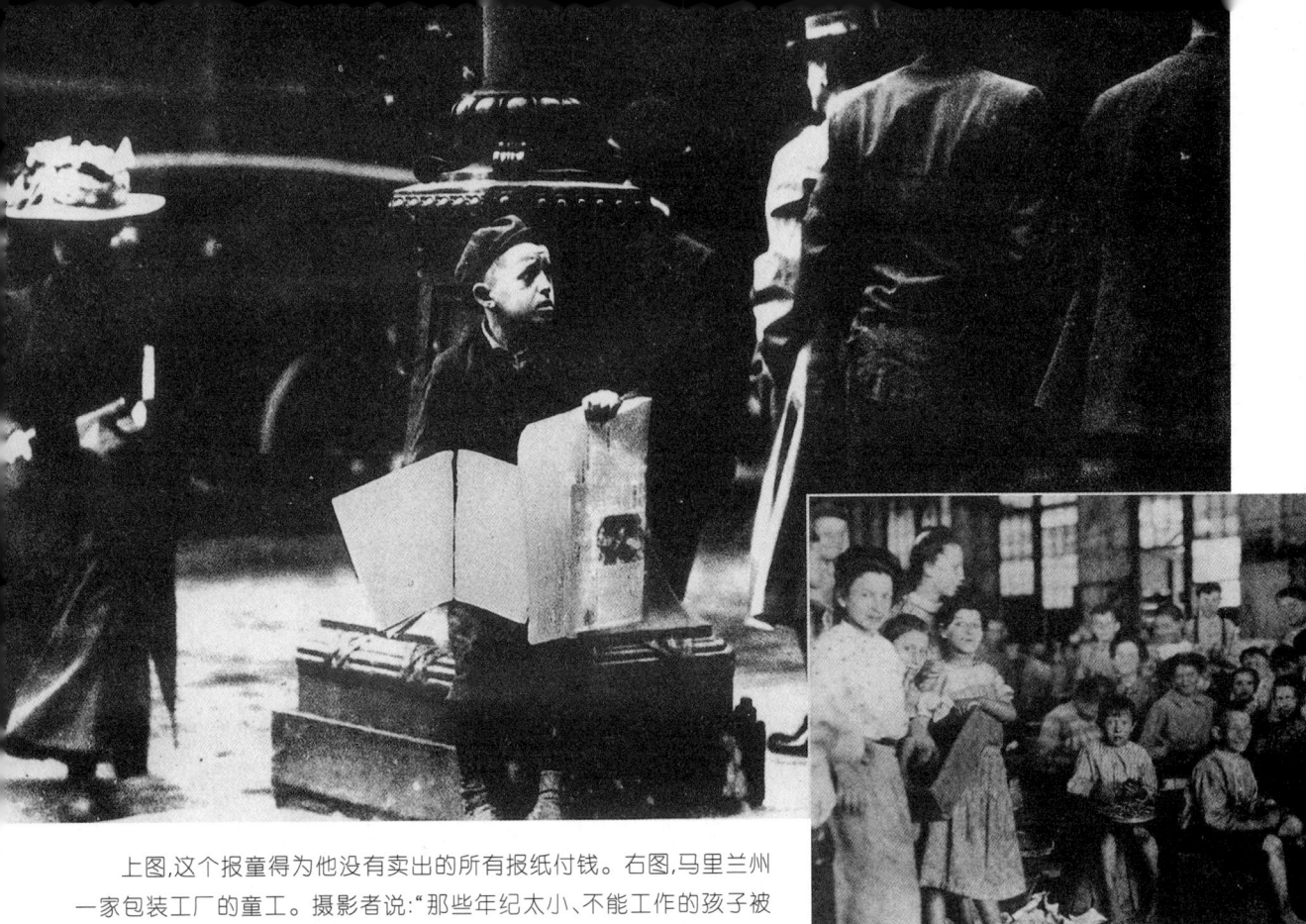

上图,这个报童得为他没有卖出的所有报纸付钱。右图,马里兰州一家包装工厂的童工。摄影者说:"那些年纪太小、不能工作的孩子被抱在膝盖上,或者远远地关在箱子里。"

入狱——不止一次。在狱中,她谈论乔治·华盛顿,说他敢于反抗强大的英国政府,是一位"鼓吹政治的绅士"。琼斯妈妈每次一出狱,就直奔自己的工作。她说:"我不是一个人道主义者,我是一个惹是生非的人。"但她其实二者兼有,并且很善于让她自己以及她的理想吸引众人的目光。她没有组织,她反复多变,但是她献身于拯救那些被她视为受压迫者的人们,从未动摇。正是琼斯妈妈这样的人,为他人的利益呼喊,给这个国家的劳动法奠定了基础。

> 继承这个地球的将是勇敢的斗士,而不是温顺的羔羊。
>
> ——琼斯妈妈

人民党

地点:佐治亚;时间:1892年;一名小个头的红发男子——他叫汤姆·沃森——站在大松树下的木讲台上。沃森是一位国会议员,他正在争取再度当选。他属于一个新政党——人民党(People's Party),也被称为"平民党"(Populist Party)。民主党给自己的这个对手送来一支铜管乐队,他们正在喧闹地演奏音乐——非常喧闹,他们是故意这么做的。人民党这个南方群体有些不同寻常,其中既有黑人也有白人,主要是贫穷的白人和黑人。沃森相信他们有相同之处:他们都很贫困。如果他们站在一起,也许能改变这种状况。他告诉他们:"你们被隔离开来,这样就会分别受到压榨。"

他的听众明白,到了选举日,他们会迫于压力,投民主党候选人的票。选举不是私事,民主党已经成为南部唯一掌权的政党,人们知道,民主党为了确保选举获胜,往投票箱里塞满了假票。他们收买选民,那些把票投给其他政党的人,将冒着丢掉工作的危险,甚至更糟。沃森想要改变现状,人民党正在为无记名投票而开展竞选活动。一个民主党人冲进沃森的听众里,邀请每个人参加免费的晚餐。沃森喊叫着:"不管有多少烤牛肉,都别想诱惑这些人离开,我们在对重要的公共问题展开自由而公正的讨论。"果真没有一个人动弹。

沃森和他的人民党成员还想改变其他事情。他们把自己视为普通人的党派,他们相信,政府正在为有钱有势者服务,剥削穷人和弱者;他们相信人民必须控制政府。这些改革家代表平民百姓说话,其他人都在享受这个美好的时代,普通百姓不想被排除在外,他们要求获得权利。有些人把他们叫做共产主义者;有些人把他们叫做乡巴佬。其实他们不过是希望参与治理过程,让政府倾听他们的观点。

人民党党员汤姆·沃森(上图)是一位律师,也是佐治亚最大的土地所有者;但是他理解贫困的感受。他让国会通过第一项免费递送农村邮件的决议。在此之前,农民收到信件都必须付钱给邮递员。

> 我们相信政府的权力应该扩展到……结束压迫和不公,并应在这片土地上最终消灭贫穷。
>
> ——人民党政纲

那些听沃森演讲的农民非常愤怒。农产品价格很低,1865年,每磅棉花卖一美元;到了1892年,每磅棉花仅售七美分。而要种出这一磅棉花,投入的钱就不止七美分!在中西部,每蒲式耳小麦的价格从1860年代的二点五美元下降到1890年代的五十美分。农民们入不敷出,他们从报纸上了解到,美国的百万富翁们过着怎样穷奢极侈的生活。在罗得岛的时髦城市纽波特,铁路大亨威廉·范德比尔特刚刚为他的朋友举办了大型派对,挥金如土。参加者坐在红色缎椅上,用银铲子从一个装满红宝石和钻石的玩具沙箱里挖珠宝。报上的社会新闻栏里充斥着诸如此类的故事。这足以让任何人感到愤怒,尤其是那些对现状感到迷惘的农夫。他们辛辛苦苦地劳动,为这个世界提供衣食。然而,当一些人正在变得十分富有的时候,他们却在失去自己的农场。在堪萨斯州,从1889—

这幅漫画旨在展示人民党掌握最高法院时会出现什么情况,它把这个党派讥讽为一撮抱残守缺的老家伙和乡巴佬。在左前部的"等候栏"里,诸如金融家J·P·摩根这样的金融家(左起第二人)和"金甲虫"们(他们支持金本位制)正在焦急地等候着。

1893年,银行收回了一万一千一百二十二家农场。

有些人民党领袖告诉农夫,说存在一个阴谋。他们说东部的银行家、铁路巨头以及拥有机械化圆筒粮仓的人正在用阴谋对付农夫,让农夫陷入贫困,这样他们就能变得更富有。那不是事实,没有人故意用阴谋对付农夫。那些大富翁只关心他们自己,他们在为自己的利益工作——并不是反对农夫的利益。但是,他们的利益往往会伤害农夫,而金钱又使他们获得政治权力。民粹主义在挫折中诞生,但它并不是乡巴佬的运动——它有时候被描述成这个样子。人民党人是经济改革家,他们相信,金钱及其政治影响力正在暗中破坏这个国家的民主进程,让美国社会失去平衡。他们创建一个演讲体系,把演讲者送到大约四万个"党支部"去,为农民提供未来经济分析,只有极少数美国人拥有这样的远见。然而,种族主义者受到了民粹主义的吸引,将会败坏它的名声。汤姆·沃森年老后为人苛刻,他将从三K党那里获得支持。

在人民党相对短暂的政治生命中,它像一颗划过这个国家的彗星,其成员曾当选州长和国会议员。人民党人的有些观点近乎空想,看似不可能实现,后来却成为法律。不久,美国便会出现人民党倡导的无记名投票、女性选举权、分级所得税制度和其他许多事情。尽管人民党人逐渐消隐(他们与民主党合并,失去了自己的特征),他们的观点却不断循环重现,就像彗星一样。

金十字架

格罗弗·克利夫兰总统为金钱而担忧,美元正在贬值。克利夫兰认为他知道导致这个问题的原因:1879年的《白银购买法》。那部法律规定,政府每年必须购买价值数百万美元的银子(这对银矿矿工有帮助)。克利夫兰认为,这个国家应该采用严格的金本位制——流通中的每一个美元,都应该得到政府金库里的等值黄金的支持。因此《白银购买法》便被废除了——然而黄金储备却在持续下降,国家面临破产的危险。克利夫兰向这个国家主要的金融家J·P·摩根求助。摩根和其他银行家用黄金向政府换取公债。这有助于稳定通货。不过,许多美国人认为,美国总统不得不向一名私人银行家求助,这是一件很丢脸的事情。

到1894年和1895年,随着美国发生经济危机,每个人都为金钱而烦恼。人们争论需要做些什么来重新获得财富。农夫和银矿矿工把复本位制(以黄金和白银为货币单位价值)政策与繁荣时期相联系。农夫收入减少是因为日用品价

◆

1880年代是一个富有和丰收的时代,美国国库有很大盈余:收入大于支出。应该怎样处理国库盈余呢?本杰明·哈里森总统以养老金的形式,把大部分盈余发给了内战老兵;然后这段繁荣时期便结束了。

格下跌;这的确损害了那些借钱购买农业设备的人(通货紧缩——价格下跌——这对借钱的人非常严酷。他们的收入虽然减少了,但却不得不仍然按照以前的高价支付利率)。而那些支持金本位制的人则认为,是白银导致经济萧条。金银之争成为重大的政治问题(国库的库存并不是决定一个国家财富的唯一因素——其工业、资源与人民都与此密切相关——但在1895年,你不会有这种想法)。

J·P·摩根

人民党领袖们认为,需要更多的流通货币,他们支持复本位制——而且还不止于此。他们认为,货币的供应不能控制在J·P·摩根之流的私人金融家手里,而应该受选举产生的委员会控制。他们要求建立一个崭新的货币体系,"以全体人民的名义"铸造货币。金融家们痛恨这种观点,大多数美国人根本不理解其含义(几十年后,随着联邦储备体系逐渐形成,货币供应由一个委员会控制,人民党人的这一观点成为法律)。

与此同时,一位来自内布拉斯加州林肯市的演说家,凭借其雄辩的口才加入这场争论。他年轻、英俊,非常诚恳。乡下男孩威廉·詹宁斯·布赖恩是一位虔诚的美国新教徒。他的性格里还有另外一个核心:布赖恩信仰《美国宪法》和美国民主制,他对此的热情不亚于他对宗教的热情。布赖恩当上律师后,搬到内布拉斯加州的林肯市,以他的诚实和真挚打动了人们。1890年,当他作为民主党人当选为国会议员的时候,他才三十岁。金钱及其分配问题困扰着布赖恩及其农夫选举人。为什么有些人努力工作能够挣到很多钱,而另一些人同样努力工作,挣的钱却很少?当克利夫兰和民主党废除《白银购买法》的时候,布赖恩拒绝追随他的政党。1896年,三十六岁的布赖恩决定竞选总统。在美国的大部分地区,布赖恩都不为人知,于是他担任了《奥马哈世界先驱报》的编辑,从而获得一个发表其见解的平台,然后他就开始巡回演讲。

在1890年代,白银问题引起激烈争论——如果你的两个车轮大小不同,而且似乎正在朝着相反的方向滚动,你该怎么办?这一争论将农夫与工业领域中的人们分离开来。

1896年,到芝加哥参加民主党总统竞选会议的代表中,几乎没有人认为这位来自内布拉斯加州的年轻人是一个重要的竞选人——直到他谈起白银。他说,他披挂着正义事业的铠甲。他向代表们回溯了金银之争的历史,在布赖恩的口中,这场争斗成为善恶之战。他把美国分为东部和西部,分为艰辛的拓荒者和金融巨子,分为城市和乡村。他仿佛在会议上施了催眠术,他说:"如果烧毁你们的城市,保留我们的农场,你们的城市会像施了魔法一般,再次拔地而起。但是,如果毁掉我们的农场,在这个国家的每一个城市,大街上就会长出野草……你们不能把这顶荆冠扣在劳动者的额头上;你们不能把人类钉死在

> 世纪之交,就在这个最需要说话的时候,在这个真正需要勇气的时候,他用火一样热烈的语言谈论美国的意义。他一直坚持——历史将因此而记住他——除非最底层的人们打心底肯定自己拥有自由与平等的机会以获得成功,否则美国就不是真正的美国。
>
> ——克拉伦斯·达罗律师
> 论威廉·詹宁斯·布赖恩

共和党人认为,威廉·詹宁斯·布赖恩的听众是一帮土头土脑的农夫,心里只想着轻松地赚钱——按白银与黄金十六比一的比例,不受限制地铸造银币。农夫们完全受了布赖恩的骗,他正按照农夫们喜欢听的调子发表言论。

这个金十字架上。"

第二天,民主党提名威廉·詹宁斯·布赖恩为美国总统候选人,人民党也支持他。共和党选择俄亥俄人威廉·麦金莱为总统候选人,麦金莱支持金本位制和高额关税;认为政府没有理由控制工商业,他说,如果商业繁荣,穷人和农夫也会受益。

1896年的总统选举,是我国历史上最重要的选举之一。美国选民艰难地作出抉择,很多人需要人民党倡导的改革。他们需要通过立法来改善工作环境;需要更短的工作时间;需要法律禁止雇用孩子干成年人的活;需要政府为公众的利益着想,管理托拉斯和公司。大多数人都希望农夫获得帮助,不过,要实现这一切,就需要一个积极的政府,而美国人对这种政府的态度摇摆不定。关于布赖恩及其支持者,有些事情令人不安。他们正在把这个国家分成敌对的群体;布赖恩加入了与金钱势力的论战,在一个未来属于工业化的时代,他却给自耕农涂抹上一层浪漫色彩。

布赖恩惊动了金融势力,共和党在竞选中花费了四百万美元,民主党花了三百万美元。那时花费巨大的大规模总统竞选活动还是一个新事物。也许是投入的金钱产生了作用——也许不是。不过,在20世纪的美国,占主导地位的将是企业。有人说美国人民在1896年就作出了这个选择。

小说家威拉·卡瑟在一家报纸上这样报道布赖恩的竞选活动:"在芝加哥,当布赖恩让一次会议出现一边倒的局面,当他窃取一个政党,当他震动一个国家……一个衣着褴褛的农夫……靠在栏杆上……大叫着'上帝选民的甜蜜歌手'。"但是,在其他地方,他却遭到人们的仇恨。这幅漫画暗示布赖恩是一个挑拨乌合之众的人,是无政府主义者的近亲,他在言论中不道德地利用圣经。

美国之美

托马斯·杰斐逊认为,美国的"土地足以容纳我们千秋万代的子孙"。1890年之后,大多数美国人都明白事实并非如此。那一年,美国人口调查局宣布,边疆已不复存在,大片大片适合居住的空闲土地已经消失。这个国家正在变得人满为患。边疆已经成为一个祸福参半的事物,它使得苦干、合作与足智多谋成为美国人的重要个性。在边疆,人们关心的是你的能力,不是你的地位;边疆让美国人变得更加民主,但它也让我们变得浪费起来——而我们浪费的还不止是土地。1890年,许多本土鸟类(例如可爱的旅鸽)都灭绝了,无边无际的野牛群就像被割倒的庄稼一样,正在遭到成批杀戮;数百万英亩高耸入云的大树正在或者将要消失;采矿正在把山麓变得荒芜贫瘠。对有些美国人来说,自由意味着他们有权随心所欲地处理大地上的动植物;只有少数人把具有自然壮观美景的土地视为不可替代的公共遗产。约翰·缪尔便是这少数人之一。

在大多数情况下,当涉及公共土地的问题时,国家的政策一直是尽快并且尽可能便宜地把它变成私有土地。到19世纪末的时候,情况开始发生变化。慢慢地,公共保护区的观念开始占据主要地位。1872年,美国建立了世界上第一个国家公园——黄石国家公园(大部分位于怀俄明州,一部分延伸到蒙大拿州和爱达荷州)。它比罗得岛州和特拉华州的面积总和还要大。大自然在黄石国家公园上演了辉煌的景象,温泉在天然水池、盆地与河流中沸腾,河水从大地的裂缝里飞花溅玉般地喷射出来。"老忠实泉"是众人渴望前往的胜地,那里的风景更是壮观无比。1890年,在加利福尼亚州内华达山脉西麓的壮丽平原上,创建了约塞米蒂国家公园。有一些人让美国人意识到自己拥有多么珍贵的自然遗产,在这些人中,有一位身材瘦削、留着胡子的家伙,他是一流的作家,被称为"徒步旅行者",该词用来形容那些长途徒步旅行者。这个人出生于苏格兰,他就是约翰·缪尔。西奥多·罗斯福总统与缪尔一起在约塞米蒂远足,总统说:"约翰·缪尔到那里接我,我和他一起度过三天两夜。这个人身上有一种可爱的纯真与善良的品格。他不屈不挠,浑身洋溢着友善与仁慈。"

当缪尔一家迁居威斯康星时,他才十一岁。在那里,他的父亲让儿子像成年农场工人一样干活,当这个孩子累得步履蹒跚的时候,父亲就会揍他。约翰·缪尔对读书求之若渴,然而家里却不准他在晚上读书。缪尔拥有发明天才,为了读书,他造出一台"早起机",这台木制闹钟可以把他早早叫醒,在开始一天的农庄杂务前,让他有充足的时间读书。缪尔二十几岁的时候,在一家工厂工作,一把金属锉子飞进他的眼睛,让他瞎了一段时间,他以为自己永远也看不见光明了。康复之后,缪尔说自己再也不会浪费时间,他将只做自己最热爱的事情——与大自然生活在一起。他说:"上帝为了教训我们,有时不得不把我们几乎置于死地。"

约翰·缪尔

于是,在1867年,二十九岁的缪尔说:"我出发……前

托马斯·莫兰花了八年时间(1893—1901),才完成他的画作——《黄石公园的大峡谷》。1872年,国会把一百万英亩的黄石地区划作公园土地,由联邦政府管辖,禁止定居者迁入该地区。国会做这件事情的时间,远远少于莫兰完成这幅绘画的时间。很多人反对国会的做法,然而,到1916年的时候,美国已经拥有三十七处国家公园。

往千里之外的墨西哥湾,做一次愉快而自由的徒步旅行……行走在我能够找到的最原始、树叶最繁茂和人迹最为罕至的道路上。"他按自己向往的方式生活:"也许我本可以成为百万富翁,不过我却选择做个流浪汉。"缪尔把余生的大部分时间都花在户外,他相信,在大自然中,一个人能够找到有关生活及其含义的最好答案。

缪尔跋山涉水,遭遇过熊、黑豹和蛇——但是他从不带枪。他相信,杀戮就是扰乱大自然。他徒步穿越了阿拉斯加的大部分地区、大峡谷以及约塞米蒂峡谷。约塞米蒂由冰川塑造而成,拥有群山、草地、瀑布和悬崖。缪尔说:"上帝似乎正在这里亲手创造他最佳的杰作。"西奥多·罗斯福在与缪尔一起远足之后,确信挽救约塞米蒂的森林是"为了人民的子孙后代"。

缪尔运用科学家的眼光和诗人的语言,开始劝告美国人,树木、鸟类和动物都太珍贵了,绝不能受到破坏:"成千上万的人累得精疲力竭,神经紧张,过于文明化。他们开始发现,走向群山就

> 我只是出去散步,结果却一直待到日落,我发现,走出家门才是真正的回归自我。
>
> ——约翰·缪尔

人民的服务员

早在遇见·缪尔之前,西奥多·罗斯福就是一名兴趣浓厚的博物学家。他对大自然的兴趣始于少年时代,那时他在家里建立了一个自然历史博物馆。当罗斯福的母亲从冰箱里扔掉一只田鼠的幼仔时,这个男孩呜咽着说这是"科学的损失"。年轻的罗斯福渴望学习更多有关动物以及制作动物标本的知识,于是,他的父母便聘请了一位动物标本制作者来教他,这个人曾经师从伟大的画家、博物学家约翰·詹姆斯·奥杜邦。当罗斯福夫妇想让他们的孩子学习地理、绘画和历史的时候,他们便带着一家人前往欧洲,开始长达一年的旅行。那原本是一个无忧无虑的童年,只是西奥多患有哮喘,视力很差,还有胃病。"我紧张而羞怯。"他写道。西奥多的父亲告诉他,他需要锻炼出一副与头脑相配的好身体。西奥多从十一岁开始举重和做体操。这个瘦弱的男孩,把自己变成强壮而无所畏惧的男人。他到哈佛上学,发表了一篇有关阿迪朗达克山的鸟类的论文,开始撰写一部有关海军事务的书,并且写出一篇高年级论文,呼吁夫妻在婚姻中要"绝对平等"。当西奥多第一次见到艾丽斯·哈撒维的时候,他对一位朋友说:"瞧瞧那个女孩,我会和她结婚。"他真的与艾丽斯结了婚。后来艾丽斯和西奥多热爱的母亲于同一天(1884年的情人节)在同一座房子里去世——妻子死于难产,母亲死于伤寒症。二十几岁的西奥多悲痛欲绝,他前往西部达科他的巴德兰,试图忘掉自己的悲伤。

当牛仔们看见这个年轻的东部人前来狩猎,还要做牧场主的时候,他们都暗自发笑。西奥多骨瘦如柴,声音尖细,戴着厚厚的眼镜,一笑起来就露出满口牙齿——他胳膊下还夹着几本书。有一天,他们来到狩猎区打猎,牛仔们算计着,想让这个时髦的城里人飞快地逃回东部去。于是向导就带罗斯福去猎野牛,他们出去了七天,骑马行走在巴德兰最荒凉、最偏僻和最崎岖的小道上。他们曾经被一头受伤野牛的追赶,吃光了食物,那个东部人掉进过一片仙人掌地里,狼群曾经攻击他们的马匹,有一天早上,他们醒来的时候,发现自己躺在四英寸深的水里。然而,情况越是糟糕,罗斯福似乎越是自得其乐。他经常挂在口头的一句话是"我的天,这真有趣"。当他终于猎获一头野牛的时候,罗斯福高兴得又唱又跳。他这样写道:"起初我害怕各种各样的东西,从灰熊到劣马,还有枪手。不过,我行动的时候装出一副

左上图,这个家伙全副武装地从东部来到达科他,佩戴着银马刺和定做的第凡尼刀。上图,西奥多·罗斯福的"鲁莽骑士"与第九和第十黑人团攻打古巴的圣胡安山。

毫不畏惧的模样,后来就真的逐渐消除了恐惧。"

回到东部,罗斯福准备接受一项新工作:纽约市的警察局长。他的大多数同僚都对政客嗤之以鼻,但罗斯福却说,他想要成为统治阶级而非被统治阶级的一员。不久,他就走上大街,与人们交谈,确保警察都在恪尽职守。以前从没有警察局长这么做。与此同时,国会听从了塞缪尔·冈珀斯的建议,通过一项法令,禁止在廉价公寓的"血汗工厂"生产雪茄。最高法院裁决该法令违宪。罗斯福走访了一些"血汗工厂",他在自传中写道:

> 做出这一裁决的法官是些好心人,他们对廉价公寓的环境一无所知;他们通晓律法而非生活。这一裁决完全妨碍了纽约的廉价公寓改革立法,使之推迟了整整二十年。

1898年,正在海军部工作的罗斯福再婚,他辞职参加了美西战争。美国站在古巴一方,反对西班牙殖民政府。在同一场战争中,美国吞并了太平洋上的菲律宾、关岛和夏威夷群岛。菲律宾和夏威夷的许多当地人都想组建自己的政府。卡尔·舒尔茨评论这几次吞并时说:"问题不在于我们是否能够这样做,而在于我们是否应该这样做。"然而,那是帝国主义的时代,大多数美国人都为吞并别国而欢呼。

在古巴,罗斯福率领自己的骑兵部队——"鲁莽骑士",英勇战斗,他在国内的名气如日中天。

后来他当选纽约州州长,他的改革惹恼了享受既得利益的势力,为了摆脱罗斯福,他们把他提名为威廉·麦金莱的副总统候选人。1901年,麦金莱在就职几个月之后便被刺身亡,共和党权威马克·汉纳非常沮丧,他悲叹道:"那个该死的牛仔现在成了美国总统!"那时罗斯福四十二岁,是美国历史上最年轻的总统(现在仍然如此)。他打算成为人民的代言人。

在刚刚过去的那个世纪,从托马斯·杰斐逊起,个人自由发展为弱肉强食的绝对自由。现在,强大的工业霸主以自由的名义,正掠夺着穷苦无助的工人。我认为,总统是人民的一个服务员。

罗斯福开始工作。他拥护净化食品和药物的法规,他让国会建立了一个公司管理局,调查公司收入。他设法通过一项法案,禁止铁路歧视小发货商。国会曾经通过一部《谢尔曼反托拉斯法》,旨在限制垄断,但却无人实施。西奥多·罗斯福开始成为"托拉斯克星"。

"我们要求大型企业与人民进行公平交易。"西奥多·罗斯福总统说道。

然而,罗斯福未能成功地将其政党转变成严格的改革机构,这主要是由于该党的领袖们倒向公司一边,反对国家管理公司。罗斯福写道:"在那些知道各州不能……控制公司……的人中,出现了令人迷惑的州权理论复活。"

1902年,美国矿工联合会号召宾夕法尼亚州的煤矿工人举行罢工,抗议那里恶劣的工作环境和低工资。煤矿主拒绝与工人谈判,西奥多·罗斯福火冒三丈,他以联邦将夺取整个行业相威胁。他的威胁奏效了,煤矿主同意调停,矿工们回去工作了。在劳资纠纷中,这是政府第一次站在工人这边说话;这也是罗斯福总统的个人胜利,他经常引用一句非洲谚语:"举着大棒轻声说话。"

是回归家园,荒野是不可或缺的,山地公园和保护区的用处,不仅在于它们可以充当木材生长之地和灌溉河流的源泉……而且还是生活的源泉。"缪尔相信整个世界都是息息相关的。他写道:"当我们试图单独挑拣出任何一件事物的时候,我们发现,它总是联系着宇宙中的其他所有事物。"

揭露黑幕

塞缪尔·西德尼·麦克鲁尔是《麦克鲁尔》杂志的编辑和出版商。他注意到,在他1903年1月那一期的杂志上,有三篇文章拥有相同的主题。这不是事先安排,只是巧合。其中一篇文章与一家大公司及其管理人员藐视法律有关;另一篇与一家工会实施犯罪并为犯罪而辩解有关;第三篇讲述的是选举产生的城市官员为了个人利益而知法犯法的故事。

在那一期杂志的刊首语中,麦克鲁尔谈到了对法律的漠视。"我们最终将不得不付出代价,我们中每个人都得如此。最终将牺牲自由来支付这笔总债。"

如果给"进步时代"确定一个出生日和出生地,那也许就是1903年1月的《麦克鲁尔》杂志。作为对那个实利主义和腐败时代的回应,这种改革精神开始出现。进步主义多种多样,其基本观点认为,生活是积极向上的;进步意味着万事万物都应与时俱进,变得越来越美好;但是,如果不对一个国家加以关心和干预,这个国家就会脱轨。进步运动是一场高尚的运动,它关注道德,富于社会责任感。《麦克鲁尔》杂志的那些投身正义的记者们瞄准了不公正行为,他们走进正在处理肉类的屠宰场,看见老鼠和垃圾,于是便描述了那里的场面;他们写到城市里的老板以及不诚实的政府如何骗取公民的权利和金钱;他们写到工业大亨为了自己的利益而肆意妄为地利用和违反法律;他们写道:在一个民主政体中,拥有知识和选举权的公民能够纠正社会的错误。

S·S·麦克鲁尔请艾达·塔贝尔写一本书,讲述美孚石油公司获得巨大成功的故事。他并不期望揭露无情的商业实践,而这本书恰恰揭露了这些黑幕。

这些记者有几点共性:他们都很雄辩,调查彻底,有勇气,并且真正关心如何改善这个国家。他们发展出一种新型新闻——调查新闻,那时的印刷技术已能够制作出精美的杂志,并以每份十美分的价格广泛发行。西奥多·罗斯福把他们称为"黑幕揭发者"(muckrakers),这个词原意为"扒粪者",取自约翰·班扬的《天路历程》(一本家喻户晓的书)。书中描写了一个人物,他宁愿扒粪,不愿做更体面的事。但是,如果一个国家充满污秽,就得有人清除污秽,"黑幕揭发者"愿意挖出深藏的污秽之事。

艾达·塔贝尔是最有名的"黑幕揭发者"。她出生于宾夕法尼亚州哈奇谷的一所小木屋,当麦克鲁尔向艾达提供一份纽约的工作时,她正在巴黎,通过向美国的报刊投稿,勉强维持生活。麦克鲁尔连载了艾达所写的拿破仑和亚伯拉罕·林肯的传记,《麦克鲁尔》杂志的发行量因此增加一倍。然后麦克鲁尔就鼓励塔贝尔,让她写美国最有权势的公民约翰·D·洛克菲勒,以及他那庞大的托拉斯——美孚石油公司。麦克鲁尔脑子里想的是有关杰出成就的故事,塔贝尔却发现了别的东西。她说:"在我看来,这个故事的根本核心并不是资本主义,而是公然蔑视合乎道德的正当商业惯例。"她又补充道:"以违反游戏规则的方式赢得的胜利不值得一提。"即便在塔贝尔的《美孚石油公司史》出版一百年后的今天,读着书中描写的贪婪的秘密交易,以及对法律的厚颜无耻的蔑视,也仍然让人触目惊心。洛克菲勒宣称:"我相信赚钱的能力是天赐之才,我相信我的责任是赚钱,赚越来越多的钱,并根据我的良心的指示使用金钱。"

多年以来,人们就一直在怀疑,美孚石油公司为了垄断该行业,用不正当的手段对付其竞争对手,迫使许多对手以破产告终。塔贝尔想知道事实是否如此,她说:"我的信息不是直接来源于美孚石油公司,他们会掩盖自己的丑事。"在《麦克鲁尔》杂志发表其系列文章之前,塔贝尔做了四年的详细调查。那些文章说明,美孚的势力如何影响了几乎每一个美国人的生活。这些文章结集出版,成为畅销书,三年后,最高法院解散了美孚石油托拉斯。一位报纸编辑说:"在以公众舆论颠覆洛克菲勒方面,塔贝尔小姐比这片土地上的所有传教士都做得多。"洛克菲勒把塔贝尔叫做"塔-拜若尔"(Tar-barrel)小姐,意思是"沥青桶",并且禁止周围的人提到她的名字。

"洛克菲勒先生一直在有系统地作弊,从1872年起,在他与对手的竞争中,他是否曾经有哪怕一次是与对方站在公平的起跑线上,这还值得怀疑。"艾达·塔贝尔写道,"以这种方式开展的商业,失去了所有光明正大的特征,只适合那些骗子。"

> 揭露黑幕的人往往是社会安宁所必需的,但前提是他们必须知道该何时住手。
>
> ——西奥多·罗斯福

一帮沾满墨水污迹的顽童,正在向约翰·D·洛克菲勒投掷的土块,保守杂志《法官》试图保护他,洛克菲勒则飞奔而逃。这帮顽童象征着"低俗报刊",19世纪用该词贬称类似于今天的超市小报①的报刊。

赫尔大楼

简·亚当斯(她是最卓越的进步主义者的缩影)本可以过着富家女的轻松生活,穿梭于各种社交聚会之间。她的父亲很有钱,是伊利诺伊州的参议员,也是亚伯拉罕·林肯的朋友。在镀金时代,经济宽裕的女子是应该待在家里的,亚当斯却选择了一条不同的道路。她去上了大学,属于第一代上大学的美国妇女。然后,为了过一种有意义的生活,简来到了芝加哥的贫民窟。她在那里买下一栋红砖大楼,大楼的门廊竖立着白色的柱子,正好位于这座城市最糟糕的地区中央。这所房子是一位赫尔先生所建,于是她就称之为"赫尔大楼"。芝加哥的市中心犯罪横行,环境肮脏,亚当斯的大部分邻居都是移民,其中许多人不会说英语。亚当斯让赫尔大楼成为这样一个地方:人们可以在这里上英语课,照顾孩子,学习绘画,听音乐,在体育馆锻炼,或者到舞台上表演。在赫尔大楼,各种民族群体聚集一堂,庆祝他们的传统,还能与具有不同民族背景的其他美国人平等相处。

赫尔大楼办得如此成功,它不久便拥有了十三座建筑和六十五名工作人员,

---

① 美国一些为满足读者的猎奇心理而刊登奇闻怪事的小报,图多而文字少。——译者注

其中大约有五十人是当地的居民。在就餐时间,餐厅里往往坐着政治领袖、哲学家和无家可归者。亚当斯为工人阶级的男孩和女孩创办了俱乐部,她促使芝加哥修建了第一个公共运动场;她帮助通过了童工法;她在芝加哥教育董事会任职,确保新学校得以建立。在19世纪,当儿童实施犯罪后,他们会受到成年人那样的惩罚,亚当斯帮助建立了美国第一个少年法庭。当她发现赫尔大楼附近的地区垃圾遍地的时候,就设法任命了一名城市垃圾检查员,他每天早上六点钟起床,驾驶一辆垃圾车开始工作。

简·亚当斯知道改革家需要参与政治,于是她就涉足其间。这可不容易,女性不能选举或者担任公职。她发现"在这个国家,所有介于十六至二十岁的女性中,有百分之五十九都从事某种有报酬的工作",然后便写文章揭露女性面临的问题。妇女的工资低得惊人,许多年轻女性,尤其是城里的女性,靠当妓女赚钱。亚当斯所写的《新道德与老罪恶》震撼人心。她舒展翅膀,积极参与世界和平运动。1931年,长寿的简·亚当斯在进入晚年后,获得了诺贝尔和平奖,她是第一位获此殊荣的美国女性。

在赫尔大楼,简·亚当斯(上图)了解到"在处于贫困边缘的人们中,为了生存而作的挣扎是如此艰难"。下图,这份1915年的《哈泼斯周报》在新闻杂烩栏中显示出清楚、明确的贫富界限。

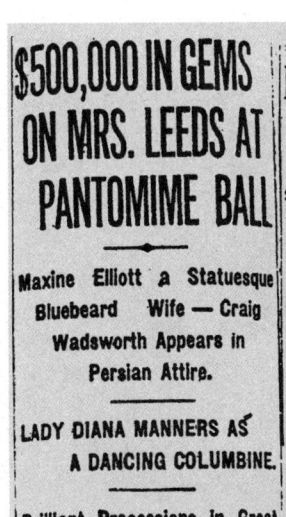

第十一章 安全享有民主？

19 12年的总统选举十分引人注目。就在四年前,西奥多·罗斯福决定不参加第三次连任竞选,并支持威廉·霍华德·塔夫脱接替他的职位。但是塔夫脱总统工作迟缓,让精力旺盛的罗斯福颇为失望。于是,这位"鲁莽骑士"结束了他的非洲探险,回到美国,成为进步党(事实上,该党通常被称为"公麋党")的总统候选人,塔夫脱则成为共和党的候选人;社会党再次捧出他们推举多年的候选人尤金·V·德布斯;民主党选择了一位长下巴的严肃教授,他是

美国在第一次世界大战中的经历:右图,1918年6月,美军第二师的几名士兵正在法国贝劳森林,用一门三十七毫米口径的火炮射击。在三个星期的殊死战斗中,美军伤亡四千五百人。不过,这次距离巴黎仅四五十公里的战斗,达到了击退德军的目的,那也是德军自1914年以来推进的最远地方。我们许诺,到1918年6月,向前线派遣五千名飞行员,类似于上图这样的征兵海报,催促人们参加空军。美国空军"起飞"缓慢①,但是,到1918年中期的时候,便开始了轰炸。

---

① 意指美国空军最初的发展较为缓慢。——译者注

威廉·詹宁斯·布赖恩的朋友,名叫伍德罗·威尔逊。尽管塔夫脱受到公司势力的支持,但他和所有候选人在不同程度上都是进步论者。最后,社会党得到一百万张选票,塔夫脱三百五十万,罗斯福四百万,超过六百万的人都把票投给了威尔逊。这是美国改革热潮的巅峰时期。

托马斯·伍德罗·威尔逊成为第二十八任美国总统。他是一名长老会牧师的儿子,他最早的幼年回忆之一,就是联邦士兵开过佐治亚的情景。他的父亲在布道中说,《圣经》认为奴隶制是正当的。伍德罗·威尔逊在种族和女性地位上的观点,反映了他接受的传统南方教育。不过,他在普林斯顿大学和约翰斯·霍普金斯大学接受的高等教育,却使他在其他大多数问题上表现出自由主义者的特征。在普林斯顿大学,他成为一位杰出的教授,专业是政府和政治。在研究政府问题的专家中,没有多少人能获得机会,把自己的理论变成实践,而结果证明在实践中擅长此道者更是少之又少——但威尔逊获得了这样的机会,而且干得不错。当新泽西州政府一团混乱的时候,他参加了州长竞选。新泽西的老百姓对政治腐败深恶痛绝,政治老板们自然不想改变现状——不过他们明白,人民要求变革。他们想支持一名外强中干的州长,一位书生气十足的教授似

伍德罗·威尔逊在竞选总统之前,只在新泽西担任了两年的州长,但他试图保护公众不受大型托拉斯侵害的努力,使他很快得到承认。

乎是最佳的傀儡。他们选择了伍德罗·威尔逊,不久便为此而后悔了。威尔逊不仅有头脑,而且态度强硬,发誓要彻底清理新泽西政坛,并且着手这项工作。政治老板们试图阻止他,威尔逊大胆地说出自己的境况,向新泽西的公民解释这些问题,寻求他们的支持。新泽西人民给予威尔逊支持,大多数政治老板都被迫引退。新泽西成为一个模范州(暂时的),各地的人们都在谈论政治家威尔逊。

威尔逊当选总统之后,他的议事日程十分清楚:他想要改善工人的工作环境,帮助农夫,改变银行系统,控制垄断企业,降低关税。他把自己的计划称为"新自由",并向人民解释这些问题,好让他们明白正在发生的事情。不久,关税下降,联邦储备体系建立,政府控制了大型托拉斯。然后威尔逊开始处理巨大的贫富差距问题。他拥有传教士的基因,而美国人愿意支持一场改革运动。威尔逊正在发挥效力,但他却一直受到国外事务干扰。

干扰首先从我们的邻居墨西哥开始。那个国家被一个强横的独裁者波菲里奥·迪亚斯统治了三十多年,他通过警察和恐怖手段维持秩序。墨西哥人发动叛乱,

1926年,戴维·阿尔法罗·西盖罗斯(1896—1974)创作了这幅壁画《埃米利亚诺·萨帕塔的土地革命》。西盖罗斯既是画家,也是激进主义分子,他在萨帕塔和潘丘·比利亚等人的率领下,参加了墨西哥革命的战斗,帮助工人组织工会——结果,他只得在监狱中完成他的许多绘画。

推翻了迪亚斯。

墨西哥的生产力主要控制在一小撮私人和公司手中。美国人(尤其是古根海姆、洛克菲勒和奥尔德里奇家族)掌握了百分之四十的墨西哥财富。墨西哥革命惊动了这些企业家,也惊动了当时的总统塔夫脱。弗朗西斯科·马德罗是一名满脑子幻想的知识分子,他参加了墨西哥的第一次自由总统竞选,获得胜利,并许诺实施改革,这让美国人感到特别担忧。塔夫脱的大使亨利·雷恩·威尔逊建议说,墨西哥需要另一个"铁腕人物",就像迪亚斯一样。然后,亨利·威尔逊便与墨西哥军队的维多利亚诺·韦尔塔将军密谋,韦尔塔不费什么力气就谋杀了马德罗。塔夫脱总统假装不知道这场阴谋。

伍德罗·威尔逊被这一切吓坏了,当他成为美国总统后,墨西哥的局势变得更加复杂了。墨西哥人再次造反,这一次针对的是杀人犯和醉鬼韦尔塔将军,他现在掌握着墨西哥的大权。威尔逊总统进行干预,打算帮助墨西哥人民,但是他们不想接受美国的帮助。一位新的总统卡朗萨结束了革命;现代墨西哥开始从这一团混乱中形成。然而,美国与墨西哥之间的关系却已经破裂——并且没有时间来修复:欧洲发生的事情引起了全世界的注意。

十几岁的加夫里罗·普林西普做了一件事情,将帮助美国结束激进的进步时代,并且导致世界上的一些最强大的国家从民主卷入极权主义的恐怖中。这一切都从小国波斯尼亚—黑塞哥维那开始,它位于欧洲东南部的巴尔干群山中,被强大的奥匈帝国吞并。年轻的普林西普是恐怖主义组织"黑手党"的成员,他决心解放波斯尼亚。

1914年6月28日,天气晴朗,奥匈帝国皇储弗兰茨·斐迪南大公和他的妻子索菲到达了波斯尼亚首都萨拉热窝。六名黑手党成员正在等待时机,其中一人向官方的车队投掷了一枚炸弹,炸伤两名士兵。警察逮捕了扔炸弹的人。失望的普林西普朝一家咖啡馆走去。大公继续完成其礼仪任务,然后到医院去看望受伤的士兵。大公临时改变了行车路线,事先未作安排,司机拐错了弯,把车开进一条狭窄的街道,停下来准备倒车。普林西普正好站在那家咖啡馆前的人行道上,他简直不敢相信自己的眼睛,大公的敞篷汽车就在他面前。普林西普开了两枪,弗朗茨·斐迪南和索菲因流血过多而死在汽车里。

1870年,德国在普法战争中侵略并打败法国,此后,欧洲的大部分地区都一直在准备战争。欧洲人建立了大规模的军队、火炮储备和舰队,但是,这些国家越是武装得好,他们就越感觉不安全。彼此之间的仇恨日益加剧,许多国家结成联盟。欧洲成了一个火药桶,就等着一根火柴把它点燃,普林西普和黑手党划燃了那根火柴。

有些德裔美国人为攻打祖国而感到矛盾;这幅漫画认为,这样的"和平主义者"(暗含叛徒之意)态度帮助德国皇帝留意美国的动静。

为了给大公报仇,奥地利向塞尔维亚宣战,导致两个联盟启动,一方是同盟国:德国、奥匈帝国、意大利、保加利亚,后来土耳其(也被称为奥斯曼帝国)也加入进来。聚集在法国周围的是协约国:英国和俄国。8月3日,德国皇帝威廉二世(他喜欢被称作"至高无上的皇帝陛下")派出军队,势如破竹地穿过小国比利时,直奔巴黎。这些大国,包括德国,曾经签订条约,同意尊重比利时的中立,德国皇帝现在把这份条约称为"一张废纸"。英国遵照其承诺,派出一支军队援助比利时和法国。当士兵们出发参战的时候,他们告诉自己的母亲和女友:"我们圣诞节就回家。"然而,在那个神圣的日子里,大批军队正在挖掘一条长达八百公里的战壕,从瑞士边界一直延伸到北海。接下来的四年是一场疯狂的消耗战,数百万人将生活并死于那些地狱般的战壕里,毒气战使得这场消耗战变得更加恐怖、致命。"人类疯了!肯定只有疯子才会像现在这么做。可怕的屠杀!"参加凡尔登战役的法国军官阿尔弗雷德·儒贝尔死前这样写道。

战 争

　　1914年8月,当大炮开始"隆隆"作响的时候,没有人知道这场所谓的"大战"将会走向何方。在美国,伍德罗·威尔逊把它叫做"遥远的事情",他认为战争很快就会结束——欧洲年轻人也这么想,他们急急忙忙参军,生怕自己还没机会打仗战争就会结束。结果,不管对哪个国家来说,第一次世界大战之惨烈都是前所未有的,它将改变好几代人,让他们备受折磨,痛苦万分。它看似一场争吵,结果却变成可怕、愚蠢而麻木的大屠杀。9月,在主要交战国开战整整一个月之后,就有一百万人被杀死。坦克、远程炮弹、手榴弹和机枪等新技术,提供了大批杀死士兵的新方法。那些按照以前的战争经验训练的将军们,运用了适合来复枪的战术。在开战时仅仅发明十一年的飞机也是新武器之一。起初飞机只用于侦察敌方阵地,但是有的飞行员从驾驶舱探身出来,用手枪向敌人的飞行员射击;随后,炸弹被装上飞机,飞行员用手从飞机一侧丢下炸弹;接着,有人想出办法,让机枪随着螺旋桨的转动同步射击——空战开始了。

　　然而,光有杀人机器还不够,战争仍然需要人,需要庞大的军队。士兵们挖掘战壕,从里面杀死其他战壕的士兵。双方都待在满是鲜血、泥泞不堪的战壕里一直战斗,至少还有一千万人将死于这场战争。

　　广阔的大西洋像一道护城河,总是将美国与欧洲的麻烦隔离开来。乔治·华盛顿警告美国别和"外国纠缠",伍德罗·威尔逊相信美国应该避开冲突,保持中立。大多数美国人都不想卷入这场战争,但是,技术正在缩小地球上各国之间的距离,而美国已经成为世界强国,要让自己不卷入战争,就变得越来越难了。威尔逊把自己视为和平缔造者,他正抱着中立的态度竞选1916年的总统。他试图与交战双方的领袖对话,希望以公开、真诚的谈判结束战争。

　　一种新式武器正在改变作战方式。英国

夏天,图中这条战壕比较干燥,用沙袋防护得很好。在天气恶劣的时候,人们会浸没在泥浆里,或者因为站在水中而患上战壕足病。虱子永远陪伴着士兵们。

1917年4月2日,威尔逊总统在参众两院联席会议上宣布了这条消息:美国将在协约国一方参加世界大战。他说,美国人"并无私利目的,我们无意征服,也没有主权要求"。

> 这个世界好像发了疯,疯子似乎有一种无情的冲动,想在普通人中间制造破坏和骚乱。
>
> ——伍德罗·威尔逊

拥有世界上最强大的舰队,但是德国潜艇(也叫"U艇")不仅威胁到战舰,也威胁到客轮和货轮。德国正在试图遏制协约国的作战能力,"U艇"在事先没有警告的情况下击沉船只。美国人非常惊恐——他们也成为受害者。德国宣布,他们的潜艇将击沉靠近英法两国的任何船只,甚至包括中立国的船。1917年初,就有八艘美国船只在大西洋被击沉,接着,美国公开了德国大使的一封解码电报,其中详细叙述了一个唆使墨西哥攻打美国的阴谋。德国许诺将得克萨斯、新墨西哥和亚利桑那割让给墨西哥(一旦美国投降),作为他们参战的回报。

1917年3月31日晚上,伍德罗·威尔逊从床上爬起来,带着他的便携式打字机,来到白宫的南阳台。威尔逊夫人从厨房给他端来一碗牛奶和饼干。在凌晨的寂静之中,总统打出一条将闻名于世的消息:

> 目前,德国针对商船的潜艇战是以人类为敌,是一场反对所有国家的战争……我们将接受挑战……必须让世界安全享有民主。

威尔逊说,我们国家没有私利目的,也不想占有领土——不是出于美国的利益——总统是认真的。1917年4月2日,威尔逊来到国会,没有麦克风(还没有发明出来),也没有大叫大喊,他用自己的自然声音传达了这个消息。我们伟大的人民热爱和平,把他们引向战争是一件可怕的事情,他说:

> ……这是有史以来最可怕、最残酷的一场战争,文明自身似乎也危在旦夕。但是,正义比和平更可贵,我们应该为了内心最深处的理想而战斗——为了民主,为了人民因服从权威而在其政府中获得的发言权,为了弱小国家的权利和自由,为了让全体自由之民和谐地共享权利,以便给所有国家带来和平与安全,并使这个世界最终获得自由。

威尔逊说得非常清楚:美国参战不是出于个人利益。他以充满激情的话结束演讲:

> 美国有幸抛洒热血的一天来到了……为了那些给予她生命与幸福的原则……上帝保佑她,她别无选择。

会场上沉默了一会儿。七十二岁的爱德华·D·怀特是最高法院的首席大法官,他坐在前排,这时,他把帽子扔到空中,跳了起来,发出南方叛军那样的欢呼声。议员们受到感染,也跺着脚,大声吼叫着表示赞成。

> 在那里,在那里,
> 送去这消息,把消息送到那里——
> 美国佬来啦,
> 美国佬来啦,
> 无论在哪里,
> 战鼓隆隆轰鸣。
> 那就准备好,做个祈祷,
> 送去这消息,让他们小心提防——
> 我们将到那里,我们正朝那里走去,
> 那里的战斗不结束,我们就不会回归故里。
>
> ——《在那里》,乔治·M·科汉作于1917年

美国新兵正在前往阿普顿兵营参加基础训练。一些军队将领和国会议员担心人们反对征兵,但是,仅仅在1917年6月5日那一天,就有一千万男子来报名参军。

1917年8月,《科利尔》杂志在封面上刊登了战争武器:飞机、重炮和士兵。许多战争策略都是把人喂进永无餍足的大炮里,这是一个残酷的现实。

有一群人冒雨聚集在国会大厦外面,他们也加入了欢呼。总统回到他的办公室,看着他的助手,说道:"人民会为了战争而欢呼,是不是有些奇怪?"然后他就趴在桌子上哭起来。

瘦弱的伍德罗·威尔逊浑身书卷气,结果却证明,他是一位强硬有力的战时总统。他以快得惊人的命令,让一个和平国家变成一支强大的战斗力量。这个国家的工厂过去生产胸衣、自行车和扫帚,现在转而生产枪支、战舰和制服。德国人以为美国会花好几年的时间才能作好战斗准备;但是,从1917年4月开始,在短短一年中,一百多万美国男子参军,接受训练,被派到海外。美国参战时机恰好,欧洲的交战双方都已接近崩溃,美军使得天平倾向了对协约国有利的一边,改变了战局。

从战争开始的时候起,威尔逊就在思考有关和平的问题,他撰写了一份基于公平条件的和平计划。他打算改变各国处理事务的方式,他不想让帝国主义者在战后分赃,世界各国人民将自己决定自己的命运。威尔逊把他的观点组织成"十四点计划",印刷成一个小册子,分发到世界各地。许多德

一封家书

哈里·雷纳格尔是美国陆军第一零一步兵团的士兵,在第一次世界大战停战那天,他从法国给家里写了一封信:

在我遇到的事情中,再没有比上午11点的突然停战更让我兴奋的。刚好是10点60分,枪炮的轰鸣声戛然而止,就像汽车一头撞到墙上一样。接下来的安静显得无比怪异,德国人开始从地下的某个地方出现,他们艰难地爬过战壕的胸墙,兴奋地大叫着,把自己的来复枪、帽子、子弹带、刺刀和双刃短刀扔给我们,开始唱起歌来……我们尽可能长时间地控制小伙子们的感情,最后,这种压力太大了,一名大个子北方佬跑到一片无人的空地,把一面星条旗插在一个弹坑边上。一名喇叭手开始吹奏《星条旗永不落》,他们都跟着唱起来——呀,瞧他们唱的!

没有"明显而现实的威胁"

1917年，在美国参加第一次世界大战之后，国会通过了一部《惩治间谍法》，1918年，又通过了一部《镇压叛乱法》，旨在禁止有可能损害战争的言论。但是，《宪法第一修正案》保证公民享有言论自由，这两部法规是否违宪？或者，在战争期间，能否忽略宪法的规定？

尤金·V·德布斯

奥利弗·温德尔·霍姆斯

尤金·V·德布斯是一名反战分子，也是世界产业工人同盟的创建者之一，并且担任美国社会党领袖，他在《惩治间谍法》和《镇压叛乱法》通过之后，讲了如下的话："他们说，我们生活在一个伟大的自由国家，我们的宪法是民主的；我们是享受自治的自由人民。真是太过分了，就算是玩笑也太过分。我们中许多人逐渐认识到，在一个正在为了让世界安全享有民主而战斗的国家，哪怕行使宪法赋予的言论自由权，也是极其危险的。"

对战争与间谍都应加以严厉批评，但二者之间的界限却难以把握。查尔斯·申克散发了一万五千份传单，劝说人民抵制征兵。他被判违反《惩治间谍法》，但是他又以该案违背《第一条宪法修正案》赋予他的权利为由，提出上诉。在"申克诉合众国案"中，最高法院的法官一致驳回了他的申诉。不过，法官奥利弗·温德尔·霍姆斯阐明了一条"明显而现实的威胁"原则，被视为划清了个人言论自由权与保护社会权之间的界限：

"每部法案的性质都取决于其制定时的环境……对言论自由最严格的保护，也不会保护一个人在剧院里大喊，谎称起火，制造混乱……每个案件的共同问题都在于，当事人所使用的语言是否用于这样的环境，并且具有如下的性质，即这些语言制造了一种明显而现实的威胁，会带来真正的罪恶，而国会有权阻止这种罪恶。当一个国家正处于战争状态时，许多可以在和平时期讲的话，都会妨碍国家所作的努力，只要士兵仍在战斗，就不能容忍这样的话，而且没有法庭会认为这种话会受到任何宪法权利的保护。"霍姆斯将在一系列裁决中改进这一原则，它们将成为这类案件的判例标准。

国人都知道，德意志帝国的覆灭不可避免，威尔逊的慷慨计划使他们振作起来，德国皇帝被迫退位。

在大炮几乎连续不断地轰炸四年之后，战壕中的人不用大声吼叫，也能够听清彼此所说的话了。那是11月11日11点，枪炮安静下来，那时距离威尔逊对国会发表演讲已有一年半的时间，阵亡名单上增加了十一万二千四百三十二名美国人。德国终于投降。在柏林附近的一家医院里,一名二十九岁的奥地利下士因在比利时中了毒气,正在接受治疗,听到德国投降的消息,他伏在枕头上呜咽着:阿道夫·希特勒发誓要为他的国家复仇。

这是一场可怕的战争,现代的杀伤性武器带来新的屠杀方式。得到安葬的往往只是胳膊、腿和身体的碎片,而不是完整的尸体。对美国而言,一战的军费是内战的十倍以上。认为战争是英雄游戏的观点不复存在,一名士兵写道:"战争不过是谋杀。"

在华盛顿特区,那时还是早上6点,威尔逊总统坐在桌旁,他在白宫的信纸上写下这些话:

> 美国参战的每一个目标都实现了。现在,我们将有幸承担职责,通过榜样,通过冷静、友好的协商,通过物质援助,帮助全世界建立公正的民主制度。

那时天还没亮,但是,在1918年11月11日,人们等不到天亮就开始传递战争结束的好消息。汽车喇叭"嘟嘟"地叫着,教堂的钟声敲响,汽笛也鸣叫起来。不久,全国各地的街道上都挤满了人群,他们欢呼着,叫喊着,互相拥抱、亲吻。美国参加了战争,世界将会因此而变得更加美好。威尔逊总统把这叫做"结束所有战争的战争"、"拯救民主"的战争。他相信,为此注定要付出可怕的牺牲,而这将带来一个和谐的世界——在1918年的战争结束日,大多数美国人都这么认为。

国际联盟

战争结束后,伍德罗·威尔逊出发前往欧洲,他是

协约国首脑在凡尔赛宫决定了欧洲的命运:公众吵嚷着让德国支付赔款,直到它被"榨干油水"。在右图里,威尔逊坐在中间位置,法国总理克列孟梭与英国首相劳合·乔治分别坐在他的左边和右边。

国际联盟是否像威尔逊1919年所说的那样,是"维持新秩序所不可或缺的手段"呢?它能否防止战争幽灵在欧洲复活?或者,它是不是一个暗中破坏美国主权的冒险试验呢?

第一位去欧洲的在职美国总统。他想让美国率领世界,走向公正的和平,期望成为和平缔造者。欧洲人民用鲜花和欢呼迎接他的到来,把他称为世界的救星。威尔逊在战败的南方长大,他了解战后随之而来的仇恨情绪。他认为,不应该羞辱敌人,或者让敌人陷入贫困。威尔逊的"十四点计划"也许是有史以来最宽容的和平计划,根据该计划,全世界的人民将自己决定自己的命运。民族自决将结束旧的帝国主义体系——让战胜国攫取外国殖民地的体系。"十四点计划"呼吁开展自由贸易,结束国家之间的秘密条约("公开缔结公开的盟约"),确立公海,裁减军备,并创建一个世界组织——国际联盟。对威尔逊来说,这个联盟是留给未来世界的遗产,他希望国际联盟能让世界保持和平。

但有些欧洲人并不这么看,法国人仍然在为普法战争中遭受的屈辱而耿耿于怀(他们不记得了,发动那场战争的正是他们自己)。乔治·克列孟梭被称为"法国老虎",1871年,当德军开进香榭丽舍大街时,他正担任蒙马特尔市市长。这个留着胡须的胖子是个愤世嫉俗的老人,不愿意轻易饶恕别人。克列孟梭是这次和平会议的主席,他将让报纸发表反对威尔逊的文章,并利用警察暗中监视与会代表。克列孟梭公然藐视"十四点计划",他说:"万能的上帝只给了我们'十诫',却被我们违反了。"大卫·劳合·乔治最近凭借"吊死德皇!"的口号当选首相,他是英国代表,就像克列孟梭一样,他也想报仇。

德国投降的时候,期望得到威尔逊式的宽容的和平,然而,他们派去参加会议的代表,却被直截了当地监禁在一个围着铁丝网的旅馆里。和平条约在凡尔赛宫的镜厅签订,那是巴黎附近的一座法国王宫。每个人都明白这个地点的意义,那是1871年德国宣布普法战争胜利、建立新帝国的地方。条约要求德国认罪,并分期支付战争赔款。德国觉得受到背叛,威尔逊"十四点计划"的大部分内容都被扔出了凡尔赛宫的窗户,不过威尔逊最重视的观点——国际联盟——却保留下来。威尔逊相信这个联盟将改变欧洲处理事务的旧方法,他想给全世界带来民主的自治政府。

根据《美国宪法》,与外国签订的条约必须获得三分之二的参议员批准,参议院控制在强硬的共和党参议员手中,他们厌恶威尔逊总统及其高姿态的行为方式;他们相信,如果总统获胜,自己的政党就会在下一次选举中受损。许多美国人——不管是民主党还是共和党——都担心美国会越来越深地卷入欧洲问题。威尔逊决定像他在新泽西时那样做,忽略城市的政治老板,直接求助于人民。这是一次错误的估计,国会议员与城市匪徒不同,而且他们不会善意地对待那些被视为高傲、轻蔑的人。

威尔逊周游全国,每天做三四次演讲,主要解释国联的问题。在奥马哈,威尔逊说:"我能够绝对肯定地预言,如果世界各国不能采取一致手段防止战争,世界大战将会在另一代人中再次爆发。"在威尔逊做巡回演讲时,他的对手们暗地里跟踪他(他们得到工业家安德鲁·梅隆与亨利·克莱·弗里克的资助)。国会议员利用本土主义者对移民和"外国纠缠"的恐惧,要求以"孤立"为国策,并要求弹劾总统。

这一切让威尔逊的健康不堪重负,他中风病倒,再也没有恢复过来。参议员接受了《凡尔赛条约》,但拒绝让美国参加国际联盟。威尔逊是否有所收获呢?是的。和平条约尽管苛刻,却比威尔逊不到凡尔赛宫的情况下宽大得多。赫伯特·胡佛(在巴黎领导一个美国资助的救助项目)写道:"威尔逊先生对美国理想的表达,是和平会议上唯一的精神表达,他每走一步,都要反抗仇恨的力量。"

但是,威尔逊已经跟不上时代步伐,在这场战争之后,理想不再显得重要,不管是在国内的进步改革方面,还是威尔逊改变世界的远见方面,投身正义的精神都不复存在。大多数美国人只想继续自己的生活。

女性投票权

一群妇女正在白宫前面游行示威,那是1917年,她们举着一幅标语,上面写着"两千万女性没有享受自治"。美军士兵在欧洲为民主而战,这些妇女认为,她们应该在国内为民主而战。她们想获得投票权。她们说,没有投票权,她们就没有获得完整的公民权。她们的另一幅标语上写着威尔逊总统的原话:"我们应该为了内心最深处的理想而战斗——为了民主。"日复一日,月复一月,这些女性都在总统的住所前游行。她们是和平示威,但坚持不懈。有些人不喜欢这样,他们把这些女性叫做"妇女参政权论者",说她们不应该在战争期间搅扰总统。警察命令这些妇女离开,她们的领袖艾丽斯·保罗问道:"难道法律发生了变化?""没有,"那名警官回答,"但是你们必须停止。"

艾丽斯·保罗说道:"我们已经咨询过律师,我们拥有示威的法定权利。"第二天,露西·伯恩斯和凯瑟琳·莫里被捕,其他人随后也被捕了。7月4日,一名国会议员对聚集在白宫后面的一大群人说:"政府经被统治者同意才能获得其正当权力。"警察维持这群人的秩序,保护这个人的言论自由权;在白宫的前面,十三名妇女默默地举着一条标语,上面写着来自《独立宣言》的同一句话。她们中有年轻女性,有白发苍苍的老奶奶,所有人都遭到逮捕。这些妇女被带上法庭,并被处以罚款。她们拒绝支付罚款,如果交了罚款,就意味着她们承认有罪;她们认为自己没有犯任何罪。警察把她们关进监狱。她们中的安妮·马丁在法庭上大胆地说道:

> 只要政府及其代表宁愿凭借微不足道的技术性控诉而把妇女送进监狱,我们就会去蹲监狱。控告总是在推动正义事业的发展,我们必须维持美国妇女为民主而工作的权利。

更多的妇女被捕入狱。监狱环境恶劣,在十四天的时间里,埃达·达文波特·肯

"这就是我们举着标语在白宫前面所做的事情,"妇女选举权论者安妮·马丁说,"请求……总统……纠正不平之事,我们在要求他运用手中的大权,确保通过全国性的妇女参政权修正案。"

德尔得到的食物只有面包和水。有些妇女被关押在单独牢房里,有些举行绝食示威的妇女受到压制和强迫进食。现在,女性不仅对妇女投票权有兴趣,也对监狱改革产生了兴趣。一名女性写到了"有必要捍卫监狱中所有人的普通权利"。"妇女参政权论者"继续游行。

小约翰·罗杰斯夫人被捕了,她是罗杰·谢尔曼(《独立宣言》的签订者之一,也是《康涅狄格妥协案》的创始者,他创建了我们的两院制国会)的后裔。就像她那位坦率的祖先一样,罗杰斯夫人直截了当地说出自己的想法。她告诉法官:

> 我们没有犯任何罪……我们非常清楚,我们站在这里是因为美国总统拒绝给予美国妇女自由。我们相信,阁下,站在这个法庭里受审的不应该是这些人……我们相信总统才是罪人,我们是无辜的。

罗杰斯夫人的理由是公正的,但她的评论并不完全公平。阻止妇女获得投票权的是国会,不是伍德罗·威尔逊。不过总统还没有伸出援手,最后,他的确促使国会通过了《第十九条宪法修正案》——也被称为"苏珊·B·安东尼修正案"。这位为妇女争取投票权的伟大战士在1906年去世,那时她让妇女获得平等权利的梦想还没有实现。该修正案规定:合众国或任何州都不得因性别之故,否定或者剥夺合众国公民的投票权。国会最终通过了这项修正案,但是斗争没有结束。宪法修正案必须在全国四分之三的州获得批准。全美妇女参政权协会的领袖卡丽·查普曼·卡特在全国开展活动。二十四岁的哈里·伯恩是田纳西州议会最年轻的代表,当该州议会试图决定是否同意《第十九条宪法修正案》的时候,伯恩接到一封他母亲的信,"别忘了做个好孩子,"他妈妈写道,"帮助卡特夫人,让修正案获得批准。"有一半的代表赞成妇女投票权,一半不赞成。伯恩投出了决定性的一票,他是个好孩子,他听从了母亲的建议。那是1919年,田纳西是需要批准该修正案的最后一个州。第二年,也就是1920年,美国妇女就可以自由地前往投票站了。

琼斯先生在1910年说道:
"女人们,服从你们的男同胞。"
1911年又听他旁征博引:
"他们统治世界无需选票。"
到1913年,他脸色阴沉,
说这一切注定会来到。
今年我听见他骄傲地大叫:
"另一方绝无道理!"
到1915年,他会坚持
自己一直是妇女参政权论者。
最奇怪的是,
他会认为自己的话一贯正确。

——艾丽斯·杜尔·米勒《进化》,选自《妇女投票权运动诗集:妇女是人吗?》,1915年出版

红色恐怖

1917年,就在第一次世界大战中,俄国人民发动起义,反抗沙皇专制。一个新的政府在亚历山大·克伦斯基领导下成

左图,签订《凡尔赛条约》期间,一个年轻的越南人胡志明正在巴黎,他为印度支那的事情向代表们提出辩护。右图:在有些人看来,"红色"似乎无所不在,甚至在星条旗下,也有其滑动的身影。

立,许诺实现民主和公民自由。但是,克伦斯基打算继续与德国作战,俄国人民不愿意。他们已经受够了,俄国失去了一百万条生命,俄国人民对他们的军事领袖失去信任。一群叫做"布尔什维克"的共产主义激进分子发誓让俄国摆脱战争。他们中的弗拉基米尔·伊里奇·列宁试图拜访美国驻瑞士大使。对许多渴望改善世界的人来说,美国人现在就是他们的希望。在巴黎,有一名年轻的越南照相洗印工,他也试图联系伍德罗·威尔逊或者他手下的某个工作人员。他就是后来的胡志明,他将改变自己国家的命运,也会改变威尔逊的

国家的命运。列宁和胡志明都未能成功地联系上美国官员。

瑞士的德国当局在列宁身上发现一个机会。德国急于看见俄国投降,退出战争。于是,他们把列宁和其他一些布尔什维克关进一列封闭火车,迅速穿过德国,送到俄国去。列宁掌权之后,德国便强迫俄国人签订一份苛刻的条约——比德国将要在凡尔赛宫签订的条约糟糕得多。

现在,列宁能够集中处理国内事务了,他建立了一个"无产阶级专政",解散了一个管理国家的议会,着手制定国家计划,重新分配土地,实行工业国有化,并没收了所有教堂财产。俄国处于极权主义统治之下,大多数投身于此的共产主义者都相信,他们是未来的浪潮(根据共产主义者的理论,大多数属于国家的财产和产品,

都由人民平均分享。这听起来很理想,但似乎从未实现过)。俄国革命的激进主义让美国人备感惊恐。在一个具有个人主义和自由传统并关注财产权的国家,共产主义没有多少吸引力,不过,对共产主义的恐惧将困扰着美国人。

在美国的激进分子中,的确有一些共产主义者和少数无政府主义者,还有一些疯子。无政府主义者与德国知识分子有联系,在第一次世界大战期间,德裔美国人得不到信任,并常常受到迫害。一小群美国知识分子——主要是作家和哲学家——认为,要解决大多数政治制度中的腐败与不道德现象,共产主义是一个答案。有些激进分子和知识分子是移民。在那个时代,移民受到攻击,有人认为新移民群体让"纯粹美国血统"退化(还与美国工人抢饭碗),共产主义者和移民作为不受欢迎者而走到了一起。另外,对达尔文理论的误解,也使得一些有影响的思想家相信,世界上确有高级种族。这让事情变得更加复杂。1924年,美国通过一部移民法,设定了有利于北欧的移民限额(在1930年代早期,有五十万墨西哥人被驱逐出境)。与此同时,由于极少数激进分子确有犯罪意图,这就成为美国广泛迫害无辜者的借口。大

多数美国人仍然不明白,应该怎样理解"人人生而平等"。那是"吉姆·克劳法"的年代,有些黑人处境险恶,几乎比做奴隶好不了多少;至于怎样对付移民,A·米切尔·帕尔默是这么说的(他在斯瓦斯莫的课堂上第一次说出这番话):"不论是出生高贵、血统源自清教徒祖先的美国人,还是来到我们自由之土的最底层的外国人……(改革都将)确保公正。"他认为自己立场公平,思想先进。在一个普遍歧视移民的时代,这样的说法似乎有道理,甚至显得很进步。帕尔默是宾夕法尼亚州的一名教友派信徒,他成为民主党领袖和国会议员。他提出一项开明的童工法案(在众议院获得通过,但未被参议院批准)。塞缪尔·冈珀斯的美国劳工联合会赞美帕尔默的选举记录。1919年,伍德罗·威尔逊任命帕尔默为司法部长。那不是一个轻松的职位,时局十分艰难:价格失控,出现大规模罢工,欧洲陷入混乱,还有国内对激进主义的担忧。

1919年6月,有人向帕尔默的房子扔了一颗炸弹。帕尔默求助于二十四岁的J·埃德加·胡佛——一个雷厉风行的人,让他负责司法部新建立的反激进主义部门。胡佛报告说,美国的激进主义者构成了严重的威胁,并且是一个世界性共产主义者阴谋的一部分(事实上,激进主义者是没有组织的,而且大部分都没有武装)。人们要求采取行动,增加了帕尔默的压力,帕尔默后来说:"到处都有人向我鼓吹,他们督促我……立即采取行动。"总统中风使得事情复杂化;伊迪丝·威尔逊正在把总统隔离起来,她正在作出一些行政决策。米切尔·帕尔默也是如此,他已经成为总统候选人,于是便批准了一个驱逐外国激进分子的计划。

1920年,大城市展开了搜捕,在两天时间里,特务们闯入住宅、俱乐部、工会大厅、赌场和咖啡店,逮捕了大约六千人,这些人被关进监狱,不允许给任何人打电话;警察在对付他们的时候,根本不考虑那些手段是否侵犯其宪法权利。那些没有公民证的人被驱逐——到俄国。有些美国公民在监狱里被拘禁了好几个月都没有受到指控。大多数人都没有犯任何罪,大多数人都是在没有逮捕证的情况下被捕的。有目击者说这些人曾遭到殴打。

美利坚合众国是建立在神圣的法治基础上的。这些政府官员和政府机构忽视和滥用了法律,这不仅仅是一次小小的越轨,况且也没有让美国变得更加安全。托马斯·杰斐逊写道:真理在不受干涉时是伟大的,而且必将获胜;错误在获准受到自由批驳时,会失去其危险性。对一个自由国家的终极考验,在于它是否允许那些看似大逆不道的观点(只要它们不违法)得到自由表达。"帕尔默搜捕"事件是可耻的,但并不是唯一让美国蒙羞的事情。

下图:1920年9月,一颗炸弹在华尔街爆炸,炸死三十八人,也点燃了对共产主义威胁美国稳定的恐惧。米切尔·帕尔默(右图)是一个体面人,他迫于压力逮捕了外国人。

喧嚣的 20 年代

在那次可怕的战争之后,美国人需要什么?"常态"这个新词最好地表达了他们的需要。对大多数人来说,"常态"意味着享受自由——尤其是生活不受干涉的自由。然而,"自由"是一个很难说清楚的概念,尝试新观点和新事物的自由,是美国人生来就享有的权利之一。这个国家流传着创新与发明,因此,战后的美国人毫不犹豫地喜欢上了怀特兄弟的飞机和亨利·福特的汽车,普通人也能够自由自在地到处旅行了。托马斯·爱迪生的电灯泡延长了白昼的时光,他的电话和电影使这一段时光充满生机。那是 1920 年代,新奇事物层出不穷,那就尽情寻欢作乐、享受生活吧。

"我们一起让他们瞧瞧
查尔斯顿舞怎么跳
我们让每个人大吃一惊
如果你跳查尔斯顿舞,和我一起跳
想想天堂会变成什么样。"

有人把这个新时代称为"喧嚣的 20 年代",有人称之为"爵士乐时代",有人称之为"跳舞时代"。不管你选择哪个名词,那都是狂欢作乐的时代。富人比以前更多,他们的财富也比以前更多,更主要的是,他们专注于享受生活。有些人被排除在这种繁荣之外,但似乎没有人为此担忧。1919 年,就在《第十九条宪法修正案》通过之前,女孩的长裙之下偶尔会露出她们的脚踝;到了 20 年代,裙子变得越来越短。许多年轻女性剪短头发——摆脱那些传统的长发卷。有些大胆的女孩穿着游泳衣,实际上让她们的大腿一览无余(警察为此在海滩上逮捕了穿泳衣的女性)。还有化妆!"正派"女人也涂脂抹粉。那些剪短发、穿短裙、抹口红的女孩被称为"轻佻女郎"。她们还做了其他事情:开车,工作,看电影,阅读浪漫小说,玩乒乓球,在公开场合吸香烟,而且还跳舞。我的天,她们在跳舞!那是 20 年代的重要事情;而最重要的舞蹈就是查尔斯顿舞。跳查尔斯顿舞的时候,你挥舞着胳膊,碰撞双膝,跳舞节奏越快越好。

这是一个疯狂的年代——也是一个物质主义的年代,进步时期的理想主义显得离奇古怪。战争结束后,一切都会变得更好,但是,谁都看得出来,事实并非如此。

猴子审判案

那是1925年,在田纳西州代顿市(人口约为一千六百)那些遍地尘土的大街上,骡车与福特T型车并驾齐驱;在大多数街角,都有出售热狗和软饮料的小贩。有一百多名记者来到这里,一同来的还有拍照片和电影的人。一家杂货店开设了一个电报局,到处都有"猴子":猴子明信片、猴子填充玩具,还有刻着"你的祖先是一只猴子"的纪念扣。出了什么事?

这里正在审理一起轰动一时的诉讼案件——20年代最有名的案子,报纸把它称为"猴子审判案"。一名年轻的教师因为他在课堂上讲授的内容,而被推上被告席,事实上,正在接受审判的是现代科学。在田纳西州,讲授进化论是违法的。大多数原教旨主义基督徒都不赞成进化论的科学概念,他们相信,《圣经》里说的话句句是真理,《圣经》说这个世界是在六天的时间里创造的,还说亚当和夏娃——人类——从一开始就是创世纪的一部分。原教旨主义者设法在田纳西通过一项法律,规定:"任何教师……讲授任何理论来否认《圣经》所教诲的上帝造人说,并讲授人类起源于一种低级动物的理论……都是违法的。"由于这一法律,田纳西州的公民不能在公立学校自由地学习进化论。这项州法律是把教会的学说强加于公立学校,然而大多数人都不这么认为。

问题在于政教分离,《第一条宪法修正案》保护政教分离,规定"国会不得制定法律确立一种宗教或禁止信教自由。"

田纳西州的许多教师都不理睬那项法律,坚持按照教科书的内容授课——讲授进化科学。美国公民自由联盟(简称ACLU)认为该法律违反宪法。ACLU建立于1920年,其目的是在美国保护公民自由权。ACLU的官员声称,不管谁想检验田纳西州的这一法律,他们都将代付诉讼费。二十四岁的约翰·斯科普斯在代顿教中学,他自告奋勇一试。当威廉·詹宁斯·布赖恩得知这个审判案后,他自愿为该新法律辩护。布赖恩是一名原教旨主义者,曾经三度竞选美国总统,每个人都知道他,喜欢他。克拉伦斯·达罗自愿为斯科普斯辩护,他是一位杰出的律师和不可知论者。

审判开始的时候,天气很热,法官让大家搬到室外。布赖恩指责达罗想要"诋毁《圣经》",达罗说他想"防止盲目信仰者和不学无术之徒控制美国的教育系统"。达罗让布赖恩站到证人席上,向他提问,布赖恩承认他没有对这些问题加以深入思考。当达罗迫使布赖恩说出《圣经》中的六天可能并不是实际的六天时,布赖恩的原教旨主义朋友们吓呆了。这位伟大的人民党演说家看起来愚不可及。

那是一次愤怒的审判,充满了令人不快的感觉,而且它也没能解决什么问题。布赖恩打赢了这场官司:地方法庭和州最高法院都认为斯科普斯违法。案子没有再上诉到美国最高法院,那条法律直到1967年才废除。大多数人都没有认真对待这个案子——真是太糟糕了。进入21世纪,这个问题继续出现。在1980年代,阿肯色州和路易斯安那州通过法律,规定讲授进化论的公立学校必须安排"相等的时间"讲授神创论。1987年,联邦最高法院裁决这些法律与保证宗教自由的《第一条宪法修正案》冲突。

"达罗输掉了官司,早在他来代顿之前就输了。"记者H·L·门肯写道,"但是,他以极其严肃的方式,一直奋斗到最后,他仍然为公众作出了伟大的贡献。"

1919年1月通过了《第十八条宪法修正案》，使得出售酒类成为非法行为，其本意是想改善人们的行为。然而，如果你读读报纸，你就能够看出，犯罪者正在通过贩卖私酒赚大钱。在许多地区，禁酒正在让饮酒成为时髦。

赚钱和花钱，这就是美国人的生活。成功的商人是民族英雄，失业者越来越多，城市里的某些地区成为无望的穷人的避难所；许多农夫遇到了真正的麻烦——但是，似乎没有人担忧。对大多数美国人来说，这是一个美好的时代。证券市场就像女人的裙边——不断涨高。土地价格也在飞涨。在1919年，汽车还是新奇事物，十年之后，每五个家庭中就有一个拥有汽车。在一战之前，生活节奏缓慢；如今却正在发生旋风般迅速的变化。每个人都想拥有一台收音机，它能让你跟上时代，获得娱乐。人们如洪流一般涌入电影院，到1927年，有声电影出现。电影上谈论着有趣的事情！第二年，在加利福尼亚的好莱坞，一位名叫沃尔特·迪斯尼的年轻制片人拍摄了一部动画片——《威利号汽船》，一只叫做米奇的小老鼠诞生了。

"美国的主要事务就是做生意。"来自佛蒙特州的卡尔文·柯立芝总统如是说。许多人没有听他说完后面的话，便对此表示赞成。"不能把积累财富作为生活的主要目标，只要财富是手段而非目标，我们就无需过分害怕它。"随后他又补充说，"我不知重复过多少次：美国是理想主义者的国家。那是每个人作出强烈、持久反应的唯一动机。"

爵士乐

你能够听见捕虾船的歌声和油轮的咆哮吗？我们正在新奥尔良，音乐在空中飘荡。在庞恰特雷恩湖，浪花拍打着湖岸，奏出自己的调子。在广阔的密西西比河上，河船的汽笛也在呜呜地歌唱。温暖的天气将人们带到户外，所以街道上差不多总有人流涌动的声音——有时候还有动物的声音，在20世纪的前几十年，那意味着鸡和猪抓刨地面的声音和它们的叫声，马蹄的"嘚嘚"声，还有马车的木头车轮滚动发出的抑扬顿挫声。那还不是所有的声音，火车的汽笛与河船雾号的哀鸣，增加了一些不和谐的声音。由于没有超市，人们便从四轮货车的后车厢购买冰块、牛奶、面包、新鲜水果、蔬菜、肉类等物品。马车夫不得不为自己的货物作广告，这种广告就是歌唱。这与电视上的商业打油诗如出一辙，不过马车夫的广告可能是这样的：我的西红柿又大又好吃，我的西瓜红透了皮。或者像这样：我的骡子是白色，我的煤炭是黑色；一袋煤炭两比特①。想象一下大街上的小贩同时唱歌贩卖货物的情形。新奥尔良拥有所有这些声音，它注定会创造一种新音乐。这种音乐叫爵士乐，它与以前世

---

① 即二十五美分。——译者注

界上的任何音乐都截然不同。爵士乐将非洲的节奏和鼓点与欧洲的传统乐器结合起来,增加了一点黑人新教教堂圣歌的成分,还有许多黑人音乐天才的创造性,他们来自街头乐队和夜总会。最初的爵士乐是葬礼乐队演奏的,他们随着马拉的灵车走过新奥尔良街道,奏出流淌着哀伤之情的音乐。爵士乐非常独特,它既不是非洲音乐,也不是欧洲音乐,而是产生于美国的音乐。新奥尔良有个名叫路易斯·阿姆斯特朗的小伙子,他是最伟大的爵士乐演奏家之一。

到1920年代中期,舞厅和地下酒吧在纽约和芝加哥兴起,就像小阿奇博尔德·莫特利所画的这幅酒吧图景一样。音乐家们向北进发,不久,芝加哥就取代新奥尔良,成为爵士乐和摇摆乐之家。

路易斯是新奥尔良一个卖煤炭的孩子,他高唱着自己的卖货调,他很穷。后来有人给了他一支小号——那个人肯定是一位善良的天使,因为路易斯·阿姆斯特朗生来就是吹小号的。人们开始把他叫做"书包嘴",因为他鼓鼓的脸颊里似乎装了满满一包空气。不久,"书包嘴"便到密西西比河中来来往往的河船上演奏,然后他又去了芝加哥,开始创造历史。"书包嘴"有一张大笑脸,但是,当他演奏小号的时候,他就会闭上眼睛,吹奏出清澈、迷人的音符。

路易斯·阿姆斯特朗

> 优秀的爵士乐有一个特点,你并不总是知道演奏者在谈些什么,但是,当他们拿起自己的乐器,我们就都会用同一种语言交谈。
>
> ——路易斯·阿姆斯特朗

没有任何爵士乐表演是完全相同的。至于说到自由,在爵士乐中你可以随心所欲地演奏,这叫做即兴创作。爵士乐音乐家用他们的乐器彼此交谈,有点像非洲的鼓语。一名音乐家首先演奏出一段主旋律,然后其他人用自己的方式演奏,回应那段主题,不久整个乐队都用这个主题演奏起来。要做到这一点可不容易。爵士乐的先驱开始到处涌现——在芝加哥,在堪萨斯城和纽约,还有,由于收音机,全国各地都响起爵士乐。1920年代的人们为爵士乐而疯狂,当20年代的"爵士乐时代"随着大萧条的重击而结束时,爵士乐仍在继续发展。埃林顿公爵、比丽·霍莉黛、"国王"乔·奥利弗、本尼·古德曼——这些只是伟大的爵士音乐家中的几个。有人曾经问路易斯·阿姆斯特朗:"到底什么是爵士乐?"他回答道:"如果你提出这个问题,你就永远不会了解爵士乐。"

幸运的林白

在1920年代,当一架飞机飞过你的头顶时,你很可能会停下手头的工作,仰望天空。不过,每年都有越来越多的飞机,与鸟儿一起在空中竞逐。就在一战之后,一位富有的旅馆老板提供了一笔两万五千美元的奖金,给任何一个能够不间断地从纽约横跨大西洋飞到巴黎的飞行员。那是一大笔钱,有好几名飞行员都尝试过,但都失败了。

1927年5月,三架飞机正在做准备,每一架都是冲着奖金去的。报纸上充斥着它们的故事。在这三架飞机中,有一架小型单引擎飞机,名叫"圣路易斯精

上图,林白和他的"圣路易斯精神"号。在那次飞行中,林白有一回写道:"冰雹开始落在飞机上,我被迫绕过这里,立即回到晴朗的天空中,然后绕过任何不能飞越的云层。"右图,纽约城用暴风雪般的五彩纸屑和纸带迎接林白。

神"号,它只装得下一个人。它的飞行员林白没有什么名气。他曾经用飞机运过邮件,做过飞行特技表演:盘旋、翻筋斗以及各种危险的表演动作;完成表演后,他还带着观众飞行,每转一圈收五美元。没有人真正用飞机作过运输,火车才是用来运输的;没人能肯定,飞机会有什么样的未来。但是,如果一架飞机能够平安地飞越海洋,它的未来也许会很重要。

林白是一名优秀的飞行员,他是第一个从圣路易斯飞到芝加哥的人,也是第一个被迫跳伞成功四次的人。他一方面勇敢、大胆,另一方面又细心、有条不紊。面对危机他从不恐慌。

林白起飞的时间是5月20日早上8点,天气不太好,但是他急于接受挑战,而且他用飞机运送邮件时,已经习惯在各种气候条件下飞行。他那架小小的飞机装了那么多汽油,有人担心它根本飞不上天。不过,林白制定了周详的计划,飞机上没有一盎司多余的东西,除了汽油,他带的东西很少:一夸脱水,一纸袋三明治,还有一只橡皮艇。他没带无线电,一旦离开东海岸,他一切都得靠自己了。他从纽约长岛的罗斯福机场朝着大海上空飞去,全世界的人从收音机上知道,他已经起飞,然后就什么消息也没有了。那天晚上,在扬基体育馆的一次拳击赛中,观众们起立,为正在大西洋上空某处的林白祈祷。就在同一时刻,林白正奋力保持清醒。幸运的是,他那架脆弱的飞机在风中摇摆起来,每次他开始打瞌睡的时候,飞机就朝着水面倾斜,这让他得以恢复清醒。然后,疲劳忽然不可思议地消失了,他朝下一看,已经到了爱尔兰。他精确地按照自己所画的航线飞行着。地上的人们发现了他的踪迹,新闻通过收音机传到美国和法国,人们如释重负地欢呼、哭泣。人们看到他飞临伦敦上空,然后又到了英吉利海峡上空。离开美国三十三小时三十分钟之后,他便在巴黎围绕艾菲尔铁塔飞行了。这比他预计的时间要短,因此他担心没有人到机场去迎接他。然后他朝地面上一看,只见一大群人正在向他挥手、叫喊。

这位年轻的飞行员除了那个纸袋(里面还有一些三明治)外,什么都没带。人们把他扛在肩上,与他拥抱、亲吻,向他欢呼。他想留在欧洲看看风景,但是卡尔文·柯立芝派遣了一艘军舰到欧洲来,只为把"幸运的林白"和"圣路易斯精神"号运回美国。他成了世界英雄。

> 今晚10点20分,一架灰白色飞机突然轻轻地从黑暗中冒出来,两万五千人都瞪大了眼睛。到10点24分,"圣路易斯精神"号降落,在疯狂的人群像海浪一样涌上去之前,士兵、警察和粗大的铁栏杆便将它围了起来。自从1918年停战以来,除了迎接这位美国飞行员,巴黎还没见过人们爆发出那么大的热情,他的个性抓住了人们的心。
>
> ——记者埃德温·詹姆斯,
> 后为《纽约时报》总编辑

第十二章 大萧条和战争

记住,这是喧嚣的20世纪20年代,致富是件轻而易举的事情。你只需在股票上投入一点钱,不久它就变成一大笔钱。证券行情大约在1924年开始缓慢上涨,然后越涨越快,到1927年,牛市行情就像一头飞奔的公牛,跳过了一切栅栏。股票涨了一倍,有时还会再涨一倍。许多专家都在说,正在发生一些新情况。他们说,股市只会不断上涨,不单是商业和政治领袖这么说,来自著名大学的教授也这么说。既然如此,为什么不拿出所有积蓄,尽可能地多买些股票呢?专家们说,如果你真的很精明,就应该用支付押金的方式买进,那意味着你得借大部分资金,用小钱挣一大笔钱。你就是那么做的。瞧啊!那只证券行情的气球越变越大了,到1929年,你致富了。当卡尔文·柯立芝总统离任的

画家O·路易斯·古列尔米出生于一个意大利家庭,当他们一家从埃及移民到美国的时候,他才八岁,他就在纽约城的这种廉租公寓里长大。他亲眼目睹了1929年华尔街金融危机(上图)以及随后的大萧条对城市贫民的打击。他为"联邦艺术计划"工作,该计划是富兰克林·德拉诺·罗斯福"新政"的项目之一。古列尔米用《救济布鲁斯》(1938年作)这样的绘画记录了大萧条的破坏,在这幅画中,一名官员正在填写表格,看这个家庭是否有资格享受福利。

时候(把总统宝座交给了另一位共和党人,赫伯特·胡佛),他这样祝福股市:"从最近的情况看,股市必定会走高,这是非常清楚的。"就像其他许多人一样,柯立芝相信他们已经找到某种新事物:一种持续发展的经济。

1929年夏天,人们渴望购买任何股票——不管这家公司是否真有价值。然后,到了1929年10月24日,星期四。情况不对劲儿,证券行情的气球被刺穿了,空气漏了出来。顿时,每个人都试图卖掉股票——但是没有人想买。股票价格一路下跌,1929年9月3日,美国无线电公司(RCA)一股股票的价格为五百零五美元,到11月13日,就跌至二十八美元了。《纽约时报》写道:"股票下跌的速度和凶猛程度令人目瞪口呆。股市就像一头没有理智的野兽,正在残暴无情地报复那些试图控制它的人。"如果你听从了专家的建议,采用押金购买,你不仅会失去自己的股票,而且还欠银行一屁股债。

1929年10月24日中午12时30分——"黑色星期四"——纽约股票交易市场关闭了其来访者走廊,不希望观众看见疯狂抛售股票的混乱场面。

大多数美国人都不是炒股狂,普通人通常把他们的积蓄存入银行,但是银行也陷入了麻烦。它们一直在借钱给股票投机者,那些投机者无法归还贷款。突然之间,许许多多储户都想取出钱来,而银行却没有钱给他们。数千家银行破产,关门大吉。工厂也关闭了。既然没有钱,人们便不再购买汽车,不再购买房屋,这些行业因此而停工。出了什么事?我们陷入了经济危机,席卷全国的经济危机。到1932年,至少有一千二百万人失业,如果所有人都能正常受雇,那就相当于每四个人中有一个失业。算上整个家庭,那就导致接近五千万人受害。这次灾难将被称为"大萧条"。

失败出局

美国以前遭遇过经济危机,它们被当作是资本主义的一种自我调节。大萧条却不同,它比以前的经济危机伤害的人更多——富人和穷人都有;而且它一直持续下去,似乎永远不会结束。

这次经济危机打碎了旧的模式和期望,暴露出一个新的美国。现在,这个国家有一半以上为城市,大多数城市居民在失业后就没有赖以生存之道了;那些在农场生活的人也在改变,自给自足的旧式农场几乎不复存在,发展潮流是一个农场只种植一两种农作物,这在农产品价格高的时候很重要。然而,在1920年代,当这个国家的其他行业繁荣兴盛的时候,农产品价格却一直很低,美国农夫陷入困境。1929年,拥有电力和室内卫生设备的农场非常少。到30年代,情况进一步恶化,小麦价格下跌如此厉害,有时甚至低于种植小麦所投入的资金。为了反对过低的奶制品价格,奶农将数千加仑的牛奶白白倒掉;其他农夫也在销毁谷物。

> 经济危机令人困窘。美国模式曾经看起来如此成功,突然之间,一切都分崩离析,不再运转。现在很难理解当时的情况。想象一下,由于涉及商业证券、金钱和一些抽象概念等方面的原因,这个体系突然一下子就崩溃了。
>
> ——斯塔兹·特克尔《艰难时代:大萧条口述史》

好几代美国农夫都一直在滥用土地,他们砍倒大树,挖掉草皮。他们曾经有那么多土地,没有人为保持水土或者进行轮作而操心。现在,再也没有边疆,也没有可

得克萨斯画家亚历山大·霍格(1898—1994)见证了"尘碗",平原遭受干旱与大风双重灾害的后果,在1934年创作了绘画《久旱之地》。就像古列尔米一样,他也是为工作计划署(WPA)的联邦艺术计划工作的壁画家,霍格通过自己的讲坛,让公众了解大萧条时期的穷人的困境。

1929年，就在股票市场崩溃前几个月，赫伯特·胡佛在他的就职仪式上说："当今的美国，是有史以来最接近于完全征服贫困的时代。"

供搬迁的土地了，谁也没有为大自然的恶作剧作好准备。大平原本来就雨水稀少，在1934—1937年间，这里的降水量之少更是前所未有。干旱与沙尘暴让土地枯涸，变成沙漠。在一战期间，谷物价格较高，大平原上的农夫开垦了数千英亩草原，用于种植小麦。这样一来就没有草根抓住又轻又干的土壤了，大平原上的大部分土壤就这样被风刮走。从阿肯色西部经俄克拉荷马和得克萨斯狭长地带，一直到新墨西哥、堪萨斯、科罗拉多和密苏里一带的地区，受灾最严重。大风卷走上层土壤，搅动沙尘暴。在大海上，水手从甲板上清扫来自俄克拉荷马的尘土，牛呼吸困难，人们纷纷逃离后来被称为"尘碗"的地区。数千名穷苦农夫和小佃农前往城市，寻找食物和工作。

然而他们在城市里找不到工作，城里人正搬去和亲戚住在家庭农场里。这是一场全国性的灾难，走投无路的人用旧箱子和木板在公共土地上搭建窝棚，通常在邻近垃圾倾倒处的地方，他们可以在此搜寻食物。许许多多的人栖身于这些不健康的棚屋区，它们出现在全国各地，依照当时总统的姓氏，被称为"胡佛村"。胡佛说他正在努力解决无家可归者和饥饿者的问题。但是，到1933年，仍有一百万美国人生活在这样的"胡佛村"里。

胡佛总统似乎不知道该做什么，他宣布，经济状况"基本上良好"。1930年，他试图显得自信一些，便说道："我们已经度过最艰难的时期，通过不断团结努力，经济会很快恢复。"事实上，最艰难的时期还没有到来。1932年夏天，总统宣布大萧条结束，但是，只需看看国会大厦附近正在发生的事情，他就会知道自己错了。在华盛顿市中心，数千名第一次世界大战的老兵及其家人正暂住在"胡佛村"帐篷和棚屋里，大多数人都没有工作。由于他们在战争中的服务，国会投票同意给予他们现金津贴，但要到1945年才能支付，而他们现在就需要。他们自称"津贴军"，他们举着国旗，唱着爱国歌曲，在大街上游行示威。既然他们不愿意离开，胡佛总统就让军队插手。道格拉斯·麦克阿瑟将军忽视了总统不让使用武力的要求，派出坦克和机关枪部队，还有手持刺刀、警棍和催泪弹的士兵。他们拆毁棚屋，放火焚烧。有些老兵受了伤，两名婴儿死于催泪弹。就在几年之前，这些美国老兵还曾经像英雄一样受到欢迎。

1920年,人口普查第一次显示,美国有一半以上的人口居住在城市。1929年,在位于宾夕法尼亚州的美国钢铁公司,其薪水册上的全日制工人总数为二十二万五千人;到1933年4月,这个数字就变成了零,而非全日制工人的总数,则为1929年全日制工人总数的一半。许多失业家庭生活在没有电和暖气的房子里,并且要排队领取分发的面包。在许多城市,诸如教师这样的公职人员,不得不从本已微薄的薪水中扣除一部分,用来资助施舍处。

胡佛是一位聪明的工程师,不过,他似乎没有理解当前的局势。每天晚上,他和夫人都穿着礼服,吃着白宫工作人员准备的有七道菜的晚餐。胡佛曾经考虑削减行政费用,但是,他认定那样做不利于这个国家的道德。当许多美国人饿着肚子上床睡觉的时候,他却说:"应该不断坚持这样的教育:尽管人民供养政府,政府却不应该供养人民。"他的意思是:政府的钱不会花在救济项目上。他说,美国人能够自救;如果要花政府的钱,那也应该用于帮助工商业。总统说,那样会巩固经济,而工商业的钱将"缓缓滴入"大众手中。然而,就在那时,人民却在这片富饶的土地上忍受饥荒。有些美国人在谈论着革命。英国诗人斯蒂芬·斯彭德访问了美国,写下这样的印象:

> 尽管美国拥有令人惊奇的文化,其社会组织却处于落后的维多利亚时代……她不给自己的老年公民提供养老金,不给自己的工人提供医疗津贴,不给任何行业提供失业保险。

当流行歌星鲁迪·瓦利访问白宫的时候,胡佛总统建议说:"如果你能唱一首歌,让人民忘掉大萧条,我就给你一枚勋章。"瓦利为此推出一首名叫《兄弟,能否施舍一角钱》的流行歌曲,这可不是总统期望的。

在华盛顿,似乎人人都束手无策。接着,到了1932年11月,美国人民选出一位新总统,他出生于一个显赫的家族,曾经担任纽约州州长。有些人认为他不能胜任总统一职。他的名字叫富兰克林·德拉诺·罗斯福。

一位新领袖

在纽约州海德公园村的哈得孙河岸上,矗立着一座舒适的庄园,富兰克林·罗斯福就在这里长大。他的童年生活令人惊讶,那仿佛是出自维多利亚时代描绘权贵的图画书。他的父亲詹姆斯·罗斯福是一位乡村绅士,戴着缎面高顶礼帽,年龄比他妻子大很多。詹姆斯随便做点工作,但是却沉湎于贵族的道义精神中,分担公共事业和其他不切实际的改良主义事务。富兰克林是独生子,备受父母宠爱。溺爱儿子的罗斯福夫人,让她的宝贝直到快六岁时都留着长发,穿着裙子。富兰克林有一名瑞士家庭教师,有自己的小马,一个孩子能够得到的所有东西,他几乎都有——除了与他年龄相仿的玩伴。

富兰克林·德拉诺·罗斯福

詹姆斯·罗斯福是乔治·麦克莱伦将军的朋友,肚子里装满了有关内战政治的故事,可以讲给儿子听。富兰克林的母亲萨拉令人生畏,她是菲利普·德拉诺伊的后裔,菲利普于1621年(比五月花号晚一年)抵达普利茅斯殖民地,他娶了一名英国女子为妻,从他的姓氏中去掉尾巴"伊",改为"德拉诺"。19世纪,德拉诺家族的一名成员——爱德华,从一项被他称为"公平、诚实、合法的贸易"中大赚了一笔,他在中国出售鸦片。德拉诺家的人性格各异,罗斯福家的人也是如此,这个来自荷兰的家族于1650年抵达纽约。

罗斯福家族的成员大多数为共和党人,然而詹姆斯却是民主党。1887年,当小富兰克林六岁的时候,他的父亲带他去见格罗弗·克利夫兰总统(詹姆斯·罗斯福曾捐钱帮助他当选总统)。也许那天总统心情不好,他对自己面前的小男孩说:"我的小男子汉,我想为你许一个奇怪的愿,我希望你不要成为美国总统。"你知道孩子的逆反心理,告诉他们你不希望他们做什么,他们就偏要追求什么。因此,也许就是在那一天,富兰克林·德拉诺·罗斯福第一次产生了要当总统的想法。

十四岁的富兰克林可以去上学了,他的父母用私人火车包厢把他送到格罗顿的私立学校,他没有交朋友的经历,也不擅长体育运动,因此他在同学中间显得格格不入——但他有一种阳光性格,他从小就学会不要抱怨,于是就假装一切都好(他将一辈子都这样假装)。然后,他又按照父母的期望,进了哈佛大学和哥伦比亚大学法学院。富兰克林的母亲(总是渴望管理他的事务)打算让他过舒适的乡绅生活,就像他父亲那样。

但是,还有另一个人影响着他的生活,这是他最崇拜的人:美国总统、他的远房堂亲西奥多·罗斯福——他关心人民,希望让这个世界变得更美好。富兰克林不需要让自己关心其他人,因此就把西奥多·罗斯福视为榜样(就像他的堂亲一样,富兰克林也将运用他的独创性证明自己)。当他还是一名学生的时候,富兰克林·罗斯福就给实行种族隔离的南方大学写信,请求它们像哈佛大学那样,接受黑人学生。他已经下定决心,他也要打破贵族生活模式,在选举产生的职位上为他的国家服务。富兰克林二十九岁的时候,成为纽约州参议员(就像西奥多·罗斯福那样),然后伍德罗·威尔逊总统任命他为海军部助理部长(西奥多·罗斯福也曾担任该职)。1920年,富兰克林·罗斯福与詹姆斯·M·考克斯一起竞选副总统,他们被沃伦·哈定和卡尔文·柯立芝的组合击败。不过,人们开始谈论年轻英俊的富兰克林,把他当作一位有前途的政治家。那时他已经有了妻子——西奥多的侄女埃莉诺·罗斯福,还有一个女儿和四个儿子。他是一位精力充沛的父亲,总是活力四射,热爱航海、骑马和远足;他是神枪手和观鸟专家。他想成为总统。

接着,有一天晚上,他上床睡觉时觉得不舒服,第二天早上,他发现自己不能动弹。那时他三十九岁,他患上了一种可怕的疾病:脊髓灰质炎。儿童通常会患上这种疾病,但它对成年患者的打击特别重。起初,罗斯福根本无法动弹,慢慢地,通过痛苦的治疗和集中注意力,他恢复了上身的知觉。他将再也无法正常活动,走路的时候,他得依靠沉重的矫形器,并且由人搀扶着,才能迈出痛苦的步伐。每个人都肯定,他的政治生涯结束了。但是,富兰克林拒绝让残疾

富兰克林·德拉诺·罗斯福的轮椅

他很勇敢,那个罗斯福。哦,老天!他很勇敢——从腰部以下毫无知觉,但他却强迫自己行走。凭借坚毅如钢与热情似火的性格,他不断把自己的意志贯注到剩下的肌肉里,设法再次迈步行走。

——洛伦佐·米兰
摘自《残疾人解放阵线行进乐队布鲁斯》

阻碍自己的事业,他的父母教会他不要抱怨,甚至当他痛苦难耐时,他也不曾抱怨。结果,他从这场可怕的疾病中获得了一些东西:他为了能够活动身体而做的漫长的挣扎教给他耐心,也让他明白了什么是挫折。那个曾经拥有一切的幸福男孩,将会带着这次不幸的遭遇证明自己。就在他因脊髓灰质炎而致残七年之后,富兰克林·德拉诺·罗斯福再次参与民主党政务,并且在1928年当选为纽约州州长(西奥多·罗斯福也曾担任此职)。1932年,一些竞选徽章上写着"不是胡佛就行",富兰克林·罗斯福轻而易举地获得胜利,当选为总统。

一次新政

就在罗斯福就职的前几个月,美国的经济一步步接近崩溃。每天都有更多的银行关门倒闭,有人甚至怀疑,政府是否有足够的钱支付其工作人员的薪水。一名记者把华盛顿描绘得就像"战时陷入重围的首都"。麦克阿瑟将军准备让他的部队镇压一场潜在的叛乱。许多专家说,资本主义已经病入膏肓,无可救药。一群杰出的银行家被召集到华盛顿,看看他们能提出什么解决金融危机的建议。他们没有主意。胡佛总统说:"我们现在是智穷才尽,再也无能为力了。"

在1933年3月4日的就职仪式上,富兰克林·德拉诺·罗斯福站立在国会大厦前,头上没有戴帽子,他紧紧抓住一个讲台。这位乡村绅士能否提供必需的强大领导力?有人担心他只是一个外行,但是乐观主义是美国人的特性,大多数公民都充满希望。罗斯福已经做过一些前无古人的事情,他亲自在民主党全国会议上接受了其政党的提名,他用自己的行动感染了代表们,促使他们作出这个选择。因为他乘坐一架小型飞机在风中颠簸,作了长达九个小时的英勇旅行。但是,罗斯福下定决心让人民知道,他打算做一位强有力的总统。如果有人担心他衰弱的双腿会使他步伐迟缓,他就会向他们证明:这种事情不会发生。

就这样,罗斯福和埃莉诺飞到芝加哥,他把矫形器扣在腿上,站在代表们面前。"我向你们保证,我发誓要为美国人民实行'新政'。"对于一个遭受三年毁灭性经济危机的国家来说,"新政"一词听起来相当不错。赫伯特·胡佛输定了。

在罗斯福举行就职仪式那天,全国各地的人民都聚集到他们的收音机前,新总统用一种令人安慰的声音说:"请让我表明自己的坚定信念,那就是,我们唯一必须恐惧的事情就是恐惧本身。"然后他转入演讲的中心内容,"应付这场灾难,只剩下一种手段没使用,我要求国会将这唯一的手段赋予我——那就是发动战争对付紧急情况所需要的广泛行政权,就像我们遭受外国入侵时应赋予我的权力一样强大。这个国家正在呼唤行动,那就立即行动吧。"

那就是罗斯福传达的信息:行动。他就任总统的头一百天所获得的成就使他一举闻名,新的计划和法律开始从华盛顿倾泻而出,这一切都贴着"新政"的

埃莉诺

埃莉诺·罗斯福有一个可怕的童年,不是普通的不幸童年,而是孤独得可怕的童年。她崇拜自己的父亲埃利奥特——西奥多·罗斯福那位英俊的酒鬼兄弟,并且盼望着父亲来看她。有时候,父亲许诺去看她,然后,也许是因为他喝醉了,他就会让自己的孩子失望。有一次,埃利奥特带着埃莉诺和他那些了不起的猎狗一起散步。他们在他的俱乐部前停下来,他让看门人照看孩子与狗,自己进去"只待一分钟"。几个小时之后,他被人抬了出来,已经喝得酩酊大醉,小女孩被塞进一辆出租车送回家。那时的埃莉诺就像一只丑小鸭,备受漂亮母亲冷落,甚至被母亲叫做"老奶奶"。埃莉诺似乎从未责怪过父亲,她相信,父亲是世界上唯一真正关心她的人。

埃莉诺八岁的时候,母亲去世;她九岁时,哥哥去世;她十岁时,父亲也去世了。埃莉诺和弟弟霍尔一起搬到奶奶家,奶奶住在一所幽灵般的大房子里,她对养育孩子一无所知。照看孩子们的家庭教师不喜欢埃莉诺,并且毫不掩饰这种情感。最后,埃莉诺被送到英国的一所学校念书,女校长认识到这个女孩具有的聪明才智和温柔性格。在三年的时间里,校长一直很赞赏埃莉诺,并给予她独自面对生活的勇气,这些是埃莉诺的母亲不曾给予她的。当埃莉诺从英国回到家里的时候,她已经长大成人。她仍然认为自己长得很丑,但是其他人不这么看,尤其是她的堂兄富兰克林。他们深深地相爱、结婚。然而,从一开始,他们的婚姻就很艰难:他是一个外向、有安全感的人,仕途一帆风顺,并想成为总统;她则喜欢沉思,没有安全感,害怕在公众面前抛头露面。不久,埃莉诺便发现自己拥有五个孩子、三所房子、一个忙于政治活动的丈夫,还有一个喜欢到处指手画脚的婆母。当富兰克林与他的秘书闹出绯闻之后,埃莉诺觉得自己的生活被毁了,她向富兰克林提出离婚。萨拉·罗斯福阻止了他们的离婚,夫妻两个仍然保持着彼此尊重、合作甚至颇有温情的婚姻,但是他们再也没有住在同一间卧室里。

接着,富兰克林就患上了脊髓灰质炎,埃莉诺拥有应付悲剧的经验,也许那就是她能把这次不幸处理得那么好的原因。她丈夫的双腿再也不能支撑他的身体,埃莉诺说这不会止住他的脚步,她能够成为他的双腿——甚至他的眼睛和耳朵。他们俩成为一个团队,是历史上最伟大的政治团队。富兰克林是总统,而埃莉诺却是将他与这个国家的公民联系起来的纽带;他待在白宫里,她则前往煤矿、工厂,参加工人的集会,然后她就告诉总统,人民正在说些什么,她了解到什么情况。

当埃莉诺第一次对一群听众讲话的时候,她紧张得膝盖直哆嗦。她克服了自己的恐惧,不久便成为她那个时代最成功的演说家。她撰写了一个报纸专栏、一个杂志专栏和一本书;她是第一位定期举行记者招待会的第一夫人。她为穷人端来食物,读书给穷孩子听;她访问医院,为少数民族的权利辩护,那时很少有人这么做。当"美国革命之女全国协会"拒绝让著名的黑人歌手玛丽安·安迪生使用她们的礼堂时,罗斯福夫人便退出了这个协会。她鼓励安迪生在华盛顿的林肯纪念堂台阶上演唱,在那里,玛丽安·安德森唱出了那首《美国》——听她唱歌的人多得任何礼堂都装不下。

埃莉诺经常外出访问,她的秘密代号叫"流浪者"。

在罗斯福"新政"中,许多计划的目的都是为了让失业者找到工作,或者对他们进行培训,同时改善社会服务和基础设施。上图,埃莉诺·罗斯福视察工作进展局的一个项目,该项目把衣阿华州得梅因市的一个垃圾倾倒处建成公园。

标签。罗斯福说:"采用一种方法并进行试验,这是一种常识。如果失败了,就坦率地承认,再试验其他方法。但是不管怎样,一定要进行试验。"这是一个洋溢着自信的人说出的话,这正是美国需要的。罗斯福把一群顾问组织起来——他们将被称为"智囊团",其中许多是大学教师。他们都对政府事务不熟悉,但他们精力充沛,头脑聪明,而且渴望帮助他们的国家。顾问们努力工作,对一些能够吃苦耐劳,没有私心,并且相信自己正在改变现状的公民来说,华盛顿成为一个令人兴奋的地方。至于总统的残疾?这根本不会影响他担任行政首脑的能力。新闻媒体尊重他的隐私,没有登载他坐在轮椅里的照片,也没有照片暴露他驾驶的那辆特制的手控汽车,他必须由人抬着才能进出这辆汽车。公众从来不知道他的生理残疾有多严重。

富兰克林·德拉诺·罗斯福使美国发生深刻变化。他取消大部分童工,调整股票市场,确保银行存款安全,帮助制定合理的工资水平,鼓励工会发展,限制工作时间,帮助农夫,把电力带到农村地区,并为美国人制定了一项名为"社会保障制度"的养老金政策。"新政"使得政府积极参与公民的生活,"新政"的大多数概念并不完全是新的,它们不过是重新包装了的旧的进步主义观点,欧洲已经尝试过这些观点。当美国初次涉足社会福利的时候,其发展水平落后于同时代的其他国家(后来,许多人将会看到,社会福利的钟摆向另一端摆动得太远了,过犹不及,然而那是另一个时代,遇到的是其他问题)。

罗斯福还做了另外一件新事情:他与那些从未掌权的人分享权力。他反对依靠出身成为贵族的观点,用智力贵族取而代之。有些人因为他这么做而痛恨他,他被称为"背叛自己阶级的人",有些与他一起求学的人拒绝提到他的名字。商界的一些人也恨他,工商业大亨是"喧嚣的20年代"的英雄;现在罗斯福成为广受欢迎的英雄,美国人民要求为了公共福利而调整商界。在实行"新政"之前,政府为美国工商业的发展与获利提供了条件;在罗斯福担任总统期间,政府的资金和注意力也花在了普通公众身上,制定了一些帮助工人、农夫和穷人的法律。

20世纪的魔鬼

1933年,就在富兰克林·德拉诺·罗斯福第一次举行总统就职仪式那天,就在他告诉美国"我们唯一必须恐惧的事情就是恐惧本身"那天,大西洋对岸正在发生一些可怕的事情。德国国会正在赋予其总理阿道夫·希特勒绝对权力。想象一下,让一个国家最坏的人掌握决定生死之权;想象一下,一个国家因为害怕思想与真理,而焚烧国内最伟大的作家的书籍;想象一下,一个国家因为不喜欢某些人的宗教、种族或者性别认同,就将他们杀害。一个正在毁灭其自由的国家,那就是1930年代的德国。

德国人民仍然在为第一次世界大战而愤怒。他们认为,对于这场大战,德国并不比其他国家更应受到指责;他们相信其他国家在愚弄他们。他们认为结束第一次世界大战的《凡尔赛条约》是不公正的。德国一向以自己的军事传统而自豪,但当时却被迫允诺不得组建陆军、海军或者空军;并且还得向战胜国支付大笔战争赔款。除此之外,德国的经济遭受了毁灭性破坏,通货膨胀节节攀升,直到德国货币差不多变得毫无价值。大约就在通货膨胀得到控制的时候,大萧条又席卷了全世界,到处都出现了大范围失业。德国人民期待着出现一个强有力的领袖,一个能够让他们摆脱经济困境,让德国再次获得骄傲的人。面对同一问题,美国求助于富兰克林·德拉诺·罗斯福,德国却选择了阿道夫·希特勒。

希特勒宣扬民族主义的信仰——热爱自己的国家比热爱真理和正义行为更加重要。他并不孤独,好战的民族主义将成为20世纪的大患。在日本、西班牙、意大利等地,强大的民族主义运动将种族主义与军国主义相结合。墨索里尼把他的政治运动称为"法西斯主义",希特勒则称之为"纳粹主义"(指国家社会主义)。在俄国,一个极权主义政府希望通过共产主义统治世界。

希特勒使用一种古老的社会弊病解释德国的问题,那就是反犹太主义,仇视犹太人。这是懦夫之举,是寻找替罪羊的一种形式,已经存在了很长时间。不管出了什么错,都得怪犹太人。通货膨胀?大萧条?这都是犹太人造成的,希特勒说。纳粹分子将德语中的犹太人一词"Juden"写在犹太人开设的店铺和企业的墙上,以此来孤立他们,把他们作为攻击目标。有一个纳粹标志上画着一个骷髅和交叉的腿骨,下面写着"当心:犹太人!"纳粹们将建立杀人工厂,搜捕欧洲犹太人,用运牛的汽车将他们送去屠杀。他们不仅杀害犹太人,希特勒还仇恨斯拉夫人、吉普赛人、残疾人、同性恋者以及任何与他观点不同的人。纳粹分子将尽其所能地大肆屠杀这些人,并且奴役其他人。

那个时候,世界上的其他国家无暇顾及德国。希特勒不顾《凡尔赛条约》的限制,建立并武装了陆军、海军和空军。1938年,他率领这些军队,首先征服了奥地利,然后又征服了捷克斯洛伐克。欧洲的民主国家听任他为所欲为,他们厌倦了战争,他们以为,迁就希特勒,允许他大肆征伐,就能让希特勒满意。他们错了。1939年9月1日,当德国国防军的铁蹄踏上波兰领土时,英国和法国意识到,他们放出了一个魔鬼。他们再也不能迁就下去,两个国家都向德国宣战。

盟国现在面临的是闪电战,德国的士兵、坦克和大炮迅速碾过一个个国家,几乎在这些国家还没明白发生什么事情之前,就消灭了它们。1940年,比利时被占领,然后法国也被制服了。德军的坦克开进巴黎,在欧洲的主要民主国家中,只剩下英国未被占领。而德军的轰炸机正在连续不断地狂轰滥炸这座小岛。每个人都明白,希特勒的目标是征服全世界,纳粹计划进攻英国。在亚洲,日本也梦想着征服世界。1931年,日本已经占领满洲;1937年,又占领了中国的其他几个地方;到1941年,法属印度支那(现在的越南、老挝和柬埔寨)被占。日本正在威胁着泰国、菲律宾和其他太平洋国家。

在美国,"孤立主义"呼声甚高,美国人相信,太平洋和大西洋就像缓冲器,能够将他们与世界上其他地区的问题隔离开来。美国人认为,我们应该注意自己的事情,不要为其他任何地方的事情担忧。有些和平主义者认为,参加任何战争都是不正确的;还有的人相信,我们的战舰能够保护我们。少数人提出,空军力量正在改变往常的作战规律,我们需要作好准备,但是这样的看法大多数都遭到忽略或者嘲笑。1939年,我们的军事力量排在比利时之后(而比利时很快落入纳粹之手)。富兰克林·德拉诺·罗斯福想要加强我们的军事力量,但是国会不愿意。总统寻找借口,按照"租借法案",开始向英国运送作战物资(假设英国只是"租借"这些物资)。这使得我们的军火工

苏联的一幅阿道夫·希特勒漫画

> 人们不会在事后询问胜者是否说了真话。采取残酷行动!强者有理。
>
> ——阿道夫·希特勒

业运转起来(有助于结束大萧条)。

1941年初,罗斯福在国情咨文中说道:

> 我们将努力保证未来的安定,我们期望世界建立在四种基本自由之上。首先,在世界上任何地方,人人都享有发表言论和表达见解的自由;其次,在世界上任何地方,每个人都能以自己的方式,享有崇拜上帝的自由;第三是免受贫困的自由……第四是免受恐惧的自由。

同一年的晚些时候,在罗斯福与英国首相温斯顿·丘吉尔举行的大西洋会议上,那四种自由(言论自由、宗教自由、免受贫困的自由、免受恐惧武装侵略的自由)被批准为两国的联合目标。罗斯福允诺美国"完全支持"盟国的事业,但是他没有要求美国人民参战。

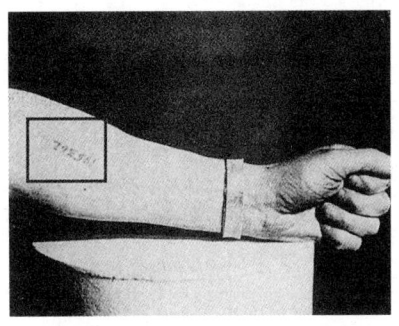

囚犯到达一个德国集中营之后,他们的胳膊上就会烙下一个编号(上图)。纳粹还强迫人民接受荒谬的民族起源测试,例如测量鼻子的大小等等。

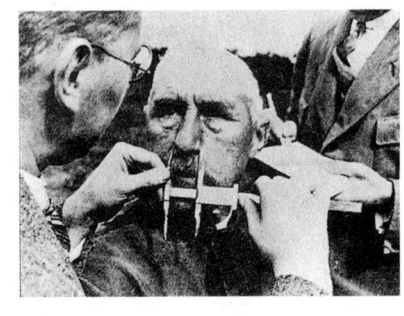

与此同时,战争新闻开始在美国引起共鸣。1941年5月,一份民意调查显示,百分之七十三的美国人赞成参战——如果那是帮助英国人的唯一途径。但是,国会没有作好准备,而罗斯福受到干涉主义者和孤立主义者的严厉批评,既恐惧战争,又担心英国很可能无法独立战胜纳粹势力。6月,希特勒侵入俄国。7月,法国傀儡政府把法属越南的控制权拱手让给日本。美国的社论作家和公民展开争论:美国作为世界上最主要的民主国家,是否具有保护其他地区人类权利的道义责任?其代价是什么?如果纳粹征服欧洲,日本征服太平洋,他们会不会就此止步?1941年8月,罗斯福总统告诉美国人民,他们必须准备好"保卫自由,反对那些将要奴役世界的力量"。但是,他并没有进一步采取行动。就在同一个月,在东京皇宫的一次会议上,日本裕仁天皇在一群控制了日本温和主义者的军国主义者簇拥下,朗读了一首其祖父明治天皇所写的诗歌:

> 四海皆兄弟,
> 何事起风波?

珍珠港事件

1941年12月7日上午,阳光明媚。在白宫,三十一位客人正在等着吃午餐。

就在同一天早上,国务卿科德尔·赫尔接到日本大使打来的一个电话。大使和一名日本特使(也是大使)要求召开一次紧急会议。美国曾向日本发出一封和平信函,赫尔以为他们带来了日本政府的回音。国务卿不会料到那一天将发生什么事情。

在愉快的午餐之后,总统稍作休息,欣赏自己的集邮。在东部标准时间大约下午两点钟的时候,电话铃响了。海军部长弗兰克·诺克斯打来电话,传递了一个来自夏威夷的紧急消息:珍珠港遭受空袭——这不是一次演习。

总统知道,美国太平洋舰队的司令部设在夏威夷群岛的珍珠港,他得知,在夏威夷时间早上7点55分,日本飞机轰炸了港口里的战列舰队列。珍珠港的军舰整齐地停泊在港口,船的中部靠在一起,成为一个手到擒来的目标。"亚利桑那"号属于头一批被炸沉的军舰,

> 我国的政策并不指向战争,其唯一目标就是让战争远离我们的国家和人民。
>
> ——富兰克林·德拉诺·罗斯福,1944年11月29日
> (1940年,罗斯福总统刚刚在改选中赢得前所未有的第三次任期,1944年他将在选举中获得第四次任期。)

它在一声巨大的爆炸声之后断为两截,滑入港口的海底。这只是开头,许多军舰都被击沉,一共有两千人丧生。

华盛顿的一些军官预料日本会进攻(一份解码后的电报表明,日本正在计划什么),但是,他们没有料到,日本的进攻会如此大胆,规模如此之大。就在同一天,日本打击了美国和英国设在太平洋和东亚的军事基地。

下午2时20分,两名日本外交官到达科德尔·赫尔的办公室,交给他一份文件。赫尔望着这份文件,用冰冷的南部口音说道:"我从未见过这样的文件,满篇都是无耻谎言……如此的弥天大谎,我从未想象到……这个星球上的任何政府能够说出这种话。"他把这两个日本人赶出办公室,嘴里咕哝着"无赖和恶棍"之类的字眼。日本政府没有将进攻的事情告知那两个心慌意乱的大使。那一天的晚些时候,其中一个大使企图自杀。

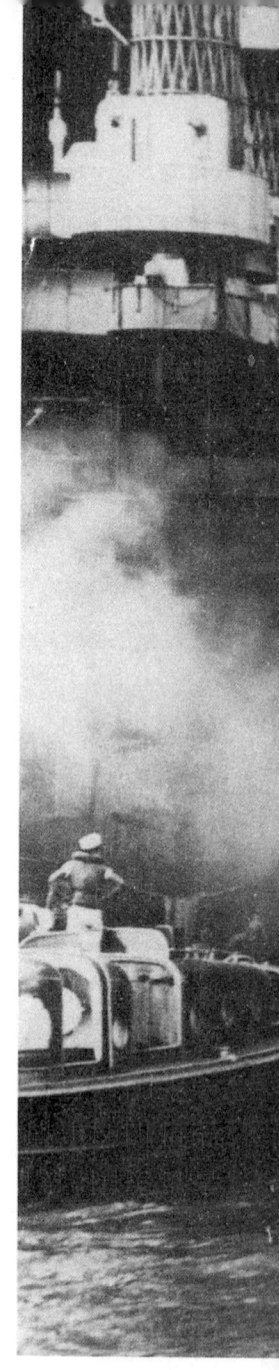

上图,日本轰炸珍珠港之后,水手们疯狂地努力扑救美国军舰"弗吉尼亚"号上的大火。右图,一幅美国国防公债的宣传广告,政府通过公债,从公众中筹集军费。

在美国,再也没有孤立主义者了。那些曾经批评空中力量、认为军舰战无不胜的人,也沉默下来。第二天,总统来到国会,他说,11月7日是"耻辱日",他要求国会向日本宣战。三天之后,与日本结盟的德国和意大利也向美国宣战。

这场战争有两条战线。在太平洋,日军以令人吃惊的速度推进,几个月之后,便占领了泰国、菲律宾、马来半岛、爪哇、缅甸、关岛、威克岛、吉尔伯特群岛、新加坡和香港。他们控制了东亚。印度和澳

炉边谈话

富兰克林·德拉诺·罗斯福知道如何用简单的语言解释复杂的事情。他喜欢讲话,而且擅长讲话。他在担任总统后不久,就开始通过广播解释政府正在做什么。这位总统明白,他是美国人民选出的代表,他感觉自己有责任让选民知道实情。他把自己的广播谈话叫做"炉边谈话",并使之成为定期节目。下面是1942年2月9日罗斯福总统在"炉边谈话"中所说的部分内容:

我们现在已经参战,我们所有人——以所有的方式。每个男人、女人和孩子都参与了美国历史上最重大的任务……前面的道路上还有艰巨的工作——令人精疲力竭的工作——日日夜夜,每一个小时,每一分钟。我本想再加一句:前面的道路上还需要我们所有人做出牺牲,但使用"牺牲"一词并不恰当。美利坚合众国认为,当国家正在为当前的生存以及未来的生活而战的时候,尽自己所能地做一切事情,并不算牺牲……在一个受强盗原则统治的世界上,任何国家——或者任何个人——都没有安全可言。对那些龟缩在暗处、不经警告就发动攻击的强大侵略者来说,没有无法攻克的防御。我们已经认识到,环绕我们这个半球的海洋,并不能阻止猛烈的攻击——我们再也不能按照地图上的距离远近,衡量我们的安全度大小……

我们现在已经身陷战争之中,不是为了征服,不是为了复仇,而是为了在这个世界上,让我们的子孙后代安享这个国家及其所代表的一切……我们将要赢得战争,我们将会赢得战后的和平。

在作广播谈话的时候,富兰克林·德拉诺·罗斯福很温和;但是在这里,他需要宣布一件重要事情。

大利亚的人们被吓得瑟瑟发抖——他们相信日本接下来就要进攻他们了。在欧洲,情况也好不到哪里去。轴心国控制了西至法国、东至波兰、南至北非的地区。陷入重围的俄国正在遭受惊人的损失。地中海成为"纳粹海",德国潜艇在一战之后已臻于完美,如今正趾高气扬地控制着大西洋。在1942年的头四个月,差不多有二百艘美国船只被鱼雷击中沉没。由美、英、俄组成的盟军陷入混乱。慢慢地,情况发生了改变。日本相信自己不可战胜,相信美国已不堪一击,因此变得更加贪婪;但是,我们拥有的一个优势是轴心国所不具备的:自由人民一旦下定决心,就会形成一股强大的力量。美国赢得三次胜利——在珊瑚海、中途岛和瓜达尔卡纳尔——日本尝到了一点教训。

与此同时,国内的美国人全身心地投入支持战争的工作。工厂以快得令人难以置信的速度,生产出枪炮、舰船、飞机和坦克。妇女投入工厂工作,耕种农田,运送信件,驾驶公共汽车,还做了其他很多事情。她们进入了许多以前仅限于男性的领域,战争结束后,那些女性……好了,那个故事稍后再讲。

登陆日

1943年,英国首相温斯顿·丘吉尔说:"我们已经到达开始阶段的尽头。"丘吉尔和罗斯福一样,拥有一副好口才。伦敦的大部分地区都被炸成瓦砾,丘吉尔的口才帮助他的人民生存下来。他在一次演讲中说:"振作你们的精神,一切都会恢复正常。从深切的悲伤和牺牲中,人类的光荣将再次诞生。"

从1920年代到1960年代,威廉·约翰逊(1901—1970)创作了许多反映黑人生活的画作,他在1942年左右创作了这幅《车站,红十字救护车》。非洲裔美国人是这场战争不可或缺的一部分,他们做了各种各样的工作,从(最终的)战斗机飞行员到生产急需品的工人都有。

> 这场战争与以前的任何战争都不同,不仅方法和武器不同,而且地理环境也不同。这场战争在世界上所有大陆、所有岛屿、所有海洋、所有航线展开。
>
> ——富兰克林·D·罗斯福

到了1943年,盟军终于开始在欧洲赢得重大胜利。在北非,美国的德怀特·艾森豪威尔将军指挥着一支美英联军,不久,地中海就不再属于德国人。盟军从非洲攻入意大利,垂头丧气的意大利人赶走了他们那个自负的独裁者本尼托·墨索里尼,大部分战斗都已停止,盟军在欧洲大陆获得一个据点。他们正在制定一个"霸王行动"计划,"霸王行动"是夺回法国的代号,那将是有史以来最大规模的海陆空登陆战斗。德国人知道盟军正在计划袭击,但是不知道盟军将从什么地方开始。德军在法国北部海岸布满地雷和钢铁栅栏,还在俯瞰英吉利海峡的悬崖高处,修建碉堡,安放重炮。现在的问题在于:进攻会在何时何地开始?在1944年6月的第一个周末,天气非常糟糕,能见度很低,发动进攻似乎根本就不可能,甚至有些愚蠢。有些驻扎在法国的重要德军军官把那个周末看作是休假的时机。艾森豪威尔将军如今指挥着欧洲所有盟军部队,他知道,如果这样的恶劣天气持续下去,中间会有一段发动进攻的最佳时机,他决定抓住这个时机。那是1944年6月6日,这一天将被永远称为"登陆日"。

艾森豪威尔将军对他的部队说:

> 你们即将开始伟大的正义之战。祝你们好运气!让我们所有人都恳求万能的上帝保佑这次伟大而崇高的行动。

第一批部队从天而降,他们在夜里跳伞,计划去炸毁桥梁,建立前哨。伞兵们用一种发声玩具发信号互相联系。有些人成功地降落了,有些人则落入湖泊而被淹死。到天亮的时候,天空中布满了飞机——有九千架。有史以来规模最大的舰队出现在法国海岸,盟军征用了一切能够漂浮的东西:登陆艇、扫雷艇、攻击型运输舰、巡洋舰、战列舰、医疗船和拖船。工程师搭建起活动码头,有些登陆艇展开得太快,在汹涌的波涛里翻船沉没。士兵们试图穿越布满地雷的海岸,他们被地雷炸飞了。那些架设在高处悬崖上的枪炮,向他们无情地开火射击。

然而,士兵们不断涌上岸来,坦克展开一卷卷钢铁履带,从沙滩上开辟出道路。在发动一次攻击之前,将会有五千人死去。但是,到夜幕降临的时候,盟军——包括美国、英国、加拿大和法国士兵——已经开始占领法国土地。盟军突破了纳粹防御墙,对轴心国来说,这次登陆是他们走向终结的开始。

免受恐惧的自由

1943年,在俄军占领的伊朗首都德黑兰,罗斯福和斯大林第一次会面。斯大林那种沉静的自信给罗斯福留下深刻印象,罗斯福和丘吉尔一起把斯大林称为"约瑟夫大叔"。总统相信,他们相互之间的责任给予他们共同的立场。总统说:"我们就像兄弟一样交谈。"在德黑兰,斯大林同意在打败德国之后立即投入对日作战。他们还就战后全球安全达成一致,这将为未来的联合国打下基础。

1945年1月,罗斯福在举行第四任总统就职仪式后不久,便飞往雅尔塔,一个位于俄国克里米亚半岛的度假胜地。这一次,领袖们会面的地方,是一座曾经属于沙皇尼古拉二世的旧宫殿,从这里可以俯瞰黑海,里面的盥洗室短缺,而床上的寄生虫却很多。但是,罗斯福关心更重要的事情,首当其冲的便是如何与约瑟夫大叔相处。他和丘吉尔对斯大林的观点不同,首相是一位冷静的现实主义者,他认为盟军

忘记了宪法

小畑晴子生活在加州的伯克利,她的父亲是一名教授。晴子是日裔美国公民,她为自己的亚洲传统而自豪,也为自己的祖国——美国——而自豪。然而,在发生珍珠港事件几个月之后,她的世界改变了。晴子的父亲告诉家人,他们将要搬走。他们只有几天的时间作准备,而且只能随身携带一些物品,也许再也看不见留在家里的东西了。他们做错了什么?什么都没做错。但是美国出现了疯狂的反日潮流,尤其是在加州,因为大多数日裔美国人生活于此。有些反日情绪是可以理解的——战争极其残酷,而日本政府是我们的敌人。不过,生活在美国的日本人与此无关,德裔美国人也同样与纳粹德国的野蛮无关。日本人面对的真正问题是种族主义,有一部种族主义法规禁止日本移民成为美国公民。只有晴子这样出生于美国的第二代日裔,才能自动成为美国公民,有三分之二的美籍日裔是这种人。如果这些公民被关在铁丝网后面,他们的财产将很快以极低的价格出卖,有些人会从中大发横财。

《第六条宪法修正案》保护公民免受无理的搜查和拘禁,《第十四条宪法修正案》规定:"任何州未经正当法律程序,也不得剥夺任何人的生命、自由或者财产。"但是,我们处于战争中,陆军部担心"国家安全"。以前在战争期间也曾把人身保护权搁置一旁,于是罗斯福总统便发布了《第9102号行政命令》。没有任何通知,没有正当程序,十二万日裔美国人及其家人只有几天的时间作准备,然后便被逮捕,送进集中营。晴子记得当时的情形是这样的:

> 当我们到达坦福兰的时候,天上正下着雨,让人伤心又压抑。路上全是泥浆,我们出去的时候,鞋子都会陷入泥里。他们分给我们一个棚子,面积与我们的餐厅差不多——那就是我们的卧室。

拥有这家商店(左图)的日裔美国人,在珍珠港事件之后挂出这个牌子——"我是美国人。"就像其他许多日裔一样,他不得不贱价出售自己的店铺。右图,位于加州沙漠中的曼赞纳集中营的生活。

大多数美籍日裔将在集中营里待三年,在此期间,他们有些人在军工厂工作,有些年轻男子成为士兵。一个由第二代日裔组成的团在欧洲作战,他们赢得的赞誉超过任何其他美国战斗团。在美籍日裔中,没有发现一例间谍案。在二战结束四十年之后,美国政府为美籍日裔在那场战争中所遭受的不公正待遇道了歉。

现在最好能划分出未来的影响范围,尽可能地牵制苏联;罗斯福则关注世界和谐,希望超越旧式的帝国主义,他相信自己能够吸引约瑟夫·斯大林,就像他能够吸引其他大多数人那样。美国大使威廉·布利特警告他说,斯大林是"一个高加索强盗,当他

艾森豪威尔将军(插入图)率领着六万多盟军部队——包括美国人、英国人和加拿大人——在登陆日那天进攻诺曼底海岸。上图,部队从登陆艇的斜梯跳入大海。"我们的士兵……被一堵残酷无情的火力墙压制在水边。"记者厄尼·派尔写道。

不劳而获的时候,心里只会认为对方是头笨驴"。罗斯福回答道(据布利特所述):"我凭直觉认为,斯大林不是那种人……我认为,如果我尽可能地付出一切,不要求任何回报……他不会企图把什么都吞并掉,而是与我合作,为一个民主、和平的世界而努力。"

对于波兰的未来,罗斯福与约瑟夫大叔意见不同;斯大林得到了他想要的东西:控制。领袖们同意分地区占领德国。罗斯福要求在东欧进行"自由、不受约束的选举",建立"民主政府",斯大林同意并签了字。苏联人将违背这些协议,然而斯大林的签字却会让苏联人困窘。有关联合国的计划得到进一步发展。人们对雅尔塔会议颇有争议,有人认为罗斯福被苏联领导人欺骗了,其他人则认为罗斯福已尽力而为。

与此同时,战争仍在继续。俄国的红军到达柏林以东八十公里的地方;盟军在比利时击退了一支强大的德军,赢得了至关重要但代价惨重的"突出部战役"。苏联军队解放了位于波兰奥斯维辛的一个德国集中营,看到了纳粹惨无人道的行动留下的可怕证据。在太平洋,美国将军道格拉斯·麦克阿瑟夺回了菲律宾。各地的轴心国部队都在继续顽抗。

罗斯福总统筋疲力尽,需要休息几天,4月,他回到位于佐治亚州沃姆斯普林斯的南方休养所,那里的天然温泉总是让他感觉舒服。他正在撰写一份演讲稿,考虑很快就要降临的和平,这时,他举起一只手放在太阳穴上,说道:"我头痛得厉害。"那是他留下的最后一句话。

火车最后一次载着总统回到北方,在那列火车的最后一节车厢里,一名仪仗队员笔直地站在那具覆盖着国旗的佐治亚松木棺材旁。这节车厢的灯开着,窗帘也打开了,好让沿途的人们能够看见这位曾经领导

1945年1月,三国首脑在雅尔塔召开的盟国会议上。左起依次为:丘吉尔、罗斯福和斯大林。在罗斯福脸上流露出战争年代的疲惫,他已经是病人了。

他们十二年的人(他在职的时间比任何其他总统都要长)并向他致敬。埃莉诺难以入眠,她凝视着火车车厢外面:

> 我躺在自己的卧铺上,拉上遮光窗帘,看着外面他热爱的乡村风光,望着车站甚至十字路口上人们的脸,他们来到这里,整夜向他致以最后的敬意……沿途人群之多让我惊讶,不仅车站有人,每一个十字路口都有人。

哀悼者站在火车站、十字路口以及火车经过的每一个地方,他们悲痛欲绝,沉默不语。在佐治亚的盖恩斯维尔附近,正在地里劳动的黑人妇女跪在地上,伸出双手祈祷。当火车缓缓驶入南卡罗莱纳州的格林维尔时,童子军开始唱起《基督教精兵前进》,然后其他人也加入合唱,据当时在场的一个人说,不久"八千到一万人就像一架管风琴一样唱起来"。记者们坐在这列火车上的新闻车厢里,写到了人们心怀敬意地聚在一起,还有他们的眼泪。自从亚伯拉罕·林肯去世以来,还没有什么事情如此感动美国人。少数仇恨罗斯福的人在庆贺,然而大多数人都怀着复杂的失落心情。这位有教养的绅士带着尊严、勇气以及永恒的智慧与自信,领导这个国家走出大萧条和世界大战。他从没有伪装掩饰真实的自我,他让每个地方的美国人都感觉

像是一家人。

在华盛顿,六匹白马拉着沉重的棺材前往白宫,再从白宫运到海德公园村,按照总统的遗愿,埋葬在他母亲的玫瑰园中。4月30日,举行追悼会时,全国人民都停下来表示哀悼。飞机停在跑道上,收音机停止播音,电话切断,电影院关闭,五百零五辆纽约地铁停运,商店关门。大多数美国人仍然无法相信:富兰克林·德拉诺·罗斯福已经去世。

最初,杜鲁门拒绝与罗斯福一起参加1944年竞选,罗斯福说道:"如果他想在战争期间分裂民主党,他就得负责任。"

20天后,希特勒死了,他是自杀的。又过了一周,德军领导人向艾森豪威尔将军投降,欧洲的战事结束。艾森豪威尔以他通常的直截了当风格写了一份胜利公告:盟军于当地时间1945年5月7日2时41分完成使命。

在太平洋,燃烧弹摧毁了日本的城市。盟军计划侵入日本,预计伤亡会比此前的任何时候都大,日本似乎毫无投降之意。在华盛顿,新总统哈里·S·杜鲁门正在听取有关一件超级武器的汇报。阿尔伯特·爱因斯坦给罗斯福总统写过一封信,使美国开始了这种武器的研发。爱因斯坦和其他人担心德国正在研究某种类似的东西,那封信说:"在一大堆铀里有可能建立一个核连锁反应,由此将产生……巨大能量。"罗斯福转向给他带来这封信的亚历山大·萨克斯,说道:"亚历克斯,你必须保证别让纳粹把我们炸飞了。"然后他给一名助手打电话说:"这需要行动。"他下令开始这项研究。

杜鲁门得知,在新墨西哥州林木茂密的山区洛斯阿拉莫斯,有一处偏僻的封闭实验室(以前是一所男校),一些具有世界领先水平的物理学家一直在这里研究原子弹。研究秘密进行,甚至连这个副总统都不曾知道。现在他知道了,他相信这件武器将结束战争:

> 决不允许出任何差错——我们将完全摧毁日本发动战争的力量。

1945年8月6日,日本广岛天气晴朗,大街上挤满了前去上班的人们,接着,就像一名日本历史学家后来所写的那样:"一切都化为乌有。"七万五千名日本人在顷刻间被烧死,成千上万的人被烧伤,或者遭受辐射的致命毒害,将会在此后几个月或者几年内死去。市中心被夷为平地,原子时代开始了。

三天后,第二颗原子弹投到长崎。裕仁天皇要求他的人民投降,并"接受和平的到来"。第二次世界大战结束。

1945年5月7日——欧洲胜利日,阿尔弗雷德·约德尔将军在法国兰斯的一所学校里签订投降书之后,纽约市金融区的人群涌上大街,举行了一场盛大的庆祝会。

第十三章 民主与斗争

你是怎样追随富兰克林·德拉诺·罗斯福这样的总统的呢?当大多数美国人看见哈里·杜鲁门总统的时候,他们退缩了。他更像是隔壁的邻居而不是总统。他甚至

没有试图显出老于世故的样子,他没有上过大学,但他是一位热心的读者,尤其喜爱历史——但是几乎没有人知道。他曾经做过农夫、银行职员、商店店主和县督学——全都在密苏里州。1840年代,他的祖父从肯塔基迁居密苏里,带来了作为结婚礼物的奴隶。

密苏里那个不太清白的政治老板汤姆·彭德格斯特,成为杜鲁门的保护人,这是令人惊讶的事情。也许这个老板想支

第二次世界大战期间,美国作为一个拥有强大经济实力的超级大国出现。在世界上其他大部分地区,尤其是曾经战火纷飞的地区,都存在着经济灾难和混乱。在欧洲,1946年的冬天尤其困难。由于害怕欧洲和亚洲会重复第一次世界大战之后的历史,杜鲁门总统决定努力帮助这些地区恢复工业、农业和商业。《马歇尔计划》以数十亿美元的援助——从货币到拖拉机(右图,一辆运往东南亚的马歇尔吉普车),使惨遭战争破坏的经济得到复苏。

持一个以诚实著称的人,也许他只是喜欢哈里。不管怎样,杜鲁门在竞选参议员的时候获胜,五十岁的他便朝着华盛顿前进了。1935年,当杜鲁门到达首都的时候,他在给妻子贝丝的信中写道:"我希望名声大振。但是,如果我实现目标,你将不得不忍耐许多事情,因为我不会出卖影响力。"杜鲁门是一位安静而工作努力的参议员,当他领导一个委员会,检查为战争生产武器的公司时,他在民主党内引起了一些人的注意。在军事合同方面,杜鲁门的委员会很可能为政府节省了数十亿美元。不过,当他受邀担任副总统的时候,他仍然没有多少名气,甚至连罗斯福总统都几乎不认识杜鲁门。

富兰克林·德拉诺·罗斯福挑选副总统候选人时,曾求助于他的顾问。其他所有竞争者都有争议,而杜鲁门似乎没有任何敌人。那时候,副总统不算是重要工作,除非总统委以重任,而罗斯福总统太忙了,根本无暇顾及杜鲁门。哈里当了四个月的副总统,并不引人注目。然后,到了1945年4月12日,当欧洲战事明显接近结束的时候,他接到总统新闻秘书打来的一个电话,要他立即赶往白宫。

杜鲁门穿过参议院大厦的地下通道,特工人员在这里失去了他的踪迹。但是,有一辆汽车正在等着他,当他们驾车经过十五个长长的街区前往白宫时,杜鲁门猜测,到佐治亚州沃姆斯普林斯休息的总统飞回来了,想和他商讨有关典礼的事情。来到白宫楼上,他却得到一个不同的消息。埃莉诺·罗斯福拍着他的肩膀,轻轻地说道:"哈里,总统去世了。"那一刻,杜鲁门一句话都说不出来。随后他问埃莉诺,自己

1945年4月12日,杜鲁门宣誓就任总统(下图)。第二天,他告诉一名记者说:"我所接替的这个人,在整个人类史上几乎都无人能与之相媲美。我乞求上帝让我能够令人满意地承担这项任务。"副国务卿迪安·艾奇逊说:"我相信他会学得很快,并将激发自信。"

能否为她做点什么。她回答道:"'我能否为你做点什么?'现在有麻烦的是你自己。"

大多数美国人对这位"偶然的总统"几乎没有多少信心。漫画家以讽刺他为乐,社论作家认为他不够资格。后来,一位历史学家将会这样写到他:"他面临的重大决策差不多比我们这个时代的任何总统都要多,但他犯的错误是最少的。"

哈里·杜鲁门从未想过当总统,他说这就像一头牛掉在他头上一般。但是,杜鲁门及其大多数同时代人都没有意识到,他的广泛阅读和勤勉工作已经让他作好了相当充分的准备。他在自己的办公桌上摆放着两个牌子,上面似乎概括了他的价值观。第一个牌子上写着另一位密苏里人马克·吐温的话:"永为正义之事,这将让一些人满意,而让其他人惊愕。"第二个牌子(现在仍然存放在总统办公室)写着:"责任由我扛。"

凭借着沉着的力量,哈里·杜鲁门劝说国会和这个国家,宽容地对待第二次世界大战的战败国。作为历史的学徒,杜鲁门深知失败者的苦难。第一次世界大战之后,伍德罗·威尔逊曾试图缔造一种富有同情心的和平,杜鲁门和威尔逊一样,也有属于南部邦联的祖先,他们的祖先都曾为南方的失败而终生心怀仇恨。杜鲁门明白,正是德国在一战之后的愤怒,以及威尔逊"十四点计划"的失败,导致了第二次世界大战。

有一场战争等待着这位新总统,他还面临别的问题。一位朋友从密苏里给杜鲁门发电报说:"拼命干吧,你能够应付这工作。"

> 一个伟大国家的责任是服务于世界,而不是控制世界。
>
> ——哈里·S·杜鲁门
> 1945年4月16日
> 在国会的第一次演讲

于是,他制定计划,将数十亿美元的援助送给我们的盟友和以前的敌人。总统说:在一场战争结束后,你不能怀着报复心。你不得不宽大为怀,你不得不帮助人们重新站稳脚跟。

欧洲人民——不管是战胜国还是战败国——都在饱受冻馁、病痛的折磨(没有食物和煤炭,肺结核与其他疾病肆虐)。法国和意大利出现了争抢食物的暴动。我们拥有食物可与他们分享,我们拥有一个民主的政府,相信它能够帮助其他任何地方获得自由与富足。美利坚合众国与世界分享自己的财富和观念。从没有一个战胜国如此宽容地对待战败国。

国务卿乔治·C·马歇尔(二战期间担任美国陆军参谋长)在哈佛大学的一次演讲中,描述了一个援助计划,该计划反映了杜鲁门总统的想法。"马歇尔计划"将为欧洲的每一个国家——包括德国和苏联——提供援助。苏联拒绝了援助,不过另

1948年4月2日，国会通过《援外法》，使"马歇尔计划"成为正式法案。杜鲁门写道："我们是第一个向被征服者提供食物与支持的伟大国家。"

外十六个国家都热情地接受了。"马歇尔计划"帮助重建了比利时的钢铁厂、法国的陶瓷厂、德国的铁路，并到处帮助兴建桥梁和建筑。美国的船只运来推土机、拖拉机和其他设备，这些都是让欧洲的基础设施重新运转所需的。美国的专家用批量生产工艺培训欧洲人。"马歇尔计划"旨在鼓励欧洲人发挥自己的天才和专门技能，它产生了作用，帮助这些国家复苏经济，创造了顾客。

对于以前的敌人德国，美国送去的不仅是食物和具体援助，它还帮助德国重建了一个民主政府，确保其公民享有言论自由和基本的公民权。在不具备自由和自治传统的日本，杜鲁门派遣道格拉斯·麦克阿瑟将军前去领导，从头开始创立民主制度；给日本制定了一部新宪法，其中包括一部权利法案和一个独立的司法系统；土地得到重新分配，以便让大地主与小农之间保持平衡；日本女性获得投票权，有三十九名女性被选入议会（立法机构）；秘密政治社团遭到禁止，宗教歧视也结束了。日本获得自由、民主与女权，不久便繁荣起来。杜鲁门的另一个援助计划——"第四点计划"——帮助了非洲、亚洲和拉丁美洲的不发达国家。

世界迅速复苏，这就是美国投资的回报。但是，在接受援助的国家，有些人认为这种援助中必定有诈；以前从没有过这么大规模的慷慨援助。有些美国人也反对付出这种代价，然而，当杜鲁门总统决定做点事情，帮助国内那些不太幸运的人

> 我们的政策不针对任何国家或者主义，而是针对饥饿、贫困、绝望与混乱。其目的应该是让世界经济恢复运转，形成一个能让自由制度生存的政治和社会条件。
>
> ——国务卿乔治·马歇尔，选自1947年6月5日在哈佛大学所做的一次演讲

时，他们此前的反对与现在的相比，简直不值一提。

第二次世界大战期间，美国允许非洲裔美国人参加战斗、为国捐躯——只要他们是在实行种族隔离的团里。战后，陆、海、空三军仍然保持种族隔离制度——黑人和白人参加不同的部队，而且黑人的职位几乎总是低于白人。国内的情况也

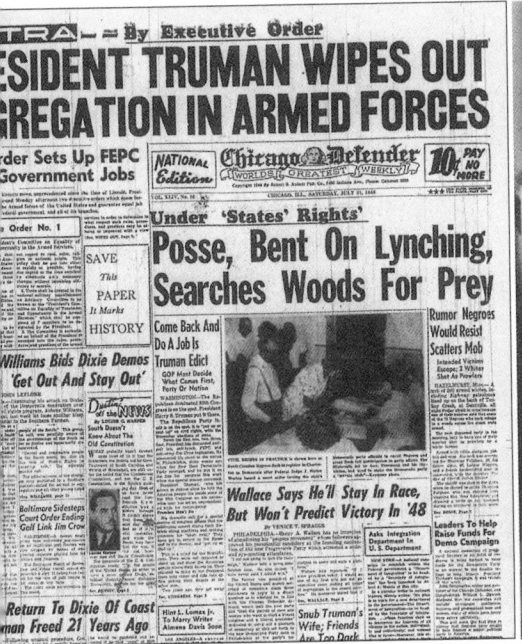

为了改善美国的公民权,杜鲁门绕过国会,发布行政命令,结束军队中的种族歧视,确保行政机构公平地雇用职员。但是,要废除顽固的种族主义却困难得多。1942年,图中这些"全国有色人种协进会"(NAACP)成员,正在抗议发生在杜鲁门老家密苏里州塞克斯顿的一起私刑。

差不多,在南方,针对黑人的私刑仍然十分普遍,而犯罪者很少遭到逮捕。由于征收人头税,很少有黑人能够投票,那些试图投票的人常常受到恐吓。在佐治亚州,一名试图投票的黑人被枪杀;在密西西比州,有些从战场上回来的黑人士兵遭到恶意殴打。杜鲁门总统听说了这些暴行,感到十分恐怖。

> 如果我们在享受机遇方面划出一条肤色界限,就不能成为自由世界的领导者。如果我们自己在国内因肤色和宗教的差异而歧视别人,就不能走在世界前列并试图保持世界和平。
>
> ——哈里·S·杜鲁门总统

他说:"要疗治这些罪恶,我们不能再等上十年,或者等到下一代。我们必须付出前所未有的努力,现在就进行疗治。"杜鲁门创建了一个负责公民权的委员会,他给国会送去计划,试图结束私刑,宣布人头税不合法,并且废除军队中的种族隔离。1947年6月29日,在林肯纪念堂的台阶上,杜鲁门向全国有色人种协进会做了一次演讲,他是美国历史上第一个这么做的总统。他对一万名听众说:"我们的许多人民仍然遭受着无礼的凌辱,害怕受到胁迫,我很遗憾地说,乌合之众实施的身体暴力也威胁着他们。这些罪恶的根源仍然存在,那

1947年,就在美国有色人种协进会庆祝成立四十周年前两年的时候,杜鲁门成为第一位对这个组织讲话的总统。

就是歧视与褊狭。我们国家的良知,以及把良知付诸实施的法律机器,还不能确保每个公民完全享有免受恐惧的自由。"沃尔特·怀特是全国有色人种协进会的领袖,他站在杜鲁门身旁,想起了林肯的《葛底斯堡演讲》。后来,他说:"我认为,杜鲁门的演说虽不像林肯的演说那样文采斐然;但是,他明确谴责基于种族歧视的罪恶……要求立刻采取行动,反对这些罪恶,在这些方面,杜鲁门的演说更加大胆。"

佛罗里达州的某个县委员会把总统的计划称为"可憎的、矛盾的、讨厌的、可恶的、令人作呕的、让人反感的、恶心的、羞辱的"计划。密西西比州的一名国会议员说,杜鲁门"将一把政治匕首插入我们的后背,现在他企图喝我们的血。"接着,有一件发生在运动场上的事情,促使每一个美国人(不管其年龄多大)思考种族歧视的代价。

一名大联盟球员

在南方,学校、公共汽车、餐馆、宾馆、饮水器——差不多每一样东西都实行种族隔离。如果两个肤色不同的人相爱,他们就不能结婚,有关种族通婚的法律规定,他们结婚就是犯罪。那是1945年,而我们仍然是一个受"吉姆·克劳法"影响的国家。北部和西部的种族主义不太明显,但是,种族隔离和歧视在整个国家都存在。甚至号称"国技"的娱乐活动——棒球,也实行种族隔离。棒球队分为大联盟、小联盟,还有单独的黑人球队。大联盟在好球场比赛,乘坐头等交通工具,住高级宾馆。黑人球队没有自己的球场(他们租用球场,不论条件好坏),他们的工资也低得多(除了令人惊异的萨切尔·佩奇);他们的装备破旧,旅行条件恶劣,黑人球员在寻找宾馆房间或者餐馆的时候,差不多总会遇见麻烦。

布鲁克林道奇队的总经理布兰奇·里基明白,在棒球运动中实行种族隔离不仅错误,而且愚蠢。里基早在1920年代就建立了棒球分会系统,因此他一眼就能识别优秀球员。他意识到,黑人球员是一个尚未开发的天才库,他们能够打出令人兴奋、惊心动魄的棒球。里基相信,非洲裔球员能够为大联盟吸引大量新观众。他知道,改变棒球的时候到了,他愿意尽力改革棒球。后来他说道:"我确信有一个进行改革的好时机,在等待一百年之后,这些人获得了法律上的自由,但却没有精神自由,也从没有道德自由。我觉得,如果有合适的人选,既能在球场上纵横驰骋……也能在球场外控制自己,如果我能找到那样的人,美国公众就会接受他。"

当里基发现杰克·罗斯福·鲁滨逊的时候,他终于找到了一直寻找的人选。杰克·鲁滨逊在加州大学洛杉矶分校获得优等成绩,而且还在四种体育运动中获得了代表队证书。鲁滨逊当过军官,有一次,他乘坐公共汽车,司机见他是非洲裔,便要求他坐到汽车后面去。鲁滨逊拒绝换位置,军事法庭以"违抗命令"为名审判他——他在法庭上反驳这一指控,被军队开除。

鲁滨逊的勇气给里基留下深刻印象。里基告诉鲁滨逊说,道奇队准备突破棒球运动中的肤色界线。他们俩都知道,第一个进入大联盟的黑人队员将会十分艰难。里基要求鲁滨逊做那样的开拓者——但是他必须在受到虐待时愿意管住自己的舌头。杰克·鲁滨逊说:"里基先生,难道你想要一个害怕反击的球员吗?"

"我想要一个拥有足够的勇气不进行反击的球员。"里基说道。

1947 年 4 月 15 日,杰克·鲁滨逊第一次作为大联盟队员打棒球。他有四次出局,在那个星期剩下的时间里,他的表现也好不到哪里去。里基是否犯了一个错误?当道奇队前往费城与费城人队比赛的时候,发生了十分丑恶的事情。费城人队的球员对鲁滨逊恶语相加,跑垒员钉鞋鞋底向上朝他滑过去,投手把球扔向他的头部。鲁滨逊保持缄默,控制自己的情绪。甚至连里基也为费城人队的一些攻击行为感到震惊:"我认为,在棒球史上,从未有球员受到对方球队如此邪恶的折磨,受到媒体如此卑鄙、刻薄的批评。尽管如此,杰克·鲁滨逊却把球打得非常好,他是棒球的光荣,也是美国的光荣。"

到那个赛季结束的时候,鲁滨逊在球队里的成绩是:盗垒第一名,跑垒得分

布兰奇·里基签约让杰克·鲁滨逊加入道奇队(右上图)。里基后来说道:"让大联盟的棒球作任何改变都是世界上最困难的事情。"直面仇恨者(左上图)绝非易事。鲁滨逊(左图,这是他在新队员卡上的照片)说:"我只要求你们把我当作一个人来尊重。"

> 只有当自己的生活能对其他人产生影响时,它才具有重要性。
>
> ——杰克·鲁滨逊

第二名,在本垒打上与队长并列第一。9月,道奇队赢得国家联盟的冠军。布兰奇·里基告诉他的明星说:"杰克,现在你获得独立,你能够按自己的意愿行事了。"鲁滨逊赢得了队友和以及这个国家的好感和尊重。后来,布兰奇·里基说:"从我个人在棒球赛场上的经验来说,那种褊狭的情感不复存在,表现出兄弟情谊的活动每天都有进展,正在逐渐并且肯定变成现实,而不再只是一个理论。"

里基和鲁滨逊不仅消除了棒球中的种族隔离,他们也突出显示了种族歧视的愚蠢之处。

铁 幕

在第二次世界大战中,美国总计有二十三万四千八百七十四人战死,与美国结盟的苏联损失了七百七十万人,没有一个国家像苏联那样顽强地与纳粹战斗。

战后,每个人都希望美国与苏联继续保持友谊,如果俄国人想要做共产主义者,愿意接受其领导人以人民的名义进行统治,一些美国人对此并不在意;但英国伟大的战时领袖温斯顿·丘吉尔认为这样不对,他认为共产主义的目的是控制世界。

就在战争结束后,战胜国的军队开进被征服的土地,控制了那些地区。在德国,美英占领区获得了援助,获得了民主,获得了自由;而在俄国占领区,德国人的工厂被接管,熟练工人被带走,苏联人操纵选举,将反对者投入监狱(或者杀死),并控制了新闻,他们关闭边境,限制人民的自由。英美在他们占领的土地上建立了自由政府;而苏联虽然许诺解放被占领土上的民族,却给他们带来极权主义。苏联人还控制了媒体,要了解俄国到底在发生什么事情十分困难。

哈里·杜鲁门相信,美国人拥有知情权。1946年,杜鲁门问温斯顿·丘吉尔是否愿意在密苏里州富尔顿的威斯敏斯特学院做演讲。丘吉尔渴望前往,他有些不得不说的话,他知道会有人倾听,远在英国人和美国人认识到阿道夫·希特勒及纳粹主义所代表的含义之前,丘吉尔就警告过世界;他想再次让世界了解一个危险的独裁者和一种可憎的政府形式。他对聚集的学生说道:"一片阴影笼罩在不久前被盟军胜利所照亮的地方,从波罗的海的斯德丁到亚得里亚海的的里雅斯特,一道铁幕已经在欧洲大陆降下。"

他所说的"铁幕"后面的民族——从黑海的保加利亚和罗马尼亚,经过匈牙利和捷克斯洛伐克,到波兰、东德和波罗的海的拉脱维亚、立陶宛以及北部的爱沙尼亚——在接下来的岁月中,当欧洲的自由国家繁荣昌盛的时候,这些国家却停滞不前。

富兰克林·德拉诺·罗斯福梦想着一个和平世界,就像伍德罗·威尔逊一样,他认为一个世界政府能够保持各国之间的和谐。在第二次世界大战之后,联合国得以建立,人们希望它能够成为维护和平的力量。但是,没有国家愿意把统治权交给一个世界政府,每个大国都坚持想获得否决联合国法规的权力。

与此同时,哈里·杜鲁门不得不应付苏联共产主义这一现实,尽管来自俄国的新闻受到控制和阉割,却有谣言到处传播,泄露出这样的故事:据说在被称为"古拉格"的可怕的集中营里,艺术家、作家、以前的士兵和政敌受到拘禁,大多数人再也没有出来。后来出现的统计数据表明,在俄国及其卫星国中,死于压制政策的人多达两千万。

杜鲁门总统决定,美国必须行动起来,阻止苏俄进一步扩张。他宣布,美国将帮助任何受共产主义威胁的国家。总统向国会描述了如下的政策,后来被称为"杜鲁门主义":

> ……少数人的武力或外国的压力正企图征服自由人民,我相信,美国必须制定政策,支持自由人民进行抵抗。

总统向希腊和土耳其送去四亿美元的紧急援助,作为实施"杜鲁门主义"的开始。与此同时,苏联运用军事力量,征服和控制了波兰、罗马尼亚和其他东欧卫星国家。

罗斯福期望的是战后合作,但俄国和美国(当时世界上的两个超级大国)却以冰冷的竞争取而代之。这将导致代价高昂的军备竞赛和多年的紧张关系,这是对资源、能源和友善关系的浪费。但是,两国之间并无直接战争,部分原因是他们害怕核战争的破坏性。而冷战将持续四十多年。

温斯顿·丘吉尔(左)和哈里·杜鲁门登上前往密苏里州富尔顿的专列,丘吉尔将在那里警告世人:"铁幕"正在将苏联与世界上其他国家隔离开来。

> 我认为苏联不想发动战争,他们想要的是战争的果实,并想无限扩张他们的权力和学说……我敢肯定,没有什么比强大的力量更让他们崇拜,没有什么比弱小,尤其是军事上的弱小,更受他们轻蔑。
>
> ——温斯顿·丘吉尔

杜鲁门对杜威

当一名政治候选人分裂自己的政党时,他就有麻烦了。1948年,哈里·杜鲁门和民主党面临三重麻烦。民主党一直能有把握赢得南方(被称为"全体一致的南方",从内战前夕开始,就没有南方州投共和党的票)的选票。现在,由于杜鲁门的公民权计划,许多南方政客都不能容忍他们的总统。这些政客还没有完全准备好投靠共和党,但他们肯定反对哈里。因此,他们组建了另一个政党,称为"迪克西民主党"。其他民主党人出于别的原因而对总统不满,有些人认为杜鲁门对共产主义太严酷——他们希望美国设法与斯大林以及苏联控制的国家相处,还想在国内实行更多改革,这些人组建了第三个政党——进步党。民主党的分裂是为政治灾难开出的处方。克莱尔·布思·卢斯是一名重要的共和党人,他说出了每个人的想法:"杜鲁门先生的时间短暂,他的处境无望。坦白地说,他是一个不可救药的人。"

自从1932年以来,民主党就一直掌权,大多数人都认为应该作些改变了。因此,每个人都明白,哈里·杜鲁门没有机会在1948年当选。有些民主党人试图抛弃他,但是,哈里·杜鲁门很固执,他是民主党领袖,他将竞选总统。

共和党选择托马斯·E·杜威作为他们的候选人,杜威是纽约州州长,比杜鲁门年轻许多,但是他行动老到、明智。杜威十分威严,说话不多,也没有大力展开竞选活动,他只是开始表现出总统派头,因为每个人都肯定他会获胜——除了哈里·杜鲁门。

罗斯福运用收音机来和美国人民谈话,杜鲁门不擅长广播演讲,但是他善于直接面对听众,尤其是在没有准备演讲稿的情况下,直接说出自己的想法。于是他登上总统专列"麦哲伦"号,在全国巡回演讲——两次。总统站在火车车厢后门平台上,对前来倾听的任何人、每个人发表演讲。有时候他早上六点之前就起床演讲,通常每天作十次到十五次短暂停留;有时候,他离开火车,参加集会演说,或者到市政大厅作午餐或晚餐演讲。这让每个人都感到疲惫——除了杜鲁门。随着竞选活动的继续,他变得越来越活跃,越来越精力充沛。杜鲁门猛烈抨击共和党控制的国会,因为国会没有通过他想要的法律;他还攻击那些要求从政府获得特殊好处的人:把他们叫做"权力游说者"和"傲慢的高帽子"。支持者叫道:"让他们进地狱,哈里!"而杜鲁门就是那么做的。

然而,民主党的前途看起来仍然渺茫,《新闻周刊》杂志询问了五十名一流的新闻记者——他们的业务就是了解政治——谁会赢得大选,这五十个人全都预测杜鲁门不会获胜。杜鲁门的一名助手买了份《新闻周刊》,在竞选列车上阅读,杜鲁门发现这本杂志,查看了那篇文章,然后对助手说:"别担心,我对那五十个人中的每一个都很了解,他们谁也没有十拿九稳的预测能力。"《纽约时报》做了一个调查,结果显示,二十九个州将会投杜威的票,十一个州将投杜鲁门的票,四个州将投迪克西民主党的票,剩下的四个州(1948年美国有四十八个州)尚未决定。每一次重要的民意调查都显示,杜威占绝对优势。

1948年11月2日,美国人民开始投票,那天晚上,杜威的支持者涌进纽约罗斯福酒店的舞厅,打算举行庆祝活动。在华盛顿,民主党人甚至都没有租下往常的酒店舞厅,他们经费不足,没有理由浪费——他们没有什么可庆祝的。甚至在选举公告开始发布之前,记者们就写好了文章,庆祝新总统托马斯·杜威当选。在《芝加哥每日论坛报》上,第二天早上的头条新闻已经安排付印:杜威击败杜鲁门。随着夜幕降临,计票开始了。选举结果第一次在电视上播报,但是拥有电视的人寥寥可数——甚至连总统都没有电视。杜鲁门早早上床睡觉。当电视宣布杜鲁门在马萨诸塞州获胜的时候,他的一个特工人员把他叫醒。"不要担心。"杜鲁门说道,然后继续睡觉。

他到午夜时醒来,听到美国全国广播公司一位名叫H·V·卡滕伯恩的评论员用低沉的声音说道:"好了,在直接投票中,总统领先一百万票……不过我们非常肯定,当全国投票结果出来之后,杜鲁门先生将被对方以压倒多数击败。"杜鲁门继续睡觉。

下图,在本·谢安这幅有关1948年总统候选人的画中,汤姆·杜威唱着《好人不好找》,而杜鲁门则在弹琴发号施令。上图,《芝加哥每日论坛报》早早地刊载了预测的选举结果,但却是错误的。

黎明的时候,电台评论员说,两人的选票非常接近——但是他们仍然预言杜威会取胜。到上午的时候,结果已经非常明确:专家们全都错了!这次杜鲁门不是偶然当上总统,他靠自己赢得了工作。

红色恐怖再袭美国

说到核技术,我们美国人都认为,我们是唯一的拥有者。然而科学知识并不是这样发展的,你不能长时间保守秘密。1949年,俄国测试了一颗原子装置。

冷血的约瑟夫·斯大林,他拥有了原子弹。惊骇?恐怖?是的。这简直是场噩梦。与此同时,在中国,马克思主义者、战士和政治家毛泽东,率领一支军队,在这片土地上进行长征之后,于1949年上台执政,使中国成为共产主义国家。报上刊登出文章,愤怒地指责美国的对华外交政策。对共产主义的恐惧使政治和人民变得令人讨厌。接着,北朝鲜派遣一支军队进入南朝鲜。每个人都知道,针对德国的绥靖政策失败;杜鲁门总统与联合国一起,决定阻止北朝鲜人。虽然没有正式宣战(令人不安的先例),但是,朝鲜战争绝对是一场热战,是冷战发展出的一个热点。共产主义和民主制度似乎不能共存于同一个世界舞台。对国际共产主义的恐惧与国内政治搅成一团,有些公民——痛恨罗斯福的人——确信"新政"受到共产主义的启发,因为"新政"的法规限制资本主义。现在,杜鲁门凭借其有关公民权的想法和一个叫做"公平施政"的自由改革计划,想进一步改变社会。有些人说,那些最有钱的人同意为他的改革付账;他的批评者则说"公平施政"听起来就像共产主义。

接着,国内发现了共产党间谍,他们窃取秘密情报,向俄国出售。另一条令人震惊的消息来自英国——有些高层英国情报官员原来是苏联间谍。那还不是全部:有个案件一天又一天地占据报纸头条新闻,一个名叫阿尔杰·希斯的人,曾担任国务院顾问和一个国际和平组织主席,每个人都信任他。他与一名确定无疑的共产主义者有牵连,但却对此撒谎,结果被判有罪。当发现希斯犯有伪证罪的时候,美国人感到十分惊愕。似乎国务院里真的有可能到处是间谍和

这幅漫画对斯大林说:"把这个放在你的烟斗里抽吧。"烟斗里放的是"马歇尔计划"和"杜鲁门主义","杜鲁门主义"宣称"我们必须帮助自由人民,让他们以自己的方式决定自己的命运"。

上图,1952年,乔·麦卡锡提出一份有关民主党总统候选人阿德莱·史蒂文森的"报告",指责他与"颠覆性组织"有联系。左图,1954年的麦卡锡—陆军听证会。插入图,一位名叫理查德·尼克松的国会议员展示了一些缩微胶片,这些证据将在1950年帮助证明阿尔杰·希斯犯有伪证罪。

叛国者。少数人认为,共产主义者将要占领美国。没有合理的理由相信这一点,但是理性与歇斯底里往往不会结伴同行,歇斯底里者将其对手摔倒在地,美国人卷入一场政治迫害。那可不是什么好事情。

威斯康星州的参议员约瑟夫·麦卡锡想要人们注意他,他需要找到问题加以发挥,而共产主义就是占据报纸头条的问题。在西弗吉尼亚州惠灵市的一场演讲中,麦卡锡挥舞着一张纸说,上面列出了二百零五名在国务院工作的共产主义者。他在撒谎,但是许多人相信他,毕竟,他是一名美国参议员。镜头和麦克风让麦卡锡立刻成为名人,而他的谎言一说出口,就一发不可收拾。在他完蛋之前,他将谴责数百人具有共产主义行为,但却没有使哪怕一桩案子得到证实——考虑到那个时代的恐惧,这一点似乎无关紧要。不管麦卡锡说什么话,都会见诸报端;而且他还知道怎样利用新媒体——电视,他挥动双臂,谴责别人,他提到过的人都丢了工作,被朋友疏远,生活毁于一旦。少数与麦卡锡唱反调的人也被贴上了共产主义同情者的标签。

麦卡锡并不是唯一忽视《人权法案》及其保护措施的人,参议院成立了一个"非美活动调查委员会",该委员会决定调查电影业。在第二次世界大战期间,当俄国与我们结盟的时候,一些美国人受到共产主义的吸引,其马克思主义基础显得十分理想化。有些电影人事实上的确是共产党员,有些人参加共产主义者的集会则是出于好奇,或者是因为在大萧条时期害怕资本主义会遭到毁灭。那个时代的新闻记者发现俄国的实验大有文章可做,很少有人对此作过深入研究,那些文章不过是蜻蜓点水,一掠而过。在美国,颠覆从来就不是什么严肃问题。

好莱坞的制片人害怕被控同情共产主义,试图用"揭露"红色"阴谋"的电影,证明他们的忠诚。

在麦卡锡时代,过去的好奇心足以让你名列黑名单,那些被列入黑名单的人——特别是演员、制片人、编剧和摄影师——遭到解雇。非美活动调查委员会要求接受调查的人说出其他参加共产主义或自由主义组织集会的人,有些人拒绝回答他们的问题,有些被投进监狱。在一个自由国家,思想不是犯罪,行动才构成犯罪,但政府官员变得十分怯懦。麦卡锡炮制了一份名单,他说名单上的四百一十八位美国作家曾有背叛思想,其中包括厄内斯特·海明威和亨利·梭罗这样的作家。三十九个州通过了反共产主义法律。得克萨斯州规定,加入共产党这一罪行会处以二十年监禁;康涅狄格州的一项法律规定,批评美国政府或者国旗是违法行为。他们还要求政府职员,包括许多教师,作效忠宣誓。

那是一个恐惧肆虐的年代,有些美国人如此仇恨共产主义,他们似乎不关心人民的生活是否遭到破坏。许多人真的相信政府中充满了共产主义者,有两名参议员反驳麦卡锡,但遭到失败;有八名受麦卡锡支持的人当选为参议员。然后,缅因州的参议员玛格丽特·蔡斯·史密斯在国会中站起来说道:

> 我认为,此刻我们应该记住,宪法不仅规定了言论自由,而且还规定由陪审团裁定审判,而不是由舆论谴责来裁定审判……我们从参议院的地板上清除外人以及……将我们凌驾于批评之上的方式,不能让我引以为豪。

麦卡锡不断进行攻击,他还举行听证会,谴责陆军及许多陆军军官和士兵是共产主义同情者。但是,他只找出一名陆军牙医,后者可能曾经是共产主义同情者。电视机是许多家庭拥有的新玩意儿,它让人民看到了麦卡锡—陆军听证会,也看到了麦卡锡参议员的举动:威吓、大叫、嘲笑。最后,一位镇定的老人在参议院站出来说了话——老人在自己的故乡佛蒙特州备受敬重,但在别的地方却没什么名气。他的名字叫拉尔夫·弗兰德斯。弗兰德斯评论麦卡锡说:"他抹上战斗油彩,跳起战斗舞蹈,发出战斗嘶喊,上前搏斗,并且骄傲地带回一个粉红色牙医的头皮。"弗兰德斯要求参议院谴责麦卡锡(立刻有一名参议员说,弗兰德斯肯定支持共产主义者)。到这时候,大多数美国人都对麦卡锡感到厌烦了。1954年,参议院投票指责他"行为与参议院传统相悖"。那个曾经如此放纵地恐吓众人的家伙,现在似乎陷入了悲惨境地。

玛格丽特·蔡斯·史密斯

隔离且不平等

有些人把那个时代叫做"俏皮的50年代"。埃尔维斯·普雷斯利是一名来自密西西比州的白人男孩,他拥有演唱黑人歌曲的天才与活力,被称为"摇滚乐之王",摇滚乐不久便风靡全世界,人们伴着咔嚓咔嚓的音乐扭动身体。然后又出现了呼啦圈,出现一位令人震惊的电影明星——玛丽莲·梦露,出现了电视明星露西尔·鲍尔和埃德·沙利文,还有快餐(到1955年的时候,麦当劳已经售出一百万只汉堡包)。乔纳斯·索尔克研制出一种疫苗,征服了脊髓灰质炎——这种疾病通常袭击儿童,它让富兰克林·德拉诺·罗斯福成为残疾。50年代工作机会充足,许多人都变得富有起来。在1946—1956年间,国民生产总值增长了一倍。美国拥有全世界百分之六的人口,但却生产出全世界三分之二的工业产品(并且消费了其中的三分之一)。从没有一个国家见过这样广泛的

拉尔夫·弗兰德斯

富裕,美国人吃上了更好的食物(也吃得更多),寿命延长,年轻一代的身高也同样增加。新出现了一个中产阶级,其中包括全美国百分之六十的人口。50年代有四千万婴儿出生,婴儿潮让这个国家变得更加年轻。大多数美国人都梦想着拥有自己的房子,现在,大规模的郊区建设为他们提供了许多廉价房屋,使他们梦想成真。你在郊区生活不能没有汽车,汽车变得更大、更好、更奇特。老爷爷老奶奶还记得马车时代,他们的孩子却拥有两部甚至三部汽车。然后还有电视,在1950年,只有百分之十的美国家庭拥有电视,十年之后,这个数字达到百分之九十!

1953年,战斗英雄德怀特·D·艾森豪威尔成为总统,他结束了朝鲜战争,没有哪一方在那场战争中真正获胜,朝鲜仍然分裂,仍然和战争开始的时候一样。尽管如此,美国和联合国仍然证明了他们想要证明的事情:他们将勇敢地抵抗共产主义者的进攻(艾森豪威尔在摆脱战争方面显示了勇气)。那是一个好时代。

埃尔维斯·普雷斯利

但是，有一位住在郊区的妈妈却内心不安。她是一名劳工新闻记者，她意识到美国的工作妇女——往往是非洲裔、拉丁美洲裔或者穷白人——得到的工资比她们从事相同工作的同事低很多。贝蒂·弗里丹还意识到，许多中产阶级妇女居住在郊区，没有工作，她们感到自己远离这个国家的发展潮流。大多数高层职业——律师事务所、医疗行业、大公司及其他地方——都对妇女关上大门。弗里丹正在劳工出版物上发表这方面的文章，后来她还写了一本书，将会影响并且改变大多数美国女性。

除了职场中的性别不平等之外，美国还有另外一些不对劲的地方。早在1896年，最高法院就在"普莱西诉弗格森案"中作出一个裁决，改变了数百万人的生活——但不是改善他们的生活。霍莫·普莱西肤色为白色，但拥有黑人血统，他因为坐在一节只允许白人进入的车厢里而遭到逮捕。《第十四条宪法修正案》规定：

1952年，在第一次通过电视报道的全国提名会议上，德怀特·D·艾森豪威尔将军被推荐为共和党总统候选人。

> 任何州……不得剥夺……任何美国公民的特权……亦不得对任何在其管辖下的人，拒绝给予平等的法律保护。
>
> ——摘自《第十四条宪法修正案》

> 任何人，凡在合众国出生或归化合众国并受其管辖者，均为合众国及所居住之州的公民。任何州不得制定或执行任何剥夺合众国公民特权或豁免权的法律。任何州，如未经适当法律程序，均不得剥夺任何人的生命、自由或财产；亦不得对任何在其管辖下的人，拒绝给予平等的法律保护。

贝蒂·弗里丹

在普莱西案中，绝大多数法官的观点，用亨利·比林斯·布朗的话说就是：

> 两个种族在法律面前的绝对平等……并非旨在取消其基于肤色的差别，或者强制执行社会……平等，或者使两个种族融合。

那意味着,尽管各种族在法律面前平等,法律却能禁止他们彼此融合。"普莱西诉弗格森案"使得种族隔离合法化,"吉姆·克劳法"获得最高法院的批准。约翰·马歇尔·哈伦法官在该案中写下了唯一的反对意见,他不同意联邦最高法院的做法:"我们的宪法是色盲,既不知道也不容忍公民中有阶级之分。"

到1940年代,在所有正直的人看来,"隔离但平等"的伪善是显而易见的。对于那些不得不忍受这种伪善的人,这是令人痛苦的不公。他们中有一个人就是查尔斯·汉密尔顿·休斯敦,他毕业于阿默斯特学院和哈佛大学法学院,并且还进一步获得博士学位。尽管拥有这些学位,休斯敦仍然没有机会在主流律师事务所找到工作,他的肤色使他不可能获得这种机会。但是,休斯敦不想做一名企业律师,他学习法律是因为他想实现变革。他相信"吉姆·克劳法"应该受审,被判有罪,并处以绞刑——但只有法庭能那么做。休斯敦成为宪法专家,然后,作为霍华德大学法学院院长,他将一代黑人律师培养为专家。休斯敦非常强硬,他的学生把他称为"水泥裤"。他的学生瑟古德·马歇尔说:"他明白地告诉我们所有人,当我们完成学业的时候,他期望我们走出校门,用自己的生命做点事情。"马歇尔的曾祖父是一名奴隶,这个奴隶的后裔将让他的教授引以为豪。

布朗诉教育局案

七岁的琳达·卡罗尔·布朗住在堪萨斯州的托皮卡,她必须步行穿过铁路,然后乘坐一辆旧公共汽车,到很远的地方上学——尽管在距离她家五个街区远的地方,有一所更好的学校,琳达却不能到这里上学,因为她是黑人,而托皮卡的学校实行种族隔离。1951年,琳达的父亲奥利弗·布朗牧师求助于法庭,试图做些事情改变这种现状。他们的案子被称为"布朗诉堪萨斯州托皮卡市教育局案"。

南卡罗来纳州的克拉伦登县每年为每名黑人学生花费四十三美元,每年为每名白人学生花费一百七十九美元。所有的白人孩子都有课桌,但在两所黑人学校里,甚至连一张课桌都没有。哈里和莉莎·布里格斯以及其他黑人家长控告克拉伦登县教育局,他们想为黑人学校争取同样多的资金。他们以十岁的小哈里·布里格斯和另外六十六名学生的名义提出诉讼。莉莎·布里格斯立即遭到解雇,在这桩"布里格斯诉克拉伦登县案"中签字的其他大多数成年人也遭到解雇。

芭芭拉·罗丝·约翰斯是弗吉尼亚州法姆维尔的莫顿中学的三年级学生,她对自己学校的条件感到愤怒:这所学校是为二百名学生建的,但是却容纳了四百五十名学生,既没有食堂,也没有体育馆。在法姆维尔,莫顿中学薪水最高的教师,还不如白人学校薪水最低的教师收入高。芭芭拉·约翰斯把莫顿中学的学生组织起来,为争取改善学校条件而罢课。他们走出教室,全国有色人种协进会的一名成员来到法姆维尔,试图让学生们平静下来,但却被他们的决心所感动,于是就帮助一百一十七名莫顿中学的学生,控告弗吉尼亚州。他们要求州政府废除种族隔离学校,他们的案子被称为"戴维斯诉爱德华王子县教育局案",因为在提出诉讼的学生名单中,十四岁的多萝西·E·戴维斯排在第一位。

在法庭上,这些案子都被判输了,但是原告并没有就此罢休,他们将官司一直打到美国最高法院,与另外两个涉及学校种族隔离的案子列为一组,然后这五个案件以其中第一个的名字命名为"布朗诉教育局案"。查尔斯·休斯敦的明星学生瑟古德·马歇尔是在案子中作开场陈述的律师。那是1952年12月9日。种族隔离是否与宪法的观点相抵触?马歇尔和全国有色人种协进会的律师认为是抵触的。他们说,《第十四条宪法修正案》保证所有公民在法律之下受到平等保护,这使得"隔离但平等"原则违背了宪法。此外,马歇尔还说,实行种族隔离的学校不可能获得真正的平等,因为被隔离的人们会觉得不平等,地位低下。马歇尔说:"隔离就像癌症一样,破坏了我们的公民道德,也在全世界损害了我们国家的形象。"

1963年,本·谢安创作了《1954年最高法院法官肖像》,他们由厄尔·沃伦(中)率领,沃伦宣布了具有历史意义的"布朗诉教育局案"的裁决,全体法官的裁决都一致,这是很不寻常的。

一年过去了,看起来最高法院也许会产生分歧,这桩诉讼案正在让整个国家分裂成两半。如果法庭产生分歧,这个国家的分裂就会更加厉害。接着,艾森豪威尔总统任命了一位新的最高法院首席大法官,他就是厄尔·沃伦,曾担任加利福尼亚州州长,他性情温和,人们不期望他成为雷厉风行的首席大法官。不过,那些非常了解他的人却意识到,他具有领导天才。1954年5月17日,首席大法官沃伦宣读了"布朗诉教育局"一案的裁决:

> 将公立学校的孩子纯粹按种族隔离开来,是否剥夺了少数民族孩子接受同等教育的机会呢?我们认为,的确会产生这种结果。我们得出一致结论,"隔离但平等"的原则是行不通的。互相隔离的教育设施本身就是不平等的。

这位新的首席大法官劝说所有法官,由于这个裁决十分重要,因此必须达成一致意见。正如《华盛顿邮报》第二天在一篇社论中所说的那样,这一裁决是"自由的新生"。

但是法律必须得到执行,而有些人下定决心不执行这项裁决。弗吉尼亚州爱德华王子县没有取消学校的种族隔离,却关闭了所有的公立学校——关了整整五年。白人孩子在"私立"的白人学校受教育,这些学校受到公共税款的资助,而黑人孩子却根本没有学校可上。

对于温和的南方白人来说,那是一段艰难的岁月。那些反对种族隔离的人往往会失去工作和朋友,温和派躲藏起来了。麦卡锡助长了这种盲目顺从的风气,当别人受到虐待时,人们保持沉默。在有些地方,当黑人孩子进入混和学校时,许多成年人侮辱他们,或者向他们扔石块。正派的人惭愧地低下头,或者假装这一切都没有发生。"布朗诉教育局案"也许是自由的新生,但是这个新生儿却很难独立呼吸。

1954年5月18日,在最高法院外面,报纸上的头条新闻标题写着:"高等法院禁止在公立学校实行种族隔离。"内蒂·亨特告诉她的女儿妮姬,这一裁决确认了"所有人和所有孩子在法律面前人人平等所隐含的美国信念"。

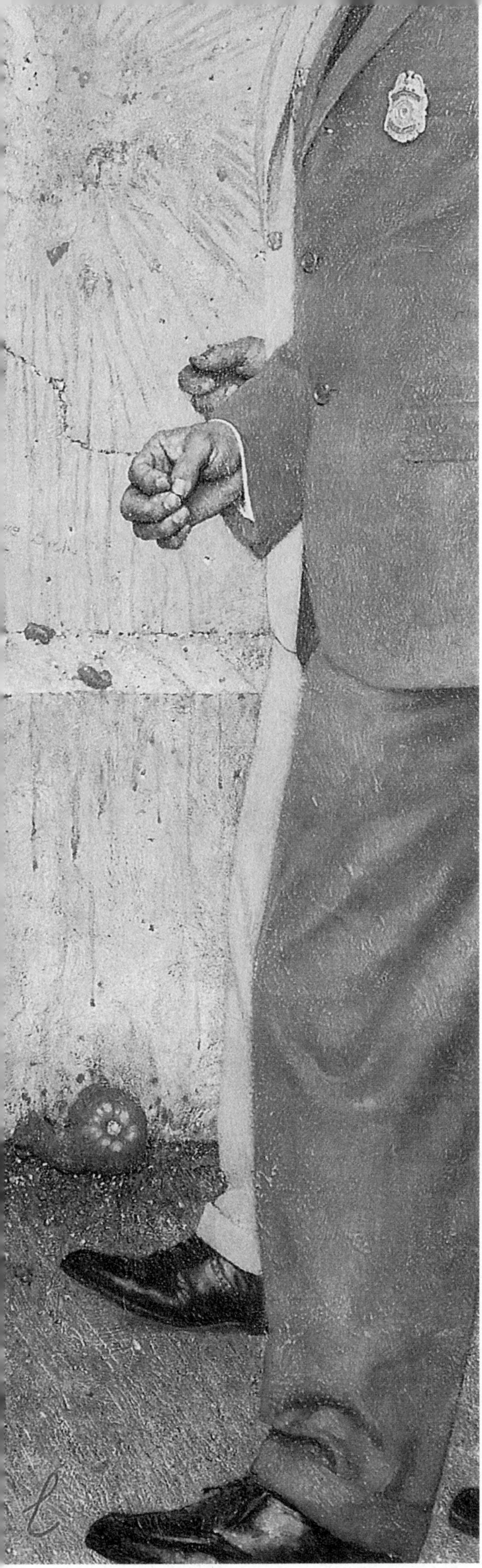

第十四章 敲响自由的钟声

那是 1954 年(就在这一年,国会投票,在"效忠誓词"里加入"在上帝之下"的字眼),一个名叫马丁·路德·金的年轻人正在前往阿拉巴马州蒙哥马利的路上,他将到那里的迪克斯特大街浸礼教堂担任牧师,这是他的第一份工作。金不久便会获得波士顿大学的神学博士学位,他有资格在学院里教授这门课程,但他宁愿做一名牧师而不是教师。金的父亲是一名小佃农的儿子,依靠自己的努力成为南方的黑人领袖之一,他很愿意自己的儿子作为助理牧师,加入他那所闻名于阿拉巴马的教堂。小马丁却想依靠自己的力量,到一座安静的城市去,在一所小教堂开始他的工作。他不知道,自己挑选的

在大多数人心目中,画家诺曼·罗克韦尔与争取民权的斗争风马牛不相及。就像许多人一样,罗克韦尔从电视上看到民权工作者的奋斗,从报纸上读到有关他们的新闻,他感到十分震惊。在这幅《我们所有人面临的问题》(作于 1964 年)中,他描绘了一个孤独的孩子,正在前往混合学校上学。墙上的涂鸦就像子弹一样具有暴力性,护送她的无名联邦执法官没有头部,这是画家特意设计的。右上图,学生们举行游行示威,抗议取消种族隔离。

这个城市将会发出嘈杂的声音,不久,在美国生活的每一个人都会听说蒙哥马利,还有它那位年轻的牧师。

联合抵制

罗莎·帕克斯在蒙哥马利的一家百货商店做裁缝助手,她四十三岁,身材娇小,声音柔和,戴着无边眼镜,一头棕发在脑后梳成发髻。帕克斯是一位民权活动家,一直在当地的有色人种协进会分会担任秘书。她在黑人社区中很有名,也很受尊敬。但是,在1955年12月1日晚上,帕克斯夫人十分疲惫,她在百货公司工作了一整天,累得脖子和背部酸疼,感觉很不舒服,她坐上公共汽车回家去。

罗莎·帕克斯通过打扫教室挣钱,支付自己初中学费。图为她在蒙哥马利警察局摁手印的情景。

> 我们何时、怎样才能作为人类的一员来决定自己的权利?这就是我想知道的。
>
> ——罗莎·帕克斯

在1955年,南方各州的公共汽车仍实行种族隔离。法律规定,前排的座位是给白人坐的,如果汽车装满了人,白人对所有的座位都享有优先权。就在12月的那一天,一个白人男子登上罗莎·帕克斯乘坐的汽车,司机让罗莎把座位让给那个人。罗莎没有动弹,她知道自己会惹麻烦,也许还会进监狱,但是她仍然待在自己的座位上。司机叫来警察,罗莎·帕克斯被捕,不久便被送往监狱。"你们为什么粗鲁地对待我们?"她问那个逮捕她的警察。罗莎知道,在蒙哥马利的监狱中,非洲裔美国人经常遭到殴打和虐待,她似乎对此无所谓。她厌倦了乘坐实行种族隔离的公共汽车,厌倦了受到粗鲁对待,她准备好蹲监狱了。

当蒙哥马利的人们得知罗莎·帕克斯被捕的消息后,他们惊呆了。帕克斯夫人态度温和,很有尊严,她怎么会被捕?E·D·尼克松以前是有色人种协进会蒙哥马利分会的主席,他筹款营救罗莎出狱。但是,她还得接受审判。尼克松问帕克斯夫人,她是否愿意让有色人种协进会利用她的案子来反对种族隔离。他们俩都知道,如果非洲裔坚持自己的权利,他们往往会受到折磨,甚至被处以私刑。罗莎的丈夫对她说:"白人会杀了你的,罗莎。"但是帕克斯夫人仔细考虑了这件事,然后平静地说:"我和你一起走,尼克松先生。"

每当乔·安·鲁滨孙被撵到公共汽车后面去时,她都厌恶随之而来的那种屈辱感觉。一听说罗莎·帕克斯的事情,鲁滨孙就开始组织一次联合抵制公共汽车的活动。她和一些朋友熬了大半夜,印刷传单,呼吁黑人社区的每一个人,别在下周一乘坐公共汽车,那天是罗莎·帕克斯受审的日子。到了星期天,蒙哥马利的黑人牧师也督促自己教区的居民,拒绝在星期一早上乘坐公共汽车。乘坐公共汽车的大多数是穷人,有些人年纪已经很大,他们需要坐车去上班。那是12月,天气寒冷,如果不坐车,许多人就得步行好几英里,而且他们所有人都害怕白人的暴力。

但是,意想不到的事情在蒙哥马利发生了。就像罗莎·帕克斯一样,黑人似乎不再恐惧,他们已经受够了。星期一,他们拒绝乘坐公共汽车(那天,法院判决帕克斯违反了蒙哥马利的种族隔离法规,罚款十四美元);星期二,他们拒绝乘坐公共汽车;整个星期,整个月,他们都拒绝乘坐公共汽车。他们一直抵制下去,不管风霜雨雪,不管严寒酷暑。他们搭便车,他们合伙使用汽车,他们步行。白人狂热分子行动起来,纵火焚烧黑人居民的房屋,炸毁他们的教堂,朝他们开枪射击。很多人因合伙使用汽车的罪名而被捕,蒙哥马利的监狱人满为患。非洲裔美国人仍然继续

在联合抵制公共汽车运动之后,帕克斯夫人开始坐在汽车前排的座位上。但是,她的麻烦没有结束,她失去了那份当女裁缝的工作,她的家人受到折磨和威胁。

步行,领导这次联合抵制运动的是马丁·路德·金,迪克斯特大街浸礼教堂那位二十六岁的牧师。黑人社区寄希望于他们的牧师,这个人的一个主意,把他指向一个明确的方向。

马丁·路德·金

当金还在神学院上学的时候,他了解到印度伟大领袖"圣雄"莫罕达斯·甘地的事情。甘地受到美国的亨利·戴维·梭罗影响,后者在其著作《温和反抗》中,描述了非暴力抗议的力量。梭罗相信,"一个诚实的人"能够创造伟大的变化。甘地是一位身材矮小、声音尖细的律师,他就是梭罗想象的那种人。为了结束英国在印度的殖民统治,甘地领导同胞,开展和平抵制运动和游行。英国士兵辱骂、殴打和关押甘地及其追随者,但他们从未丧失自我克制。英国人为暴力做好了准备,却没有准备好应付消极抵抗。英国人丧失高高在上的道德立场,看起来像是恃强凌弱者。甘地的勇气和冷静的尊严击败了强大帝国的枪炮,印度赢得自由。

金被甘地的成就所感动。基督教哲学家莱因霍尔德·尼布尔有关现代社会道德的论述让金确信,白人社会只会对压力做出反应。金对基督教的热爱使他相信爱

在这幅木刻画中,马歇尔·朗博赞扬罗莎·帕克斯的决心。

与兄弟情谊的力量。对他来说,非暴力抗议是反抗邪恶的正义之途。但是,他的追随者很快发现,和平抗议远比投掷石块更需要勇气。

"我们到这里来不是为了鼓吹暴力,"金在蒙哥马利对他的会众说,"我们拥有的唯一武器……是游行示威……美国民主的伟大荣耀之处,便是为了获得正义而游行示威的权利。"当种族隔离主义者踢汽车、引爆炸弹和恶言谩骂的时候,蒙哥马利的黑人社区却以毫不退缩的勇气,平静地游行示威。他们保持了自己的尊严,他们没有以牙还牙。电视工作人员拍摄了正在发生的事情,不久,整个国家的人们,还有外国的人们,都观看着蒙哥马利的人民游行着去上班,游行前往合乘汽车中心,遭到逮捕,然后游行着进入监狱。

"有些人企图把这场运动变成仇恨运动,"金博士对蒙哥马利的黑人说,"这不是白人与黑人之间的战争,而是正义与非正义之间的冲突。如果我们每天都遭到逮捕,如果我们每天都受到剥削,那也永远别让

> 凭借理解、友善和基督之爱,我们能够毫不费力地取消公共汽车上的种族隔离……我想通过蒙哥马利向全世界证明,我们拒绝用武力反击。
>
> ——牧师马丁·路德·金博士

任何人把你贬低到仇恨他们的程度。我们必须使用爱的武器。"那种武器获胜了。

罗莎·帕克斯被捕十三个月之后,最高法院裁决,在阿拉巴马州公共汽车上实行种族隔离是违宪的,联合抵制结束。马丁·路德·金和这场运动的其他领袖,与黑人和白人一起,登上了蒙哥马利的第一辆取消种族隔离的汽车——他们都端坐在前排。"欢迎你们今早乘坐我们的汽车。"那名白人司机说道。蒙哥马利的人民不仅改变了他们的城市,也改变了他们的时代。

一次壮举

1954年,在最高法院对"布朗诉教育局案"的裁决书中,法官们说,废除学校里的种

族隔离应该"以从容而审慎的速度"进行,但是他们却没有设定这个速度到底多快。南方各州认定,"从容而审慎的速度"指的是蜗牛那样的速度。因此,到1957年,在南方腹地,没有一间教室是黑人与白人孩子坐在一起学习的。然后,一名联邦法官发布了法院指令:阿肯色州小石城的学校将实行黑人与白人合校。

小石城的中央中学是南方最好的公立学校之一,它拥有宽阔的运动场、现代化的教学设备和两千多名学生,但是从没有黑人孩子到那里上学。梅尔芭·帕蒂洛想上中央中学,后来,她这样写道:"他们拥有更多的设备,他们拥有五层楼的机遇。在我明白事理之前,我就明白了教育的重要性。我两岁的时候,妈妈就说:'你将来要上大学,教育是你生存的关键。'从那时起,我就明白了这个道理。"梅尔芭说,否则,她没有"强烈的愿望去……让这所学校变成混合学校,并改变历史"。但是,十五岁的梅尔芭将会改变历史。她成为被挑选去上中央中学的九名黑人学生之一。起初,她没有料到会出问题,大多数人都没有料到。小石城的居民相信他们拥有良好的种族关系,但是有些人不想废除种族隔离,他们乐意采用威胁、侮辱甚至石块来阻止合校。

阿肯色州州长奥瓦尔·福伯斯召集州民兵——不是为了保护即将进入中央中学的黑人学生,而是阻止他们进去。他知道,如果他表现出支持合校,就会失去白人选票。由于"吉姆·克劳法"的规定,大多数黑人都不能投票,因此他们的需要对他来说无关紧要。他说:"州民兵的使命是维持或者恢复秩序,并保护公民的生命与财产。但是,我必须满怀真诚地说明,我确信,如果在这个社区强行实施合校,就不可能恢复或者维持秩序。"州长的意思很明确,他不执行合校的法令。

尽管有州长的阻拦,一项联邦法院指令仍然规定,必须在小石城废除种族隔离制度。9月23日是实行黑人与白人合校的日子,九名黑人孩子就准备在那天进入中央中学,纤弱、腼腆的伊丽莎白·埃克福德就是其中之一,她没有得到通知黑人学生

伊丽莎白·埃克福德第一天去上学,她家里没有电话,所以她不知道,那天早上九名黑人孩子要在另一个的地点会合。

> 关于我们的运动,其令人惊异之处在于:这是人民的抗议。这不是单个人的作秀,不是牧师们的作秀,而是人民在展示自己。这个城市的群众具有责任感,他们厌倦了被人践踏的生活。
>
> ——乔·安·鲁滨孙,1955年

福伯斯州长拒绝服从联邦命令。一名参议员说:"是时候了,南方应该面对事实,它属于联邦,应该服从宪法。"

> 一个人民的政府,如果不知晓人民的心声,或者不知道怎样获得人民的心声,那它就不过是一出闹剧或者悲剧的序幕,或者二者兼而有之。知识将永远统治无知:如果一个国家的人民想要成为自己的统治者,就必须用知识赋予的力量武装自己。
>
> ——詹姆斯·麦迪逊,1822年

一起上学的消息。开学第一天,她特意穿上崭新、笔挺的黑白花棉布女装,她独自站在那座建筑物的一个角落里。伊丽莎白高昂着头,向学校大门走去。成年人叫喊着可怕的词语,一个妇女吐着唾沫,几个男孩威胁着要对她施以私刑,州长的民兵盯着她,却没有采取措施帮助她。伊丽莎白跑回到路边,在那里,一名《纽约时报》的记者用双手扶着她,小声说道:"别让他们看见你哭。"一名白人女子(她对正在发生的事情感到惊愕)把伊丽莎白送回家。

梅尔芭·帕蒂洛与另外七名准备进入学校的孩子在一起,在他们进去之前,人们看见四名年轻的黑人前往中央中学。一群暴徒正在等待他们。"黑鬼们来了。"他们叫道,并对这四个人拳打脚踢。他们误认为这四名记者是学校的学生。在混乱之中,八名学生通过一道侧门进入了学校。梅尔芭记得那天的情形是这样的:

> 在我能够进入中央中学的第一天,我心里感到极度的、痛苦的、恐怖的惧怕。我从汽车上的收音机里听说,那里有一群暴徒。我知道暴徒意味着什么,我也知道人群中传来十分愤怒的声音。于是,我们就非常非常快地从侧门进入学校,甚至在我们进去之后,仍然有人追赶我们,人们互相挤撞着……在我的生命中,从没有经历过那样赤裸裸的恐怖或者惧怕。

华盛顿的艾森豪威尔总统不想偏向哪一边,他说他相信说服劝告,但是,没有人说服劝告那些守在中央中学外面监视的人,这些人下定决心要赶走黑人孩子。最终,总统采取了行动,他说:"不允许暴民统治践踏我们的法庭作出的裁决。"他命令派遣联邦军队到小石城。9月25日,在美国军队的保护下,九名非洲裔学生被护送到中央中学。梅尔芭·帕蒂洛说:"军队真棒,我不是从侧门进入学校,而是从正门的台阶进去,我心中充满自豪与希望,是的,这就是美利坚合众国,是的,这就是我向国旗敬礼的原因;一切都会好的。"

厄内斯特·格林也是九名黑人学生之一,他记得送他上学的护卫队,在他前后各有一辆吉普车。

> 两辆车上都架着机关枪……整所学校都被伞兵包围着,直升机也在天上盘旋。我们齐步走上台阶……由这些手持刺刀的士兵围着……那天走上台阶的感觉,也许是我经历过的最棒的感觉。

当梅尔芭·帕蒂洛去上她的英语课时,"一个男孩跳了起来,开始说话。他告诉其他人,让他们和他一起出去,因为一个'黑鬼'在他们班上。老师叫他离开教室。"梅尔芭继续讲道,"那个男孩开始朝门口走去,并且叫道:'谁和我一起走?'没有人跟着他。于是他厌恶地说道:'胆小鬼!'然后便离开了。那天我过得真不错。"好日子并不常在,那些黑人学生在学校内外都受到骚扰,但是他们坚持下来了。到了那一年年底,厄内斯特·格林成为第一个从中央中学毕业的黑人学生。他说:"我想我作出了表率,帮助黑人在小石城生存下去。我不断对自己说,我就是无法让那些镜头望着我一路前行。但是我知道,一旦我能走到校长那里,接受那张毕业证书,我就冲破了这堵墙。"

问问你们能够做什么

1961年1月19日,华盛顿特区天气严寒,下着大雪。那天晚上,陆军和海军调来三千名士兵,用七百辆扫雪车和卡车工作了一整夜。第二天,气温仍然低于零度,地上的雪堆得很高,但是街道上的雪已清扫干净,天空也很晴朗。中午,在国会大厦前用木头搭起的看台上,挤满了大约两万名客人。冬日照耀着新雪堆,刺骨的寒风刮着人们的脸。那天是举行总统就职仪式的日子。美国著名诗人罗伯特·弗罗斯特特意为此写了一首诗:

> 艺术家们济济一堂
> 参加总统就职仪式
> 让我们普天同庆

约翰·F·肯尼迪

大多数参加就职仪式的人都穿着礼服,戴着围巾、手套和高顶礼帽,但是新总统似乎自己能产生热量,他在演讲前脱下了外套,然后约翰·菲茨杰拉德·肯尼迪把手放在他祖父的《圣经》上,宣誓肩负起自己强大的责任。年仅四十三岁的肯尼迪是自西奥多·罗斯福以来最年轻的总统,也是通过选举产生的最年轻的总统。肯尼迪毕

注意《第一条宪法修正案》

《第一条宪法修正案》规定：

国会不得制定法律……剥夺言论自由或新闻自由。

1960年2月1日，四名大学生走进北卡罗莱纳州格林斯伯勒的F·W·伍尔沃斯咖啡馆，坐在午餐柜台旁点了咖啡。因为他们是黑人，因为这家咖啡店不为黑人服务，所以店员对他们不予理睬。四个人静静地坐着，直到打烊。第二天早上，他们又回来了，这次带着五个朋友。他们不断来到这家咖啡馆。他们说，他们在等自己的咖啡。白人聚集在他们身后，辱骂，推搡，朝他们头上泼番茄酱，扔烟头，冲他们吐脏东西。这种被称为"静坐"的活动，蔓延到其他地方的午餐柜台。不久，在实行种族隔离的汽车旅馆休息室，在公共图书馆，在公共海滩和剧院，也出现了类似的静坐示威活动。随后，到了5月，在田纳西州纳什维尔，五家伍尔沃斯咖啡店废除了种族隔离。6月，弗吉尼亚州的"热店"饭店决定接待黑人。7月，格林斯伯勒的伍尔沃斯咖啡店(这场运动的起点)开始为所有顾客服务。但是，这些反应并不广泛。10月，当马丁·路德·金在亚特兰大领导一次静坐示威的时候，他和其他五十一人被投进监狱。金博士被控违反税法，这是阿拉巴马州历史上第一桩避税重罪案。

在举行静坐示威期间，《纽约时报》接受了一个整版广告，是一个名为"保卫马丁·路德·金及南方自由奋斗协会"的组织做的，广告的标题叫"注意他们的声音"，目的是请求获得资助。广告中写道："数千名南方黑人学生正在参加广泛的非暴力示威活动，积极主张享受《美国宪法》确保的权利，在生活中保持自己的人格尊严。"广告描述了一些静坐活动的情况，以及黑人学生们因此遭受的虐待。广告还讲述了对金博士的袭击："他们向他的住所投掷炸弹，差点杀害了他的妻子和孩子。他们对他进行人身攻击，他们把他逮捕了七次——因为'超速'、'游手好闲'以及类似的'违法行为'……他们控告他作伪证——在这一严重罪名之下，他们可以判处他十年监禁。"

有六十四人在广告上签名，其中包括埃莉诺·罗斯福和杰克·鲁滨孙。

尽管广告谈到"南方违反宪法的人"，却没有指名道姓地批评任何人。但是，在阿拉巴马州的蒙哥马利，负责管理警察的市政委员L·B·沙利文却认为广告批评了他。沙利文控告《纽约时报》和四位黑人牧师损害他的名誉，声称自己受到诽谤，他要求"完全并公正地撤回广告"。

广告中提到的一些事情并非事实。它说学生们在阿拉巴马州议会大厦的台阶上，唱着

为了我们的权利而静坐：1963年，在密西西比州首府杰克逊市，学生们和一位教授到一家实行种族隔离的伍尔沃斯咖啡馆的午餐柜台举行静坐示威。一些白人青年嘲笑他们，并往他们身上倒苏打水、番茄酱和芥末。

《我的祖国,它属于你》,事实上,他们唱的是《星条旗》。广告说学生们因为领导示威抗议而被学校开除,事实上,他们是因为参加静坐而被开除。广告中还有其他类似的错误。少数在广告上签名的人事先没有看到广告内容。《纽约时报》刊登了一篇更正和道歉启事。法庭审理了这个案子,阿拉巴马州陪审团给出判决,让每位被告向沙利文支付总计五十万美元赔偿。但是还有一个超越金钱赔偿的问题,如果报纸因为没能获得详细细节就被控犯诽谤罪,这将极大地约束新闻写作。

《纽约时报》层层上诉到美国最高法院。这是一个棘手的案子,诽谤罪的概念中充满了模棱两可的表达。《华盛顿邮报》在一篇支持《纽约时报》的短文中争辩说,如果报纸只有在故事"绝对符合每一个细节"的时候,才能逃脱诽谤罪的起诉,那么他们可能就只好不发表批评文章了。

在第一次提出诉讼四年之后,最高法院作出了裁决。九名法官一致同意这一裁决。撰写裁决书的威廉·J·布伦南法官说"在自由辩论中,表述上的错误是不可避免的",诽谤罪"必须按照满足《第一条宪法修正案》的标准来衡量",而且还说:"我们认为,本案违背了国家对下述深刻原则的承诺,即有关公共问题的争论应该不受限制,直率且完全开放,很有可能包括对政府及公职人员进行激烈、刻薄有时甚至令人不快的尖刻攻击。"这句话的意思是说,《第一条宪法修正案》确保的新闻自由是广泛而宽容的,公职人员不能因为他们的官方行为受到批评,就要求以诽谤的名义获得赔偿,除非他们能够证明事实上的蓄意伤害。

《纽约时报》赢得的远不止一个诽谤案,这一裁决使有关诽谤的法律发生了革命性的变化。记者安东尼·刘易斯写了一本与该案有关的书,叫《不得立法》,书里说,"它没有把言论自由仅仅当作个人权利,而是作为政治中必需的部分。"法律历史学家克米特·L·霍尔说,这"不仅是自由表达的胜利,也是公民权和种族平等的胜利"。有些人认为,在一个建立于公民统治概念基础上的国家,自由地获取信息是非常重要的,对他们来说,沙利文案的裁决的确是胜利。哲学家亚历山大·迈克尔·约翰很久以来就一直主张,美国宪法使得人民成为自己的统治者,他在谈到对这个案子的裁决时说:"应该为此在大街上跳舞庆贺。"

沙利文案的裁决成为其他案件的判例。"科恩诉加利福尼亚案"处理的是冒犯性的出版言论。在这个案子中,约翰·马歇尔·哈伦法官(在"普莱西诉弗格森案"中持反对意见的哈伦法官的孙子)写下了主要意见:"尽管本案诉讼中涉及的特定的粗话,很可能比大多数其他类似的词语更令人不快,但是,'一个人的粗俗言语对另一个人来说就是抒情诗'通常仍然是正确的。"在引用了《第一条宪法修正案》之后,哈伦法官继续说道:"在一个像我们这样多元化和人口众多的国家,宪法规定的自由表达的权利是一剂威力强大的良药。它旨在解除政府对公共讨论的限制,把决定应该表达什么见解的权利主要放到了我们每个人手上。"

业于哈佛大学,是一个富商的儿子,他获得了我们的社会能够给予的一切有利条件。但是,"嘴里含银勺"的富贵命并没有侵蚀他的雄心壮志,他和肯尼迪大家族中的其他成员都得到训练,以便为他们的国家服务,获得成功。

这个国家希望肯尼迪获得成功,自从富兰克林·罗斯福的"新政"以来,还从没有这么多热心的人强烈要求参与政治。新的内阁将由两党共同组成,囊括了来自两个政党的人民。肯尼迪大学时代的一些教授将离开他们的课堂,成为政府官员。政治似乎变得越来越令人兴奋,数千名美国人希望参与其中。肯尼迪已经提议建立一个"和平队",该机构由志愿者组成,将让不太走运的国家分享美国人的经验和知识。这位年轻的总统有一双热情的蓝眼睛,一头浓密的头发,他带着迷人的微笑,登上讲台,开始用自信、有力的新英格兰口音讲话。他激励听众说:

> 我们今天看到的并不是一个政党的胜利,而是一次自由的庆典……就在此时此地,让我告诉我们的朋友,也告诉我们的敌人,这支火炬已传递给新一代美国人,他们出生在本世纪,经历过战争的磨炼,度过了严酷而艰苦的和平年代,他们为我们古老的传统而自豪,并且不愿目睹也不容许这个国家一直享有的人权逐步受到剥夺……让每一个国家都知道,不管它祝福我们还是诅咒我们,我们都将不惜任何代价,承担任何重任,克服任何困难,支持任何朋友,反对任何敌人,确保自由得以存在与实现……让我们重新开始……双方都应记住,谦恭并非懦弱的象征……如果一个自由社会不能帮助多数穷人,它也就无法拯救少数富人……所以,美国同胞们:不要问你们的国家能为你们做些什么,而要问问你们能为国家做些什么。全世界的公民同胞们:不要问美国愿为你们做些什么,而应问问我们能一起为人类的自由做些什么。

> 如今,美国成为肩负人类命运的国家……一个国家没有通过征服而成为世界领袖,这是前所未有的事情;几千年来,唯有这个国家只追求公正,却得到了权力,想想真令人惊奇。
>
> ——安德烈·马尔罗,
> 法国政治家、文学家,
> 1962年拜访肯尼迪总统时说的话

在1961年1月的那个明媚的下午,希望之声在空气中回荡。肯尼迪注意到,在就职仪式上接受检阅的海岸警卫队中没有黑人军校学员,于是他叫来一位助手,要求他改变这种情况。9月,在海岸警卫队学院里出现了一位黑人教授和几名黑人学员。这位总统打算让这个国家的伟大之处从国内体现出来,他在自己周围聚集了一群被称为"最优秀和最聪明"的男男女女,他期望实现伟大理想。

古巴和冷战

就在举行就职仪式十九天后,肯尼迪总统来到

菲德尔·卡斯特罗和尼基塔·赫鲁晓夫

他父亲位于佛罗里达州棕榈滩的家中,正在游泳池旁边休息。中央情报局的头头展开一张地图,让他观看。那是总统第一次听说这个入侵古巴岛的计划。

一年半之前,古巴落入一个革命政府手中。那个时候,许多古巴人——还有美国人——都充满希望。似乎再没有什么比古巴那个陈旧、腐败的政府更糟糕的了,它让少数人暴富,却让大多数古巴人陷入贫困。新领袖菲德尔·卡斯特罗似乎是一位改革家。他清除了一些腐败现象,改善了学校、医疗保健和种族关系。但是,人们很快就明白过来,古巴人不能自由地反对他或者他的计划,许多人从这个岛屿逃到美国来。这个与俄国有联系的共产主义国家,就在距离美国海岸一百五十公里远的地方,它惊醒了许多美国人。与古巴逃亡者合作的中央情报局相信,如果美国入侵古巴,那里的人民将会起义推翻卡斯特罗。肯尼迪总统不想对共产主义表现得手软,他同意实施中央情报局制定的计划。

然而,中央情报局做事草率,卡斯特罗事先就得知了这个入侵计划。美军在古巴海岸一个叫做猪湾的地方采取军事行动,结果却纰漏百出。卡斯特罗已经准备好对付入侵,古巴人民没有起义,有一百一十四名美国人死去,一千多人被俘。肯尼迪总统接受了人们的指责,他说:"政府打算坦白承认这次过失,因为,正如一位智者所说,'只有当你拒绝纠正的时候,过失才会变成错误'。"总统的声誉迅速高涨。

但是,要让古巴释放战俘,美国必须以食品和医疗物资的形式,支付五千三百万美元的赎金。肯尼迪总统勃然大怒,他让自己的兄弟博比·肯尼迪负责实施"猫鼬行动":美国间谍乘坐直升机和小船潜入古巴,安放炸弹,纵火,并污染甘蔗田。他们试图暗杀卡斯特罗的行动失败,这又是一次惨败。与此同时,全世界的人们都对肯尼迪产生了怀

上图,美国的一架U-2间谍飞机拍下这张照片,上面是苏联在古巴建立的核导弹发射场。下图,1962年10月,肯尼迪宣布封锁所有向古巴运送攻击性武器的船只,俄国会不会让步呢?

> 我们已经布置的导弹足以摧毁纽约、芝加哥和其他大型工业城市,至于华盛顿这样的小村子,就更不在话下了。
>
> ——摘自尼基塔·赫鲁晓夫1970年的回忆录《赫鲁晓夫的记忆》

空间竞赛

1961年4月12日,当尤里·加加林降落到一片草地上的时候,他吓坏了一头奶牛,让两名农场工人大吃一惊。安雅·塔赫塔洛娃问这个穿着橘黄色宇宙服的人是不是从宇宙中掉下来的。"是的,希望你相信这一点,我的确来自宇宙。"那位和蔼的苏联宇航员说道,他拥有一副孩童般的笑脸,很快成为全世界的英雄。事实上,他在一小时四十八分钟的时间里沿着地球轨道转了一圈。

许多美国人对此感到懊恼,俄国人怎么设法做到这一点的呢?为什么不是我们首先进入宇宙?5月25日,肯尼迪总统来到国会,他说:"我相信,这个国家应该致力于实现这个目标,即在60年代结束之前,让一个人登上月球,并且安全地回到地球上来。"这个主意听起来好像是空中楼阁。但是,就在60年代结束前五个月,美国宇航员尼尔·阿姆斯特朗和埃德温·艾德林踏上了月球。他们拍摄照片,收集岩石,树起一面美国国旗,然后安全地回到家里。那是一项惊人的成就。

疑,这个富家子弟是否坚强得足以胜任总统之职呢?

俄国领导人尼基塔·赫鲁晓夫肯定,肯尼迪不能胜任他的工作。赫鲁晓夫相信,美国试图通过军备竞赛胁迫俄国,他对此非常愤怒。说到核弹头,美国对苏联的优势为十七比一,美国设在土耳其的导弹直指俄国。古巴的情况进一步激怒了苏联,赫鲁晓夫决定采取大胆行动。他与卡斯特罗合作,计划在古巴布置导弹,指向美国最重要的城市和军事目标。1962年10月,美国的U-2飞机飞到二十公里高的空中,对古巴岛进行拍摄,照片显示,十六枚弹道导弹已经布置好(中央情报局不知道,那里的导弹不止十六枚——此外还有四万二千名俄国士兵和飞行员)。接着,美国在海上发现一艘俄国潜艇和二十三艘货船,据推测,它们可能是为古巴导弹运送核弹头的。总统该怎么办?他知道,错误的行动可能会引发第三次世界大战。参谋长联席会议想轰炸古巴,肯尼迪说,他不会先动手丢下炸弹,但是,如果美国遭到攻击,他会进行反击。他说:"古巴向西半球的任何国家发射核导弹,都将被视为苏联对美国的攻击,并且需要对苏联进行全面报复,这一点应该成为美国的政策。"

肯尼迪总统的立场十分强硬,他告诉俄国人,必须拆卸那些导弹。他给赫鲁晓夫留出时间来作决定。在私下里,他同意从土耳其拆除威胁俄国的美国导弹。美国军队进入高度戒备状态,五十多架轰炸机飞上天空,每架飞机都携带着热核炸弹。在十三个紧张的日子里,世界屏住呼吸,有些美国人准备好了躲避辐射尘的掩体,并开始囤积供给。对核战争的恐惧广泛传播——这十分合理。然后,俄国船只从大海中央掉转头去。古巴的导弹被拆除和运走,国务卿迪安·腊斯克对一名同僚说:"我们眼珠对眼珠地对峙着,我想对方只是眨了一下眼睛。"

现在,肯尼迪决定让俄国和美国都签订一份条约,同意停止核试验。他知道,没有人会成为核战争的胜利者。苏联一直在进行试验,似乎美国也将被迫继续进行试验。接着,肯尼迪向他的全体美国同胞做了一次演讲,全世界都将听到这次演讲。

让我们重新审视我们对苏联的态度……未来的潮流不是一种单一的信念对世界的征服,而是自由国家和自由人民各种能力的解放。

有些美国人无法想象怎样与俄国相处,肯尼迪说他们别无选择:

有人说,谈论世界和平没有用。我意识到,对和平的追求不如对战争的追求那样引人注目……但是我们再也没有急迫的任务……我们都居住在这个小小的行星上,我们都呼吸着同样的空气,我们都珍惜自己后代的未来,而且我们都终有一死。

几周之后,也就是发生古巴导弹危机一年之后,赫鲁晓夫接受了美国提出的终

两名示威者走过一家实行种族隔离的餐馆(餐馆墙壁上写着"欢迎惠顾"),后面那位举着一块标语牌,上面写着:我能够烹煮食物,但是我却不能吃它。

吉迪恩吹响号角

克拉伦斯·厄尔·吉迪恩遭到逮捕,因为他来到佛罗里达的一家弹子房,破门而入,并且偷窃了一些酒精饮料和现金。吉迪恩有三个孩子,还有一个嗜酒的妻子,在他一生的大部分时间里,曾经多次进监狱。他说他没有罪,但是他没有钱请律师,要求法庭为他提供一名辩护律师。吉迪恩坚持说这是宪法赋予他的权利,不管是对这一信念,还是对正义的热情,他从来没有动摇过。

但是吉迪恩错了。根据1942年最高法院在"贝茨诉布雷迪案"中的裁决,州法院只需在"特殊环境"下为贫困者提供辩护律师。克拉伦斯·吉迪恩没有什么特殊之处,佛罗里达拒绝为他提供一名律师,他必须自己为自己辩护。吉迪恩被判有罪,他从自己的牢房里向最高法院提出上诉。他拿着铅笔,用大写字母在监狱信纸上写信,那种信纸上印着"每周只许写两封信"的字样。吉迪恩的标点和拼写都很独特,但是他信中的意思非常清楚:他相信自己没有受到公正审判。他说,对他的判决触犯了《第十四条宪法修正案》中有关"适当法律程序"的条款。他已经向佛罗里达州高等法院提出人身保护状的上诉,以他受到非法拘禁为由,要求释放他。他的上诉遭到拒绝。

向最高法院上诉必须遵循一套程序。首先,要填写四十页表格,不过法庭对那些难以遵循这套程序的人表示了关注。根据一条联邦法律,允许一类特殊的案件——诉讼救助——绕过许多通常的要求。

1962年,美国法庭审理了一千多万件案子,其中有三十万件向更高一级的法院提出了上诉。1月8日,就在吉迪恩的信件到达华盛顿那天,最高法院还收到另外八封有关诉讼救助的上诉信。

在涉及诉讼救助的案件方面,最高法院十分慷慨。吉迪恩的请求满足基本的要求,通过了普通的法庭筛选程序,但

止核试验条约的计划。肯尼迪说:"这份条约是特意为我们的子孙后代签订的,而他们在华盛顿没有游说者。"

自由降临伯明翰

1960年,《纽约时报》的一名记者在写到阿拉巴马州伯明翰的生活时说道:"白人和黑人仍然在同样的街道上行走,但是他们共享的公共设施差不多只有大街、供水系统和下水道系统。"1962年夏天,伯明翰天气炎热,非常炎热。但是,对白人领袖来说,这似乎算不得什么,他们关闭了市里的所有公共娱乐设施,而不是看着它们废除种族隔离。那意味着六十八座公园、三十八处运动场、六个游泳池和四个高尔夫球场锁上了大门。在伯明翰,不管是善人还是恶人,不管是青年还是老人,不管是白人还是黑人,都不能进入公园,也不能在市里的水池里游泳。对于富人来说,他们拥有私人游泳池和俱乐部,关闭公共娱乐设施没有对他们造成不便;然而,对于大多数普通人而言,他们却无处躲避酷暑。

伯明翰是阿拉巴马州最大的城市,城里也有温和派白人公民。但是南方的温和

是其他许多上诉也通过了。现在的问题是：这九名穿着黑袍的法官(在1962年，他们全都是白人)应该考虑哪个案子？法庭不关心吉迪恩是否有罪，他们想知道的是：这个案子是否能够检验一个本质问题？吉迪恩在其上诉信中写道："问题很简单，我要求法庭为我指定一名辩护律师，但遭到拒绝。"

吉迪恩的案子涉及公正审判的问题以及获得辩护律师的权利；此外这个案子还涉及其他问题，英国、法国或者大多数其他国家的公民都受一套立法机关和司法机关统治，而美国却拥有双重立法机关和双重法院系统。《第六条宪法修正案》是有关"迅速及公开审判"的，它规定被告人应该"由律师协助辩护"。

但是，在撰写宪法的时候，它只涉及联邦的管辖权，而不是各州的管辖权。《第十四条宪法修正案》规定"适当法律程序"的条款是否能让《第六条宪法修正案》的要求适用于各州的案件呢？("任何州不得制定或执行任何剥夺合众国公民特权或豁免权的法律。任何州，如未经适当法律程序，均不得剥夺任何人的生命、自由或财产。")根据"贝茨案"，这一要求不能适用于各州的案子。但是，"贝茨案"的裁决造成了矛盾，这是一个本质问题。

最高法院决定审理吉迪恩的案子。关于此案的细节，你可以阅读安东尼·刘易斯那本卓越的著作《吉迪恩的号角》。刘易斯写道："一次又一次，在对良知进行大量探究之后，法庭庄严地推翻了自己的裁决。克拉伦斯·厄尔·吉迪恩并不知道，他要求得到的是法学史上最伟大的机会之一。他要求最高法院改变判决。"

最高法院指定杰出的华盛顿律师(后来成为最高法院法官)阿贝·福塔斯出庭辩护。法院推翻了"贝茨案"的裁决，规定在州法院中，被控以严重罪行的贫困被告，有权获得辩护律师。那条一致同意的裁决改变了美国的法院审判规程。今天，这个国家三分之二以上的人口都能获得公设辩护律师的服务。(在其他地方，由法官指定私人律师。)克拉伦斯·吉迪恩在佛罗里达受到新的审判，法庭为他指定的律师发现新的证据，推翻了旧的证据，法庭宣告当事人无罪。

派白人和黑人都习惯于保持沉默，也许是因为他们害怕暴徒行动，或者害怕招致某些朋友的反对，或者害怕三K党的暴力。三K党帮助"公牛"尤金·康纳成为伯明翰的公共安全委员(那意味着他是警察头头)。康纳是南方制造的最大的恶棍，此外，他还是毫不妥协的种族主义者。

伯明翰的黑人公民已经开始游行和抗议。他们想进任何餐馆吃饭，上任何学校；他们想去投票选举，想结束种族隔离。他们举行和平示威。

1963年4月，马丁·路德·金已经在阿拉巴马州的一所教堂担任牧师，他也加入了游行队伍。在耶稣受难

1955年，金博士和夫人因为在蒙哥马利组织联合抵制公共汽车而遭到逮捕。金说："不管种族隔离存在于何处，我们都必须愿意全体起来进行勇敢的反抗。这也许意味着蹲监狱。如果情况就是这样，我们必须光荣地挤满南方的监狱。"

消防队员把救火水管转向伯明翰的示威者。一名记者说道:"每一个交流渠道都被种族主义的感情炸药炸得粉碎,鞭子、剃刀、枪支、炸弹、火把、棍棒、小刀、暴民和警察使这种情况更加恶化。"

节那天,他和拉尔夫·阿伯内西牧师率领五十名非洲裔美国人,唱着圣歌,朝伯明翰市政大厅走去,他们直接触犯了一条法院指令。他们唱着"自由降临伯明翰",警察冲进来逮捕了他们,金博士跪下做了一个祈祷,然后他和其他人就被关进了监狱。对一位黑人民权领袖来说,南方监狱可不是什么健康的地方。八位地方神职人员——包括七位基督教牧师和一位犹太教拉比——批评民权示威者,并且质问金博士为何来到伯明翰。他们劝告人们忍耐下去。金博士决定从伯明翰的监狱写一封信,解释民权运动背后的原因。他没有纸张,于是就在一份报纸的空白处和手纸上书写。他这封信是写给那些神职人员的。

> 我来到伯明翰是因为这里存在不公……我不能无所事事地坐在亚特兰大,对伯明翰发生的事情漠不关心。任何地方的不公都对所有地方的公正造成威胁……直接影响某一个人的事情,会间接影响所有人……我愿意成为第一个倡导服从公正法律的人……一个人若是服从于不公正的法律,就必须怀着慈爱,公开地服从,并且乐于接受惩罚……如果一个人违反了一项法律,而良心告诉他,这项法律是不公正的,那么,他乐于接受入狱的惩罚,是为了唤起民众的良心,让他们认识到这是不公正的法律,他这样做实际上表达了对法律的最高敬意。

许多美国白人都在要求黑人"等待",让种族主义暂时继续下去。针对这种观点,金说道:

> 当你们看见警察怀着满腔仇恨,对你们的黑人兄弟姐妹大声辱骂、拳脚相加,残酷无情地对待他们,甚至杀害他们,但却不会因此受到惩罚;当你们看见,在一个富足社会中,两千万黑人兄弟中绝大部分都窒息于紧闭的贫困牢笼;当你们试图对六岁的女儿解释,她为什么不能进入那所刚刚在电视上作广告的公共游乐园,在她得知游乐城不对有色人种的孩子开放后,看着泪水从她小小的眼睛里涌出时,你却突然发现自己的舌头不听使唤,说话结结巴巴……当你的姓氏变成"黑鬼",你的中名变成"小子"(不管你年纪多大)……那么你就会明白,我们难以等待。

1963年5月,在一次大规模逮捕行动中,伯明翰的公共安全委员"公牛"康纳(前面未戴帽子的人)领着一队警官。一年前,在一位新市长当选之后,康纳拒绝辞职。因此,直到1963年5月,在全国种族隔离最严重的伯明翰,人们一直受两个政府统治。

金清楚地说明,他的目标将对整个国家有益:

> 我们将在伯明翰和整个国家实现自由的目标,因为美国的目标就是自由。

与此同时,肯尼迪总统评论说:"美国人站起来争取权利的新方式就是坐着。"不过,肯尼迪却在私下里督促金博士缓和对抗局势。他也要求黑人"要有耐心"。

金博士和其他民权领袖认识到,要引起这个国家的注意,还需要更加惊人的举动。每天都有示威者被投进监狱,而民众的反应却是沉默。也许再来几千名示威者会达到目的,但是,到哪里去找能够游行示威而又不用担心失去工作的黑人呢?突然之间,答案变得一目了然——他们在学校里。

"我们开始组织中学的舞会皇后、篮球明星和橄榄球明星,"基督教南部领袖会议(SCLC)的詹姆斯·贝弗尔牧师说。那些学生领袖又吸引了其他人,"最先作出反应的是少女,大概从十三岁到十八岁。在勇气、自信以及遵循理性和逻辑的能力方面,她们很可能反应更加迅速。对她们来说,非暴力是合乎逻辑的……最后涉足的是中

当电视镜头拍下伯明翰警察纵狗攻击手无寸铁的人们,甚至攻击孩子时,整个国家的电视观众都在恐怖地看着这一切。激进的詹姆斯·贝弗尔牧师说:"我们开设培训班,帮助他们克服对警犬和监狱的恐惧。"

学男生,因为南方暴力的冲击直指黑人男子。"

小学的男孩和女孩也渴望参加游行,民权运动领袖开办培训班,帮助他们应付已知的危险与邪恶。5月初,大约六百名孩子唱着自由之歌,从教堂走出来游行,"公牛"康纳逮捕了所有的孩子。第二天,另外一千名孩子也开始和平游行,其中有一个名叫帕特里夏·金的女孩,她记得当时的情形:"有好几次,在我们游行的时候,人们会出来朝我们扔石块、罐头盒以及各种各样的东西。我害怕自己受伤,但是我仍然愿意参加游行,看到公正得以实现。"

"公牛"康纳出动了警犬。他对新闻媒体解释说:"你唯一需要做的就是告诉他们,你会放出狗来。瞧瞧他们逃跑的样子……我想看到狗发动攻击。"消防队员把水管压力开到大得足以冲掉树皮。遭到水柱攻击的孩子被冲倒在地,哭喊着在大街上翻滚。有三个十来岁的孩子被警犬咬得非常严重,送进了医院(自然是一所黑人医院)。七十二名孩子被塞进了一间用来关押八个囚犯的牢房,他们在里面唱着自由之歌。一位牧师被强大的消防水管冲得撞上了墙壁,一辆救护车把他送到医院。当"公牛"康纳听说这事以后,他说他很遗憾那不是灵车。

当发生所有这一切的时候,电视摄像机记录下了这些画面,全国人民都能从自己的起居室看见。残酷地对待孩子?几乎没有公民见识过南方种族隔离制度下黑人的现实生活,现在他们亲眼看到了。

朝华盛顿前进

1963年,恰逢亚伯拉罕·林肯签署《解放奴隶宣言》一百周年。多年以来,可敬的人权和劳工积极分子A·菲利普·伦道夫一直在谈论,要在首都举行自由集会,也许这能够让非洲裔美国人社团中的各位领袖更加靠近,他们中有些人不同意采用最好的方式来改善美国人权;也许还能够帮助黑人和白人走到一起来;也许能够对国会产生影响,肯尼迪总统已经向国会提交了一份民权法案。举行游行将向国会和总统显示民权运动的重要性。许多人认为,肯尼迪更关注国际事务,而不是国内的不公正问题。当肯尼迪在德国的西柏林发表有关政治自由的演说时,他赢得了全世界的掌声。但是,一些美国人对他那次演讲反应冷淡,他们认为,总统需要解决国内的自由问题。

菲利普·伦道夫已经七十四岁,如果他要组织游行,就得快点动手。事情就这样决定了:8月28日将在华盛顿特区举行争取自由的游行。领导者希望能有十万人参加,游行者将提出四点要求:批准肯尼迪提出的民权法案,年底前取消学校的种族隔离,结束工作歧视,制定职业培训计划。贝亚德·拉斯廷是一位组织奇才,由他负责制定计划。他在华盛顿绿草如茵的草地广场设立了饮水处、急救站和活动厕所;工人们制作了八万份奶酪三明治;电影明星、歌手、中学乐队、传教士和政治家到场演讲和唱歌。参加游行的人将站在林肯纪念堂的台阶上,瞻仰又高又细的华盛顿纪念碑以及国会大厦。两千辆公共汽车和二十一列火车包车朝华盛顿前进了;一名男子带着一面自由标语,踏着旱冰鞋,从芝加哥一路滑行而来;一位八十二岁的老人从俄亥俄州骑自行车来;六万名白人也加入了游行队伍。电视台的工作人员待在高高的华盛顿纪念碑上,他们估计一共有二十五万人参加游行。活动家罗伊·威尔金斯说:"我的朋友们,我们今天来到这里,是为了让美国国会听到我们的声音……我们现在就想获得自由!"那天是一个充满歌声、希望与友善的日子。

终于,快到傍晚的时候,最后一位演说者站到了林肯纪念堂的台阶上,他就是马丁·路德·金博士,他从一个事先预备好的演讲稿开始,郑重而庄严。接着发生了一件事情,他所接受的传道士训练产生了作用。他抛开演讲稿,做了一次发自内心的即兴演讲。"我有一个梦想,"他说道。

> 我梦想有一天……阿拉巴马的黑人男孩和女孩将能与白人男孩和女孩情同骨肉,携手并进……我梦想有一天,我那四个孩子生活的国度,将不再以他们的肤色,而是以他们的品格优劣来评价他们……我梦想有一天,这个国家会站立起来,真正将其信条的真谛付诸实现——我们认为这些真理是不言而喻的:

人人生而平等。今天,我有一个梦想。

他在对着整个国家发表演说,而不仅仅是对那些去华盛顿游行的人:

> 那就让自由之声从新罕布什尔州的巍峨山巅响起来,让自由之声从纽约州的崇山峻岭响起来,让自由之声从宾夕法尼亚州阿勒吉尼山的顶峰响起来,让自由之声从科罗拉多州冰雪覆盖的落基山响起来;让自由之声从加利福尼亚州蜿蜒的山脉响起来。不仅如此,还要让自由之声从佐治亚州的斯通山响起来,让自由之声从田纳西州的卢考特山响起来,让自由之声从密西西比州的每一座丘陵响起来。让自由之声从每一片山坡响起来。
>
> 当发生这些事情的时候,当我们让自由之声响起来,让自由之声从每一个大小村庄、每一个州和每一个城市响起来的时候,我们将能够加速自由之日的到来:那时,上帝的所有儿女,黑人和白人,犹太教徒和非犹太教徒,新教徒和天主教徒,都将手拉着手,唱出那支古老的黑人灵歌:"终于自由啦!终于自由啦!感谢万能的上帝,我们终于自由啦!"

我们一定会胜利,
我们一定会胜利,
我们总有一天会胜利。
哦,在我内心深处,
我坚信
我们总有一天会胜利。

——民权运动圣歌,据说产生于1940年代田纳西州的高地人民间学校,那是黑人纺织工的一个劳工运动营地。

一大群人聚集在草地广场,参加华盛顿游行。"我们将一直前进,直到种族隔离之墙倒塌。"主讲者马丁·路德·金说道,"我们现在已经走得太远,不能回头。"

1963年9月15日,举行华盛顿大游行后不到三个星期,在伯明翰第十六街的浸礼会教堂,当主日学校正在上课时,一枚炸弹

爆炸了,四个小女孩被炸死。女三K党人康妮·林奇说这些小女孩"不是孩子。孩子是小人民,是小人类,那指的是白人"(三十九年之后,实施爆炸的罪犯之一才最终受到审判,并被判决有罪)。

达拉斯之旅

尽管肯尼迪风度翩翩,很受欢迎,他担任总统的时候却十分艰难。国会由北方共和党和南方民主党组成的联盟所控制。他们是作为一个集团而投票的——往往反对任何变革。

肯尼迪有一个社会和经济改革计划,旨在扩大罗斯福的"新政",他把这个计划称为"新边疆"。该计划将扩大公民权,削减税收,改善卫生保健,命令给予妇女平等的工资待遇,拨款援助城市和穷困的农村地区,为劳动者提供培训,提高最低工资。在这些问题上,公众似乎支持肯尼迪,但是,立法获得通过的机会非常渺茫。"当我做国会议员的时候,我没有意识到国会有多重要。但是,现在我知道了。"总统叹息道。然后,到了1963年,政治风向开始转变,肯尼迪希望在1964年的总统竞选中获得连任,现在他得依靠国会支持他的议程了。

但是在得克萨斯却出现了麻烦——政治麻烦,在即将到来的选举中,得克萨斯将具有举足轻重的地位。副总统林登·约翰逊要求肯尼迪前去调解。于是,在11月的一个阳光明媚的日子里,肯尼迪和他的妻子杰奎琳向他们的两个孩子挥手道别,飞往"孤星州"。

起初一切顺利,圣安东尼奥和休斯敦的人群异常热情,令人欢欣鼓舞。在沃斯堡,肯尼迪出人意料地下车走进一个停车场,与许多人握手。他那些热心的追随者激动万分。当总统专机"空军一号"在达拉斯的拉夫机场降落的时候,肯尼迪夫人身穿

上图,肯尼迪在沃斯堡的一个停车场与人们握手。下图,枪击之后,一名特工人员跳上总统专车。一名目击者回忆说:"总统专车里的动静有些不对劲,肯尼迪的身体似乎正朝着一侧倒下。"

粉红套装,头戴着有她签名的筒状女帽走出飞机,接过一束玫瑰和紫菀。数千人前去迎接总统及第一夫人。天气十分晴朗,所以总统豪华轿车的塑料顶篷被取掉了,防弹车窗也摇了下来。得克萨斯州州长约翰·康纳利和他妻子坐在前排,肯尼迪夫妇坐在他们后面。他们沿着最繁忙的街道穿过市区,人群聚集在街道旁边,挥手欢呼。当汽车经过一座七层楼的教科书仓库时,康纳利夫人扭头对总统说:"您不能说达拉斯今天对您不友好!"肯尼迪总统没回答她。

生活在那个时代的大多数美国人,都将在自己的余生中清楚地记得,在1963年11月22日,当他们听到那个消息的时候,他们正待在什么地方。那一天以及此后的许多天,他们将一次又一次地盯着电视屏幕,看着那个车队,总统倒在他妻子怀里,杰奎琳·肯尼迪的套装染上鲜血。

上图,副总统林登·约翰逊正在"空军一号"上,站在身着血染套装的第一夫人旁边,宣誓就任第三十六任总统。右图,约翰·F·肯尼迪之子约翰—约翰,在阿灵顿公墓举行的肯尼迪葬礼上,向他父亲的灵柩敬礼,那天是他的三岁生日。

下午1点,医院宣布约翰·F·肯尼迪死亡,下午2时30分,林登·贝恩斯·约翰逊宣誓成为"空军一号"上的行政首脑。那架飞机载着他和被害的总统回到首都。世界为之泣下。

第十五章 向自由之土前进

林登·贝恩斯·约翰逊身材高大,身高在一米九以上,他有大骨架、大耳朵、大鼻子、大手和大脚。他的嗓门很大,他的"自我"也很大,至于他的雄心——则是大中之大,他雄心勃勃。他不仅想成为总统,还想成为伟大的总统,与华盛顿和林肯平起平坐。不,他还想要更多的东西。他说他想成为"他们中最伟大的人,所有总统中最伟大的一个"。要做到这一点,他有个办法。

约翰逊的根基在得克萨斯,就在奥斯汀附近肮脏的希尔村。当林登还是个孩子的时候,那里十分偏

当林登·约翰逊想引起人们注意的时候,他知道该怎么做。这是他(上图,右边那个人)和最高法院法官阿贝·福塔斯在一起。到1965年,约翰逊总统已经通过国会,推行了《第二十四条宪法修正案》(规定在联邦选举中必须交纳人头税才能获得投票资格的做法是非法的)和《选举权法案》。1966年,为了对三名"自由之夏"民权活动家在两年前被害做出回应,人们组织了"反恐怖游行",黑人和白人游行者正走过密西西比州费拉德尔菲亚的街道(右图)。

林登·贝恩斯·约翰逊行走在政治生涯的道路上:左上图,大约五岁的约翰逊;右上图,在得克萨斯州的科图拉,林登与他教的美籍墨西哥裔孩子在一起。左图,与富兰克林·德拉诺·罗斯福以及得克萨斯州州长詹姆斯·奥尔雷德在一起(稍后,为了突出约翰逊的重要性,往往会把奥尔雷德从照片上涂掉)。

> 当我年轻的时候,我在一所美籍墨西哥裔学校教过书。在那里,我对我们的教育制度中存在于白人与棕色人种之间的歧视和不平等,第一次产生了真切而深刻的印象。
>
> ——林登·约翰逊

僻,没有人家里通电,很少有人用自来水或者室内厕所。在林登上的第一所学校中,所有年级都在一所教室上课,只有一名教师,大多数孩子都光着脚。

林登很聪明——每个人都看得出来——但他是一个桀骜不驯的学生。有时候他表现很好,但是他通常表现很差。他的一个表亲说:"林登总是想做老大。"从林登还是一个小男孩开始,政治就让他着迷。那没什么令人惊讶的,他的母亲是得克萨斯州一名部长的女儿,他的父亲山姆·厄尔利·约翰逊在得克萨斯州议会任职。每个人都知道山姆·厄尔利,他屁股上挂着一把六发式左轮手枪,头上戴着顶牛仔帽。山姆个儿很高,嗓门大,傲慢,有时候还有点吝啬,他的儿子对他十分敬畏。到林登六岁的时候,他就开始参加政治集会,散发传单了。当他十岁的时候,他会和他父亲一起去州议会,"在走廊里坐上几小时,观看楼下的所有活动"。林登知道自己这辈子想做什么,"我就想成为爸爸那个样子,给老年人发退休金。"他告诉一个朋友说。

但是,到林登准备上大学的时候,他的父亲却欠下债务。家里的农场歉收,为了支付上大学的费用,林登借了七十五美元。一年之后,他不得不退学教书,好挣钱完成大学教育。那一年,他教的是美籍墨西哥裔孩子,他见识了真正的贫困——比他所了解的任何事情都要糟糕。

回到大学,林登找到一个运垃圾和打扫卫生的工作。一个朋友在谈到林登时说:"擦洗墙壁时,他冲着墙壁演讲;清除擦鞋垫上的灰尘时,他对着擦鞋垫讲述古人的故事。"他旺盛的精力给所有人留下深刻印象,他似乎从不停止工作。如果要求他做一项工作,他会付出双倍的劳动。"虚度光阴让他痛心。"另一个朋友这样说他。最终,他成为那所学院院长的助手,院长后来笑着告诉他说:"你来到我的办公室还不到一个月,我简直就分不清谁是学院的院长了——是你还是我。"当林登·约翰逊毕业之后,学院院长对他说出了院长们常说的套话:"我预言他将在今后的岁月里成就一番大事业。"但是他并不清楚林登会走向何方。

赛 跑

林登·约翰逊是一位天生的政治家。他第一次当选国会议员的时候,才二十九岁,他就像一个参加竞走比赛的运动员那样出发了。他每天工作十六个小时,做了许多事情,给华盛顿的一些老前辈留下深刻印象,其中一个回忆说:"这位头一次进入国会的议员如此勤勉,如此活跃,如此势不可挡,他一直在我们的走廊上来来往往。"另一个还记得:"这家伙是个很棒的工作人员……除了他的干劲、精力和对每个人都给予帮助外,这个人还很有吸引力。"约翰逊让政府帮助提供经费,在得克萨斯州首府奥斯汀清除贫民窟,建造廉价住所。远在他担任总统之前,他就坚持让墨

> 他就像一股涨潮时的波浪那样前进,他会跨过一道门,然后占据整间屋子。就像这样。他不是个脆弱的人,他丝毫没有脆弱之处。他一直是一个前场的阻挡员,是一个总在奔跑的后卫。
>
> ——民主党参议员、副总统休伯特·汉弗莱

西哥裔和黑人公平分享这些新房屋。他为这个地区争取到经费,帮助农夫从犁耕时代前进到20世纪的机械时代。他还为希尔村带来了电力。二十年后,他说道:"在我做过的所有事情中,给得克萨斯州的希尔村带去能源,是最让我满意的。"1948年,约翰逊竞选美国参议员获胜,四年之后,他在参议院中当选为民主党领袖——对于首次担任参议员的人来说,这是前所未有的事情。

在参议院里刮一阵旋风也不会这么引人注目。当林登·约翰逊源源不断地释放出他的得克萨斯精力时,他往往会得到自己想要的一切。他知道如何操纵,也知

道怎样妥协。在艾森豪威尔担任总统期间,他与共和党密切合作。他让共和党的法案获得通过,他们则帮助他为得克萨斯争取利益。为他作传的罗伯特·卡罗说:"他的独特之处不单表现在他的崛起速度上,还表现在他让参议院运转起来了。"

> 他(约翰逊)非常特别,他尽一切努力显得宽宏大量、和蔼可亲。我几乎要为他感到难过了,因为我知道他为我感到难过。
>
> ——杰奎琳·肯尼迪

19世纪中期,在当时的三位伟大演说家亨利·克莱、丹尼尔·韦伯斯特和约翰·卡尔霍恩的影响下,参议院按照其奠基者预想的那样,在热烈的辩论中运行。但是,从那以后,参议院就变得僵化起来,约翰逊独力使之恢复生机。卡罗说:"他是参议院的主人,这个机构此前从没有主人,而且……此后也再没有主人。"

1960年,当马萨诸塞州参议员约翰·F·肯尼迪竞选总统时,他需要在候选人名单中加入一个南方人,以安抚保守的南方民主党。肯尼迪求助于林登·约翰逊(约翰逊本来希望自己登上最高点)。参议院中最有雄心的人受邀成为美国副总统——这个职位在传统上是没有多少影响力的。约翰逊以前从没有做过二把手,对他而言,这不是一个容易扮演的角色,而肯尼迪在大多数情况下也忽视了他的存在。

与林登·贝恩斯·约翰逊一路同行

像这样子当上总统——通过一次可怕的命运打击,而不是凭借自己的力量——然后领导一个哀悼中的国家,这是约翰逊处理过的最困难的事情。约翰·菲茨杰拉德·肯尼迪生来就富有、英俊、优雅——所有这些都是他的继任者所不具备的。对于自己必须追随的偶像,约翰逊既感到有吸引力,又感到轻蔑。但是,他总是能服从自己的意志,下定决心尊重那位风度翩翩的年轻总统留下的记忆。他将把肯尼迪处理得不太好的事情做好,他打算让国会批准一揽子重要法规。林登·约翰逊已经用自己全部的事业为此做准备,他知道怎样作交易,怎样操纵,怎样施加压力,很少有人能够做到这些。他用那种凶猛的方法,击败自己的对手,或者让他们保持缄默。不久,肯尼迪的计划便顺利通过国会,

林登和夫人伯德,作为一个政治家的年轻妻子,小鸟依人的伯德非常腼腆,她随着时间的流逝而变化。一名助手说她"从一个谦逊、内省的姑娘逐渐成为一个外柔内刚的人"。

约翰逊(持帽者)在得克萨斯州奥斯汀视察"圣丽塔住房计划"。他争取获得联邦投资,建造了这些廉价公寓,他获胜了;奥斯汀是全国首批获得联邦住房局批准,取得公共工程署发放的一种新贷款的五个城市之一。

并且其中还加上了约翰逊的观点。他把这一揽子计划叫做"伟大社会"。

约翰逊设想有一片没有贫穷的土地,那里能让所有孩子都受到良好的教育,让人们生来就可享受医疗保健,让所有人都获得工作和职业培训。如果他能让这一切发生,他知道自己就将成为有史以来最伟大的总统。作为林登·约翰逊,他想获得的东西一点都不能少。他拥有奔流不息的精力让他随意支配。

> 我想做一名帮助穷人找到生活道路的总统,做一名帮助饥饿者填饱肚子的总统,做一名保护每个公民在每次选举中获得投票权的总统。

1964年是所谓的"关键"年份之一。在那一年的头十个月,约翰逊让国会批准了九十部法案,数量惊人。在那个世纪,没有任何事情能与这样的成就相媲美——甚至"新政"也不能与之相比。"起步行动"帮助孩子准备上幼儿园;"工作队"为中途退学的学生找到工作;"上进计划"帮助穷人家的孩子上大学;"邻里青年队"培训没有工作的十几岁的年轻人。"教师队"为学校培训教师;"为美国服务志愿队"资助志愿者;医疗保险制度为老年人提供健康保险;医疗补助计划帮助那些没钱看病的人。贫困的老年人曾经是一个严重的全国性问题,如今已不复存在。经济学家莱斯特·瑟罗得到一项任务,确保这些计划没有一项是对人民施舍现金,它们强调的重点是自助和个人责任。

画家富兰克林·麦克马洪的这幅拼贴画,描绘了林登·B·约翰逊赢得1964年民主党全国会议提名时人们表现出的热情。约翰逊在竞选中尽可能多地与人握手,结果他的手被握肿,出血,不得不包扎起来。

  这个政府现在向美国的贫困无条件宣战……这不是一场短暂或轻松的搏斗,没有任何武器或者策略能单独发生作用,但是我们不取得胜利就决不罢休。

  后来,会有人批评"伟大社会"肆意挥霍,但是,经过深入研究所显示的结果却不是这样。约翰逊设法减轻了赋税,平衡了预算,解决了人权和社会问题。1964年1月,《第二十四条宪法修正案》获得批准,使得通过人头税剥夺任何人的投票权成为非法行为。7月,约翰逊签署一部《民权法案》,禁止在公共场所和劳动就业方面的歧视,非洲裔现在能够合法地住进所有宾馆,也可以在所有餐馆就餐。联邦补助金扩展到了小学和中学,一部自由化移民法获得通过,国家人文基金会也建立起来。

  1964年,约翰逊独立参加总统竞选,他不仅想当选,而且还想获得这个国家有史以来最普遍的投票。他达到了目的,而且还得到一个以民主党为主的国会。但是,他失去了曾经"全体一致"拥护民主党的南方,密西西比州、阿拉巴马州、路易斯安那州、佐治亚州和南卡罗来纳州都投票给共和党。尽管如此,他在这个国家其他地区获得的支持仍然十分惊人,他现在获得了少数总统能够得到的机会,他拥有一个"伟大社会"的设想,他获得了美国公民的支持,他有能力和精力去实施自己的计划。他说,解决贫困问题,"我们的目标不仅是减轻贫困的症状,而且还要把它治愈,从根本上预防贫困。"

总统和国会还通过了另外一部法案,它将在这个世纪末的时候,改变美国的面貌。1965年的《移民与国籍法》确立了新的移民政策,抛弃了以前对北欧人有利的配额,移民建立在对所有民族都平等的基础上。亚洲人、拉丁美洲人和非洲人将很快大量涌入美国,并带来他们的宗教、饮食、音乐和思想。这个国家将既充满竞争,又变得丰富多彩。

为了他的"伟大社会"计划,约翰逊的预算在1964—1965财政年投入了十亿美元,实际支出略多于六亿美元。那一年的财政赤字是未来五年中最低的。我们是富国。国会和总统知道,我们有钱承担那些将为美国繁荣打下更广泛基础的计划。那个繁荣的基础将为美国惊人的生产力提供消费者,似乎每个人都将变得富裕起来,"追求幸福"开始获得具体意义。但是,美国碰到了一个拦路虎——这个伟大的梦想开始陷入混乱。

去到遥远的越南

当我们将一只脚(然后是另一只脚)踏上越南的土地时,我们本是出于最友好的意图。我们正追随法国人——那些老式的帝国主义者为了自己的利益,在他们叫做印度支那(越南、老挝和柬埔寨)的地方进行殖民——但是我们不想要殖民地或者战利品。我们本来想要让世界保持稳定。

越南人想摆脱外国的统治,多年以前,胡志明曾出现在凡尔赛宫的大厅,希望碰到伍德罗·威尔逊,为越南人的自由寻求支持。他没有碰到威尔逊。在第二次世界大战期间,胡志明支持盟军。1945年,当他在二战结束后宣布越南独立时,他引用了美国《独立宣言》中的话。然后他就到莫斯科去接受训练,他最终获得帮助——从共产主义中国和苏俄。

胡志明

胡志明是一个共产主义者,但他也是一个独立自主、具有强烈爱国心的人。我们以为,所有的共产主义者都结成了一个紧密的联盟,不久就会在中国的帮助之下出现一个统一的越南。我们没有考虑到中越两国历史上的敌对状态。我们的专家说,如果越南成为共产主义国家,该地区的所有

1972年,美联社的一位摄影师拍下了越战中最著名的一张照片:一架南越飞机参与进攻一个被怀疑是越共藏身之处的地方,意外地把凝固汽油弹投到了长鹏的南越军队和平民中,这个小女孩在逃离着火的学校时,脱掉了身上燃烧着的衣服。

其他国家也会紧随其后,像倒塌的多米诺骨牌一样连成一排。我们相信了专家的话。此外,在美国,如果谁看起来"对共产主义手软",那简直不啻于政治自杀。人们认为这个世界被分成了两个超级大国,任何一方的收获,都会被看作是另外一方的直接损失。因此,这片土地以前对我们无足轻重,但是却变得对我们的未来十分重要。

与此同时,越南人正试图赶走他们痛恨的法国人,法国人在第二次世界大战期间逃离越南(或与日本合作),然后又回来控制了越南。杜鲁门送去金钱和顾问,支持法国政权。我们无意自己占领越南,我们还要求法国制定计划,好让越南最终获得自治。杜鲁门的注意力集中在欧洲,不想让法国不满并把这个地区搞得一团混乱。另一种选择是让共产主义者胡志明掌权,这似乎不可接受。艾森豪威尔增加了援助,最终为法国提供了百分之八十的军费资助。但是战争局势恶化,1954年,法军在奠边府决战中被分割包围,被迫投降。为了决定越南的命运,在日内瓦召开了一次国际会议。我们没有正式参加会议,但是我们的国务卿约翰·福斯特·杜勒斯来到那里,并且有意拒绝与中国总理周恩来握手,这明显表现出杜勒斯的轻蔑。这次会议把越南分成南北两半,就像分割朝鲜一样。胡志明是北方的领袖,南方的领袖与西方国家有联系。日内瓦的外交官没有理解,越南不是朝鲜,越南的水稻产地在南方,胡志明的北越被切断了食品供应,只得向俄国和中国寻求粮食和军事援助。

在杜鲁门和艾森豪威尔担任总统期间,尤其是在肯尼迪担任总统期间,我们为越南内战提供资助。我们支持越南的腐败官员,却没有支持日内瓦协议提倡的自由选举,因为我们知道胡志明会赢得选举。我们心头萦绕着共产主义的幽灵,似乎不再相信自己的制度。在我们的国家,人们拥有自治的自由,但是我们没有传播这样的成就。

当林登·约翰逊成为美国总统后,他的军事领导人催促他直接投入军队,参加越南战争。他们相信,在我们强大的军事力量打击下,这个落后的国家很容易崩溃。约翰逊有点迟疑,但是他不想显得对共产主义手软。于是,1964年8月,一艘美国驱逐舰在北越的东京湾卷入一次小事件,随后约翰逊获得国会授权,可使用"一切必要的手段,击退针对美国武装部队的武力进攻,阻止进一步侵略"。这将为此后发生的所有事情提供合法基础,美国从没有正式宣战。

1965年,我们开始轰炸北越,我们还将派遣五十多万美国人,到这个遥远的国家去战斗,会有五万八千多人战死。

这是世界上最强大的国家和一个农业小国之间的战争,前者使用了炸弹和火箭弹,后者却依靠水牛和赤脚背夫。老年男女沿着林间小道,为游击队战士背送弹药,这样一支军队怎么能够击败由直升机运送供给的现代化军队呢?美国的军事领导人也许应该明白这一点——如果他们

到1971年,当漫画家戴维·莱文画出这幅《盲人领导盲人》的漫画时,已经有四个总统发现自己越来越深地陷入越战的泥潭之中。

还记得北美洲那十三个讨厌的殖民地也曾击败世界上最强大的军事力量。我们的军事家不断告诉总统,如果我们再送去几千名士兵和炸弹,就能结束战争。然而,到战争结束的时候,我们在小小的越南投下的炸弹,比我们整个二战期间投在德国和日本的还要多。

1966年,苏联问题专家乔治·K·凯南被叫到参议院的对外关系委员会去,举行关于越战的听证会。凯南对这场战争持批评态度,他向参议员们引用了约翰·昆西·亚当斯的话。亚当斯在外交政策上的才智,也许比任何其他总统都高,他在1821年说过,不管在什么地方,美国都总是站在自由人民一边;"但是她不会到国外去搜寻魔鬼加以摧毁"。至于促进其他地方的自由,亚当斯认为:"她将用自己的支持意见,以自己仁慈怜悯的榜样,推荐(自由的)一般理想。"否则,美国"就会连累自己,无力摆脱"。他说,美国能够"成为世界的女独裁者,但那样一来,她就再也不会成为自己的精神统

治者了"。

这些话本是针对越战的一席忠告,但是它来得太晚了——另外,谁会注意一个死去很久的总统说的话呢?

我们卷入越南纷争长达三十年,我们似乎已无力摆脱,而且我们从未理解越南人。

约翰逊总统老是说我们正在赢得战争——我们的确在打胜仗。不过,人民能够亲眼看到战争了,这是前所未有的事情。他们起居室里的电视屏幕上,出现了美国士兵、越南士兵和平民被打死的画面。越战继续再继续,成为美国历史上最长的战争。就像美国内战那样,它使这个国家产生分化。它让美国人对政府感到愤怒,表示讥诮,并失去了对政府的信任。战争花去很多钱,这些钱本应该投入到教育、美化环境和建设中去,但却被用来制造手榴弹、火箭发射器、凝固汽油弹以及化学武器——例如"橙色剂",它能让热带原始森林的树叶脱落。但是,即便如此,我们仍然不能击败越南人。

这是一场自由之战——但不是为了我们的自由。越南人想摆脱外国统治,他们想选择自己的领导人,他们甚至想获得作出错误决策的自由。

一种不同的战斗

回到1964年,牧师马丁·路德·金博士刚刚获得诺贝尔和平奖。那年他三十五岁,是该奖项最年轻的获得者。挪威议会主席说金博士是"西方世界第一个向我们表明不使用暴力也能进行斗争的人"。当挪威学生唱起《我们一定会胜利》的时候,金知道,他所传递的信息,已经成为一种全球的自由语言的一部分。金从奥斯陆前往英格兰,成为第一个在圣保罗教堂布道的非英国国教牧师。

金回到美国后不久,就再次被捕入狱——因为他在一个南方城市游行,试图让黑人公民获得投票权。约翰逊总统的《民权法案》允许非洲裔按自己的意愿入住任何宾馆,可以在公共汽车上坐在他们想坐的地方,也能够在任何餐馆就餐。然而这些都要国会采取行动才能实现,真是令人震惊。不过,这项法案仍然是一个巨大成就。但是,它却没有解决投票的问题。在大部分南方地区,黑人仍然不能投票,那些试图投票的黑人往往会遭到殴打,或者丢掉工作,甚至受到谋杀。

《权利法案》保证公民享有言论自由、宗教自由以及携带枪支的权利,但却没有说到投票权。在这个国家的奠基者中,很少有人相信普遍投票。最初的投票者仅限于白人男子——而且并非所有白人男子,通常只意味着他们中拥有财产、受过教育的人。《第十五条宪法修正案》把投票权扩大到所有"公民",那意味着所有男性。《第十九条宪法修正案》给妇女带来投票权(1971年,《第二十六条宪法修正案》将让年龄达到十八岁的公民获得投票权)。到1964年,南方的黑人已经那么长时间没有投过

修补言论自由权

玛丽·贝思·廷克十三岁,她和朋友克里斯托弗·埃克德、她的兄弟约翰·廷克戴着黑色臂章,来到他们位于得梅因的学校。那是1965年,这是他们抗议美国卷入越战的一种方式。校长(他在两天前宣布,禁止佩戴抗议臂章)让这三名学生取下臂章。玛丽·贝思拒绝那么做。她认为《第一条宪法修正案》赋予自己的权利受到侵犯,因为臂章是言论的一种形式——象征性的言论。学校让玛丽停学,她父母为此提出起诉,这个案子被称为"廷克诉得梅因独立学区案",上诉到了最高法院。1969年,该法院在此案的裁决中说:学校官员对其学生不拥有绝对权威。学生在学校内外都是宪法保护下的"人","他们拥有的基本权利必须得到各州尊重,就像他们……必须尊重州里赋予他们的义务

玛丽·贝思·廷克和约翰·廷克手持臂章,这个臂章让他们把官司打到了最高法院。

一样。"

最高法院的观点很重要,它说,学生们安静地佩戴臂章,并不会导致混乱,也不会扰乱学校的工作或者侵犯别人的权利,更没有暴力威胁或行动。学校的官员担心,一些不受欢迎的观点会导致骚乱。最高法院说,保护不受欢迎的观点,是我们生活在一个自由社会中所付出的一部分代价。

法院注意到,同样是这些学校官员,却允许其他政治符号存在于校园内,例如总统竞选徽章,甚至象征纳粹的铁十字勋章,但是,只有抗议越战的黑臂章受到他们挑剔。最高法院说,学生和教师不能"在校舍大门口放弃宪法赋予他们的言论和表达自由的权利。州办学校不应当处于极权主义包围之中……学生不应当被视为闭合的容器,只按照州里的选择接受信息"。但雨果·布莱克法官强烈反对最高法院的裁决,宣称学校官员比联邦法官更明白应该怎样管理学校。

后来,在1986年的"贝塞尔学区403号诉弗雷泽案"中,最高法院同意学校控制那些与道德价值观和公民道德不一致的"下流言论"。有些人认为这两份裁决中存在不一致之处。在培养学生的道德价值观方面,学校应该扮演什么角色?学校对学生表达自由(例如在校报或者集会中)的控制权有多大?

票,很少有人理解宪法赋予他们的权利。刚刚通过的《第二十四条宪法修正案》给予他们合法的力量,反对人头税和其他投票障碍。民权工作者认为,现在是让黑人投票的最好时机。

1964年夏天被称为"自由之夏"。大学的学生被招募到南方去给非洲裔美国人作选举登记,他们中有六百人顺着前往密西西比州的道路前进。自从20世纪初以来,非洲裔美国人就没有投过票。"种族平等大会"在梅里迪恩开设了一个办事

处,两个年轻人从那里前往五十六公里外的锡安山卫理公会派教堂。在锡安山,他们谈到了种族平等大会的黑人选举权计划。这两名青年,一个是二十四岁的米基·施文内,他欢快、健谈,是来自纽约城的白人社会工作者,他的妻子正在给缝纫班上课,那是"自由之夏"计划的一部分;另一个是二十岁的詹姆斯·钱尼,他安静、细心,来自梅里迪恩。几天之后,一群三K党人来到锡安山找施文内。他们中有一个山姆·鲍尔斯,是附属于三K党的"白骑士"组织的重要成员,他把施文内列入清除者名单。三K党人没有找到施文内,暴跳如雷,他们殴打那些去教堂做礼拜的人,并把教堂烧毁。

几天之后,施文内、钱尼和另一位"自由之夏"的工作者——二十岁的纽约大学生安德鲁·古德曼一起,驾车回到锡安山,设法调查殴打和教堂纵火事件,然后他们便失踪了。全国性的报纸在头条新闻中刊登了他们的故事。他们到哪里去了?密西西比州州长保罗·约翰逊说,这一切只是一个玩笑,三个青年从没有去过那里。约翰逊总统派出联邦调查局,给出大笔悬赏,后来从一个人造水坝下挖出了三具尸体。

每个人都认识犯罪的三K党人。在密西西比州,白人不会因为杀害黑人而获罪,因此,那里的治安官及其副手以及州里的一些巡逻警官,到处吹嘘他们杀害这三名青年的事情。但是时代在变化,四年之后,治安官劳伦斯·雷尼和另外十八个人被带上法庭。在一张照片上,雷尼脸颊里有一个像是高尔夫球的东西,那是一团"红人"牌嚼烟;从一只牛仔靴上伸出一条毛茸茸的大腿,架了个二郎腿。他周围的人都在咧嘴大笑。雷尼很自信,尽管人人都知道他有罪,他却有不在现场的证据,并以此说服法官。七个白人被判有罪,副治安官塞西尔·普赖斯和另一个三K党人获得了最严厉的判决:六年监禁。法官说:"他们杀死了一名黑人、一名犹太人和一名白人,我给了他们应得的惩罚。"

施文内和古德曼的家人提出要求,让他们的儿子与詹姆斯·钱尼埋葬在一起。但那是不可能的,州法律规定对墓地实现种族隔离。

塞尔马

第二年,也就是1965年,选举登记活动转移到阿拉巴马州的塞尔马。塞尔马拥有三万人口,位于阿拉巴马河畔,是"旧南方"盛产棉花的城市,其居民中有一半以上都是非洲裔。骡子拉着棉花,仍然在塞尔马满是尘土的大街上奔跑。在内战之前,城里有一座建筑,专门用来关押等待拍卖的奴隶,有时能够关押五百人。内战期间,塞尔马是南部邦联的一个军火库。在1960年代,城里黑人居住区的街道是红土地面,而白人居住区的街道则铺砌着路面。塞尔马是"公牛"康纳的出生地。

左图,密西西比州费拉德尔菲亚附近,发现詹姆斯·钱尼、米歇尔·施文内和安德鲁·古德曼尸体的地方,他们在1964年6月22日失踪,在8月4日被找到。右图,在听说有些人因为与这次谋杀有关而被逮捕之后,马丁·路德·金手举三名受害者的照片。

塞尔马黑人社团的领袖们邀请金博士以及他现在领导的"南方基督教领袖协会"前往那里。当金博士他们到达的时候,学生非暴力协调委员会(SNCC)的工作者已经来到塞尔马一年多了。他们已经让登记的黑人选民人数增加了一倍,达到三百三十三人,约占合格选民的五十分之一。学生非暴力协调委员会的少数成员不高兴金博士来到塞尔马,他们想继续负责这里的事情。不过,他们的主席约翰·刘易斯并不是这少数人之一,金博士的到来让他感到激动,塞尔马的大多数黑人公民也是如此。

达拉斯县的治安官吉姆·克拉克可不觉得激动——他感到愤怒。克拉克是一个粗鲁、吵闹的白人,穿着军用夹克,提着一根警棍。他仇恨黑人,对此直言不讳。克拉克让塞尔马的上流白人家庭感到尴尬,但不管怎样,他还是被选为治安官(如果黑人公民投票,他根本就不会当选)。

一群人游行来到县政府大楼,试图进行选举登记。克拉克治安官让他们站在一条通道里。学生非暴力协调委员会的工作者设法为他们送去三明治和水,结果却遭到警棍殴打。为此,一百多名黑人教师举行游行示威。教师们通常会避开冲突,但是这次他们没有避开——他们想去投票。教师游行是真正的转折点,弗雷德里克·里斯牧师说:"企业主组成一个组,然后开始游行;美容师组成一个组,也开始游行。在教师举行游行之后,每个人都开始游行了。"

金博士在布朗小教堂发表演说,他呼吁道:"把投票权给我们。"然后马丁·路德·

金便率领二百五十位公民前往县政府大楼,他们想登记投票,结果却被投进监狱。五百名孩子游行声援他们,孩子们也被捕入狱。晚上的电视新闻报道了这一切。金从狱中写了一封信,他说:"这是阿拉巴马州的塞尔马,和我一起被关进监狱的黑人,比投票名单上的还要多。"十五名国会议员来到塞尔马,他们宣布"有必要成立新的立法机关"。约翰逊总统举行记者招待会,他说:"当一名美国人被剥夺了投票权的时候,所有美国人都应该感到愤怒。"

> 我认为,种族隔离存在于今天,也存在于明天,种族隔离将永远存在!
>
> ——阿拉巴马州州长
> 乔治·华莱士

塞尔马的紧张状态非常明显,任何与游行有联系的人,都有可能遭到粗暴对待和殴打,大部分殴打都是警察、州骑警和克拉克治安官所为。当八十二岁的凯吉尔·李正在游行的时候,一名州骑警用鞭子抽打他,直到把他打得鲜血淋漓。凯吉尔的外孙吉米·李·杰克逊把外祖父背进一家咖啡馆,但是那些骑警仍不罢休,他们冲进咖啡馆,一名骑警殴打吉米的母亲,另一名骑警朝吉米肚子上开枪射击,七天之后,吉米伤重而死。这太过分了,现在什么也不能阻止民权工作者了。"我们下定决心,要么让自己遭到杀害,要么让自己获得自由。"一名工作者说道。这次谋杀也让塞尔马的一些白人公民无法忍受,七十名白人怀着同情心,游行前往县政府。一位白人牧师说:

活跃在1960年代的最重要的人权组织徽章,从左上图起,按顺时针方向依次为:学生非暴力协调委员会(SNCC)、全国种族平等协会(CORE)、南方基督教领袖协会(SCLC)和全国有色人种协进会(NAACP)。

> 阿拉巴马州仍有一些县没让黑人登记投票,我们认为这是令人震惊的不公正行为……警察试图驱散美国公民举行的和平集会和游行……他们的残酷方法……让我们感到恐怖。

1965年3月7日,六百名男女老少从塞尔马步行出发,前往八十六公里外的阿拉巴马州首府蒙哥马利。他们打算去见州长乔治·华莱士,要求他保障所有阿拉巴马州公民的投票权。金博士没有和他们一起去,总统担心华莱士州长的反应,希望缓和这次行动,他要求金博士离开。现在,由年轻的领袖霍齐亚·威廉斯负责这次游行。

马尔科姆·X

科雷塔·斯科特·金到监狱中探望她的丈夫马丁·路德·金,给他带来马尔科姆·X的口信,马尔科姆已经来到塞尔马。马尔科姆一直以他的战斗精神激励着城市的听众,现在受学生非暴力协调委员会领袖之邀,来到塞尔马。这些领袖中,有一些人对更保守的南方基督教领袖协会不满。金出生于一个相对享有特权的阶层(他的父亲是一位著名的牧师),而马尔科姆却是贫民区的孩子,他在毕业之前就退了学,成了小偷和毒品贩子,并蹲过监狱。他的生活方向就是在监狱中发生了转变。

马尔科姆从监狱学校里获得一本词典,他从第一页开始,把每一个单词都仔细地抄写在一个本子上。"一页接一页,我不仅学会了单词,也了解了历史上的人物、地点和事件。"随着他词汇量的增加,他对语言的把握以及他的自信心也在增长。他成为一名优秀的演说家和全美伊斯兰联盟("黑人穆斯林")的领袖,他主张黑人为自己的黑皮肤和非洲祖先而自豪。至于非暴力,他对该运动和金都持批评态度。他告诉科雷塔:"我想让金博士知道,我来塞尔马不是给他的工作增加困难。如果白人知道另一种选择是什么,他们也许更愿意接受金博士的观点。"马尔科姆在布朗小教堂对一群听众演讲说:"白人应该感谢金博士控制了人们的冲动,因为其他人并不相信这些(非暴力)手段。"

马尔科姆曾经去过穆斯林世界的中心——位于沙特阿拉伯的麦加,他在那里皈依为保守的穆斯林。那次经历深深地感动了他,使他改变了某些想法。马尔科姆现在已经和"黑人穆斯林"决裂,因为后者认为,一个种族融合的公平社会是不可能实现的,他们想让白人和黑人各自生活在自己的圈子里。这仍然是"隔离但平等"的观念,只不过这次是从黑人的角度提出来的。马尔科姆不再支持引发分裂的仇恨,他在仔细思考使用暴力的问题。他对一名记者讲述自己的转变时说道:

> 我很高兴自己摆脱了早期的病态和疯狂,现在应该是殉道者的年代,如果我将成为其中之一,那也是出于兄弟情谊的原因。这是拯救这个国家的唯一途径,我以痛苦的方式明白了这一点——但是我已经明白了。

在马尔科姆·X的塞尔马之行两个半星期后,他真的成了殉道者——被"黑人穆斯林"杀害,他一度允许使用暴力,现在却成为暴力的受害者。

游行从一个祈祷开始,然后每个人都出发,一边走一边唱歌。他们从布朗小教堂走过六个街区,来到跨越阿拉巴马河的埃德蒙德·佩特斯大桥。游行者顺着大桥一侧的斜坡,爬到桥面上,他们被眼前的情景惊呆了:乔治·华莱士的州骑警在前面排成行,提着赶牛的粗鞭子和短警棒,所有骑警都戴着安全帽,许多人还戴着防毒面具。骑警的方队朝着游行者移动,他们投掷催泪弹。游行者中有一名九岁的小女孩谢延·韦布,她回忆当时的情景说:

1965年,马丁·路德·金博士在阿拉巴马州塞尔马的布朗小教堂发表演说:"我们现在已经行动起来,那就让我们在投票箱上……继续获胜和游行,直到我们国家的华莱士们,全都哆哆嗦嗦地默默离开。"

人们都在四处奔逃,有的摔倒在地,有的迅速躲藏起来,你能够听到挥动鞭子和抽打人群的声音。我试图尽快跑回家去,霍齐亚·威廉斯把我抱起来,我告诉他把我放下,他跑得不够快。

不过,有种新事物来到了这个偏僻的南方城市:电视报道。电视摄像组录下了这些举动。在那个被称为"血腥星期日"的日子,全国的电视台都中断了正常的节目,播出马背上的警察用警棍抽打和平游行者的场面。塞尔马的市长说:"这看起来像是战争,整个国家的愤怒都冲着我们倾泻而下。"

四十八小时之后,马丁·路德·金回到塞尔马,他已经给一些著名的神职人员发出电报,让他们参加自己组织的牧师游行,前往蒙哥马利。他们怀着不同的信仰从各地赶来:银须冉冉的亚伯拉罕·赫谢尔拉比来自犹太教神学院,世界领袖拉尔夫·邦齐来自联合国,一神教派牧师詹姆斯·里布来自波士顿。里布和其他一些人在塞尔马的一家黑人小餐馆吃饭,他在离开的时候被刺死。约翰逊总统和整个国家对此感到十分震惊,觉得难以置信:

有时候,在人类无止境地追求自由的过程中,历史和命运会在同一处相遇,形成一个转折点。于是,转折点便出现在列克星敦和康科德,出现在一个世纪之前的阿波马托克斯,出现在上周阿拉巴马州的塞尔马。

总统宣布,他将要向国会提出一部选举权法案,并且催促国会尽快通过。他在一次国会联席会议上讲道,"一个国家愤怒的良心"要求这样的法案。"拒绝把投票权赋予你们的任何美国同胞都是错误的——极端错误。"他对以前的一个同事说道,尖锐地指责那些来自南方的人。有七千万人听到约翰逊总统在电视上说:

> 不单是黑人,我们所有人真的都必须克服顽固而不公正的跛脚传统。

总统用人权运动主题歌的歌词结束他的讲话:"我们一定会胜利。"

后来,有人记得和金博士一起听总统演讲时,金感到震惊的情景。"我们都坐在一起,马丁非常安静地坐在椅子上,一滴泪水流下他的脸颊。"

◆

上图:在从塞尔马到蒙哥马利游行的途中,人们经过一个手持内战时期南部邦联国旗的年轻人。下图:塞尔马的两个警官拖着威利·劳伦斯·麦克雷离开他被捕的现场,麦克雷是一名学生,他因为"阻塞人行道"和"不服从警官命令"而遭到逮捕。

> 任何民防团都别想让我回头,勇往直前,勇于直言,向自由之土前进。
>
> ——塞尔马至蒙哥马利的
>   游行者所唱的圣歌

总统演讲六天之后,四千人——包括黑人和白人——从塞尔马的埃德蒙德·佩特斯大桥游行到阿拉巴马州首府蒙哥马利,他们夜晚在外面宿营,演唱自由歌曲。这次国民警卫队保护着他们。到他们抵达首府的时候,有两万五千人加入游行。罗莎·帕克斯也在其中,游行队伍中还有很多人曾在十年前参加联合抵制,那时他们宁愿冒着严寒酷暑步行,也不愿意搭乘蒙哥马利实行种族隔离的公共汽车。那时马丁·路德·金还是一位不为人知的牧师,现在他已经闻名全世界。他说:"我们现在已经行动起来,那就让我们在投票箱上……继续获胜和游行,直到我们国家的华莱士们,全都哆哆嗦嗦地默默离开。"

1965年8月,总统签署了《选举权法案》。在密西西比州,参加投票登记的黑人的比例,在1964年还不足百分之十,1968年就增长到差不多百分之六十。约翰逊总统致力于人权运动,但他也是一个十足的政治家。他知道,自己有关民权的立法会让他失去白人选票,他需要黑人到投票站去把选票投给他。

"事业"

门多萨家的露西亚和玛丽亚分别为十八岁和十七岁,凌晨两点,她们从床上爬起来,在黑暗中穿好衣服,她们家用土砖砌成的房子里有一间厨房,两人在里面准备了一些玉米卷和苏打汽水当午餐,又在一个热水瓶里装满热汤,然后便叫醒她们的父亲和弟弟。不久,四个人便朝北方的美墨边境走去,前往加利福尼亚采收生菜。他们每个人都期望着在那个星期二挣十六美元,钱不算多,但是已经比他们在家里挣得多了。他们使用的工具是短柄锄头,这会让他们干活时整天弯着腰。天气酷热,地里灰尘很多,工作非常劳累。

这些墨西哥农业工人是合法地进入美国的,那里需要他们去收获养活整个国家的农作物。不过有些墨西哥农业工人会非法地停留在美国,已经有成千上万的人那么做了。在这些非法移民中,大多数人几乎没受过什么教育,也没有什么具有竞争力的工作技能。他们居住在拥挤的城市贫民窟里,他们的孩子去上学,许多人都需要职业培训和其他帮助,所有这些都需要花费纳税人的钱。有些美国人憎恨他们,很多美国人说,墨西哥人抢走了美国公民的饭碗——不过农场主需要他们,因为他们的工资比美国人低。

门多萨一家越过国界线,把车泊好,然后步行到一个雇用农业工人的地方。凌晨三点半,他们登上一辆又旧又破的巴士,坐到司机后面,汽车朝着北面的生菜地开去。大多数乘客都想睡一会儿觉,他们知道车子要开很远的路,天还没亮。后来,一名乘客记得司机把车开得飞快,车子在一个拐弯处飞出公路,撞上一道沟渠一侧的堤岸,然后跳起来,继续往前冲向另一侧堤岸,卡在狭窄的水道里。破车里面的所有座位都从底座上甩了出去,血肉与扭曲的金属和破碎的玻璃混在一起,四处飞溅。

十九名乘客被困在汽车底部,在七八十厘米深的水里淹死了,门多萨一家四口也在其中。

露西亚、玛丽亚和其他死者躺在黑暗的棺材里,塞萨尔·查维斯为他们哭泣。查维斯是一名墨西哥裔美国人,每个人都认识他,他是农场工人联合会的领袖。人们想听听查维斯会说什么,他用西班牙语告诉听众:

> 之所以发生这场悲剧,是因为贪婪的大农场主不关心工人的安全,当他们用有轮子的棺材把工人们运到地里去的时候,便将工人们暴露在了严重的危险之中。工人们很久以前就认识到,农场主和包工头对任何工人的个人生命价值几乎都毫不在意。货车和巴士都十分陈旧,极不安全,地里还喷过农药。虽有法律存在,却根本得不到实施。那些工人收获农作物供我们食用,我们什么时候才能重视他们的存在?

右图,劳工组织者塞萨尔·查维斯。下图,流动工人的孩子们在玩弹球,而他们的父母正在地里劳动。随着农作物收获季节而流动,使得这些孩子经常变换学校,他们的学习十分艰难。

查维斯了解收获农作物的一切事情,他自己也曾经做过流动工人,从菜豆田到核桃林到葡萄园,随着各种农产品的收获季节移动。那意味着得居住在帐篷里,或

者住在任何能够找到的房子中。当查维斯还是个孩子的时候,这意味着他常常得随着采摘地点的变化,从一所学校转到另一所学校,意味着他有时候没有鞋穿,也没有盥洗室可用。当查维斯上完八年级毕业的时候,他已经上过三十八所学校了。

查维斯举止文雅,不引人注意,不过,当他有工作的时候,他会仔细做好工作。他值得信赖,也很诚实,人们需要帮助时便求助于他。弗雷德·罗斯是一个社会公益组织的成员,他来到加利福尼亚州,试图帮助穷苦的农场工人。罗斯听人说起过查维斯,便给他在社区服务组织(CSO)找了份工作。不久,查维斯便开始帮助农场工人寻找住所、医疗保健、食品和法律帮助,他让工人参加选举登记,然后就考虑为农场工人建立工会。要组织农业劳动者可不容易,他们和工厂雇员不同,他们并不是所有人都在一个地方一起工作。加利福尼亚的农场工人在分布于该州各地的数千家农场工作,许多农场主占他们的便宜,付给他们很少的工资(有时还欺骗他们),忽视危险的工作环境,甚至不顾违法,让他们的

孩子也去工作。

塞萨尔·查维斯有妻子和八个孩子,还有那份社区服务组织的稳定工作。不过,当他告诉妻子海伦,自己想辞去这份工作,建立一个工会的时候,海伦同意了。她知道,如果"事业"获得成功,就能够帮助数百万人。那是1962年,查维斯开始奔走于各个农场之间,与工人们交谈。三年之后,他的"农场工人联合会"投票,同意与菲律宾裔工人一起举行罢工,反对葡萄园主。他们拒绝采摘葡萄,直到提高他们的工资,改善他们的工作环境。农场主们让"工人兄弟会"召来工贼代替他们,查维斯劝说一些工贼与他一起罢工。无人采摘的葡萄开始腐烂,农场主们袭击和殴打工会成员,警察则帮助农场主。

塞萨尔·查维斯受甘地、马丁·路德·金以及他自己虔诚的天主教教义启发,坚持让农场工人用和平的游行和祈祷来进行斗争。他告诉工人们,非暴力比暴力更需要勇气。就像金博士那样,他相信积极的基督教,不过他需要把全国的

1930年代,摄影师多萝西亚·兰格为加利福尼亚的流动工人拍了很多照片,就像这张照片上的一家人一样,他们被迫住在自己的汽车上。到了1960年代,当塞萨尔·查维斯为了改善条件而发起运动的时候,这些工人的生活差不多仍然是老样子。

注意力都吸引到"事业"上来。举行一次长达四百八十公里的游行,穿越加利福尼亚,这也许能够引起人们注意。他邀请大学生和宗教领袖与农场工人一起游行。每天晚上,电视都播放"事业"和农场工人所面临的境遇。少数农场主与工会(更名为"农业工人联合会",简称UFW)签订合同。查维斯要求全美国的人民,不要购买加利福尼亚种植的葡萄。但是,联合抵制进展缓慢,他的一些工会成员不耐烦了。就像甘地一样,查维斯决定举行绝食抗议。在二十五天时间里,他什么都不吃,媒体跟踪报道他的绝食。最后,二十六个农场主与工会签订合同,塞萨尔·查维斯这才开始吃东西。

解放半个世界

如果女性服从于男性,这个世界会以最佳状态运转。老生常谈?人们是否真的相信这个?是的,他们相信。在1970年代以前,到职业阶梯的上层搜寻女性——医生、律师、参议员、总统、科学家和教授,你也许能够找到一两个,但是几乎没有

女性掌握实权。民权和反战斗争揭示，在种族和军事力量运用方面，传统观念是十分浅薄的。传统的性别角色会不会也是主要基于顽固的习俗而非其他因素？1963年，当作家贝蒂·弗里丹出版她那本奠基之作《女性的奥秘》时，这本书得到公众接受，售出了一百多万册。

弗里丹的基本主题是，所有人——包括女性——都拥有发展其潜能的天赋权利，这一主题引起读者共鸣。此外，女性世界的人口统计数字也在变化，弗里丹主要讲述的是郊区妇女，她们或许没有工作，但是其他许多女性却在工作。在二战期间，大约六百五十万此前从未工作过的女性出来工作了。男人在打仗，生产线上需要女人。许多妇女发现自己喜欢工作，有些则是别无选择，还有一些妇女一直都在工作。威廉·H·切弗说："到了1960年，夫妻双方都出去工作的家庭有一千万个(比1940年增加百分之三百三十三)。"

但是，人们的态度很难改变，职业女性比男性的收入低很多，她们也得不到有威望的职位。许多女性都是教师，但女性却并不是学校的负责人。许多女性做护士，但是做医生的很少。社会不允许女性接受培训而成为飞行员、汽车司机、技工或者警官。类似于建筑、法律、科学和工程之类的职业都不对女性开放，只有少数例外。那些有工作的女性，不得不忍受人们对职业妇女的歧视(有时候还有性骚扰)。如果你有工作，但怀孕了，就会因此被解雇。《大西洋月刊》中的一篇文章说："现代女性必须重温这样的至理名言：女人的中心任务和最伟大的荣誉就是只做个女人。" 这

这幅二战时期的海报，表达了法国人的爱国思想和对自由的期望，随着妇女运动的兴起，它又获得了第二重涵义。

> 我问1963年以后出生的大学生："你们中有多少人穿过紧身褡？"他们笑起来。于是我说道："嗯，每一个年龄从十二岁到九十二岁的女性，都曾经在早上离开家门的时候，把她们的身体紧紧裹在刚硬的塑料盒里面，那个时代并不遥远。
>
> ——贝蒂·弗里丹

种说法很典型。但是,越来越多的女性开始相信:她们拥有与男性平等的智力和才干,"仅仅做个女人"再也不能让她们满足了。而杂志和电视节目的宣传却与这种观点相矛盾。

参加民权运动的女性发现,人们期望她们准备咖啡,打扫卫生,而不是参与重要决策。民权运动不是与权利平等有关吗?有些女性吸取了她们作为民权工作者的积极精神,把这种精神带入妇女运动。女性开始在两个方向上重新塑造自己:你可以把她们列为"改革者"或者"激进分子",然后就明白了。1966年,包括贝蒂·弗里丹在内的三十名女性成立了"全国妇女协会"(NOW),"行动起来,让美国女性完全进入美国主流社会"。弗里丹和改革者设想,在一个开放、共享的社会中,女性是与男性平等的伙伴。

那些自称"激进女权主义者"的人认为,弗里丹和她的支持者走得不够远。这些激进分子想要颠覆她们所了解的社会,她们中许多人认为,男性占统治地位的制度没有希望。她们的第一次全国性行动是反对"美国小姐"选美比赛,她们在比赛中展开一幅标语,上面写着"妇女解放"。罗宾·摩根在谈到什么是多样性团体时说:

> 我自称是激进女权主义者……我相信性别歧视是压迫产生的根源,除非我们把这种压迫斩草除根,否则它就会一直衍生出这样的分支,如种族主义、战争、阶级仇恨、年龄歧视、竞争、生态灾难和经济剥削。

激进女权主义者建立了女权主义出版社、保健组织、儿童保育中心、食品合作社,以及其他由女性管理的机构。有人说她们仇恨所有男性。有些人想让万事万物都取消隔离,包括浴室。尽管激进分子人数不多,她们的观点却得到大量宣传。全国妇女协会擅长组织、游行和具体活动;女性解放团体却擅长理论和写作。苏珊·布朗米勒详细叙述了一些激进问题:

> 容易引起争论的反暴力问题——反对强奸、殴打、乱伦和骚扰儿童、性骚扰——以及后来有争议的反色情文学理论的发展,就像早期的女同性恋者女权主义浪潮,以及标新立异的重要女权主义报纸一样,都属于"妇女解放"。

到1970年,为了平等的就业机会以及平等进入纯男性俱乐部和学校,妇女运动激进主义分子举行游行示威。有关女权主义者的头条新闻每天都在报纸上出现——与民权运动和越战的新闻此起彼伏。她们的示威活动反映了女性的全新态度。在一次全国政治会议上,当有人告诉一位女权主义领袖"安静点,小丫头"时,她根本就不理睬。这样的吵闹开始发生作用,现在,在以前仅限于男性的领域,有些女性正在获得好工作。女性成为律师、银行家、报纸编辑以及电视评论员。但这些只是片面的

土生美国人的民权运动

在1960年代和1970年代,许多土生美国人因为耻于自己的传统,不愿正视自己的身份。不过这种情况正在改变,民权运动不仅启发了女性,也启发了印第安领袖们。他们也曾经遭受几个世纪的歧视与迫害。

在华盛顿州,印第安部落举行"钓鱼示威",抗议限制他们根据条约准予的权利捕捞鳗鱼。在明尼阿波利斯,居住在城市里的印第安人开创了"美国印第安人运动"(AIM),宣传"红种人权力"。在旧金山,一些想法相同的土生美国人建立了"全印第安部落联盟",当印第安事务局拒绝理睬他们的抱怨时,他们夺取了旧金山湾"恶魔岛"上一所废弃了的联邦监狱,并且把这里占领了一年半的时间。其间,他们的大部分活动都在溢光灯的照射下,被电视摄像机记录下来,供全国人观看。"恶魔岛"行动是一次泛印第安活动——那些在历史上互相怀有敌意的部落,现在都团结起来,要做到这一点颇为不易。1972年,好战分子从"恶魔岛"来到华盛顿的印第安事务局,举行抗议活动。接着,他们又占领了南达科他州伤膝溪的贸易站,这是1890年平原印第安部落最终遭受集体屠杀的地点。

这些引人注目的占领产生了作用:它们让非印第安人意识到印第安人的悲惨处境,也让一些印第安人重新发现自己的传统,并从中获得新的自豪。莫霍克人理查德·奥克斯说,"恶魔岛"行动不是"为了解放这个岛屿,而是为了解放我们自己"。然而,对许多土生美国人来说,生活仍然低于一般水准。酗酒破坏了整个民族,而且不管是在保留地还是在城市地区,印第安人的失业率都大大高于全国平均水平。

土生美国人通过法庭,获得了最实际的胜利。一次又一次,在有关条约权利的纠纷中,诉讼案的裁决都对印第安人有利,这些条约很多是在一个世纪甚至更久以前签订的。1971年,经过长期索赔,阿留申人、爱斯基摩人和其他土生阿拉斯加人与政府达成和解,他们赢得了四千万英亩土地和近十亿美元赔偿。在缅因州,佩诺布斯科特族印第安人根据1790年通过的一项法律进行索赔,赢得八千一百万美元。一些土生美国人企业家开始重新审视印第安保留地,那是国中之国,因此不必服从任何州的限制。由于印第安人的身份,在一个州内其他地方往往为非法的活动,例如赌博,在他们那里却是允许的。在1980年代和1990

1973年,奥格拉拉部落苏族人和"美国印第安人运动"的成员与联邦调查局以及联邦执法官对峙了七十一天,这是他们那时在南达科他州的伤膝溪站岗的情形。

年代及以后,娱乐场开始为一些印第安保留地带来巨大财富——随之也带来了工作、更好的学校和住宅。

除了这些变化外,印第安人中还发生了其他事情:在华盛顿特区,史密森学会把印第安人的残骸和葬礼物品依法物归原主。在科罗拉多州,选民选举了一位印第安人,本·耐特霍斯(意为"夜马")·坎贝尔,作为美国国会众议员(1992年成为参议员)。在俄克拉荷马州,切罗基族的第一位女酋长威尔玛·曼基勒(意为"杀人者")谈到了她的"坚定信仰:五百年之后,在美洲各国,土著将会建立一个强大的部落团体,从这个团体中能够听到古老的语言、仪式和歌曲"。

成功,正如威廉·切弗所写的那样,贫困女性或者少数民族女性的处境并没有得到改善:

> 1955年,女性的收入为男性收入的百分之六十四,1981年,这个比例降到百分之五十九,虽然1980年代后期回升到百分之六十二,却仍然低于三十年前的水平……在所有职业女性中,有百分之八十的工作都属于百分之五的工作种类——也就是收入最低的百分之五……到1980年代,每四个美国孩子中就有一个是穷人,而女性则差不多占成年贫困人口的百分之七十……中上阶层的白人女性也许正在经历一种新的自由,但是,女性获得的新机遇所带来的好处,穷人几乎没有分享丝毫。对这些贫困女性而言,种族、阶级和性别代表了三重晦气。

女权运动撞上了一堵阶级和种族之墙,这堵墙是人们在无意识间构筑的。全国妇女协会和激进分子都在为种族平等和性别平等而努力,但是,获得成功的都是受过良好教育、有才干的女性。如果你很贫穷,就很难获得真正良好的教育。对具有这些优势的女性,不管她们是什么种族,都能找到工作。但是,大多数女性都没有接受培训,也没有工作技能,她们往往被困在毫无出路的低工资工作中,仍然在遭受性别歧视。

1972年,一项平等权利修正案(最初制定于1923年)在国会两院获得通过,但是各州的强烈反对使之难以施行。图中,女性在自由女神像下面示威。插入的图片是贝蒂·弗里丹。

分崩离析

林登·约翰逊处境悲惨,越南仿佛是他身上的一道重伤,让他疼痛难忍。他说:"我好像是一个想搭顺路车的人,在得克萨斯的公路上遇到一场冰雹,我无路可逃,无处藏身,也不能让冰雹停止。"1950—1975年,越南战争的全部军费达到一千五百亿美元,这意味着剩下来可投入国内计划的钱已经寥寥无几。约翰逊知道,他的"伟大社会"的梦想正在失败,他似乎无法承认自己犯了一个错误。他说:"我们不会把美国男孩送到离家万里的地方让他们做亚洲男孩应该为自己做的事情。"但他就是这么做的。他说,所有的炸弹都是瞄准军事目标的——但是,报纸却报道着民房、学校和商店被炸弹夷为平地。无辜村民——包括妇女和儿童——遭到杀戮的故事,也开始出现。

结果,反战示威在美国遍地开花。不久,数千名年轻男性,其中许多是大学在校生,焚烧了他们的征兵卡。激进组织"学生争取民主社会"(SDS)的主席保罗·波特说出了他们的反对观点:

> 总统说我们正在保卫越南的自由。谁的自由?不是越南人的自由。既然如此,这场战争与美国的自由有何关系呢?

最初,举行示威的主要是学生,但是,随后各种群体也开始加入他们的行列。马丁·路德·金不仅领导民权运动的游行,也开始领导反战示威。许多宗教派别的牧师都在做同样的事情。不过,有些大学生的抗议演化成暴力冲突,然后,城市——尤其是北方的城市,开始发生爆炸案。那里的人们一直没有受到重视,越战军费导致联邦中断了消除贫困的计划,甚至连用于城市基础设施建设的钱都没有。在许多城市的市中心,学校环境恶劣,交通条件很差,犯罪猖獗,失业率极高。1965年,洛杉矶的瓦茨区发生种族骚乱,一共持续了六天,导致三十四人死亡。纽瓦克、芝加哥和克利夫兰也爆发了骚乱。约翰逊总统的科纳委员会警告说,"我们的国家正在朝着两个社会分化,一个是黑人社会,一个是白人社会——隔离而且不平等"。一些愤怒的年轻黑人领袖正在对金博士的非暴力原则提出挑战,这些领袖不谈什么兄弟情谊和友爱,他们谈的是权力、隔离,有时甚至是仇恨和暴力。"我们得让他们明白,他们拥有一切恐惧的权利。"黑人女权主义者安吉拉·戴维斯说道。马丁·路德·金在谈到一个军事组织时说:"鼓吹暴力只是仿效美国生活价值中最卑劣、最残忍和最野蛮的部分。"

然而,到1968年,甚至连金也变得沮丧起来。当他率领游行队伍走到芝加哥附近的时候,他遇到的白人仇恨情绪,比他在密西西比州或者阿拉巴马州遇到的还要邪恶。这个城市的许多白人都很穷,他们与黑人竞争工作机会。在北方,贫困的黑人与白人之间的隔阂正在变得越来越大,住房决策让他们居住在分隔的聚居地中。金决定发起一场新运动,一场反抗贫穷的运动。他的计划针对"所有穷人,包括三分之二的贫困白人"。贫困问题并不局限在黑人或者白人中——这是全国性的耻辱。他计划把穷苦的人民带到华盛顿,这不是一次性的游行,他们会留下来,在城市里宿营,政府将不得不关注他们。

当金博士正在为"贫民运动"作准备的时候,田纳西州孟菲斯的清洁工发动罢工。他们需要帮助,金同意代表他们领导一次游行。游行还没有开始——金正站在前排——队伍后面十几岁的少年便开始砸窗户,洗劫商店。

金非常失望。他说:"我永远不会领导暴力游行,让他们住手。"但是警察和扔石头的年轻人都没有住手。到暴力结束的时候,一百五十五家商店遭到破坏,六十人受伤,一名十六岁的男孩被警察开枪打死。在金领导的游行中,这是第一次有人被杀死。金博士说:"也许我们中那些(相信)非暴力的人应该站到一边去,让暴力大行其道,这股潮流……不会长久,因为你不可能在这个国家搞暴力运动。"但是,他发现自己无法离开,他下定决心在孟菲斯领导一次和平的游行。他说:"我们必须回去,非暴力……正在试验中。"金博士的一些助手不同意他回去,他们认为孟菲斯太危险。金博士收到了威胁他的信件,联邦调查局的头子J·埃德加·胡佛仇恨金,正在非法地秘密窃听他的电话,胡佛还在散布谣言,在报纸上刊登假新闻,并用直截了当的威胁骚扰金博士。但是,金不会止步,他回到了孟菲斯。

与此同时,越南战争已经从"糟糕的梦"变成"噩梦",总统和军事领导人一直在说:我们正在赢得胜利。但是没有人相信他们。北越军队在越南新年时发动大规模进攻,让局势恶化到极点,双方的伤亡人数都很高,并且造成广泛的破坏。最激烈的战斗发生在顺化,北

> 嗨,嗨,约翰逊!
> 你今天杀了多少个孩子?
>
> ——越战抗议者的口号

反越战游行。大多数都是和平示威者,但是在1970年,国民警卫队在俄亥俄州向州立肯特大学的抗议者开枪,打死了四名学生。

方的军队杀害了三千名西贡政权同情者。作为报复,我们把这座拥有古老历史的城市夷为平地。一名美军军官的话经常被引用,他说:"为了拯救这座城市,有必要将它摧毁。"总统把这次新年攻势称为北方的"一次失败"。他们的损失巨大,我们的损失稍微小点,但是,佛蒙特州参议员乔治·D·艾肯反驳说:"如果这也算越共的失败,我想他们从来没有取得过重大胜利。"

行政部门失去镇定,这场战争变成一架昂贵的杀人机器,胜利渺无踪影。在国内,反战抗议造成很大麻烦,大学校园陷入混乱,城市正在发生暴乱。

就在马丁·路德·金回孟菲斯的头天晚上,他打开电视,看见约翰逊总统正在发布公告。总统正在削减对越南的轰炸,并将试图停止战争。然后,总统说了一些出人意料、令人惊诧的话:"我将不会寻求也不会接受我的政党提名我参加下一次总统竞选。"这个人曾想成为最伟大的总统,曾想结束贫困,现在他却放弃了自己的理想。约翰逊总统是越南战争的又一个受害者。

一个被延误的梦想

就在第二天晚上,也就是1968年4月3日,在孟菲斯的一次教堂集会上,金博士对一大群听众讲话。他事先没有准备演讲稿,只是即兴说出自己的心里话。他说:"只有当天空黑暗下来的时候,你才能看见群星闪烁。"他明白,在20世纪下半叶,他自己以及其他人获得了一次伟大的机遇。他们正在与最重要的问题搏斗:战争、和平与人权。每一个地方,都有人站起来说:"我们想要自由。"在通向自由的道路中,金只能够忍受和平与宽容之路;他不会宽恕那些似乎正在向前发展的暴力与仇恨:

> 我愿意长寿,但是现在我不再为此担忧。我只想按上帝的意旨行事,他允许我登上高山。我眺望远方,我已经看到了福地。我也许不能与你们一起到达那里,但是,今晚我要让你们知道,作为一个民族,我们将到达福地……今天下午我有了一个梦想,情同手足的人类关系将变成现实。

第二天晚上,也就是4月4日,金住在洛林汽车旅馆,他从自己的房间走上阳台。他的朋友拉尔夫·阿贝内西听到一个声音,就像是放鞭炮一样。但那不是放鞭炮,而是马丁·路德·金中弹身亡,年仅三十九岁。

参议员罗伯特·肯尼迪是被刺的肯尼迪总统的弟弟,当他得知这个消息时,他正在印度安纳波利斯,为争取民主党总统提名而活动。在这个城市的一个混乱地区,他要对非洲裔美国人发表演说。市长劝他取消演说,但是,肯尼迪登上一辆平板卡车,向人群讲述孟菲斯发生的悲剧。他说:

> 马丁·路德·金把自己的一生献给了人类的友爱与公正,他因为这样的努力

在马丁·路德·金博士葬礼上的游行。

> 我深信,马丁·路德·金的梦想没有与他一同死去。现在,白人与黑人不能再像从前那样;你们必须团结起来,让所有的分裂力量知道,美国不会受子弹统治,美国只会受自由投票统治,受正义之民的投票统治。
>
> ——林登·约翰逊

而死去。在这个困难的日子,在美国的这段困难时期,我们不妨问问自己,我们是怎样一个国家,我们想朝着什么方向发展。请你们中的黑人考虑下面这个明显的事实:世界上存在负责任的白人——你们可以让心中充满悲痛,充满仇恨,充满复仇的欲望。作为一个国家,我们可以朝着那个方向前进……黑人与黑人待在一起,白人与白人待在一起,彼此仇恨对方。

或者我们也可以作出努力,就像马丁·路德·金所做的那样,去理解,去领会,用充满怜悯和慈爱的理解作出努力,代替暴力,代替洒满我们土地的血污。

马丁·路德·金的灵柩放在一辆朴素的农场骡车上,由两头骡子拉着送往他的墓地,棺材是用抛光的非洲桃花心木做的。数千名来自全国和全世界的人士向他致敬,他的名字将永远与友爱、兄弟情谊、和平以及自由联系在一起。

就在马丁·路德·金被葬入坟墓的时候,这个国家有一百三十座城市燃起了熊熊大火。暴乱者抢劫、开枪,他们正在杀人,破坏人们的家园和生意。六万五千名士兵被派去镇压暴乱。几乎所有的受害者都是非洲裔美国人。当大火熄灭的时候,有三十九人丧生。与此同时,刺杀金博士的凶手——一个微不足道的在逃抢劫犯,却能够逃往英国和另外三个国家,两个月之后才被抓获——他留下一个悬疑:要做到这些事情,他从哪里弄到的钱,他这个刺杀计划又从何而来?

罗伯特·肯尼迪被刺

轻率的罗伯特·肯尼迪曾经是其总统兄长手下的要员,肯尼迪总统被谋杀的事件,以及正在撼动这个国家的诸多运动的核心理想,改变了他的一生。他曾经亲自前往城市中心,他曾经与塞萨尔·查维斯一起游行。在1968年的总统竞选中,罗伯特·肯尼迪的获胜机会不大,但他却拥有充满活力的追随者,尤其是在青年人和心怀不满者中。他是出生在美国富人家庭的幸运儿,他能否让有钱有势者与心怀大志者达成和解呢?他能让在野党与执政党一起合作吗?他能不能结束越战遗传下来的政府撒谎文化呢?罗伯特·肯尼迪写了一本书——《朝着新世界前进》,阐述他的观点。他用丁尼生的《尤利西斯》中的诗句作为开头:

> 岩石上的灯火开始闪烁,
> 长昼消隐,明月缓缓东升;
> 无数声音应和那沉重的呻吟。
> 来吧,我的朋友,
> 寻找一个新世界,现在还不算太迟。

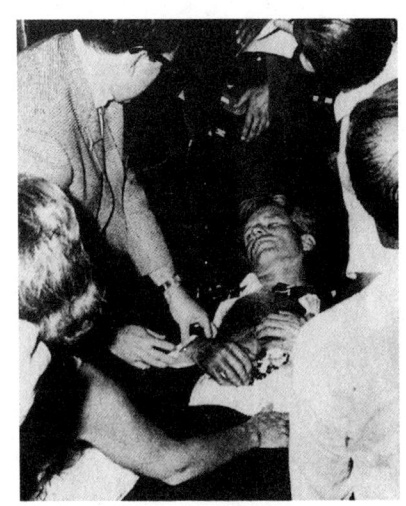

罗伯特·菲茨杰拉德·肯尼迪之死。一位历史学家后来写到罗伯特时说:"他生来是一个富家子弟,死的时候却是世界流亡者的声援者。"

罗伯特·肯尼迪称自己的竞选是"不可能实现的梦想",名称来自一首流行歌曲。他正走过一家旅馆的厨房,与人握手,这时,一个二十四岁的餐馆杂工、约旦人锡尔汗·比沙拉·锡尔汗,因为不满肯尼迪支持以色列,便掏出一支枪向他开了火。对许多人来说,一个梦想就此结束。

第十六章　获得自由

19 33年,就在富兰克林·D·罗斯福第一次就任总统后不久,他拜访了可敬的最高法院法官小奥利弗·温德尔·霍姆斯,那时霍姆斯已经九十一岁。罗斯福走后,有人问霍姆斯对总统有什么看法。他说:"二流的智力,一流的性格。"

1968 年,理查德·尼克松当选为总统,他拥有一流的智力,但在所有登上这个职位的人中,他的性格也许是最不合适的。他在任何地方、任何人身上都能看见魔鬼;但是,最终让他受到伤害的,却是他自己身上的魔鬼。

尼克松的故事从 18 世纪开始,一个姓

理查德·尼克松通向总统的道路从加利福尼亚开始——1913年,他在这里出生(右上图,最右边的为理查德,他与父母及两个兄弟在一起)——而终止于六十年后的华盛顿特区,以耻辱的水门事件结束。左图,领导参议院水门事件委员会的北卡罗来纳州民主党参议员山姆·欧文和田纳西州共和党参议员霍华德·贝克(戴眼镜者)。贝克提出了关键的问题:"总统知道什么?他什么时候知道的?"

米尔豪斯的爱尔兰教友派家庭来到威廉·佩恩的殖民地,他们都是努力工作、热爱和平的人,最后米尔豪斯一家搬到加利福尼亚,帮助建立了一座名叫惠蒂尔的教友派城镇。进入20世纪后,弗兰克·米尔豪斯成为惠蒂尔富有的苗圃主,女儿汉娜选择的女婿弗兰克·尼克松没给他留下好印象。尼克松家也是18世纪来到美国的,但富裕却与他们不沾边,当然也和弗兰克·尼克松不沾边,因为他很早就父母双亡。弗兰克和汉娜生了五个孩子,他们依靠弗兰克开设杂货铺、干临时工的微薄收入,勉强维持生活。一家人生活在一所小小的木屋里,这是弗兰克用一套价值八百美元的工具(从西尔斯—罗巴克百货公司购买的)自己盖的。他们有两个儿子很小就夭折了,只留下二儿子理查德,父母把对三个儿子的感情和希望全寄托在理查德身上。理查德是个安静、严肃的孩子,他在杂货铺努力干活,从学校里取得好成绩。上中学的时候,理查德学会辩论,参加了一些活动。在他准备上大学那年,加利福尼亚的哈佛俱乐部选中他,作为那一年最佳的录取选择对象。理查德获得一笔全额奖学金,但是他父母却付不起哈佛的食宿费。也许是失望让理查德感到烦恼,也许是其他什么原因,不管怎么说,他心里怀着深深的怨恨。不过,作为一个十几岁的孩子,他别无选择,只能去惠蒂尔学院上学。尼克松是学校橄榄球队里最瘦的男孩,他学会了"在你被击倒或者失利之后卷土重来"。他当选为学生会主席,获得一笔奖学金到杜克大学法学院学习,二战期间在海军服役。

尼克松刚从海军退役,就成为一名年轻律师。他找到一个竞选国会议员的机会,并且抓住了这次机会。他的对手是在二战期间反对拘留日裔美国人的少数国会议员之一。尼克松把他叫做共产主义者——因此赢得竞选。当尼克松竞选参议员时,他的一个手下伪造了一张照片,在这张假照片上,他的竞争对手与一个著名的共产主义者站在一起。在谈到尼克松的诽谤和肮脏把戏时,他的支持者说:每个人都这么做。既然目的是在选举中获胜,你就可以不择手段。

但尼克松似乎总是具有双重性格:一方面非常能干,另一方面却好斗、自欺。当上总统后,尼克松也把自己的双重人格带到了工作中。政治家尼克松谈论着法律与秩序——经过几个月的城市暴乱之后,大多数人都渴望听到这些;但另一个尼克松对法律或者真理几乎毫无敬意——当它们不适合他的时候。竞

> 有人认为,总统职位把一个人造就成总统。我对此从来都不以为然。每个人都保持自己的独特性,正是这一点赋予美国总统职位以活力。他的能力变得更加显眼,他的错误变得更加扎眼。总统职位并不是一所社交教育学校,它是一个放大镜。
>
> ——理查德·M·尼克松,摘自其《回忆录》

选总统时,尼克松宣布自己制定了结束越南战争的计划;但是,他却让美国士兵继续在越南战斗、牺牲了差不多五年时间(他在1972年再次当选总统)。他把战争扩大到越南的邻国柬埔寨、老挝,事先并没有通知国会他计划这么做。尽管尼克松说自己希望成为和平缔造者,他却比美国历史上任何总统扔下的炸弹都要多。在林登·约翰逊担任总统的时候,反战示威非常激烈,到了尼克松时代,情况进一步恶化。当州立肯特大学发生抗议时,国民警卫队开枪打死四名学生。校园暴动、非洲裔和女权主义者的骚乱、一场不断吞噬年轻生命的战争、毒品和犯罪问题上升,还有三次令人震惊的暗杀,这一切都让美国人民愤怒,他们产生了分化。

丹尼尔·埃尔斯伯格(左)向《纽约时报》泄露了《五角大楼文件》。1973年,法院驳回了对他的起诉。

1971年6月13日,《纽约时报》开始刊登《五角大楼文件》,这是约翰逊的国防部长罗伯特·麦克纳马拉委托发表的保密文件,有七千页长。随着麦克纳马拉对越南战争产生清醒认识,他组织了一个专家组,调查和分析我们陷入越战泥潭的过程,结果却发现,那是一个充满政治秘密与欺骗的故事。起初,尼克松的官员们相信,这些文件只会让前任政府尴尬——它毕竟只是历史。但是,他们很快意识到,发表《五角大楼文件》将危害他们自己的保密政策。政府以国家安全为名,让法院发布强制令,禁止继续发表文件(这些文件也在其他报纸上连载)。《纽约时报》提出上诉。政府争辩说,继续发表文件会危及生命,阻碍和平进程。他们争论的焦点是个人权利与社会权利之间摇摆不定的界线。媒体应该拥有多大的知情权?一个民主政府应该向全体选民保守多少秘密?从法律上说,他们争论的是"事前限制"——禁止出版那些被视为危害国家利益的东西。这是联邦政府第一次要求事前限制。最高法院推迟了夏季假期来审理此案。

三天之后,法官们提交了九种不同的观点,没有一个法官能以自己的推论博得大多数支持。政府认为继续发表文件"对国家构成直接和不可挽回的危害",但是有六位法官都驳回了这种立场。雨果·布莱克法官说,事前限制"公然地、不可饶恕地"违反了《第一条宪法修正案》,"保护新闻舆论,这样它才能揭露政府的秘密并告知人民……在新闻自由方面,报社最重要的职责就是,他们有责任防止任何政府部门欺骗人民,把他们送到遥远的土地上去,在外国的……炮火中死去。"布莱克说,"报纸奉行的宗旨,正是国父们当初确定的清楚的目标,他们应该为服务于此而受到赞扬。"

首席大法官沃伦·伯格不同意这样的观点,他说,可以起诉出版商出版秘密文件,但是只能在文件出版之后。政府希望通过这个案子,在"事前限制"问题上做出里程碑似的裁决。他们的目的没有达到,但是却结束了禁令。《五角大楼文件》继续发表。

国务卿亨利·基辛格猜测,丹尼尔·埃尔斯伯格(《五角大楼文件》的作者之一)向媒体泄露了该文件,后者应该为此负责;基辛格感觉自己作为个人受到背叛(他曾经雇用埃尔斯伯格担任顾问)。尼克松的一名助手在其日记中写道:"亨利刺激了尼克松,然后他们开始彼此刺激对方,直到他们两人都变得异常暴怒。"

> 既然我们的政府建立在人民舆论的基础上,那么它的第一个目标就应该是保护人民舆论的权利,如果让我决定,我们应该拥有一个没有报纸的政府,还是没有政府的报纸,我会毫不犹豫地选择后者。
>
> ——托马斯·杰斐逊,1787年

埃尔斯伯格有一名心理医生,9月,白宫间谍闯入这名医生位于贝弗利山的办公室,进行搜查——他们后来被称为"堵漏人员"。他们在寻找可以贬损埃尔斯伯格的材料。行政部门正在雇用暴徒,对付他们不喜欢的人,试图发现他们的罪证。

大概在同一时间,"越战老兵反战组织"——那些曾经在越南战斗过的人,到华盛顿游行,抗议战争暴行。尼克松没有经过正当指控,就让中央情报局和哥伦比亚特区警察局关押了数千名抗议者。

水门事件

大多数美国人都厌倦了仍在继续的冲突。尼克松具有决策能力,然而在越南问题上,他似乎没有能力作出决定。最终,他让我们摆脱战争的方式,差不多与我们卷入战争的方式相同——每次只有一小步,这被称为"分阶段撤退"。当南越首都西贡落入北越军队手中后,我们同意停战。我们已经输了这场战争,输给了一个专制政权,我们感到困惑、丢脸,也幡然醒悟。正如尼克松的一个顾问所言,越战是"一场全面的局部战争"。我们不能展开全面进攻,因为我们不想挑起第三次世界大战。在别国的内战中,我们也不可能作为参战者获胜。

与此同时,尼克松想作为一个伟大的总统而名垂

鲍勃·伍德沃德(左)和卡尔·伯恩斯坦

尼克松告诉记者:"我不是骗子。"但是,随着水门事件的暴露,他曾经批准不道德行为的事实变得非常清楚。山姆·欧文说:"总统似乎把行政特权延伸到了大气层之外。他所说的行政特权不过是胡说八道。"到1973年10月,尼克松的支持率下降到百分之十七的低水平。

青史,而他的兴趣在于外交策略方面。他是一个实用主义者,他明白世界在变化,直接与共产主义国家打交道,比继续停留在冷战中更重要。于是,这个以毫不妥协的反共分子而闻名的人,前往中国,为中美两国建立初步关系创造了条件。在尼克松访华之前,亨利·基辛格先秘密到中国,制定访问计划。基辛格知道约翰·福斯特·杜勒斯以前的轻慢表现,于是便特意与周恩来公开握手。尼克松与基辛格也许认为,开始与中国建立关系,就比苏联先胜一筹。不管他们出于什么意图,现在,这个两极世界有了第三个重要成员。

接着,尼克松来到莫斯科,他是第一位访苏的美国总统。由于他的主动,美苏达成一项具有历史意义的军备控制协议。但是,这位性格复杂的总统在外交方面获得的卓越成就,将会因为他自己的行为而变得无足轻重。理查德·尼克松将我们的自由传统置于危险之中,此前从没有一个总统如此。

1972年6月17日,四名古巴人和一名前中央情报局成员,戴着墨镜和橡胶手套,来到华盛顿豪华的综合大楼水门大厦,闯入民主党总部。他们是尼克松竞选连任委员会的雇员,他们参与了一次犯罪——非法破门闯入并安装窃听设备。他们被当地警方抓获。

他们在做什么?起初,答案并不清楚。政府含糊其辞。有人秘密付钱给窃贼,让他们保持沉默。但是,两名《华盛顿邮报》的记者开始调查此事。正如他们所说的那样,凡事总会有因有果(此案细节令人吃惊,详见鲍勃·伍德沃德和卡尔·伯恩斯坦所著的《总统班底》)。喧嚣的水门事件只是冰山一角,这个总统已经不受控制。尼克松及其助手炮制了一长串"敌人"名单,其中包括:参议员爱德华·肯尼迪和沃尔特·蒙代尔、经济学家 J·K·加尔布雷斯、演员格雷戈里·派克、比尔·科斯比、保罗·纽曼和芭芭拉·史翠珊,以及耶鲁大学校长和哈佛大学法学院院长。

政府特工窃听电话,偷听私人谈话。对于尼克松不喜欢的人,媒体上刊登着有关他们的虚假报道。税务局属于政府,但却被用来反对尼克松的私敌。行政部门给公司主管和工会领袖施加压力,要求对方提供竞选经费,以换取政治利益。他们还付出封嘴钱,让一些人保持沉默,而让另外一些人在宣誓的证词中对法官和陪审团撒谎。当一些不正当行为败露之后,尼克松的白宫进一步采取行动,试图遮掩事实。

但随后却有一些惊人的发现:出现了录音带。尼克松的主要参谋 H·R·鲍勃·霍尔德曼记着日记,他在里面写到尼克松时说:"他想完全控制新闻,把它们当作敌人使用,而不是让它们提供帮助。"还有"他想让美国国税局隐瞒为民主党提供捐款的所有主要捐款者,以及新参议员的所有支持者。"对于每一个进入总统办公室的人,尼克松都偷偷录下了他们的谈话。总统是否在总统办公室享有隐私权?这些磁带是不是他的?尼克松相信答案是肯定的。但是,现在这个国家想听这些磁带,尽管有人不顾一切地操纵法律,这些磁带仍然成为公共财产。1973 年 3 月 22 日,尼克松对他的四名高级助手说:"我不管会发生什么,我要你们所有人都加以阻止。让他们以《第五条宪法修正案》作为辩护,或者采用掩饰手段或其他什么,如果能够挽救这件事情——那就挽救这个计划。这就是目的。"

一个月后,尼克松在电视上谈到总统职位时说道:"这个职位代表一种神圣的信任,我决心不让自己辜负人民对我的信任。"但是,《华盛顿邮报》的记者伍德沃德和伯恩斯坦已经在行政部门找到告密者,他们称之为"深喉"[①],他揭露了一些惊人的事实。接着,1973 年 6 月发现一盒磁带,提供了证据,即所谓的"冒烟的枪"。从这盒磁带上,可以听见总统批准一个计划,授意中央情报局去要求联邦调查局停止调查水门事件窃贼所持现金的来源。

美国历史上还有其他更加腐败的政府:在尤利塞斯·S·格兰特和沃伦·哈定担任总统期间,腐败最严重。这两位总统所委派的官员利用职权,把钱放进了自己口袋里。不过,那两位总统一旦得知腐败事实,就尽一切努力来制止这些行为。

尼克松的做法则不同。他是自己政府中不法行为的煽动者,这些不法行为与

---

① 2005 年 5 月 31 日,美国联邦调查局前副局长马克·费尔特公开承认自己就是"深喉"。——译者注

贪图金钱几乎没有关系(尽管其中不乏这种贪婪),而是与权力、傲慢、报复以及侮辱民主进程有关。理查德·尼克松曾经宣誓维护宪法,不过,他似乎认为,因为自己是总统,因为他相信自己的目标合理,法律就不适用于他。但是,美国民主试验的目的,正是让同样的法律适用于每一个人——甚至总统。北卡罗来纳州参议员小山姆·欧文在谈到尼克松时说道:"君权神授已经被美国独立革命淘汰。"

总统并不能凌驾于法律之上,政府中的其他人也不能。副总统斯皮罗·阿格纽在一件与水门事件无关的犯罪中,承认填写过一份"虚假的具有欺骗性的"纳税申报单。他辞去副总统职务,被罚款十一万美元,并被判处三年缓刑。在尼克松政府中,有五十六人获罪,有些还蹲了监狱。1972年,尼克松竞选连任总统时,有二十家大型公司的高级职员向他提供非法捐款,他们也被发现,并被判有

> 尼克松想成为"理查德大帝"。他只希望实现世界和平,让美国富足而幸福,此外他什么都不想要。但他却被自己的狂妄自大、自己的行为和自己的性格击垮。
>
> ——斯蒂芬·安布罗斯,《尼克松:毁灭与恢复,1973—1990》

1973年,理查德·尼克松说:"本政府是神圣可信的。"然而几乎所有的白宫高级工作人员都被卷入水门事件隐瞒案中。共和党参议员巴里·戈德沃特告诉尼克松,如果他在众议院遭到弹劾,几乎可以肯定,他会被参议院定罪。1974年8月9日,总统辞职。

> 真理是伟大的,只要听其自行发展,它自然会取得胜利……对于谬误,真理是适当而有力的对手,在这二者的斗争中,真理无所畏惧,它只怕人类加以干扰,解除它天赋的武器:自由的引证和自由的辩论。只要允许大家自由地反驳,一切谬误都不再危险。
>
> ——托马斯·杰斐逊,摘自《弗吉尼亚宗教自由法令》

罪。宪法起草者对这类紧急情况早有预料,他们赋予国会弹劾和审判总统的权力,就像内战之后发生在安德鲁·约翰逊身上的事情一样——后来也将发生在比尔·克林顿总统身上,只是情况有所不同。

众议院正在准备弹劾条款。其中第一条指控尼克松"违背了他就任总统时宣誓忠诚于宪法的诺言",并具体列举了与水门事件有关的妨碍司法罪。第二条指控他违背了宪法规定的公民权,批准非法窃听,非法利用联邦调查局、美国国税局和中央情报局。第三条指控他拒绝交出司法委员会索取的材料是违宪行为。最严重的控告是掩盖犯罪事实:有意妨碍司法。众议员芭芭拉·乔丹是第一位当选得克萨斯州参议员的非洲裔女性,她是负责弹劾总统的众议院司法委员会成员。她就众议院面临的任务,作了热情洋溢的演说,在国家电视台播放:

芭芭拉·乔丹

> 今天早些时候,我们听了《〈美利坚合众国宪法〉序言》的开始部分——"我们合众国的人民"。这是一个非常动人的开始句。但是,当这份文件于1787年9月17日完成的时候,我还没有包括在"我们合众国的人民"之中。许多年来,我莫名其妙地感觉到,乔治·华盛顿和亚历山大·汉密尔顿只是错误地把我漏掉了。但是,通过修正案、法律诠释和法院裁决,我最终被包括在"我们合众国的人民"之内。今天,我是一名审问者……我对宪法怀有整体的、完整的和全面的信念。我坐在这里,不是一个无所事事的旁观者,眼睁睁地看着宪法遭到贬抑、颠覆和破坏。

尼克松选择辞职,否则他就得在众议院受到弹劾,然后还会在参议院受到审判(很可能被判有罪),这几乎是确定无疑的。他是唯一辞去总统职务的人。安东尼·刘易斯在《纽约时报》上写道:"那些管理政府敏感机构的人,在代表法律方面负有特殊责任。"在英国,《观察家》杂志的编辑写道,美国总统职位从乔治·华盛顿传到理查德·尼克松,前者无法说出谎言,后者却无法说出真话。

这场灾难有其积极的一面。通过一个自由的新闻机构,还有一些无畏的公职人员,我们的政府机关以一种有尊严的方式,发现并清除了那些滥用公众信任的人。水门事件清楚地表明,在美国,每一个人,哪怕是一位总统,都对法律负有责任。参议员山姆·欧文以其精炼的评论而闻名,他对水门事件的最终结论是:"三权分立制度最大的优势之一是:很难让所有三个权力分支同时腐败。"

第四个权力分支——以及一些小分支

保守秘密的诱惑——以及束缚新闻媒体的诱惑——让大多数政客难以抵挡。水门事件表明,在一个民主国家里,充满活力的新闻媒体是必需的。正是通过法庭,保障表达自由和新闻自由的措施才不断发展进化。下面是几个里程碑式的案例。

在第一次世界大战期间,一些无政府主义者从纽约城的一家帽子工厂窗户里,向外散发了五千份反战传单,号召军火厂的工人举行罢工。这些无政府主义者遭到逮捕,并根据1917年的《惩治间谍法》(参看第十一章)被定罪。最高法院支持这一判决,但是其中的两名法官——路易斯·D·布兰代斯和小奥利弗·温德尔·霍姆斯——却不赞成。这个案子被称为"艾布拉姆斯诉合众国案",在该案中,霍姆斯法官改进了他的"明显而现实的威胁"原则,他在自己的裁决意见中写道:"现在,没有人认为,暗中印刷一些愚蠢的传单……就会立即构成任何威胁。"霍姆斯认为这是涉及《第一条宪法修正案》的问题:

> 自由的思想交流能够更好地实现我们向往的至善;检验真理的最好方法,就是让思想的力量在竞争中得到接受……不管怎样,那都是宪法的理论。这是一个试验,正如所有的生活都是试验一样。

1927年,在"惠特尼诉加利福尼亚州案"中,最高法院考察了《加利福尼亚工团主义法案》——它禁止鼓吹非法政治活动的言论。夏洛特·阿妮塔·惠特尼致力于资助穷人的事业,曾经在加利福尼亚帮助组织了"共产主义工人党"。她被判有罪,罪名是"属于一个鼓吹、宣扬、资助和煽动犯罪工团主义的组织、协会、群体和集会"。惠特尼小姐抗议说,她从未鼓吹过暴力或者恐怖行动。

她是否受《第一条宪法修正案》保护?她是否犯有结伙阴谋罪(这将使她不受言论自由的保护)?路易斯·D·布兰代斯法官在一条经常引用的意见中写道:

> (那些为我们赢得独立的人)相信,按照你的意志而自由地思想,以及按照你的想法去说话,都是发现和传播政治真理所不可缺少的途径。没有言论和集会自由,讨论就没有价值;拥有言论和集会自由,通过讨论,往往才能对错误原则的

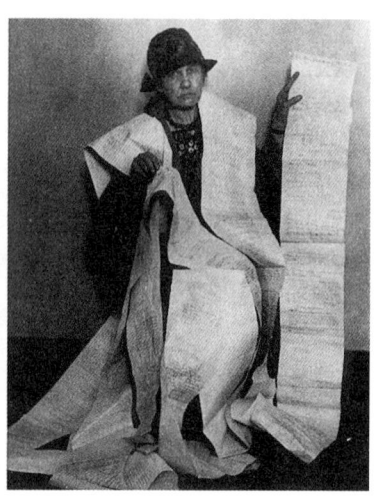

保证自由言论包括保护令大多数人感到厌恶的言论。三K党的和平示威(左图,1925年发生在俄亥俄州)受到保护。当共产主义者夏洛特·惠特尼因为她的信仰而入狱的时候,她的支持者(上图为其中的一个支持者)在一份请愿书上签字,希望能救她出狱。

散布给予充足的反驳;没有活力的人民是对自由的最大威胁,而公众的讨论则是一项政治责任;这应该成为美国政府的一项基本原则。

尽管布兰代斯法官作出这样的陈述,他和最高法院仍然站在加利福尼亚州一边反对惠特尼,判定那些具有鼓励非法行为的"倾向",或作为危险政治活动(例如共产主义)的一部分的危险言论、活动,是非法行为。但是这个问题十分棘手,到了1969年,在"布兰登堡诉俄亥俄州案"中,法院按照"明显而现实的威胁"原则,重新讨论了这个问题。

克拉伦斯·布兰登堡在电视播放的三K党集会中,催促人们实施种族暴力,被判触犯了俄亥俄州的一条法律(与加利福尼亚州的法律类似)。这一次,法庭认为,威胁言论应该受到保护,除非"这种鼓吹针对的是煽动或制造紧急的非法行动,并且有可能导致这种行动发生"。换言之,执行法律的官员需要证明,这样的言论具有明确的危险性。惠特尼案的判决被推翻,布兰登堡可以自由地鼓吹危险观点。雨果·布莱克法官说:"最坏的公民理应和最好的公民一样,受到州和国家法律的平等保护。"用费利克斯·法兰克福特法官的话说:"在捍卫自由的过程中,会涉及有关不太正派者的争论,这是历史的公正总结。"

新闻媒体是否有权出席刑事审判?1980年,法庭在"里士满报业诉弗吉尼亚州案"中对这个问题作出回答。被告人因为谋杀而四次受审,前面的几次审判都被推翻,并被宣布为无效审判。由于前面几次审判被媒体曝光,被告人现在相信,有新闻媒体在场,他不可能得到公正审判。首席大法官沃伦·伯格说,公众和媒体拥有宪法赋予的权利,有权观看刑事审判,这是"《第一条宪法修正案》确保言论、出版和集会自由中隐含"的权利,是《第九条宪法修正案》中,确保"人民"享有在别处没有列举的"某些权利"。因此,"尽管缺乏压倒一切的兴趣",刑事审判必须对公众公开。在这个问题上,威廉·伦奎斯特法官是唯一的反对者。

> 美国对言论自由的特殊承诺基于……一种集体选择,即从长远说来,言论自由将对我们利大于弊。
>
> ——罗纳德·德沃金,牛津大学和纽约大学法学教授

1941年,最高法院法官雨果·布莱克在一条判决意见中写道:"对公共问题作口头或者书面评论的自由,对我们政府的生命至关重要,就像心脏对人体的重要性一样。"这一观点至今仍令人记忆犹新。

不是一辆林肯,而是一辆福特

杰拉尔德·福特是来自密歇根州的共和党国会议员,他工作努力,很受欢迎,副总统斯皮罗·阿格纽辞职之后,他被尼克松总统挑选出来接替阿格纽的工作。因此,当轮到尼克松辞职的时候,福特发现自己成了总统(尽管他从未被选举出来担任总统或副总统)。福特坦率、敏感,没有那些可能会引起争论的品德污点,那正是这个国家需要的。福特无条件地赦免尼克松,不管后者对美国做过什么错事(那些执行尼克松命令的人进了监狱,而尼克松却能获得发给前总统的额外津贴和养老金)。福特也赦免了拒绝去越南打仗的征兵抗议者。他命令最后一批美国军队和护理人员撤出越南,他们在一种不光彩的狂乱中离开。

福特说,"总统和副总统都不是人们争夺的奖赏,而是要完成的任务"。但是,到1976年,当他自己竞选总统的时候,单是拥有那种谦卑的想法还不够让他获胜。吉米·詹姆斯·厄尔·卡特成为第三十九任美国行政首脑。红发的卡特曾是种花生的农夫,一笑起来就露出满口牙齿,他毕业于安纳波利斯的美国海军学院,在一艘核潜艇上当军官,然后成为佐治亚州州长。当卡特决定竞选这个国家的最高职位时,他在佐治亚州以外几乎不为人知,而且大多数人——包括他自己的母亲——都嘲笑他这个想法。但是卡特下定了决心。他说话轻柔,信仰虔诚,他对美国人民说:"我不会对你们撒谎。"他的确从未撒谎。

卡特是南方民主党人,他具有进步的民权观和温和的经济观,不过,在和国会打交道方面,他还是个门外汉。他把自己在佐治亚州的朋友带到首都,他们都有

好主意,卡特相信国会能和他们处好关系。但是,他们并不知道华盛顿的游戏规则,光有好主意是不够的。此外,卡特运气不好,当他担任总统的时候,一次世界性的能源危机使得物价飞涨——尤其是石油和汽油价格,石油短缺导致加油站前排起了长队(自从内燃机发明以来,美国人第一次被迫为节约能源而购买更小、更省油的汽车。然而到1990年代,超大型"运动型多功能汽车"使得费油汽车再度风靡)。

更糟糕的是,卡特还得对付中东的严重问题。伊朗发生了一次危机,其根源是这位美国总统所无法控制的——但是,就像历史上我们参与中东问题的原因一样,在多数情况下,这些根源与能源和石油有关。在艾森豪威尔担任总统期间,我们通过中情局的秘密非法活动,帮助伊朗的世袭统治者——伊朗王(沙阿)——夺回权力。这个策略留给美国一份充满敌意的遗产。

1976年,民主党人吉米·卡特(右)在与现任总统杰拉尔德·福特(左)竞选总统并获胜。卡特以自己的诚实而闻名,他告诉美国人民:"我永远不会对你们撒谎。"没有任何丑闻玷污他的声名。

> 我相信,真相是促使政府团结的凝聚力,它不仅让我们的政府团结,也让文明自身团结……当我们包扎水门事件在国内留下的伤口时——它比国外的战争更痛苦、更有害——让我们在政治程序中恢复黄金准则,让兄弟情谊净化我们充满怀疑和仇恨的心灵。
>
> ——杰拉尔德·福特,摘自其就职演讲

在卡特担任总统期间,沙阿被一个原教旨主义穆斯林宗教领袖阿亚图拉·霍梅尼推翻。霍梅尼以那种敌意为基础,宣扬对美国的仇恨。卡特付出极大的政治代价,拒绝干预伊朗革命。但是,当他允许沙阿进入美国治病的时候,好战的穆斯林学生做出反应,袭击了伊朗首都德黑兰的美国大使馆。他们抓住大使馆的工作人员做人质,让他们度过了四百四十四天痛苦的日子。卡特总统批准了一个大胆的营救任务,但由于拙劣的计划和不合格的装备,营救在一片令人尴尬的混乱中失败。卡特继续努力解救人质,直到他离开总统职位数小时之后,人质才获释。

吉米·卡特的确在中东的外交策略上取得一个重大胜利——他成功地让以色列和埃及领导人聚

到一起,达成一项和平条约。他还劝说国会(再次付出政治代价),将巴拿马运河的控制权移交给巴拿马政府,并且不干涉尼加拉瓜内战。尽管卡特具有很高的智力和同情心,他却不善于交流。他试图劝说人民做出牺牲,解决国债和能源短缺问题。也许他不知道该如何提出要求——也许美国人不准备做出牺牲。当卡特争取连任时,他被击败了。作为一位前总统,他在埃莫里大学建立了卡特中心,致力于平息国际争端,解决国内外的健康和贫穷问题。卡特和他的妻子罗莎琳将不知疲倦地为世界和平而工作。

一个主角

下一任总统是一位伟大的交流者——事实上,人们已经开始这样称呼他。他的名字是罗纳德·里根,尽管他当选总统时已经六十九岁,却很少有人把他看作老人。他孩子气十足,平易近人,十分友善。他富于幽默感,有一副让人难以抗拒的笑容。他曾经是好莱坞的电影明星,比此前的任何总统都善于利用电视。经过20世纪60年代和70年代的混乱,以及不稳定的福特和卡特时代之后,许多美国人认为,里根的当选恰逢其时。他自称"普通人",似乎并不看重自己。

里根就任总统几个月之后,一个刺客在华盛顿的大街上瞄准了总统,刺杀虽然失败,却在他的肺里留下了一颗子弹。当里根被推进手术室的时候,他对妻子南希说:"亲爱的,我忘了躲。"

但是,当里根谈到政治观点时,他可不是开玩笑的。他非常清楚自己相信什么,并且能用简单明了的话解释自己的信仰。在一个越来越难于理解的复杂社会中,他显得可靠、诚实而守旧。那是1981年,里根将让美国的政治方向发生根本性转变——而他的做法很受欢迎。他的同党人将会崇拜他,他的诽谤者会变得狂怒——但是很少有总统像他那样有效地工作。

在里根统治期间,五十年前与"新政"一起产生的许多时代观念都被推翻。"福利社会"这个词语用来描述帮助穷人的计划,许多福利计划尽管具有良好的意图,却已经走入官僚政治的死胡同。里根不仅攻击"新政"和"伟大社会"的那些解决贫困问题的计划,还拒绝接受孕育这些计划的自由主义哲学——这种观点认为,政府有责任帮助处于社会最底层的人们,利用纳税人的钱来指导这方面的努力,并且对富人征税的税率应高于穷人。在我们这个时代,这是政府的核心问题,因此值得考虑。这两种针锋相对的观点总结如下:自由主义者认为政府能够积极地解决社会问题,让我们的社会变得更加公平;保守主义者却认为这些措施根本不起作用,并且(多多少少)不受约束的资本主义会带来机会和财富——这对每一个人都有帮助。

里根反对征税,反对工会,更是强烈的反共产主义者。他想缩小政府规模,想

罗纳德·里根"相信个人自由的魔力",传记作家卢·坎农写道,"他相信,事实最终会证明,自由市场和个人自由的吸引力,让所有人都难以抗拒。"

减少福利计划的花费,废除政府对商业的大部分规定,让联邦政府脱离教育领域,并且平衡预算。他还想扩建武装部队,增加军费。事实上结果怎样?到1980年代末,美国成为世界上最大的超级大国,而且非常富有。但是,在大部分城市中心,学校、桥梁、道路和建筑都在崩塌,城市犯罪飙升,一些教育统计数据急剧下降,国民享受良好医疗保健的条件比不上大多数发达国家。

平衡预算是里根的关键目标之一,他强烈地批评财政赤字,在卡特担任总统的1979年,赤字似乎非常高。里根相信,如果他的政府减税,并削减公共福利计划,尽可能多地取消对商业的规定,就会刺激经济,税收也会增加——会远远超过急剧增长的军费开支,而增加军费是继续冷战所必需的。在里根担任总统期间,国会颁布了我国历史上规模最大的单项减税。这的确刺激了经济,增加了税收,也使高收入群支付的总税款增加。但是,高税阶层的人们(收入为五万美元及以上者)却让联邦政府损失了百分之三十五的税收。在里根实行税收改革之前,政府每征收一美元税款,就有十三美分即百分之十三来自公司;在此之后,公司的纳税份额只有百分之八,在针对穷人和中产阶级的项目上,政府支出减少了四百一十亿美元。贫富差距大大加深。加里·威尔斯在《里根的美国》中写道:"从1977年到1987年,百分之十的贫困人口收入降低了百分之十点五,百分之十富裕人口的收入却增加了百分之二十四点四——其中百分之一最富裕的人口收入增加百分之七十四点二。"

与此同时,国会着手将军费增加到一万六千亿美元(两党都同意,吉米·卡特的预算所要求的军费增长幅度甚至比里根的还大)。国家债务情况怎样?它从1980年的三千八百三十亿美元增加到1988年的二万三千亿美元。里根的赤字总额比此前所有总统的赤字总和还要大。

里根说:"政府不能解决我们的问题,政府是问题所在。"许多人同意这个观点。美国人与政府打交道时,要面对令人灰心甚至是对人傲慢、反应迟钝的官僚主义,这种情况太常见了。官僚主义存在于大型企业、大型学校和大型政府中,似乎可以把20世纪定义为官僚主义的世纪。对此你能够做些什么呢?你怎样在不使用压制性规章的同时,明智地管理公共事务?共和党政府决定削减或缩减监督企业的监察机构,它削弱了已经变得无力的联邦权力,尽可能地将公共土地和公共机构转变为私人利益,并且取消了对公共电视中的商业广告的限制。

享有新自由,就得承担相应的责任,但有些公司没有准备好承担这些责任。建立储蓄贷款机构,本来是为了把钱借给普通人购买房子的,但是,这些机构却进行自己不了解的投机投资,因为他们知道,政府对顾客的存款提供了保证。许多抵押银行在其投资的价值下降之后,都破产了,最终,用于储蓄贷款机构的紧急援助,估计花去了纳税人四千八百一十亿美元——比尼克松时期的全部国债还要多(经比较,1980年代,我们在学校教科书上每年少花了二十亿美元)。詹姆斯·麦迪逊说:"如果男人都是天使,就不需要政府了。"然而,男人并非天使,女人也不是。

在住房与城市发展部,丑闻使纳税人多花了几十亿美元。在该部门中,有一百三十八名成员受到犯罪调查,许多人被判有罪。花在军事订货上的所有金钱让那些无法抵制诱惑的人垂涎三尺。仅仅在1985年,军事合同就给企业带来总计一千六百三十七亿美元。阿肯色州参议员戴维·普赖尔把这描述成"国防部做了八年的饕餮"。与此同时,图书馆、公共广播电视、博物馆、国家公园和其他公共设施却发现,他们获得的政府资助减少了。政府在教育上的投入减少了百分之十五(按不变美元计算),而且随着联邦政府减少投入,市政府和州政府却不得不增加投入,在里根时期,后二者在教育上的投入增加了很多。

什么对健康的经济有利?巨额赤字具有破坏性吗?专家的答案是否定的。但是,赤字不会自己消失,必须付钱才能降低赤字。

> 世界上大部分最富有的国家几乎都是自由国家(特别是民主制国家),大部分最贫困的国家几乎都不是自由国家。这一点仍然正确……换言之,在全世界,政治自由与富裕是紧密联系的。
>
> ——《经济学家》,
> 1994年8月

推倒这堵墙

一次又一次,罗纳德·里根在演讲中谈论着俄国共产主义的威胁。他把苏联叫做一个"邪恶的帝国"。接着,发生了一件令人惊讶的事情:里根总统和米哈伊尔·戈尔巴乔夫总理开始交谈起来。1985年,他们在瑞士的日内瓦会面;1986年,

> 我们的税务负担虽然重,却没有跟上政府开支的步伐。几十年来,我们赤字摞赤字,把我们的未来和子孙的未来,都抵押给了当前的暂时便利。让这一漫长的趋势继续下去,必定会带来巨大的社会、文化、政治和经济动乱。
>
> ——罗纳德·里根,1981年的第一次就职演说

又在冰岛首都雷克雅未克会面。他们谈论核战争的危险,谈论孙子孙女,由此产生一份具有建设性的军备控制协议。第二年,里根总统访问了德国柏林,这个城市从1961年起就分成了两部分,在西柏林,人们可以自由来去,实行民主体制;在东柏林,德意志民主共和国的共产党政府,把自己的人民圈起来。在城市的正中间,有一道看守严密的坚固墙壁,防止东德人拜访西边的亲友和邻居。这是整个国家的人民受到监禁的象征。里根站在柏林墙前面,坦率地说道:"戈尔巴乔夫先生,推倒这堵墙!"

属于东部集团的国家中,有一些力量正在产生作用,它们无疑将震撼柏林墙。戈尔巴乔夫既是一名共产主义者,也是一位现实的领袖,他意识到俄国需要改变。"冷战斗士"里根急切地希望成为和平缔造者,他是自由与民主的热情代言人。1988年,里根来到莫斯科,这次是作为俄国总理(那些孙子孙女帮了忙)的朋友。两位领导人认识到,他们拥有一次改变历史的机会;他们能够结束疯狂的军备竞赛,这场竞赛让美苏两国都付出了沉重代价,并且影响到整个世界。里根对国立莫斯科大学的学生发表演讲说:

> 你们这一代生活在苏联历史上最令人兴奋、最充满希望的时代。在这个时代,当长期积累的精神活力渴望打破沉默、获得自由的时候,空气中会透露出第一丝自由气息,你们的心脏将会随着希望的节奏加快跳动……我们不知道这一旅程的结果是什么,但是改革的誓言将会实现,我们对此充满希望。在1988年的这个5月,我也许能够希望——自由就像种在托尔斯泰坟墓上的嫩绿的树苗一样,最终在你们富饶多产的人民与文化之土上盛开鲜花。

一年之后的1989年,苏联解体。是的,苏联,苏维埃社会主义共和国联盟,这片被我们称为"俄国"的土地——由多个加盟共和国组成的国家——分崩离析。这个国家不是在军事进攻下崩溃的,但是,作为一个政治体系,它失败了。

苏联从一个充满希望的幻想试验开始,但是,这个试验将俄国变成一个不自由、残暴而笨拙的国家。政府拥有土地和产品,却并没有带来理论家允诺的效率和生产力。不断增长的军费破坏了俄国的经济。电视让苏联公民以及全世界的其他人民

看到了一些其他国家的胜利。俄国人民受够了种种压制,他们寻求变化。这个变化令人震惊,但却是在和平中发生的。在世界政治舞台上,一切都在变化。冷战结束,这简直令人难以置信。现在俄国是一个自由国家了,但是已经非常虚弱,美国没有超级大国可与之抗衡了。

在大多数美国的苏联问题专家弄清楚来龙去脉之前,罗纳德·里根已经明白正在发生什么事情。他对英国议会两院发表了激动人心的演讲,他说:

> 让我们别再羞怯,让我们运用自己的力量,让我们给予希望。让我们告诉世界,一个新时代不仅有可能而且有希望到来……为了和平与公正,让我们朝着一个新世界前进,在这个新世界,所有人民终于可以自由地决定自己的命运了。

第一位布什总统

1988年,当罗纳德·里根的副总统、共和党人乔治·赫伯特·沃克·布什当选为第四十一任美国总统时,他继承了众多问题。所有那些代价昂贵的冷战岁月,对俄国和美国都同样艰难。美国陷入经济衰退,城市衰落,学校的测验分数比不上其他许多发达国家,犯罪横行,巨额国债让很多美国人害怕未来。布什曾许诺不加税,然而,面对事实,他却不得不在国会中的民主党人帮助下,想尽办法加税。他也许为繁荣的到来打下了基础,但是他的选民却感觉受到背叛。

布什的外交政策比税收政策更受欢迎。中东国家伊拉克的独裁者萨达姆·侯赛因,派兵侵略邻国科威特——一个盛产石油的小国,布什总统迅速与联合国合作,领导了一次强大的反击。布什与其他世界领袖直接对话,从犹豫不决的阿拉伯各国领导人那里获得支持,对侵略者实施制裁。短暂的海湾战争被称为"沙漠风暴行动"。布什第二次出动美国军队的时候,

1988年,米哈伊尔·戈尔巴乔夫在白宫的一次首脑会议上访问里根总统(下图),几个月之后,里根前往俄国,在国立莫斯科大学发表了一次演说,赞扬自由与民主制度下的生活。

> 我的同胞没有意识到：他们享有多么珍贵的幸福，而地球上的其他人民都无缘享受这种幸福。
>
> ——托马斯·杰斐逊

在海湾战争期间(1990年)，乔治·布什总统与美国波斯湾部队总司令诺曼·施瓦茨科夫在沙特阿拉伯。

是为了帮助索马里的饥民，索马里政府效率低下，无法控制暴徒的劫掠。

但是，我们却在索马里的许多问题尚未得到解决时离开了。在前东欧国家南斯拉夫——现在分裂成几个不同的国家，有几个对同一片土地提出领土要求——塞尔维亚人和克罗地亚人、基督徒和穆斯林、阿尔巴尼亚人和波斯尼亚人正在彼此厮杀，部分是因为他们的宗教信仰不同(这只是部分原因)。

几十年来，我们一看到动乱——在朝鲜、古巴和越南这样的地方——便认为那是国际共产主义的威胁。现在，我们开始明白，许多冲突都是本土矛盾。美国作为世界上的主要强国，是否有责任试着解决其他国家的问题呢？是动用武力还是运用谈判好？我们是否应该集中精力，在国内创造一个公平世界，并希望能引起世界上其他国家注意？

从希望到失望

威廉·杰斐逊·克林顿在四十六岁时，成为第三位最年轻的美国总统，他也是十二年来第一个当选总统的民主党人。那些最了解他的人对此并不惊奇。克林顿的二年级老师已经预见到这一天，克林顿的母亲相信他的能力，在那以后的岁月中，许多遇见这个天才男孩的人也相信他的能力。在登上总统宝座的人当中，很少有人比得上比尔·克林顿的背景。他毕业于乔治敦大学外交学院，然后又获得罗兹奖学金，前往英国牛津大学学习，他获得耶鲁大学的一个法学学位，曾经在阿肯色州担任十二年州长。一个来自阿肯色州霍普(意为"希望")镇这种小地方(该州最穷的地方之一)的男孩，能够追求像比尔·克林顿那样的机遇，然后登上这个国家的最高职位，这正是美国的意义所在。每到一个地方，克林顿都给人留下精力充沛、富于同情心、爱交朋友以及能力非凡的印象——还有他个性中另一个侧面的证据：在财富利益的压力下发生巨大转变的故事，以及其他原则性不够强的行为。

结果，比尔·克林顿成为自格罗弗·克利夫兰以来最保守的民主党总统。他削减福利，在大街上布置更多警察，修建监狱，逐步增大对毒品的打击力度，扩大死刑，并在通过一项降低赤字的法案(没有获得共和党支持)之后，平衡

美国的面孔

1889年,小说家亨利·詹姆斯在英国居住二十五年之后,回到美国,纽约城里存在的多样化语言环境令他吃惊。当他坐船前往欧洲的时候,这个城市主要说英语;回来之后,坐在有轨电车上(车里用爱迪生的电灯照明),他听到波兰人、德国人、意大利人和瑞典人都说着自己的母语。"伟大的事实……在于,尽管他们不熟悉这里,尽管他们刚刚到达这里,他们却真的感觉……比以前更加自在。"

随着20世纪转入21世纪,一股新的移民潮正在改变美国的面孔。就像那些比他们先到美国的人一样,这些新移民很快熟悉了这里的环境。1965年通过的移民法不偏向任何国家,向亚洲和拉丁美洲敞开了更加宽阔的大门。(旧移民法规定了对北欧国家有利的份额。)每年批准移民的人口增加到接近一百万人。这还只是合法移民,另外还有三十万非法移民,他们偷偷从墨西哥越过国界线,或者在他们的旅游签证或留学签证到期之后,继续滞留在美国。到2000年时,差不多有百分之十的美国人口都是在外国出生的。

在新移民中,医生、计算机专家、教授和企业家占很高比例,根据移民法,他们作为"具有特殊才能的专业人员",获得了优先权。另外一些人则宁愿做不需要技能的工作——其他人似乎谁也不愿意干这种活。新移民的才干让这个国家变得更加富足,至于他们带来的寿司、肉馅卷饼或者鹰嘴豆泥就更不用说了。人们谈论着"少数民族"——但是美国没有"多数民族"。

亚裔美国人联合会的示威者,抗议1996年通过的一项限制移民的法律。

了预算。所有这些都有助于股市高涨,降低失业率,把通货膨胀控制到最小限度,并实现普遍繁荣。在1990年代,商业和大公司受到了近乎宗教热情般的崇拜。

另一方面,克林顿试图为所有美国人建立健康保险,但是失败了。他没有改变我们为政治活动付钱的方式,也没有为公立学校做多少事情。从里根时代开始拉大的贫富差距进一步扩大。

在外交事务方面,克林顿政府把塞尔维亚、克罗地亚和波斯尼亚交战各方带到俄亥俄州的代顿,他们同意坐下来,努力创造和平。前总统吉米·卡特被派遣到海地,帮助这个穷困的岛屿获得第一个公平选举产生的总统——让-贝特朗·阿里斯蒂德。在中东地区,克林顿帮助以色列与其阿拉伯邻国达成协议,它们之间为了和平共处,经受了漫长而痛苦的斗争(遗憾的是,就像以前经常发生的情况那样,它们的成果维持不了多久)。各国通过谈判签订条约,降低关税,支持自由的国际贸易。克林顿还访问了中国,他敢于回答困难问题的勇气,让许多中国人着迷。

但是，克林顿的总统职位从诺言开始，结果却变成一场政治和国家灾难。他受到一名特殊检察官的调查，他在自己的私事上撒谎，1998年，他被众议院提出弹劾，并在参议院接受审判，参议院没有发现他犯有"重罪和行为不端"。但是，整个过程——集中在他与一名年轻的白宫女实习生的关系上——却让整个国家产生严重分歧，花费巨大，精神涣散，并且非常丢脸。

1998年，克林顿总统和第一夫人希拉里以及他们的女儿切尔西访问中国。

骗子,骗子,大火烧了房子

总统有时候是不是也需要撒谎呢？1960年，在冷战席卷世界的年代，当一架美军间谍飞机在俄国上空被击落之后，艾森豪威尔总统无法忍受为此撒谎，于是便让他的国务卿替他撒谎。他说这只是一架研究气象的飞机，不久真相大白，每个人都知道，政府向他们撒了一个赤裸裸的小谎言。当美国军事力量在南越集结的时候，约翰·F·肯尼迪也对此撒谎。"国家安全"是保密和欺骗的理由，至少他们给出的理由是这样的。约翰逊为一次根本没有在越南东京湾发生的攻击而撒谎，结果导致《战争权力法》的通过，给予约翰逊几乎不受限制的军事控制力，让越战一步步升级。理查德·尼克松在水门事件上撒谎，最终的丑闻迫使他辞职。

罗纳德·里根手下的行政官员，在伊朗和尼加拉瓜问题的非法行为上撒谎——有意违背国会意愿，触犯法律，假装无辜——所有这一切都打着国家安全的旗号。那些官员向伊朗秘密出售武器；又给尼加拉瓜军队提供武器，打击他们国家的左翼"反对派"政府——所有这一切都是在总统宣布他不会如此行事的时候做的。1984—1986年，国会举行了"伊朗门"听证会。奥利弗·诺斯中校被传唤到调查委员会，他说："我现在就告诉你，辩护律师，以及所有聚集在这里的成员，我误导了国会。"他对此引以为豪。记者比尔·莫耶斯写道："成立白宫行动组织，秘密决定发动一些肮脏的小规模战争，这是直接夺取战争权，是被宪法明令禁止的。"

许多此类谎言都试图绕过宪法。在大多数案件中，骗人的军官都真诚地相信，他们正在做有利于国家的正确事情。他们中没有人逃脱惩罚，但是，在大多数情况下,他们的设想都是错误的。政府是否需要秘密和谎言?为了公众利益而实施的爱国计划,是否比法律更重要?当水门事件被揭露后,我们听到尼克松在总统办公室录下的磁带中说:"我要你们所有人都加以阻止。让他们以《第五条宪法修正案》作为辩护,或者采用掩饰手段或其他什么,如果能够挽救这件事情——那就挽救这个计划。"那个时候,尼克松认为这种所谓的爱国计划比法律重要。

撒谎并不违法,它往往是邪恶的,通常是不道德的,有时是怯懦的。但撒谎并没有违反法律。作伪证——在誓言之下说谎——才是违法行为。我们中大多数人都能原谅错误行为,我们难以接受的是为错误而撒谎。约翰·亚当斯是第一位入住白宫的总统,他在国宴厅的壁炉上刻下这样的话:愿此屋主宰者皆为诚实、英明人。

在开国元勋那一代的总统之后二百年,比尔·克林顿来到电视台,他直视摄像机镜头,说出一句谎言。他的谎言与国家安全无关,他试图掩盖尴尬、不当的个人行为。我们是宽容的人民,让美国人惊愕的是谎言,而不是他的行为本身。在其他一些国家,人们嘲笑我们在克林顿个人行为上的暴怒。他们说,总统的私人行为与他作为国家元首的职责无关,但是,大多数美国人都说,事情并不是那么简单。我们为自己确立了追求文明与公正的目标,这是一个国家目标——人人享有自由与公正——你不能带着虚伪把它付诸实现。

选举人团与法庭

美国选举人团①并不是一所大学的学院,也没有学院的建筑。但是,当选举人团的成员投票时,重要时刻就降临了。选举人团的成员被称为"选举人",他们决定谁会成为总统。每隔四年,每个州都会选出自己的选举人,其人数等于该州在国会参议两院中的议员人数。选举人并不真的聚集到一起。他们所做的事情,就是把选举总统与副总统的选票送到华盛顿,代表我们中的其他人选举。普选总票数决定每个州的选举人,这是一个胜者全得的制度(即使票数接近,获胜的候选人通常也会获得一个州的所有选票)。这意味着,如果你正在竞选总统,在所有大州所得票数名列第二,与第一名非常接近,尽管赢得了大部分小州,并在全国普选中获得最多的选票——你仍然有可能输掉选举。

之所以决定确立选举人,部分是由于制定宪法时存在于南北方之间的忌妒。当时只有自由男性能够投票,如果实行直接普选,就会让北方决定由谁当总统,因为北方的自由人口远远多于南方。于是,建国者们提出一个挑选选举人的制度,与挑选

---

① "选举人团"的英文为"Electoral College",其中"College"有"学院"的意思。——译者注

> 整个政府都存在于诚实之道。
>
> ——托马斯·杰斐逊

比尔·克林顿总统(左图)在他与白宫实习生莫尼卡·莱温斯基的关系上,对全国人民撒谎。有些人认为,为了实现他们信仰的目标而撒谎是可以接受的,奥利弗·诺思中校(右图)就是这种人,他是1980年代"伊朗—反对派"丑闻的幕后者之一。

参议员和众议员的程序相似。通过这种方法,南方在选择总统的时候,就能够坚持自己的立场。建立选举人团与权力制衡有很大关系。另外一个同样重要的原因是,建国者们不相信人民能够直接选举总统。法律史学家罗纳德·德沃金写道:"他们希望选举人团的成员是杰出而独立的公民,他们在进行集体商讨之后,能够独立决定谁应该成为总统和副总统。"

但是,选举人团并没有像期望的那样运转。选举人没有独立作出决定,共和党选举人把票投给共和党候选人,民主党选举人把票投给民主党候选人。如果我们废除选举人团,通过普选来选举总统,没有人知道会发生什么。选举人团有助于美国政治体系的形成,它迫使政治家注意小州。

在2000年的总统选举中,克林顿的副总统、民主党人艾尔·戈尔赢得全国普选,在一亿张选票中,比乔治·布什多出五十万票。不过,他们在选举人的投票中打成平局,最后,佛罗里达州的二十五名选举人掌握着关键的选票。布什似乎以微弱多数胜出,但是,佛罗里达的选票具有争议性。相当一部分投票者——尤其是非洲裔美国人——因某些理由而被排除在投票站外,而那些理由后来发现是无效的。有些地方陈旧的投票机出了毛病,有一个县的投票极其混乱,很多人把选票投给了第三方的候选人,而他们的本意并非如此。在一个州的不同地方,数千张缺席选票受到不同处理。选举夜的电视报道简直就是一场灾难:网络在所有的投票站关闭之前,就预报了一个获胜者,接着又改变主意,然后再次改变主意。

当时的情况一片混乱,总统没有选出来,竞选双方都带来大批律师,当他们未能就重新计票方式达成协议时,随着时间流逝,美国最高法院介入。法官们以五比四的投票制止了手工计票,也决定了选举结果。乔治·W·布什成为第四十三任美国总统。这次总统选举由最高法院确定结果,而且竞选双方仅有一票之差。作出这个裁决,法院是否拥有合理的法律基础呢?它是否只是按照党派的界线来投票呢?专栏作家乔治·F·威尔写道:"谁将成为下一任总统?这个从佛罗里达开始的争论变成一个更重大更持久的问题——关于这个共和国政府的合适来源的争论。"

追求变化

如果你在 1950 年代和 1960 年代驾车顺着南部高速公路行驶,你常常会看见写着"弹劾厄尔·沃伦"字样的牌子。由沃伦担任首席大法官的最高法院,不仅正在改变美国的法学,也在改变长期存在的传统——例如南方的种族隔离学校。反对最高法院的人使用了诸如"自由主义者"和"激进主义者"这样的词语,具有侮辱性含义。最高法院的裁决来源于道德关怀,以及对个人权利的关注,而不是对宪法语言的字面阐释。其中,"布朗诉教育局案"(1954 年)是最重要的裁决;然而,在"格里斯沃尔德诉康涅狄格州案"(1965 年)中,沃伦的法院推翻了康涅狄格州禁止使用避孕用具的法规。该裁决建立在"隐私权"基础上,法庭虽然没有在宪法中发现"隐私权"这样的字眼,却认为它是宪法的精髓所在。在"米兰达诉亚利桑那州案"(1966 年)中,沃伦的法庭说,《第五条宪法修正案》保护人民不受"自证其

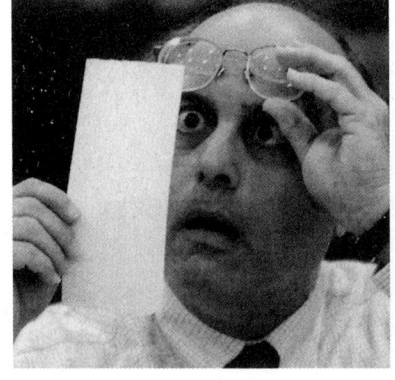

2000 年 11 月:罗伯特·罗森堡法官是佛罗里达州布罗沃德县检票团的成员,检票团开始重新计算总统选举的投票数,图中罗伯特正在检验一张有问题的选票。右图,当选总统乔治·W·布什(上)与失败的候选人艾尔·戈尔在 2001 年 1 月 20 日的总统就职日上。

罪"侵害的条款要求警察在审问之前,通知犯罪嫌疑人其享有的权利。在自由与秩序之间寻找平衡点,这是民主制度的核心难题(独裁不会为自由担心)。

沃伦的法院反映了那个时代的趋向,把个人自由问题提到至高无上的地位。

半个世纪之后,由威廉·赫布斯·伦奎斯特担任首席大法官的最高法院同样激进,这次是在实施一项保守议程方面,并且也同样反映了这个时代的现状——毒品、犯罪率上升,还有恐怖主义,增加了人们对社会秩序和个人保护的关注。

首席大法官威廉·伦奎斯特

威廉·伦奎斯特出生于威斯康星州,在他家里,赫伯特·胡佛是英雄,而富兰克林·罗斯福却不是。一位小学教师曾经问伦奎斯特长大了想做什么,他回答说:"我要改变这个政府。"他的确就是那么做的,不过是在他受益于罗斯福1944年颁布的《军人重新安置法》(更知名的名称是《大兵法案》)之后。这项社会法规为那些在二战中战斗过的一代男性(以及少数女性)提供上大学的费用。该法案让普通人能够发挥潜力,使得国家变得更富足。一些精英人士对此感到惊讶,因为他们认为,普通人不必一定要上大学。二战期间,伦奎斯特曾在北非服役,通过政府资助,他来到斯坦福大学学习(在这里获得政治学学士学位和硕士学位),他还在哈佛大学获得第二个硕士学位,从斯坦福大学获得一个法学学位——1952年,他以全班第一名的成绩从这里毕业(获得第三名的学生是桑德拉·戴,她后来成为进入最高法院的第一位女性)。

伦奎斯特在亚利桑那州安居,成为共和党的一名官员,他坦率地批评沃伦所作的裁决。1972年,理查德·尼克松让他进入最高法院。在进入最高法院的第一年,能说会道的伦奎斯特是唯一的持不同政见者——他支持州权,质疑最高法院对《第十四条宪法修正案》的阐释,其阐释旨在扩大个人权利。1986年,伦奎斯特被任命为首席大法官,为这个职位带来一个有条不紊的头脑和一种幽默感。他还把最高法院审理的案子减少到每年九十件左右。

当第一位布什总统给最高法院增加了两名保守派法官之后,伦奎斯特就开始以五比四的多数票进行裁决了。在该法院2002年的开庭期中,他们以那一票的优势,支持运用公开筹集的资金,为宗教学校学生支付学费,向严格的政教分离传统提出挑战。在同一时期,该法院还支持一项允许调查市际公共汽车乘客的裁决;它认为隐私权不保护学生免受随机的药物试验。斯坦福大学法学院院长凯瑟琳·M·沙利文在谈到伦奎斯特时,说道:"就涉及预期议程的效率而言,他在首席大法官职位上的工作是成功的。"

伦奎斯特的最高法院在裁决方面的分裂,反映了这个国家的自由主义者与保守主义者之间的拉锯战,一名法官的意见变化就会造成重大差异。法官安东尼·斯卡利亚和斯蒂芬·G·布雷尔对这种争论做出评价,斯卡利亚说:"我所阐释和运用的宪法不是活的,而是死的……我们的第一项责任不是理解法律的意思——我们的第一项责任是遵守法律的文本。"对布雷尔来说,他们的目标是培养"共享的民主自治政府",他说:"一个专制主义者的方法是行不通的。"

"让法律处于这样一种完全不确定的状态是不负责任的。"斯卡利亚说。《纽约时报》的琳达·格林豪斯把这称为"有关文本与语境的争论。对于强调文本的斯卡利亚法官,语言是至高无上的,法院的工作是从宪法制定者或法令起草者选择的语言中,推导并运用法规。对于注重语境的布雷尔法官,语言只是调查案件的起点,而法律的目的以及一项裁决可能产生的结果才是更重要的因素。"这次争论影响了我们所有人。事情还没完。

下面是亚伯拉罕·林肯有关这一主题的话,林肯生活在"德雷德·斯科特案"裁决的时期,对过于强大的最高法院持有一些保留意见:

桑德拉·戴·奥康纳法官,她往往站在保守主义者这边投票。

> 在影响全体人民的重大问题上,如果最高法院的裁决不可更改地确定了政府的决策,那么,在有关个人行为各方的普通诉讼中,在他们作出这种裁决的那一刻,人民便不再是自己的统治者了。

内战之后那些年的事实表明,最高法院的裁决很少是"不可更改的确定裁决","德雷德·斯科特案"和"普莱西案"的裁决都被推翻(但不是在这些裁决造成破坏之前推翻的)。

鲁思·贝德·金斯伯格法官,她往往站在自由主义者这边投票。

新世纪和一场灾难

在美国进入新千年之际,它正处于一个轻松、自信和充满希望的时代,享受富裕和成就。经过漫长而曲折的冷战,这个世界的问题似乎有可能得到解决,民主制度也许不久就会遍地开花。怎么可能还会有挑战呢?压迫怎么可能战胜自由?

但是,我们低估了魔鬼的力量:掠夺、愤怒和忌妒的力量。我们是世界上的超级大国,我们往往如此专注于自我,几乎不注意世界上其他地方正在发生什么。我们知道,有一个全球性的恐怖组织——"基地"——正在培养一代仇恨美国的年轻男子,但是我们没有对此采取什么措施。于是,2001年9月11日,一件事情将我们从自满中惊醒,我们——以及整个世界——都在发抖。那一天,十九名恐怖分子劫持了四架飞机,将其中两架撞向纽约城的世界贸易中心双子楼,一架撞向华盛顿特区的五角大楼,第四架在抵达其位于华盛顿的预定目标前坠毁。大约三千人丧生,许多人受伤。

2001年9月11日,纽约城:在恐怖分子驾驶两架飞机撞入世贸中心双子楼之后,一群人注视着大楼里喷出的火焰与浓烟。不久,双子塔就会消失,三千多人的生命也随之消失,其中包括数百名参加援救工作的英勇的消防员和警察。

正如布什总统宣布的那样,这是基于穆斯林世界的国际恐怖分子的宣战。总统说,"文明世界"受到一个网络组织的挑战,其目的在于"重塑世界——将其极端信仰强加于世界各地的人民身上"。恐怖分子因为他们的大部分贫困、无知和无能问题,而谴责我们以及世界上的自由国家。他们如此仇恨我们,那些劫机者为了杀死我们的公民,宁愿让自己死去。他们特别憎恨我们坚定的信仰——对自由、多元化和宗教容忍的信仰,他们也憎恨我们的物质财富。恐怖分子宣扬说,我们是撒旦的子孙,还说只有他们及其追随者才明白神的真理,神将因为他们惩罚我们而奖赏他们。他们的思想是对伊斯兰教的歪曲,因为伊斯兰教是建立在和平以及尊重他人的基础之上的(在全世界,每一种信仰的宗教领袖,包括穆斯林,都在恐怖中作出反应)。狂热分子刺耳的谴责和愤怒造成一道烟幕,掩盖了世界上部分地区的真正问题,那里的人民正在受到伤害。在中东的大部分地区,尽管有石油造就的富裕,但却处于混乱之中。这是一个渴望解决问题的地区。

一群受到误导的人乐于杀戮,因为他们的领袖告诉他们,那样做是在实现神的愿望。基地组织的劫机者就是这样一群人的又一个例子。中东历史学家伯纳德·路易斯写道:"给穆斯林世界造成众多麻烦的原因正是缺乏自由——思想免受教条约束和灌输的自由,质疑、询问和说话的自由;经济免受腐败和到处蔓延的错误管理之害的自由;女性不受男性压迫的自由;公民不受暴政统治的自由。"

获得自由

我们就这样进入21世纪,我们是有史以来最富裕的人民。机会充足,自由盛行。现在,世界上大部分人民生活在民主社会中。既然如此,我们为什么不欢呼呢?也许这是因为我们逐渐认识到,民主来之不易。你不得不为民主事业而工作,并且不断工作。没有什么能保证民主,很可能是因为我们不愿意作出保证。开国元勋们自己也心存疑虑,托马斯·杰斐逊在写给朋友拉法耶特的信中,坦白地说道:"我们不指望一下子从专制掉到自由的羽毛床垫上。"

> 极端主义者的威胁不在于他们的偏激,而在于他们的褊狭。其邪恶之处并不存在于他们关于其理想的言论,而存在于他们关于其对手的言论。
>
> ——罗伯特·E·肯尼迪

1901年,我们仍然不能肯定民主是否会继续。商业腐败和贪婪发展到可怕的程度,托马斯·爱迪生和其他发明家带来了令人眼花缭乱的发明。很难想象,像民主制这样行动迟缓、谨慎的政府形式,能够跟上时代发展。伟大的历史学家亨利·亚当斯说:"以这样的速度和动量增长率,目前的社会必将折断它该死的脖子,那是一个确定的时刻,但距离现在还很遥远,不会超过五十年左右的时间。"也许亚当斯应该避免作出预言,专心搞自己的专业。1890年,他出版了九卷有关美国早期历史的著作,就在那一年,我们的平均寿命约为四十七岁。到1990年,美国男性的平均寿命为七十一点八岁,女性为七十八点八岁(在1890年,百分之三十四的人口属于有组织的教会;到1990年,这个数字增加到百分之六十三)。

常常有人指责我们美国人狂妄自大,自以为与众不同。但是,我们中大多数人都意识到,并不是我们与众不同,而是我们在世界历史上具有独特的地位。我们继承了这个简单的思想:人民能够统治自己。我们不需要国王、沙阿、毛拉或者沙皇来告诉我们该怎样生活。我们获得机会,尝试以前从未做过的一些事情。自治只对那些为此受过教育的人起作用。

根据一份2002年的联合国报告,世界上许多新的民主国家正岌岌可危。联合国开发计划署署长马克·马洛赫-布朗说:"多党制选举并不能创造一个民主国家,民主制度的国际啦啦队队长们低估了建立一个确立得当的、可运转的民主制度所需付出的努力。"联合国的报告谈到了民主国家中特殊利益集团产生的破坏性影响——从美国(在2000年的选举中,公司的政治捐款上升到十二亿美元)到印度(在最近的一次选举中,各政党百分之八十的支持者都来自大公司)都是如此。资助选举的金钱势力希望并且获得了政治影响——照理说,这并不是一个民主国家应有的方式。这样做还带来了愤世嫉俗(在美国,选举的大部分费用反映在电视广告的费用上。但是广播电视属于人民,这是一个可以解决的问题)。

昨天的移民聚集在城市中;今天的新移民正在改变许多农村社区。吉娜·莱斯尼克在北卡罗来纳州的罗斯希尔给讲西班牙语的孩子教授英语。

那份联合国报告说,在每一个地方,参加选举的人数都在下降。关于美国式民主,有一个令人震惊的事实:我们的选举非常多——从地方教育局到州长到总统,都通过选举产生。这个国家的权力广泛分散,政府并不是反应迟钝的"他们",而是我们。如果政府运行得不如预期的那样好,解决方法就是参与政府,改变现状。然而,我们所有的投票站都表明,在这方面,我们还做得不够好。我们没有理解自己的遗产或者责任。许多中学毕业生都不知道亚伯拉罕·林肯属于哪个时代。在这样一个需要才智技能的信息时代,民主制度亟须积极参政的人口,但是,我们的学校却仍然按照工业时代的要求运转,仅仅培养出许多工厂工人。我们享有富裕,然而给公立学校的投入却在减少。我们曾经许下机会平等的诺言,现在这个诺言却显得越来越空洞。开国元勋们不断提到教育,托马斯·杰斐逊对该问题的论述照常比其他任何人都要精当:

"在一个文明社会中,如果一个民族希望既无知又自由,这个希望从来没有也永远不会实现。"这是他在写给查尔斯·扬西上校的信中说的。他在给另一位朋友的信中写道:"据我所知,社会终极权力的安全贮藏所只有一个,那就是人民自己。如果我们认为,他们没有足够的知识去运用一种健康的判断力来进行控制,那么,补救方法不是剥夺他们的控制权,而是让他们知道自己的判断力。"

附录一：美国重要历史文献*

《独立宣言》

在处理人类事务的过程中,当一个民族必须解除与另一个民族彼此之间的政治联系,依照自然的法则和上帝的意旨,在世界各国之中,接受独立与平等的地位时,出于对人类信念的尊重,必须宣布迫使他们独立的原因。

我们认为以下真理是不言而喻的:人人生而平等,造物主赋予他们若干不可剥夺的权利,其中包括生命权、自由权和追求幸福的权利——为了保障这些权利,政府才得以建立于人类之中,而且必须经被统治者同意,才能获得其正当权力。若任何形式的政府破坏这些目标,则人民有权改变或废除该政府,建立新的政府;并使其基础原则,及其组织权力之方式,能最大限度地实现人民的安全和幸福。为了慎重起见,成立多年的政府,不应当由于微不足道的暂时原因而改变。过去的一切经验都说明,任何苦难,只要是尚能忍受,人类都宁愿容忍,也不会废除他们久已习惯了的政府以纠正弊端。但是,如果一连串追逐同一目标的滥用职权和强取豪夺之事表明政府企图把人民置于专制统治之下,那么人民就有权利、也有义务推翻这个政府,并为他们未来的安全建立新的保障——这些殖民地过去就曾如此逆来顺受,这也是它们现在被迫改变以前政府制度的必然原因。

现今的大不列颠国王的历史,乃是接连不断的伤天害理和强取豪夺的历史,所有这些暴行的直接目标,就是想在这些州建立绝对暴政。为了证明所言属实,让我们向公正的世界宣布下列事实:

他拒绝批准对公众利益最有益、最必要的法律。

他禁止其政府批准迫切而紧要的法律,将这些法律搁置一旁,直到获得他的同意,才能实施;而一旦这些法律被搁置起来,他对它们就完全置之不理。

他拒绝批准为广大地区的人民提供居住之地的其他法律,除非那些人民情愿放弃自己在立法机关中的代表权;但这种权利对他们有无法估量的价值,且唯有暴君才畏惧这种权利。

他召集各州立法团体开会的地方,都十分异常、不便,且远离他们的档案库,唯一的目的是陷他们于精疲力竭之中,因而不得不顺从他的意旨。

他一再解散各州的议会,因为它们以勇敢的坚定态度,反对他侵犯人民的权利。

在解散各州议会之后的很长时间里,他拒绝另选新议会;但立法权是无法取消

---

* 译文主要参考美国驻华大使馆网站上的相关资料,略有改动。——译者注

的,因此这项权力仍归还给一般人民来行使,而与此同时各州仍处于外敌入侵与内部骚乱并存的危险境地。

他竭力抑制我们各州增加人口;为此目的,他阻挠外国人入籍法的通过,拒绝批准其他鼓励外国人移民的法律,并提高占有新土地的条件。

他拒绝批准建立司法权力的法律,以阻挠司法机关的管理。

他把法官的任期、薪金数额和支付,完全置于他个人意志的支配之下。

他建立大量新官署,派遣大批官员,侵扰我们的人民,并耗尽人民的生活物质。

他在和平时期,未经我们的立法机关同意,就在我们中间维持常备军。

他力图使军队独立于民政之外,并凌驾于民政之上。

他与他人勾结,把我们置于一种不适合我们的体制且不为我们的法律所承认的管辖之下;他还批准那些人炮制各种伪法案来达到以下目的:

切断我们同世界各地的贸易;

未经我们同意便向我们强行征税;

在许多案件中剥夺我们受陪审团审判的权益;

罗织罪名押送我们到海外去受审;

在一个邻省废除英国的自由法制,建立专制政府,并扩大该省的疆界,企图立刻把该省变成一个样板和得心应手的工具,以便向这里的各殖民地推行同样的极权统治;

取消我们的宪章,废除我们最宝贵的法律,并且从根本上改变我们的政府形式;

中止我们自己的立法机关行使权力,宣称他们自己有权就一切事宜为我们制定法律。

他宣布我们已不属他保护之列,并对我们作战,从而放弃了在这里的政府。

他在我们的海域大肆掠夺,蹂躏我们沿海地区,焚烧我们的城镇,残害我们人民的生命。

他此时正在运送大批外国雇佣兵来完成杀戮、破坏和暴政的勾当,这种勾当早就开始了,其残酷卑劣之状无以复加,甚至在最野蛮的时代都难以找到先例。他完全不配做一个文明国家的元首。

他在公海上俘虏我们的同胞,强迫他们拿起武器反对自己的国家,成为残杀自己亲友的刽子手,或是死于自己亲友的手下。

他在我们中间煽动内乱,并且竭力挑唆那些残酷无情、没有开化的印第安人来杀掠我们边疆的居民;众所周知,印第安人的作战规则是不分男女老幼地位高低,一律格杀勿论。

在这些压迫的每一个阶段中,我们都曾用最谦卑的言辞请求纠正压迫行为;但屡次请愿所得到的答复是屡次遭受伤害。一个君主,如果其品格已打上种种暴君行为的烙印,他就不配做自由人民的统治者。

我们不是没有顾念我们英国的弟兄。我们时常提醒他们,他们的立法机关企图把无理的管辖权横加于我们头上。我们也曾把自己移民和定居于此的情形告诉他们。我们曾经求助于他们天生的正义感和雅量,我们恳求他们念在同种同宗的份上,弃绝这些掠夺行为,以免影响彼此的关系和往来。但是他们对于这种正义和血缘的呼声,也同样充耳不闻。因此,我们迫于无奈,必须宣布脱离他们,并且像对待世界上其他民族一样对待他们:战则为敌;和则为友。

因此,我们作为美利坚合众国的代表,聚集于大陆会议,以各殖民地善良人民的名义和授权,向全世界最崇高的审判者呼吁,说明我们的公正意图,同时郑重宣布:这些联合一致的殖民地,按照其权利,从此成为且必须成为自由与独立的国家,它们取消一切对英国王室效忠的义务,它们和大不列颠国之间的一切政治关系从此全部断绝,而且必须断绝;作为自由独立的国家,它们完全有权宣战、缔和、结盟、通商,以及采取独立国家有权采取的一切行动。

为了支持这篇宣言,我们坚决信赖神明上帝的庇佑,以我们的生命、我们的财产和我们神圣的名誉,彼此宣誓。

大陆会议主席约翰·汉考克

根据大陆会议命令,代表大陆会议签署

《美国宪法》中有关自由的条款

下面的资料由亨利·J·亚伯拉罕和芭芭拉·A·佩里选自《美利坚合众国宪法》,经作者同意,摘自他们的杰作《自由与法庭》(1994年第六版)。

第一条

第九款……

2. 不得中止人身保护令所保障的特权,唯在叛乱或受到侵犯的情况下,出于公共安全的需要时不在此限。

3. 不得通过任何剥夺财产和公民权的法案或者追溯既往的法律。

第十款

1. 各州不得通过任何剥夺财产和公民权的法案、追溯既往的法律和损害契约义务的法律。

第三条

第二款……

2. 对一切罪行的审判,除了弹劾案以外,均应由陪审团裁定……

第三款

1. 只有对合众国发动战争或投向它的敌人、予敌人以协助及方便者,方构成叛国罪。无论何人,如非经由两个证人证明他的同一桩公然的叛国行为,或经由本人在公开法庭认罪者,均不得被判叛国罪。

第四条

第二款

1. 每州公民应享受该州公民所享的一切特权及豁免权。

第六条

3. ……合众国政府之任何职位或公职,皆不得以任何宗教标准作为任职的必要条件。

前十条宪法修正案(1791年采用)

第一条宪法修正案

国会不得制定有关下列事项的法律:确立一种宗教或禁止信教自由;剥夺言论自由或新闻自由;或剥夺人民和平集会及向政府要求伸冤的权利。

第二条宪法修正案

纪律良好的民兵队伍,对于一个自由国家的安全实属必要;故不得侵犯人民持有和携带武器的权利。

第三条宪法修正案

在和平时期,未得屋主的许可,任何兵士不得居住民房;在战争时期,除非照法律规定行事,亦一概不得自行占住民房。

第四条宪法修正案

人人具有保障人身、住所、文件及财物的安全、不受无理之搜查和拘捕的权利;此项权利,不得侵犯;除非有可成立的理由,加上宣誓或证词,并具体指明必须搜索的地点、必须拘捕的人或必须扣押的物品,否则一概不得颁发搜捕状。

第五条宪法修正案

非经大陪审团呈文或提起公诉,人民不应受判处死罪或被剥夺部分公民权的重罪;唯于战争或社会动乱时期中,正在服役的陆海军或民兵中发生的案件,不在此例;

人民不得为同一罪行而两次被置于危及生命或肢体之处境;不得被强迫在任何刑事案件中自证其罪,未经适当的法律程序,不得剥夺其生命、自由或财产;人民的私有产业,如无合理赔偿,不得被征为公用。

第六条宪法修正案

在所有刑事案中,被告人应有权提出下列要求:要求由罪案发生地之州及区的公正的陪审团予以迅速及公开之审判,并由法律确定其应属何区;要求获悉被控的罪名和理由;要求与原告的证人对质;要求以强制手段促使对被告有利的证人出庭作证;并要求由律师协助辩护。

第七条宪法修正案

在引用习惯法的诉讼中,若争执所涉及者之价值超过二十元,则当事人有权要求陪审团审判;任何并经陪审团审判之事实,除依照习惯法之规定外,不得在合众国任何法院中重审。

第八条宪法修正案

不得要求过重的保释金,不得课以过高的罚款,不得施予残酷的、逾常的刑罚。

第九条宪法修正案

不得因宪法中列举出某些权利,而解释为宪法否认或轻视人民所拥有的其他权利。

第十条宪法修正案

举凡宪法未授予合众国政府行使、而又不禁止各州行使的各种权力,均保留给各州政府或人民行使之。

其他宪法修正案

第十三条宪法修正案(1865年批准)

第一款:苦役或强迫劳役,除用以惩罚依法判刑的罪犯之外,不得存在于合众国境内或受合众国管辖之任何地方。

第二款:国会有权以适当立法实施本条规定。

第十四条宪法修正案(1868年批准)

第一款:任何人,凡在合众国出生或归化合众国并受其管辖者,均为合众国及所居住之州的公民。任何州不得制定或执行任何剥夺合众国公民特权或豁免权的法律;任何州,如未经适当法律程序,均不得剥夺任何人的生命、自由或财产;亦不得对任何受其管辖之人,拒绝给予平等的法律保护。

第五款:国会有权以适当立法实施本条规定。

第十五条宪法修正案(1870年批准)

第一款:合众国政府或任何州政府,不得因种族、肤色或以前曾服劳役而否定或剥夺合众国公民的选举权。

第二款:国会有权以适当立法实施本条规定。

第十九条宪法修正案(1920年批准)

第一款:合众国政府或任何一州政府,不得因性别缘故而否定或剥夺合众国公民的选举权。

第二款:国会有权以适当立法实施本条规定。

第二十四条宪法修正案(1964年批准)

第一款:合众国政府或任何一州政府,在举行总统或副总统、总统或副总统选举团成员、或国会参议员或众议员的任何预选或其他选举时,不得因合众国公民未交纳任何人头税或其他税而否定或剥夺其选举权。

第二款:国会有权以适当立法实施本条规定。

第二十六条宪法修正案(1971年批准)

第一款:合众国政府或任何一州政府,对已满十八岁和十八岁以上的合众国公民,不得因年龄关系而否定或剥夺其选举权。

第二款:国会有权以适当法实施本条规定。

附录二:图片版权

本书图片主要来源于:

纽约艺术资源公司(Art Resource, New York,简称 AR)

贝特曼/科比斯图片公司(Bettmann/Corbis,简称 BC)

芝加哥历史协会(Chicago Historical Society,简称 CHS)

纽约格兰杰图片收藏公司(The Granger Collection, New York,简称 GC)

马萨诸塞州波士顿市约翰·F·肯尼迪图书馆(John F. Kennedy Library, Boston, Mass.,简称 JFK)

得克萨斯州奥斯汀市林登·B·约翰逊图书馆(Lyndon B. Johnson Library, Austin, Texas,简称 LBJ)

费城图书馆公司(Library Company of Philadelphia,简称 LCP)

印第安纳州韦恩堡市林肯博物馆(The Lincoln Museum, Fort Wayne, Indiana,简称 LM)

国会图书馆(Library of Congress,简称 LOC)

纽约市博物馆(Museum of the City of New York,简称 MCNY)

史密森学会美国国家艺术博物馆(National Museum of American Art, Smithsonian Institution,简称 NMAA)

史密森学会美国国家历史博物馆(National Museum of American History, Smithsonian Institution,简称 NMAH)

史密森学会国家肖像画廊(National Portrait Gallery, Smithsonian Institution,简称 NPG)

纽约历史协会(The New-York Historical Society,简称 NYHS)

纽约公共图书馆(The New York Public Library,简称 NYPL)

图片史公司(Picture History,简称 PH)

合众国际社(United Press International,简称 UPI)

(具体图片来源目录略)

图书在版编目(CIP)数据

自由的历程:美利坚图史/[美]乔伊·哈克姆(Hakim,J.)著;焦晓菊译.—2版.
—上海:复旦大学出版社,2015.2
书名原文:Freedom:A history of US
ISBN 978-7-309-11095-1

Ⅰ.自… Ⅱ.①哈…②焦… Ⅲ.美国-历史-研究 Ⅳ.K712

中国版本图书馆CIP数据核字(2014)第265617号

Copyright© 2003 by Joy Hakim

"FREEDOM:A HISTORY OF US, FIRST EDITION":was originally published in English in 2003. This translation is published by arrangement with Oxford University Press.

本书原版于2003年以英文出版,书名为《自由的历程:美利坚图史》。该书的简体中文翻译由牛津大学出版社授权出版。

上海市版权合同登记号 图字:09-2014-999

自由的历程:美利坚图史(第二版)
[美]乔伊·哈克姆(Hakim,J.) 著 焦晓菊 译
责任编辑/邵 丹
复旦大学出版社有限公司出版发行
上海市国权路579号 邮编:200433
网址:fupnet@fudanpress.com http://www.fudanpress.com
门市零售:86-21-65642857 团体订购:86-21-65118853
外埠邮购:86-21-65109143
常熟市华顺印刷有限公司

开本 787×1092 1/16 印张 26.5 字数 493 千
2015年2月第2版第1次印刷
印数 1—3 100

ISBN 978-7-309-11095-1/K·515
定价:52.00元

如有印装质量问题,请向复旦大学出版社有限公司发行部调换。
版权所有 侵权必究